집

이 책은 2016・2017년도 정부(교육부)의 재원으로 한국고전번역원의 지원을 받아
수행된 '권역별거점연구소협동번역사업'의 결과물임.
This work was supported by Institute for the Translation of Korean Classics-Grant funded by the Korean Government.

한국고전번역원 한국문집번역총서/성신여자대학교 고전연구소·(사)해동경사연구소

매산집 5

梅山集

홍직필 지음
洪直弼

연석환
김창효 옮김

일러두기

1. 이 책의 번역 대본은 한국고전번역원에서 간행한 한국문집총간 295·296집에 실린 《매산집(梅山集)》으로 하였다. 번역 대본의 원문 텍스트와 원문 이미지는 한국고전종합DB(http://db.itkc.or.kr)에서 확인할 수 있다.
2. 내용이 간단한 역주는 간주(間註)로, 긴 역주는 각주(脚註)로 처리하였다.
3. 한자는 필요한 경우 이해를 돕기 위하여 넣었으며, 운문(韻文)은 원문을 병기하였다.
4. 맞춤법과 띄어쓰기는 한글 맞춤법과 표준어 규정을 따랐다.
5. 이 책에서 사용한 부호는 다음과 같다.
   ( ) : 번역문과 음이 같은 한자를 묶는다.
   〔 〕 : 번역문과 뜻은 같으나 음이 다른 한자를 묶는다.
   " " : 대화 등의 인용문을 묶는다.
   ' ' : " " 안의 재인용 또는 강조 문구를 묶는다.
   「 」 : ' ' 안의 재인용을 묶는다.
   『 』 : 「 」 안의 재인용을 묶는다.
   《 》 : 책명 및 각주의 전거(典據)를 묶는다.
   〈 〉 : 책의 편명 및 운문·산문의 제목을 묶는다.

차례

매산집 제11권

서書

매산집 제12권

서書

매산집 제13권

서書

매산집

제11권

書서

서書

김정택[1] 기서 에게 줌 계해년[2] 10월

與金正宅 基敍○癸亥十月

지난번에 보내주신 편지를 받으니 매우 감사하나, 아직도 마음을 다 기울이지 않으시는 것이 한스럽습니다.

박괘(剝卦)가 다하여 곤괘(坤卦)가 되었는데,[3] 엎드려 생각하건대 평소의 생활이 바르고 길하시겠지요. 말채찍을 잡고 도성을 나오실

1 김정택(金正宅) : 김기서(金基敍, 1765～?)로 정택은 자이고 호는 구우(邱隅), 본관은 청풍(淸風)이며, 잠곡(潛谷) 김육(金堉)의 후손이다. 1803년(순조3) 증광 문과에 급제하고 벼슬이 정언에 이르렀는데 1827년(순조27)에 이조원(李肇源)과 함께 1814년 순조의 병환 때 순조를 해치려 하였다는 무고를 받고 추자도(楸子島)로 유배되었다가 1835년(헌종1)에 해배(解配)되고 신원(伸冤)되었다.

2 계해년(癸亥年) : 1803년(순조3)으로, 매산의 나이 28세 되던 해이다.

3 박괘(剝卦)가……되었는데 : 박괘(䷖)는 《주역》의 십이벽괘(十二辟卦) 상 음력 9월에 해당되며, 곤괘(坤卦 ䷁)는 10월에 해당된다. 십이벽괘는 일 년 열두 달을 《주역》의 괘에 배치시킨 것으로 정월은 태괘(泰卦 ䷊), 2월은 대장괘(大壯卦 ䷡), 3월은 쾌괘(夬卦 ䷪), 4월은 건괘(乾卦 ䷀), 5월은 구괘(姤卦 ䷫), 6월은 돈괘(遯卦 ䷠), 7월은 비괘(否卦 ䷋), 8월은 관괘(觀卦 ䷓), 11월은 복괘(復卦 ䷗), 12월은 임괘(臨卦 ䷒)에 각각 해당된다.

날이 정녕 언제입니까? 구학(丘壑)[4]에서 한가로이 노닐면서 시(詩)와 서(書)를 읊조리고, 정신을 집중하고 정좌(靜坐)하여 본원(本原)을 조용히 기르고 있다는 소식이 제가 듣고 싶은 것입니다.

요즘 사람들은 비록 스스로 독서한다고 말하나, 성현의 사업에 돈독한 뜻을 두는 이가 드뭅니다. 왕왕 세속을 따라 부침(浮沈)하고 시대와 더불어 굽어보고 우러르며 정욕(情欲)을 따르는 데에 빠져서 스스로 벗어나지 못합니다. 유수와 같은 세월 속에 그저 초목처럼 썩어가는 부끄러움이 있는데도 성찰하여 분발하고 힘쓰는 자가 적으니, 매우 애석합니다.

집사께서는 외과(嵬科 문과(文科))에 급제한 지 반 년이 못 되어, 물러날 줄을 알고 벼슬길에 나아갈 줄을 모르시니, 바로 이것을 경계하신 것이 아닙니까. 일찍이 듣건대 "뿌리가 깊으면 가지가 잘 발달하고, 근원이 멀면 흐르는 물줄기가 길다."고 하니, 이는 바로 뿌리에 물을 주고 근원을 깊게 하는 자리를 만드시는 것이 아니겠습니까. 오늘 도성을 떠나시는 것이 후일 군주를 잘 보좌하는 훌륭한 신하[5]가 되는 밑거름이 되지 않을 줄을 어찌 알겠습니까. 이것이 어리석은 제가 귀를

4 구학(丘壑) : '일구일학(一丘一壑)'을 줄인 말로 은거하여 초야에서 산수를 즐기는 일 또는 그 거처하는 곳을 이른다. 《한서(漢書)》 〈서전 상(敍傳上)〉에 "한 골짜기에서 고기를 낚으니 만물이 그의 뜻을 범하지 못하고, 한 언덕에서 소요하니 천하가 그의 즐거움을 바꾸지 못한다.〔漁釣於一壑, 則萬物不奸其志, 棲遲於一丘, 則天下不易其樂.〕"라고 한 구절에서 유래하였다.

5 군주를……신하 : 원문의 '보불(黼黻)'은 임금이 예복으로 입던 하의(下衣)인 곤상(袞裳)에 수놓은 도끼와 아(亞)자 모양의 문양을 말하고, '생용(笙鏞)'은 생황(笙簧)과 큰 종으로 궁중의 예식에 쓰이는 음악을 말하는데, 모두 임금을 잘 보좌하는 훌륭한 신하를 비유하는 말로 쓰인다.

기울여 듣고자 하는 것입니다.

집사께서는 벼슬이 없는 선비의 시절부터 스스로 기대한 것이 제2등에 있지 않았으니,[6] 굳이 다른 산의 돌을 기다리지 않더라도 옥(玉)은 저절로 다듬어질 것입니다.[7] 그러나 명성과 실정이 부합하기 어렵고 비난과 칭찬이 서로 따라다니는 것은 예로부터 이미 그러하였는데, 집사의 명성이 크게 알려졌으니 장차 어떻게 이것을 실정에 부합되게 하시렵니까? 집사에 대한 칭찬이 융성하니, 또한 반드시 비난하는 자가 있을 것입니다. 구구한 이 몸은 삼가 집사를 위하여 근심합니다.

옛사람이 말하기를 "칭찬과 명망이 높아지기 전에 학문을 잘 연마하여 여러 가지 사무를 두루 처리할 수 있게 되면 그 뒤에 써먹는다."라고 하였으니, 이 말 또한 경계로 삼을 만합니다. 이것을 기르는 방도는 오직 책을 읽어 이치를 밝히고 몸에 돌이켜서 실천하는 두 가지 일이 있을 뿐입니다.

바라건대 집사께서는 안으로는 몸과 마음에 밖으로는 사물에 있어, 한 번 동(動)하고 한 번 정(靜)하며 한 번 말하고 한 번 침묵함에, 마음을 보존하고 성찰하여 모두 공력을 들이십시오. 그리하여 말과 행실이 일치하고 이치와 일이 관통하는 경지에 이르게 되면, 천덕(天德)과 왕도(王道)가 여기에 있을 것입니다.[8] 자기의 재능을 헤아린 뒤

6 벼슬이……않았으니 : 원문의 '위포(韋布)'는 장식이 없는 평민용 가죽 띠와 베로 만든 옷으로 아직 벼슬하기 전의 선비를 가리키며, '기대한 것이 제2등에 있지 않았다'는 것은 목표를 제1등의 성현에 두고 있음을 말한 것이다.

7 굳이……것입니다 : 이 내용은 《시경》 〈소아(小雅) 학명(鶴鳴)〉의 "다른 산의 돌로 옥을 갈 수 있다.〔他山之石, 可以攻玉.〕"라는 구절을 원용하여, 굳이 불초한 자신의 참견과 당부가 없더라도 상대방이 훌륭한 사람이 될 것임을 비유한 것이다.

에 조정에 들어가서 이 힘을 가지고 군주를 섬긴다면, 아무 일이 없는 듯이 시원하게 처리하여 여유가 넉넉할 것입니다. 그렇다면 오늘 도성을 떠나가는 것은 관계되는 바가 또한 작지 않습니다.

지금 사대부들은 관청을 집으로 삼기 때문에[9] 써주면 행하고 버리면 은둔하는 도리를 알지 못하니, 이것이 어찌 자임(自任)[10]하는 뜻이 있어서 그러한 것이겠습니까. 출처의 의리에 대해 강론한 적이 없기 때문입니다.

집사께서는 벼슬을 하고 벼슬을 그만두며 오래 머물고 빨리 떠나감[11]

8 천덕(天德)과……것입니다 : 철처한 수양을 통해 천리(天理)와 내가 합일(合一)되는 상태를 '천덕(天德)'이라 하고 천덕을 이룬 사람을 '성인(聖人)'이라 하는데, 성인이라야 왕도(王道)를 행할 수 있기 때문에 이렇게 말한 것이다. 《논어》에 "공자께서 시냇가에 계시면서 말씀하셨다. '가는 것이 이와 같구나. 밤낮을 그치지 않는구나.'"라고 한 구절에 명도(明道) 정호(程顥)가 "이는 성인(聖人)의 마음이 순수함이 또한 그침이 없음을 볼 수 있으니, 순수함이 또한 그침이 없음은 바로 천덕(天德)이다. 천덕이 있어야 왕도(王道)를 말할 수 있으니, 그 요점은 오직 근독(謹獨)에 있을 뿐이다."라고 주석하였다. 《二程遺書 明道先生語4》

9 관청을……때문에 : 이 내용은 당나라의 학자인 한유(韓愈)의 〈송양소윤서(送楊少尹序)〉의 "중세에는 사대부들이 관청을 자신의 집으로 삼았기 때문에 벼슬을 그만두게 되면 돌아갈 곳이 없었다.〔中世士大夫以官爲家, 罷則無所於歸.〕"라는 구절을 원용한 것이다.

10 자임(自任) : 천하의 일을 자신의 책임으로 여김을 이른다. 《맹자》 〈만장 하(萬章下)〉에 "이윤은 성인 중에 자임한 자이다.〔伊尹, 聖之任者也.〕" 하였는데, 주자는 《집주(集註)》에서 "임(任)은 천하를 자신의 책임으로 삼는 것이다."라고 한 공문중(孔文仲)의 말을 실어 이를 풀이하였다.

11 벼슬하고……떠나감 : 원문의 '사지구속(仕止久速)'은 《맹자》 〈공손추 상(公孫丑上)〉의 "벼슬할 만하면 벼슬하고 그만둘 만하면 그만두며 오래 머무를 만하면 오래 머물고 빨리 떠날 만하면 빨리 떠났다.〔可以仕則仕, 可以止則止, 可以久則久, 可以速則

이 미리 정해져 있어 곤궁하지 않습니다. 게다가 송추(松楸)[12]에 의귀(依歸)하여 머물 곳이 있으시며, 나아가고 물러가고 행하고 그치는 권도(權度)가 자신에게 있어서 정밀하고 간절하여 어긋나지 않을 것이니, 단지 일신에 대한 계책이 될 뿐만 아니고 또한 이로써 온 세상을 교화할 수 있을 것입니다.

速.]"라는 구절을 줄여 말한 것이다.

12 송추(松楸) : 소나무와 가래나무로, 선영(先塋)에 많이 심는 나무여서 부모의 산소가 있는 고향 또는 선산(先山)을 가리킨다.

김정택에게 줌 을축년[13] 정월

與金正宅 乙丑正月

지난번에 물으신 혼례(昏禮)의 의절(儀節)을 근래에 다시 생각해 보고 삼가 이렇게 우러러 아뢰니, 헤아려 채택하시기를 엎드려 바랍니다.

주자(朱子)가 《가례(家禮)》에 문명(問名)과 납길(納吉) 두 조항을 싣지 않고, 다만 납채(納采)·납폐(納幣)·친영(親迎)만을 남겨두신 것은 간략함을 따른 것입니다. 그런데도 친영하는 자도 드물어졌습니다. 고례(古禮)를 비록 회복할 수 없으나 친영마저도 하지 않는다면 혼인의 시작을 중하게 여기는 의의가 아닙니다. 이 친영하는 예가 폐해지면서부터 공뢰(共牢)와 합근(合巹)[14]을 모두 신부의 집에서 하게 되어, 혼사를 신부 집이 주관하고 신랑 집은 관여하지 않게 되었으니, 이것이 어찌 '남자가 여자보다 먼저 함은 강유(剛柔)의 의리이다.'[15]라

13 을축년(乙丑年) : 1805년(순조5)으로, 매산의 나이 30세 되던 해이다.

14 공뢰(共牢)와 합근(合巹) : 공뢰는 신랑신부가 같은 그릇에 차려진 음식을 먹는다는 말이고, 합근은 같은 술잔에 담긴 술을 나누어 먹는다는 말이다. 《예기》 〈혼의(昏義)〉에 "신부가 오면 신랑은 신부에게 읍하고 안으로 들어가 같은 적틀에 차려진 음식을 함께 먹고 같은 술잔을 나누어 마시고 입가심을 한다. 이는 몸을 합하고 존비를 같이함으로써 친하게 하려는 까닭이다.〔婦至, 壻揖婦以入, 共牢而食, 合巹而酳, 所以合體同尊卑以親之.〕"라고 하였다.

15 남자가……의리이다 : 이 말은 《예기》 〈교특생(郊特牲)〉에 그대로 보인다. 《소학(小學)》 〈명륜(明倫)〉 편에도 이 말이 실려있는데, 명(明)나라 학자 오눌(吳訥, 1372~1457)이 《소학집해(小學集解)》에서 "마씨(馬氏)가 말하였다. '남자가 친히 맞이하여 남자가 여자에게 먼저 함은 강(剛)이 유(柔)에게 먼저 하는 뜻이니, 어찌 다만 혼인

는 것이겠습니까.

집사께서는 결단코 친영을 행하고자 하시니, 참으로 훌륭하고 훌륭하십니다. 집사의 집안은 명문대가(名門大家)요 명문대가에서 하는 바를 온 나라가 사모하니, 마땅히 세교(世敎)에 도움이 있을 것입니다.

납채・문명・납길・납징(納徵)・청기(請期)・친영을 '육례(六禮)'라 하니, 육례가 구비되지 않으면 올바른 혼인이 아닙니다. 이 여섯 가지는 모두 주자께서 말씀하신바 '우리들 집안에서 만들어진 것이다.'라는 것이니, 부디 《의례》를 한결같이 따라서 옛날의 도(道)를 회복하시기 바랍니다.

《가례》에 납징을 납폐로 고쳤는데, 지금 세속에서는 납폐와 납채가 두 가지 일인 줄 알지 못하고, 납폐를 납채로 오인하고 있습니다. 납채는 바로 《가례》의 이른바 '말로 정한다.〔言定〕'는 것[16]으로, 지금 신랑과 신부 양가에서 대면하여 약속하는 것입니다.

근래 세속의 주단(柱單)・택일(擇日)・의양(衣樣)[17]은 모두 안 할

의 즈음만이 이와 같겠는가. 하늘이 만들어 시작하면 땅은 대신하여 끝을 맺고, 임금이 선창함을 주장하면 신하는 화답함을 주장하니, 그 의(義)가 두 가지가 없다.'〔馬氏曰: 男子親迎而男先於女者, 剛先於柔之義也, 豈獨婚姻之際如此? 天造始而地代終, 君主倡而臣主和, 其義無二也.〕"라고 주석하였다. 《소학집해》에 실려있는 마씨는 삼례(三禮)인 《의례(儀禮)》・《주례(周禮)》・《예기(禮記)》를 주석한 한(漢)나라 학자 마융(馬融, 79~166)인데, 현재 그의 주석서들은 전하지 않는다.

16 가례의……것 : 이 내용은 《가례》 권3 〈혼례(昏禮)〉 편의 납채(納采)에 대한 주석에 "채택(采擇)을 받아들이는 예이니, 지금 세속에서 이른바 '말로 정한다.'는 것이다.〔納其采擇之禮, 卽今世俗所謂言定也.〕"라고 보인다.

17 주단(柱單)……의양(衣樣) : 주단은 혼인을 정한 뒤에 신랑의 사주(四柱)를 적은 단자(單子)를 신부 집에 보내는 의식을 이르며, 택일은 혼례식을 올릴 날짜를 정하는

수 없는데, 택일은 바로 청기이고, 주단은 마땅히 납채를 보낸 뒤일 것이고, 의양 또한 청기의 뒤에 있습니다. 고견(高見)은 어떠신지 모르겠습니다.

녹문(鹿門)이 지으신 《대전차의보(大全箚疑補)》는 그 분이 평생의 정력을 쏟은 것입니다.[18] 일찍이 황강(黃江)의 제현(諸賢)이 만든 것에 유감이 없지 못하다[19]고 생각해서 이를 잘 정리하여 책을 만들었는데, 만약 우옹(尤翁)께서 지하에서 아신다면 또한 반드시 빙그레 미소 지으실 것입니다.

일찍이 이것을 집사께 부탁한 줄 알고 있으니, 녹문에 있어서는 자

것이고, 의양은 신부 집에서 신랑 집에 신랑의 옷 치수를 청하는 것을 이른다.

18 녹문(鹿門)이……것입니다 : 녹문은 임성주(任聖周, 1711~1788)의 호이고, 《대전차의보(大全箚疑補)》는 임성주가 우암(尤庵) 송시열(宋時烈)의 《주자대전차의(朱子大全箚疑)》를 보완하여 만든 《주자대전차의보(朱子大全箚疑補)》를 가리킨다. 《주자대전차의절보(朱子大全箚疑節補)》, 《차의녹문절보(箚疑鹿門節補)》라는 이름으로도 불렸는데, 현재 완본은 전하지 않는다.

19 황강(黃江)의……못하다 : '황강의 제현'은 우암의 수제자인 수암(遂菴) 권상하(權尙夏, 1641~1721)의 문하를 이르고, '유감이 없지 못하다'는 것은 《주자대전차의》에 불만족스러운 내용이 있음을 가리킨 것으로, 수암이나 그의 제자를 곧바로 거론할 수 없어 이렇게 말한 것이다. 황강은 본래 충북 청풍(淸風)의 한수면(寒水面) 황강리로, 권상하가 이곳에 한수재(寒水齋)를 짓고 평생 은거하며 제자들을 가르친 곳이다. 우암 송시열이 김수흥(金壽興)·김수항(金壽恒) 등과 함께 《주자대전》 중에서 난해한 문자나 고사, 의문점 등을 뽑아 주석을 붙여 《주자대전차의》를 편찬하였는데, 이 책의 교정이 주로 황강에서 이루어졌으며 우암의 생전에 완성되지 못하여 우암이 별세하면서 권상하에게 김창협(金昌協)과 함께 마무리를 지을 것을 당부하여 이들에 의해 정리되고 간행되었다.

운(子雲)과 요부(堯夫)를 얻었다고 이를 만합니다만,[20] 이것을 집사의 책 상자 안에 사사로이 보관해서는 안 될 듯합니다. 엎드려 바라건대 저에게 빌려주시어, 녹문께서 후학들에게 밝게 드러내고 은혜를 베푼 고심(苦心)을 잡초처럼 영락(零落)하지 않게 하신다면 다행일 것입니다.

20 녹문에……만합니다만 : 자운(子雲)은 전한(前漢) 때의 문장가인 양웅(揚雄)의 자이고, 요부(堯夫)는 송(宋)나라 때의 학자인 소옹(邵雍)의 자이다. 두 사람 모두 저서를 완성하고서 당세에는 몰라주어도 후세에 자기와 같은 사람이 나오면 반드시 책의 진가를 알아줄 것이라 자부하였는바, 김기서가 이 《주자대전차의보》의 진가를 알아줄 것이라고 말한 것이다. 양웅은 《태현경(太玄經)》을 짓고 나서 사람들이 모두 비웃자, "지금 세상 사람이 나를 알아주지 않는 것은 해로울 것이 없다. 후세에 다시 양자운이 나오면 반드시 이 글을 좋아할 것이다.〔世不我知, 無害也, 後世復有揚子雲, 必好之矣.〕"라고 하였고, 소옹은 《황극경세서(皇極經世書)》를 짓고 나서 책을 봉함하고 겉면에 "이 글을 요부에게 올린다.〔文字上呈堯夫.〕"라고 썼다. 《唐宋八大家文鈔 卷4 昌黎文鈔四 與馮宿論文書》, 《朱子語類 卷53 孟子三 公孫丑上之下 伯夷非其君不事章》

김정택에게 줌 병인년[21] 3월
與金正宅 丙寅三月

가슴속에 아무런 막힘이 없어서 하늘의 구름처럼 자유로이 지내십니까? 횡역(橫逆)은 예로부터 끝없이 닥쳐왔지마는, 어찌 집사께서 오늘날 당한 일[22]과 같은 것이 있었겠습니까. 오직 안으로 살펴보아 하자(瑕疵)가 없어서 마음에 부끄러움이 없으면 되니,[23] 밖에서 이르는 것은 비록 이보다 더 크더라도 무슨 손해 될 것이 있겠습니까.

회옹(晦翁 주희(朱熹)) 같은 분이 어찌 고인(故人)의 재물을 사사로이 차지하고 비구니를 첩으로 들이는 짓을 하셨겠습니까마는, 스스로 말씀하기를 "조사해서 밝혀진 것으로 무함이 아니다."라고 하셨으니,[24]

21 병인년(丙寅年) : 1806년(순조6)으로, 매산의 나이 31세 되던 해이다.

22 집사께서……일 : 이 편지가 쓰인 병인년 3월 3일에, 정언(正言) 박영재(朴英載)가 상소하여 김달순(金達淳)과 심환지(沈煥之)의 죄를 논하면서, 권유(權裕)의 흉모(凶謀)에 참여한 김기서를 변방으로 귀양 보내야 한다고 주장한 일을 이른다. 《국역순조실록 6년 3월 3일》 '권유의 흉모'는 신유년(1801 순조 원년)에 대사헌으로 있던 권유가 소를 올려 정동준(鄭東浚), 윤행임(尹行恁) 등 시파(時派) 인물들에 대한 처벌을 논하면서 김조순(金祖淳)의 딸이 순조의 비로 간택되는 것을 아울러 훼방하려 했던 일을 이르는바, 이 상소는 권유가 3년 뒤인 갑자년(1804)에 국혼(國婚)을 방해한 혐의로 추국(推鞫)을 받게 되는 빌미가 되었다. 《국역순조실록 1년 6월 12일, 4년 5월 26일》

23 안으로……되니 : 이 내용은 《중용》 제33장에 그대로 보인다.

24 고인(故人)의……하셨으니 : 남송(南宋) 영종(寧宗) 경원(慶元) 연간에 주자의 학문을 위학(僞學)으로 몰아서 이를 일절 금지시킨 이른바 경원당금(慶元黨禁)의 조치가 있었는데, 이는 조여우(趙汝愚)와 권력을 다투던 한탁주(韓侂胄)가 평소 조여우의 편을 들어주던 주자(朱子)를 미워하여 감찰어사(監察御史) 심계조(沈繼祖)를 사주하

회옹의 마음을 가지고 자신의 마음으로 삼을 수 있겠습니까? 지금은 비난하는 말이 다소 조용해진 듯하나, 진취(進取)를 구하는 자들이 충성을 바치기를 그치지 않으니, 더 이상 소철(蘇轍)과 임백우(任伯雨)의 상주(上奏)가 있지 않으리라고 어찌 장담하겠습니까? 조심하고 조심하시기 바랍니다.[25]

여 올리게 한 주자에 대한 탄핵상소로부터 시작되었다. 이 상소에서 심계조는 주자를 열 가지 죄로 무함하였는데, 주자는 〈낙비각수찬의전관사표(落秘閣修撰依前官謝表)〉에서 "고인(故人)의 재물을 사사로이 차지하고, 비구니를 첩으로 들였으며 학궁의 땅을 규획하여 승방으로 바꾸었다는 것은 진실로 모두 조사해서 밝혀진 것으로, 무함이 아닙니다.〔私故人之財而納其尼女, 規學宮之地而改爲僧坊, 諒皆考覈以非誣.〕"라고 시인하였다. 《宋史 卷428 道學列傳》, 《朱子大全 卷85》

25 지금은……바랍니다 : 김기서를 공격하는 상주(上奏)가 다시 일어날 수 있으므로 조심하라는 말이다. '소철과 임백우의 상주'는 본래 북송 원우(元祐) 초에 있었던 상소로, 당시 왕안석을 주축으로 하던 신법파가 실각하고 구법파가 권력을 잡았는데, 여대방(呂大防) 등이 신법파를 아울러 등용하여 신구 간의 당쟁을 해소해야 한다고 주장하자, 소철과 임백우가 '소인과 군자는 함께 일할 수 없다'는 논리를 들어 이를 공박하는 상소를 올렸다. 그런데 경원(慶元) 초 한탁주(韓侂胄)가 주자를 위학당(僞學黨)으로 몰아 배척할 적에 사천(泗川)의 도대차마(都大茶馬) 정봉(丁逢)이 입대하여 이 두 사람의 상소를 인용해서 위학당의 등용을 막을 것을 건의하였는바, 소철・임백우가 주장한 '군자와 소인의 논리'를 이끌어다 주자를 공격하였다. 주자는 제자 황간(黃幹)에게 답한 편지에 이 일을 언급하면서 "근래의 일이 조금 잠잠해졌으나, 진취를 구하는 자들이 충성을 바치기를 그치지 않아 다시 소철과 임백우의 상주가 있게 되었으니, 아마 이미 보았을 것이다.〔近事似稍寧息, 而求進者納忠不已, 復有蘇轍、任伯雨之奏, 想已見之.〕"라고 하였는바, 여기에서 말한 '소철과 임백우의 상주'는 원우 초에 있었던 상소를 가리킨 것이 아니고, 주자 당시 있었던 정봉의 상주 즉 군자와 소인의 논리를 끌어다가 주자를 공격했던 상주를 가리킨 것이다. 이는 정봉 등을 드러내놓고 말할 수가 없으므로 은어(隱語)를 사용하여 원우 연간의 소철과 임백우를 들어 말한 것이다. 그리하여 마치 소철과 임백우가 권력에 아부하여 상소한 것처럼 말하였으니, 실제는 정봉과 같은

금일의 분분히 어지러운 일이 있지 않더라도, 집사께서 이러한 세상에서 훌륭한 일을 할 수 있습니까? 공자(孔子)의 공정함과 정성스러움, 맹자(孟子)의 주먹과 발길질[26]로도 도저히 힘쓸 곳이 없으니, 집사께서는 끝내 세상에서 훌륭한 일을 할 수 없을 듯합니다. 집사께서는 세상을 잊는 일에 차마 과감하지 못하시니, 그 마음은 참으로 인(仁)합니다. 그러나 단지 뜻을 이루지 못할 뿐만 아니라 먼저 자신에게 폐해가 되니, 지금 당장의 일이 이것입니다.

집사께서는 포의(布衣)의 선비일 때부터 명성이 지나치게 알려졌고 행적이 너무 드러났습니다. 명성이 자자하면 그 실제(實際)에 부합하기가 어려우니 조물주가 먼저 시기하고, 행적이 드러나면 내면(마음)을 함양(涵養)하기 전에 외부의 근심이 먼저 잠식(蠶食)해오니, 이는 필연의 이치입니다. 저는 항상 집사께서 이렇게 되시지 않을까 우려하였는데, 불행히도 적중하고 말았습니다.

지금부터는 계속해서 자임(自任)하는 뜻을 버리고 입을 막고 자취를 감추어서,[27] 이를 몸을 편안히 하고 명성을 확립하는 자리로 삼으시기

무리를 가리킨 것이다.《朱子大全箚疑輯補 卷59 答李公晦》,《朱子大全續集箚疑輯補 卷1 答黃直卿》

26 공자의……발길질 : 이 내용은 주자가 진량(陳亮)에게 답한 편지에서 "공자가 어찌 지극히 공정하고 지극히 정성스러운 분이 아니며, 맹자가 어찌 주먹을 휘두르고 크게 발길질한 분이 아니겠습니까.〔孔子豈不是至公血誠, 孟子豈不是麤拳大踢?〕"라고 한 말을 원용한 것이다.《朱子大全 卷28 答陳同甫書》'주먹을 휘두르고 크게 발길질했다'는 것은 맹자가 이단(異端)을 배척하기 위해 자신의 힘을 다해 공격한 사실을 지적한 말이다.

27 입을……감추어서 : 외물(外物)에 대한 관심을 끊고 은둔하기를 권고한 말이다. 원문의 '색태(塞兌)'는《도덕경(道德經)》52장에 "입을 막고 문을 닫으면 종신토록 수고

바랍니다. 그러나 다만 편안하고 고요히 지내며 스스로를 지키기만 하고 일삼는 바가 없으면 하늘이 우리 인간에게 맡겨주신 천성(天性)을 온전히 하는 방법이 아니니, 오직 아침에 도(道)를 듣는 한 가지 일[28]을 구경(究竟)의 법으로 삼을 뿐입니다.

만약 큰 근원(대도(大道))의 위에서 꿰뚫어 보신다면, 자연스럽게 마음속이 시원하게 트여서 세간(世間)의 일들은 모두 하찮아서 굳이 말할 것이 못 된다는 것을 알 것입니다. 훌륭합니다. 주자의 가르침에 이르기를 "저들이 나의 단점을 공격하는 것은 바로 나의 장점을 이루어 주는 것이니, 진실로 어진 사람이 차마 버리지 못하는 것이다."라고 하셨습니다.[29] 이 가르침이 집사께서 금일 외우고 본받기에 참으로 좋

롭지 않게 된다.〔塞其兌, 閉其門, 終身不勤.〕"라고 보이는데, 입을 막고 문을 닫는다는 것은 욕심이 나오는 이목구비(耳目口鼻)를 막는 것이다. '식영(息影)'은《장자(莊子)》〈어부(漁父)〉에 "어떤 사람이 자신의 그림자를 두려워하고 자신의 발자국을 싫어하여 이것을 떨쳐내려고 달음질을 쳤는데, 발을 들어 올리는 횟수가 많아질수록 발자국도 더욱 많아졌고 달리는 것이 빠를수록 그림자가 몸에서 떨어지지 않았다. 자신의 달음질이 아직 더디다고 생각해서 쉬지 않고 질주하여 마침내는 힘이 다하여 죽고 말았다. 이 사람은 그늘에 처하면 그림자가 사라지고 고요히 쉬면 발자국도 멈추게 된다는 것을 몰랐으니, 어리석음이 또한 심한 것이다.〔人有畏影惡迹, 而去之走者, 擧足愈數, 而迹愈多, 走愈疾, 而影不離身. 自以爲尙遲, 疾走不休, 絶力而死. 不知處陰以休影, 處靜以息迹, 愚亦甚矣.〕"라고 한 구절을 원용한 것이다.

28 아침에……일 : 원문의 '조문(朝聞)'은 '조문석사(朝聞夕死)'를 줄인 말로,《논어》〈이인(里仁)〉에 "아침에 도를 들으면 저녁에 죽어도 괜찮다.〔朝聞道, 夕死可也.〕"라고 보이는데, 이는 선비가 비록 오래 살더라도 도를 듣지 못하면 아무 의미가 없기 때문에 도를 듣는다면 오늘 저녁에 당장 죽어도 괜찮음을 말한 것이다.

29 주자의……하셨습니다 : 이 내용은《朱子大全》권27〈답첨수서(答詹帥書)〉에 보인다.

은 것입니다.

저들의 말이 비록 조리가 없으나 집사께는 타산지석(他山之石)이 될 수도 있을 것이니, 노력하고 노력하십시오. 지금 수고롭고 괴롭고 굶주리고 궁핍함이 이처럼 극심한 지경에 이르렀으니, 하늘이 큰 임무를 내려주시려는 터전이 되지 않을 줄을 어찌 알겠습니까?[30] 하늘의 뜻이 우연치 않을 듯하니, 부디 한 번의 좌절로 인해 스스로 기운을 잃지 말고, 덕(德)을 진전시키고 공업(功業)을 닦아[31] 날마다 부지런히 힘써서, 끝내 오래하고 크게 할 수 있는 기대[32]에 부응하시기 바랍니다.

존문(尊門)의 위양장(渭陽丈)의 상환(喪患)[33] 때문에 얼마나 애통하

30 수고롭고……알겠습니까 : 이 내용은 《맹자》 〈고자 하(告子下)〉의 "하늘이 장차 큰 임무를 이 사람에게 내리려 하실 적에는, 반드시 먼저 그 심지(心志)를 괴롭게 하며 그 힘줄과 뼈를 수고롭게 하며 그 체부(體膚)를 굶주리게 하며 그 몸을 궁핍하게 하여 행함에 그 하는 바를 불란(拂亂)시키니, 이것은 마음을 분발시키고 성질을 참게 하여 능하지 못한 바를 증익(增益)하게 하려는 것이다.〔天將降大任於是人也, 必先苦其心志, 勞其筋骨, 餓其體膚, 空乏其身, 行拂亂其所爲, 所以動心忍性, 曾益其所不能.〕"라는 구절을 원용한 것이다.

31 덕(德)을……닦아 : 원문의 '진덕수업(進德修業)'은 자신의 덕(德)을 진취시키고 공업(功業)을 세운다는 뜻으로, 《주역》 〈건괘(乾卦) 문언전(文言傳)〉에 보인다.

32 오래하고……기대 : 현인(賢人)의 덕업을 이루는 데 대한 기대를 말한다. 《주역》 〈계사전 상(繫辭傳上)〉에 "쉬우면 알기 쉽고 간략하면 따르기 쉬우며, 알기 쉬우면 친함이 있고 따르기 쉬우면 공(功)이 있으며, 친함이 있으면 오래할 수 있고 공이 있으면 크게 할 수 있으며, 오래할 수 있으면 현인의 덕(德)이요 크게 할 수 있으면 현인의 업(業)이다.〔易則易知, 簡則易從, 易知則有親, 易從則有功, 有親則可久, 有功則可大, 可久則賢人之德, 可大則賢人之業.〕"라고 보인다.

33 위양장(渭陽丈)의 상환(喪患) : 김기서의 외숙인 송시연(宋時淵, 1742~1806)의 상(喪)을 가리킨 것이다. 위양(渭陽)은 위수(渭水) 북쪽이란 뜻으로, 외숙(外叔)을 이른다. 춘추 시대 진 문공(晉文公)이 진 목공(秦穆公)에게 의탁하면서 목공의 누이에

고 괴로우십니까. 노성(老成)한 분의 전형(典刑)[34]이 이 어른한테 남아 있었는데 이제 끝나버렸으니, 제가 서글퍼하고 한탄함은 단지 춘문(春門)[35]에 사람이 없어서일 뿐만이 아닙니다.

《늑천집(櫟泉集)》을 간행하는 일이 아직 끝나지 않은 상황에서 사람의 일에 갑자기 변고가 생겼으니, 이 일을 그만둔 것은 아닌지요? 끝내 간행할 수 있겠습니까? 만약 책 상자에 그대로 보관하지 않고 끝내 간행하게 된다면 이는 사문(斯文)의 다행이니, 부디 집사께서는 도모하시기 바랍니다.

게 장가들었는데, 문공이 고국으로 돌아가기 위해 떠날 적에 목공의 아들로 당시에 태자였던 강공(康公)이 문공을 전송하며 "내가 외숙을 전송하려고 위수 북쪽에 이르렀다네.〔我送舅氏, 曰至渭陽.〕"라고 읊은 고사에서 유래하였다.《詩經 秦風 渭陽》송시연은 송문흠(宋文欽, 1710～1752)의 둘째 아들로, 송문흠의 형 송명흠(宋明欽, 1705～1768)에게 출계(出系)하였고, 송문흠의 《한정당집(閒靜堂集)》과 송명흠의 《늑천집(櫟泉集)》 편찬을 주관하여 모두 발문(跋文)을 썼다. 송시연의 몰년(沒年)은 송내희(宋來熙)가 지은 〈삼종숙추양선생묘표(三從叔秋陽先生墓表)〉에 보인다.《錦谷集 卷16 墓表》

34 노성(老成)한 분의 전형(典刑) : 노성은 옛 정사(政事)를 도모할 만한 옛 신하를 이르고, 전형은 옛 법도를 이른다.《시경》〈대아(大雅) 탕(蕩)〉에 "비록 노성한 사람은 없으나 그래도 떳떳한 옛 법이 남아있다.〔雖無老成人, 尙有典刑.〕"라고 보인다.

35 춘문(春門) : 동춘당(同春堂) 송준길(宋浚吉)의 가문이란 뜻이다.

김정택에게 줌 병인년 6월

與金正宅 丙寅六月

사람들의 말은 나오면 나올수록 더 험악해지니, 그들이 죄를 성토(聲討)하는 것에 대해서는 군이 크게 따질 것이 없습니다. 다만 "서캐와 이처럼 하찮다."고 비방한 말은 매우 조리가 없습니다. 그러나 이 또한 구태여 마음속에 담아 둘 필요가 있겠습니까.

집사를 호시탐탐 노려보는 자들이 이렇게 하는 것은 진실로 당연하지만, 평소에 서로 사모하고 좋아하는 자들까지도 모두들 눈길을 돌리고 마치 모르는 사람을 대하듯 하고, 또 이어서 사람을 모함하여 허물을 만들어내어[36] 다시는 돌아보지 않으니, 어찌 이리도 심하단 말입니까.

집사께서는 장차 이 세상에 용납되지 못할 것이니, 차분히 생각해보면 앞으로의 형세가 결코 이대로 그치지 않을 것입니다. 높은 고개를 넘고 바다를 건너 귀양 가는 것은 오직 천명(天命)을 기다려야 하니, 행장(行裝)을 꾸리고 기다리고 계십니까?

군자는 목숨이 오고가는 위급한 상황에서도 응당 담소(談笑)하면서 대처해야 합니다. 그러므로 정자(程子)가 말씀하시기를 "사람이 환란에 처해서는 단지 한 가지 처치(處置)가 있을 뿐이니, 사람으로서 할 수 있는 계책을 다한 뒤에는 모름지기 태연히 대처하여야 한다. 만약 처치하지 못한다면 바로 의(義)도 없고 명(命)도 없는 것이다."라고

36 사람을……만들어내어 : 원문의 '매얼(媒孽)'은 본디 누룩과 술밑을 말하는데, 이를 가지고 술을 빚듯이 무고한 사람을 모함하여 죄나 허물을 만드는 것을 비유한다.

하셨습니다.[37] 집사께서는 이 이치에 대해서 진실하고 간절하게 알고 계시니, 어찌 저의 말을 듣고 나서야 아시겠습니까.

근래 한 두 명의 사우(士友)로부터 듣건대 "집사께서 이 난경(難境)을 천명과 같이 편안히 여겨서 돌과 같은 지조가 더욱더 견고하다."라고 하니, 평소 처한 지위에 알맞게 행하여 어떤 상황에 처하더라도 스스로 만족하지 않음이 없음[38]을 볼 수 있습니다. 진실로 아시는 것을 저버리지 않았으니, 흠모하고 탄복합니다.

그러나 사람의 마음은 자만하기 쉽고 험난한 세상길은 다하기 어려우니, 마음을 다잡고 환란을 염려하여 더욱더 기억하고 경계하여, 청안(青眼)과 백안(白眼)을 눈에 나타내지 말고 자황(雌黃)을 입안에서 내지 마시고,[39] 오직 궁벽한 산에서 종적을 없애는 것을 구경(究竟)의

37 정자(程子)가……하셨습니다 : 이 내용은 《근사록》 권7 〈출처(出處)〉에 보이는 정이천의 말씀을 줄여서 원용한 것인데, 섭채(葉采)는 《근사록집해》에서 "사람이 환난을 만났을 적에 다만 대처할 바의 도리를 살펴야 하니, 이것이 이른바 의(義)라는 것이다. 만약 처치한 뒤에 자신에게 잘못이 없다면 또한 편안히 여길 뿐이요, 성패(成敗)와 이해(利害)에는 또한 어쩔 수가 없으니 이것이 이른바 명(命)이라는 것이다. 혹 일을 만나 제대로 처치하지 못하면 이는 의가 없는 것이요, 혹 처치하고서 마음속에 놓아버리지 못하면 이는 명이 없는 것이다."라고 주하였다.

38 평소……없음 : 이 내용은 《중용장구》 제14장의 "평소 부귀에 처해서는 부귀대로 행하며, 빈천에 처해서는 빈천대로 행하며, 이적에 처해서는 이적대로 행하며, 환난에 처해서는 환난대로 행하니, 군자는 들어가는 곳마다 스스로 만족하지 않음이 없다.〔素富貴, 行乎富貴, 素貧賤, 行乎貧賤, 素夷狄, 行乎夷狄, 素患難, 行乎患難, 君子無入而不自得焉.〕"라는 구절을 원용한 것이다.

39 청안(青眼)과……마시고 : 청안은 반가워하는 눈빛을, 백안(白眼)은 냉대(冷待)하는 눈빛을 이른다. 진(晉)나라 죽림칠현의 한 명인 완적(阮籍)이 예교(禮敎)에 얽매인 속된 선비가 찾아오면 백안을 뜨고 맞이했고, 깨끗한 고사(高士)가 찾아오면 청안으

법칙으로 삼는다면 몸을 보존할 수 있을 것입니다.

그런데도 화를 면할 수 없다면 이는 천명(天命)입니다. 마땅히 천명을 미루어 지극히 해서 자신의 뜻을 이루어 천명의 당연함을 알면 될 뿐이니,[40] 또한 다시 어찌하겠습니까.

로 대했던 고사에서 연유한다. 《晉書 卷49 阮籍列傳》 자황(雌黃)은 유황(硫黃)과 비소(砒素)를 혼합하여 만든 안료(顔料)로, 옛날에 황지(黃紙)에 글씨를 쓰다가 잘못 썼을 경우에 이것을 사용해서 글자를 지우고 그 위에 다시 썼으므로, 전하여 시문(詩文)의 개찬(改撰)이나 평론을 가리키거나, 선악과 시비를 가려 말하는 뜻으로 쓰였다. 《晉書 卷43 王衍列傳》

40 그런데도……뿐이니 : 이 내용은 《근사록》 권7 〈출처(出處)〉에 보이는 정이천의 말씀을 줄여서 원용한 것인데, 섭채는 《근사록집해》에서 "명(命)을 미루어 다해서 당연하여 면할 수 없음을 알았다면 동요하고 두려워하는 바가 없어서 의(義)를 행하려는 뜻을 이룰 것이다. 명은 기수(氣數)에서 나와 바꿀 수 없고 의는 나의 재제(裁制)함에 달려있어 어길 수 없으니, 이미 정해진 화복(禍福)에 대해 내가 근심하고 두려워한들 무슨 유익함이 있겠는가. 나의 의를 행할 뿐이다."라고 주하였다.

김정택에게 줌 정묘년[41] 2월
與金正宅 丁卯二月

"석담(石潭)의 유편(遺編)[42]을 현재 책상 위에 높이 모시고 있다."라고 하셨으니, 석담에 대한 광세지감(曠世之感)[43]이 깊음을 알겠습니다. 이분의 유명한 말씀과 정밀한 의리에 대해서는 응당 깊이 나아가 묵묵히 아시고 있을 것이라 생각됩니다. 생각하건대 이 어른의 이기설(理氣說)은 전인(前人)들이 미처 발명하지 못한 것을 확충하여 말씀하였으니, 맹자(孟子)의 '성선(性善)'과 '양기(養氣)'의 의논과 똑같이 성문(聖門)에 공(功)이 있습니다.[44] 만일 행사(行事)에 드러난 것을 가지고 논한다면 공정(公正)함일 뿐입니다.

정자(程子)가 말씀하시기를 "인(仁)은 천하의 공정함이요 선(善)의 근본이다. 공정하지 않으면 인하지 못하니, 공정하면서 인도(人道)를 체(體)로 삼기 때문에 인이 된다."라고 하셨는데,[45] 오직 석담 어른만이

41 정묘년(丁卯年) : 1807년(순조7)으로, 매산의 나이 32세 되던 해이다.

42 석담(石潭)의 유편(遺編) : 석담은 율곡(栗谷) 이이(李珥, 1536~1584)의 별호이며, 유편은 유저(遺著)인 《율곡전서(栗谷全書)》를 가리킨다.

43 광세지감(曠世之感) : 동시대에 태어나지 못해 서로 만나지 못하는 것에 대한 감회(感懷)를 이른다.

44 맹자(孟子)의……있습니다 : 이 내용은 《맹자집주(孟子集註)》 〈서설(序說)〉에 "맹자의 성선(性善)과 양기(養氣)의 의논은 모두 전성(前聖)이 발명하지 못한 것이다.〔孟子性善養氣之論, 皆前聖所未發.〕"라는 정이천의 해설이 있으므로 말한 것이다. 성선에 대해서는 《맹자》 〈등문공 상(滕文公上)〉에 보이고, 양기는 호연지기(浩然之氣)를 이르는 것으로 〈공손추 상(公孫丑上)〉에 보인다.

거의 이러하였습니다. 이 때문에 충(忠)과 서(恕) 두 가지가 지극하고, 남과 나를 아울러 환히 비춘 것입니다. 비록 사람 마음이 얼굴처럼 똑같지 않으나, 만약 오랫동안 국성(國成)[46]을 잡고 있었더라면 대화(大和)를 보합(保合)해서[47] 함께 대도(大道)에 나아갈 수 있었을 텐데, 불행히도 하늘이 이분을 너무 빨리 빼앗아가서 끝내 성취하지 못하였습니다.

45 정자(程子)가……하셨는데 : 정자는 정이천(程伊川)을 이른다. 이 내용은 한 구절이 아닌바, 앞의 '인(仁)은 천하의 공정함이요 선(善)의 근본이다.〔仁者, 天下之公而善之本也.〕'라는 구절은, 《주역》〈복괘(復卦) 육이(六二) 상(象)〉의 "휴복의 길(吉)함은 인자에게 낮추기 때문이다.〔休復之吉, 以下仁也仁.〕"라고 한 구절에 대한 《역전(易傳)》의 해석에 보인다. 휴복은 아름답게 선(善)으로 돌아옴을 이른다. 뒤의 구절은 《이정유서(二程遺書)》 권15 〈입관어록(入關語錄)〉의 "인(仁)에 대한 도는 요컨대 다만 모름지기 한 공(公) 자로 말할 수 있으니, 공은 다만 인의 이치이다. 공을 가지고 곧 인이라고 불러서는 안 되니, 공정하면서 인도를 체(體)로 삼기 때문에 인이 되는 것이다.〔仁之道要之, 只消道一公字, 公只是仁之理. 不可將公便喚做仁, 公而以人體之, 故爲仁.〕"라고 한 구절을 요약하여 말한 것이다.

46 국성(國成) : 권력을 쥐고 국가를 다스리는 권병(權柄)을 이르는바, 성(成)은 공평하게 나라를 다스림을 가리킨다. 《시경》〈소아(小雅) 절남산(節南山)〉에 "마음에 근심하기를 술병이 난 듯하니 누가 국성을 잡고 있기에 스스로 정사를 다스리지 아니하여 마침내 백성들을 수고롭게 하는가.〔憂心如酲, 誰秉國成. 不自爲政, 卒勞百姓?〕"라고 보인다.

47 대화(大和)를 보합(保合)해서 : 이 내용은 《주역》〈건괘(乾卦) 단(彖)〉에 "건도가 변화함에 각기 성명(性命)을 바루어 대화를 보합하니, 이에 정(貞)함이 이롭다.〔乾道變化, 各正性命, 保合大和, 乃利貞.〕"라고 보이는데, 주자는 《주역본의(周易本義)》에서 "대화는 음양(陰陽)이 모여 조화로운 기운이다. 각정(各正)은 만물이 태어나는 초기에 성명(性命)을 얻는 것이고, 보합은 이미 생겨난 뒤에 성명을 온전히 보존하는 것이다.〔大和, 陰陽會合沖和之氣也. 各正者, 得於有生之初, 保合者, 全於已生之後.〕"라고 주하였다.

그러나 밝고 밝은 마음은 보존되어 있어서 백세(百世)가 지나도 상상해 볼 수 있습니다. 집사께서 이미 독실하게 믿고 있으니, 원컨대 '명통공부(明通公溥)'[48]를 네 글자의 부절(符節)로 삼아서 끝내 이 어른을 저버리지 않으시기를 바랍니다.

지난해 겨울 서울에 갔다가 계씨(季氏)의 집[49]에 가서 마침 들은 내용이 있습니다. 주자가 일찍이 방옹(放翁)이 권력자에게 끌려가서 말년의 절개를 온전히 하지 못할까 염려하여, 심지어는 "까닭 없이 천진교(天津橋) 위에서 호손(胡孫)에게 교란되어 대이삼장(大耳三藏)이 엿보게 되었습니다. 기후가 좋지 못하여 저를 답답하게 합니다."라고 하셨습니다.[50] 친구 간의 우정이 돈독해서 말년에 아름다운 절개를 이

48 명통공부(明通公溥) : 염계(濂溪) 주돈이(周敦頤)가 지은《통서(通書)》에 나오는 말인데, 주자(朱子)가 "명통(明通)은 정(靜)이면서 동(動)이고 공부(公溥)는 동이면서 정이다. 사람에게 있는 것으로 말하면 명(明)은 사물을 분명히 아는 것이고 통(通)은 통투(通透)하여 막힘이 없는 것이며, 공(公)은 바로 편벽됨이 없는 것이고 부(溥)는 만사에 널리 하고 두루 하는 것이다.〔明通者, 靜而動, 公溥者, 動而靜. 在人言之, 則明是曉得事物, 通是透徹無窒礙, 公是正無偏陂, 溥是溥徧萬事.〕"라고 풀이하였다.《近思錄釋疑 卷4》

49 계씨(季氏)의 집 : 계씨는 남의 막내아우를 이르는바, 김기서의 막내아우 김기유(金基有, 1767~?)를 가리킨 것이다.

50 주자가……하셨습니다 : 방옹(放翁)은 남송(南宋)의 애국시인이자 문신으로 금(金)나라의 침략에 대하여 철저하게 항전을 주장하였던 육유(陸游, 1125~1210)의 호이다. 주자의 이 말은《주자대전(朱子大全)》권64〈답공중지(答鞏仲至)〉에 보이는데, '기후가 좋지 못하여〔氣候不佳〕'와 '저를 답답하게 합니다〔令人鬱鬱〕'라는 구절은 앞 절과 바로 이어진 문장이 아닌데, 매산이 연결시킨 것이다. 호손(胡孫)은 원숭이를 이르고 대이삼장(大耳三藏)은 당나라 숙종(肅宗) 때 인도에서 건너온 승려로 상대의 마음을 알아내는 타심통(他心通)을 익힌 인물이다. 대이삼장이 타심통의 신통력을 발

루게 해주고자 하신 뜻이 이와 같았으니, 여기에서 군자다운 마음을 볼 수 있습니다.

돌과 같은 지조(志操)가 확고하여 꺾이지 않을 것임을 참으로 알고 있으니 구태여 일에 앞서 우려할 필요가 없습니다만, 저는 오직 형께서 만 길 높이로 우뚝 서서 우리 도(道)의 광채가 되어 주시기를 바랍니다. 예전에는 남과 함께 걱정해야 할 걱정이 마음속에서 지나치게 많은 부분을 차지하였지만, 이제는 천리(天理)를 즐기고 천명(天命)을 아는 즐거움을 가지고 평소의 뜻을 바꾸지 않고 평소 처한 지위에 알맞게 행하여 어떤 상황에 처하더라도 스스로 만족하지 않음이 없다면, 오래하고 크게 할 수 있는 사업도 이로 말미암아 이루어질 수 있을 것입니다. 천만 번 노력하시기 바랍니다.

지난해에 제가 세 번이나 편지를 보냈는데도 아직 답장을 받지 못하였습니다. 저에게 연루될까 염려해서입니까? 회옹(晦翁)이 병진년(丙辰) 이후에 어찌 두려워하고 몸조심하는 바가 없었겠습니까마는, 그럼에도 또한 오랜 친구 간에 편지 왕복을 끊지 않으셨습니다.[51] 만일 의롭

휘하니, 숙종이 당시 국사(國師)이던 혜충(慧忠)에게 이를 시험하게 하였는데, 혜충이 천진교 위에서 원숭이와 노는 것을 생각하자 이를 알아 맞혔으나, 혜충이 마음을 비우자 그 마음을 끝내 알아맞히지 못하였다. 《五燈會元 卷2 六祖大鑒禪師旁出法嗣第一世》 주자의 말에 대해 우암 송시열은 《주자대전차의(朱子大全箚疑)》 권64 10판(板)에서 "생각하건대 방옹이 부귀에 마음이 있었기 때문에 한탁주(韓侂胄)가 이를 엿보고서 방옹에게 〈남원기(南園記)〉를 짓게 하였다. 주자의 의도는 부귀를 호손에 비유하고, 한탁주를 대이삼장에 비유한 것이다."라고 풀이하였다.

51 회옹(晦翁)이……않으셨습니다 : 병진년(1197)은 남송 영종(寧宗) 경원(慶元) 2년으로, 한탁주(韓侂胄)가 승상 조여우(趙汝愚)와의 권력투쟁에서 승리하여 조여우와 그를 따르던 사람들을 모두 몰아내고 주자의 도학(道學)을 위학(僞學)으로 규정하여

지 않았다면, 회옹이 이것을 하셨겠습니까? 지금 인편이 도성을 거치지 않았으니, 부디 편지를 보내주셔서 만나서 가르침을 듣는 것과 같게 해주십시오.

주자의 학문을 일절 금지시킨 경원당금(慶元黨禁)이 일어난 해이다. 이때 주자는 68세였는데, 12월에 사록관(祠祿官)에서 파직되었으며 한탁주에게 아첨하는 무리들이 주자를 참수해야 한다는 상소를 올려 매우 위태로운 처지였으나, 주자는 죽림정사(竹林精舍)에서 강학하며, 화(禍)와 복(福), 생(生)과 사(死)는 천명에 달렸다고 하여 오랜 벗들과도 평소와 다름없이 교유하였다. 《朱子年譜 卷4》

김정택에게 줌 기사년[52] 9월

與金正宅 己巳九月

지금 기체(氣體)가 천만 번 편안하시고, 밤의 시간[53]이 기니 이치를 더욱 돈독히 완색(玩索)하고 계십니까? 동쪽 울타리에 핀 빛깔 고운 국화는 또한 다시 어떻습니까? 생각하건대 응당 이슬 머금은 국화꽃을 따면서 유연(悠然)한 정취를 맛보고 계시겠지요.[54] 모름지기 자신의 말년의 절개를 온전히 해서 저 탁월한 국화처럼 되어야, 진짜 국화가 가짜 도연명(陶淵明)과 마주하는 것[55]을 면할 수 있습니다.

외물에 사역(使役)당하는 경우에는 진실로 이러한 삶을 잃고, 좌치(坐馳)[56]하는 경우 또한 참된 뜻을 잃습니다. "말하고자 하나 할 말을

52 기사년(己巳年) : 1809년(순조9)으로, 매산의 나이 34세 되던 해이다.

53 밤의 시간 : 원문의 '경주(更籌)'는 고대(古代)에 밤의 시간을 알리는 시계의 죽첨(竹簽)을 말한 것으로, 전하여 야간의 시간을 가리킨다.

54 동쪽……계시겠지요 : 이 내용은 동진(東晉)의 고사(高士)인 도연명(陶淵明, 365~427)이 지은 〈음주(飮酒)〉 시의 "동쪽 울타리 아래에서 국화를 따다가 유연히 남산을 바라보노라.……가을 국화는 빛깔도 고우니, 이슬 머금은 그 꽃을 따노라.〔採菊東籬下, 悠然見南山.……秋菊有佳色, 裛露掇其英.〕"라는 구절을 원용한 것이다. 《陶淵明集 卷3》

55 진짜……것 : 이 구절은 목은(牧隱) 이색(李穡)이 지은 〈국화를 마주하여 느낌이 있어 짓다.〔對菊有感〕〉라는 시의 한 구절을 그대로 인용한 것이다. 《牧隱詩藁 卷19》 '가짜 도연명'이란 말은, 도연명처럼 물외(物外)에 초탈하여 유유자적하게 지내지 못하고 세상일에 연연해하는 사람을 의미한다.

56 좌치(坐馳) : 조용히 앉아 있어도 마음속은 안정되지 못하여 온갖 번뇌가 치달림을 말한다. 《장자》 〈인간세(人間世)〉에 "길상(吉祥)은 지극히 허정(虛靜)한 마음에 머무

잊었네."[57]라고 하였으니, 제가 말씀드리고 싶은 것을 아마도 묵묵히 아실 것입니다.

석실서원(石室書院)[58]에서 등불을 걸던 밤에 제가 몸과 명예를 모두 완전하게 하는 것이 어렵다고 말씀 드리자, 집사께서는 "몸과 명예가 두 가지 물건이 아니니, 명예가 완전하지 못하면 몸이 완전하다고 할 수 없다."라고 하셨습니다. 저는 그 말씀을 듣는 즉시 마음이 트여 의혹이 풀려 마음에 거슬리는 바가 없게 되었으니, 경애(敬愛)하고 존모(尊慕)하는 마음이 이를 계기로 더욱 깊어졌습니다.

근래에 《사기》 〈채택전(蔡澤傳)〉을 보니, 여기에 "몸과 명예가 모두 온전한 자는 상등(上等)이요, 명예는 본받을 만하나 몸이 죽은 자는 차등(次等)이요, 명예는 치욕(恥辱) 속에 있으나 몸이 온전한 자는 하등(下等)이다."라고 하였는데, 이 말이 옳은 것 같으나 끝내는 몸과 명예를 두 가지로 본 것입니다. 채택(蔡澤)은 도(道)를 듣지 못한 사람이니, 이렇게 말하는 것이 이상할 것이 없습니다.

는 법인데, 마음이 고요히 안정되지 않으면 길상이 머물지 않으니 이것을 일러 좌치라고 한다.〔吉祥止止, 夫且不止, 是之謂坐馳.〕"라고 보인다.

57 말하고자……잊었네 : 이 구절은 도연명의 시 〈음주(飮酒)〉에 "말하고자 하나 이미 할 말을 잊었네.〔欲辯已忘言〕"라고 한 말을 원용한 것이다. 《陶淵明集 卷3》

58 석실서원(石室書院) : 경기도 미금시 수석동(水石洞) 석실마을에 있었던 서원으로, 1656년(효종7)에 지방 유림의 공의로 김상용(金尙容)과 김상헌(金尙憲)의 충절과 학덕을 추모하기 위해 사우(祠宇)를 창건하여 위패를 모신 곳이었다. 1663년(현종4)에 '석실(石室)'이라고 사액되어 서원으로 승격되었다. 그 뒤 1697년(숙종23)에 김수항(金壽恒)·민정중(閔鼎重)·이단상(李端相), 1710년에 김창협(金昌協)을 추가 배향하여 선현 배향과 지방 교육의 일익을 담당해 왔다. 대원군의 서원철폐령으로 1868년(고종5)에 훼철되어 위패는 묻히고 서원터는 폐허가 되었다.

그러나 양웅(揚雄) 또한 공자가 양화(陽貨)를 만나 본 일을 가지고 "몸을 굽혀서 도를 펴려고 한 것이다."라고 하였는데, 구산(龜山)이 이것을 변론하여 말하기를 "도 밖에 몸이 따로 없고 몸 밖에 도가 따로 없으니, 몸을 굽히고서 도를 펼 수 있겠는가."라고 하였습니다.[59] 이것은 정자(程子)께서 왕통(王通)의 마음과 행적의 분별을 배척한 것[60]과

59 양웅(揚雄)……하였습니다 : 이 내용은 《논어집주》〈양화(陽貨)〉 제1장의 장하주(章下註)에 "양씨(楊氏)가 말하였다. '양웅이 이르기를 「공자가 양화에 대해서는 공경하지 않을 사람을 공경하셨으니, 이는 몸을 굽혀서 도를 펴려고 하신 것이다.」 하였는데, 공자를 안 자가 아니다. 도 밖에 몸이 따로 없고 몸 밖에 도가 따로 없으니, 몸을 굽히고서 도를 펼 수 있다는 말을 나는 믿지 못하겠다.'〔楊氏曰: 揚雄謂孔子於陽貨也, 敬所不敬, 爲詘身以信道, 非知孔子者, 蓋道外無身, 身外無道, 身詘矣, 而可以信道, 吾未之信也.〕"라고 보인다. 양웅(기원전 53~18)은 전한(前漢) 말기의 학자이며 문인으로 자는 자운(子雲)이다. 박학다식하고 뛰어난 문장가였으나 왕망(王莽)의 신(新)나라에 왕망을 찬미하는 글을 지어 후대에 많은 비판을 받았다. 저서로는 《역경(易經)》을 모방하여 지은 《태현경(太玄經)》과 《논어》를 모방하여 지은 《법언(法言)》이 있다. 구산(龜山)은 북송 말과 남송 초 때의 도학자인 양시(楊時, 1053~1135)의 호이다. 자는 중립(中立)이고, 시호는 문정(文靖)으로 신종(神宗) 희녕(熙寧) 9년(1076)에 진사시에 급제하고 벼슬이 공부 시랑(工部侍郎)에 이르렀다. '정문 사선생(程門四先生)' 중의 한 명으로 낙학(洛學)의 대종(大宗)이 되었는데 훗날 구산의 학맥에서 주희(朱熹)·장식(張栻)·여조겸(呂祖謙) 등 뛰어난 학자가 많이 배출되었다.

60 정자(程子)께서……것 : '왕통(王通)의 마음과 행적의 분별'은 왕통이 동상(董常)에게 "마음과 행적이 다른 지 오래되었다.〔心迹之判久矣.〕"라고 말한 것으로, 왕통의 저서인 《중설(中說)》 권5 〈문역편(問易篇)〉에 보이는데, 이 주장은 이천(伊川) 정이(程頤)에게 난설(亂說)로 배척되었는바, 이천의 말씀은 《근사록》 권13 〈변이단(辨異端)〉 편에 보인다. 왕통(584~617)은 수(隋)나라의 학자로 자는 중엄(仲淹), 시호는 문중자(文中子)로 당나라의 천재 시인 왕발(王勃)의 조부이다. 문제(文帝) 인수(仁壽) 연간에 장안(長安)에 와서 태평십책(太平十策)을 상주하였으나, 채택되지 않자 하분(河汾) 일대로 돌아와 제자를 가르쳐 설수(薛收)와 방교(房喬), 이정(李靖), 위

동일한 의사입니다. 훌륭하신 견해가 참으로 두 현자의 의견에 부합하므로, 애오라지 받들어 말씀드립니다.

아무개의 문자는 진실로 이른바 '자연히 이루어져 바꿀 수 없는 정론(定論)'[61]이라는 것이니, 과연 편지에서 말씀하신 것처럼 구태여 여러 말을 할 필요가 없습니다. 그러나 이 사람은 백(白)을 바꾸어 흑(黑)으로 만들고 위를 뒤집어 아래로 만들어, 이를 국시(國是)라고 하여 천하와 만세(天下萬世)의 공론(公論)과 억지로 싸우고 있습니다. 이 또한 폐해(弊害)가 백성들에게 흘러들고 재앙이 후세 사람들에게 미치기에 충분하니, 어찌 변론하지 않을 수 있겠습니까.

변론을 하면서 시시비비를 제대로 가리지 못한다면 변론하지 않는 것만 못하니, 집사가 아니면 그 누가 이것을 변론하겠습니까. 만약 말씀만 해주신다면 다시 원본을 빌려 보실 수 있도록 올리겠습니다.

소자첨(蘇子瞻)이 일찍이 말하기를

"이단숙(李端叔)은 평생토록 불우하고, 말년에는 더욱 쓸쓸하였다. 그런데 어헌(魚軒)의 훌륭한 덕에 힘입어 곡진하게 서로 마음이 맞아서 마침내 온갖 근심을 잊었다. 그렇지 않았으면 인생에 어찌 다시 아름다운 재미가 있었겠는가."

징(魏徵), 방현령(房玄齡) 등 1천 명이나 되는 제자를 길렀으며《중설(中說)》10권을 남겼다.

61 자연히……정론(定論) : 이 내용은 "천하에 자연히 이루어져 바꿀 수 없는 공론이 있다.〔天下有自然不易之公論.〕"라는 주자의 말씀을 원용한 것이다.《朱子大全 卷70 讀兩陳諫議遺墨》

라고 하였습니다.[62] 알지 못하겠습니다. 누가 집사의 어헌이 된단 말입니까? 생각하면 비통함이 마음을 흔듭니다.

《육선공주의(陸宣公奏議)》[63] 여섯 책을 이웃에 빌리는 혐의[64]를 헤아리지 않고 삼가 빌려다가 올리니, 집사의 일단(一段)의 고심(苦心)은 육경여(陸敬輿)와 더불어 오랜 세대를 뛰어넘어 서로 백중(伯仲)이 될 수 있을 것입니다.

62 소자첨(蘇子瞻)이……하였습니다 : 소자첨은 동파(東坡) 소식(蘇軾)을 가리킨 것으로 자첨은 그의 자이며, 이단숙(李端叔)은 이지의(李之儀, 1048~1117)로 단숙은 그의 자이다. 이 내용은 《동파전집(東坡全集)》 권78 〈여이지의(與李之儀)〉에 "숙정(叔靜)이 이르기를 '단숙(端叔)은 평생토록 불우하고, 말년에는 더욱 쓸쓸하였다. 바로 어헌(魚軒)의 훌륭한 덕에 힘입어 곡진하게 서로 마음이 맞아서 마침내 온갖 근심을 잊을 수 있었으니, 이 일이 어찌 소소한 일이겠는가. 그렇지 않았으면 인생에 어찌 다시 아름다운 재미가 있었겠는가.' 하였다.〔叔靜云: 端叔一生坎坷, 晩節益牢落, 正賴漁軒賢德, 能委曲相順, 適以忘百憂, 此豈細事? 不爾, 人生豈復有佳味乎?〕"라고 보인다. 숙정은 동파의 지인인 손고(孫鼛)의 자이다. 어헌(魚軒)은 제후의 부인이나 귀부인 등이 타는 어피(魚皮)로 장식한 수레를 가리키는데, 여기에서는 이지의의 부인을 가리킨다. 이지의는 호가 고계거사(姑溪居士)로 북송(北宋) 철종, 흠종 때의 문신이자 시인인바, 추밀원 편수관(樞密院編修官), 통판원주(通判原州) 등의 벼슬을 역임하였다. 정주 막부(定州幕府)에 있을 적에 동파와 조석(朝夕)으로 시를 주고받았다고 한다.

63 육선공주의(陸宣公奏議) : 원문의 '육주(陸奏)'는 당나라 때의 명신 육지(陸贄, 754~805)가 지은 주의(奏議)를 모아놓은 책인데, 후대 정치가들의 필독서가 되었다. 선공(宣公)은 육지의 시호이며 자는 경여(敬輿)이다. 대종(代宗) 대력(大曆) 연간에 박학굉사과(博學宏詞科)에 급제하여 등용된 다음 직간을 잘하였으며, 벼슬이 중서평장사(中書平章事)에 이르렀다. 《舊唐書 卷139 陸贄》

64 이웃에 빌리는 혐의 : 뜻을 굽혀 남의 비위를 맞추고 아름다움을 빼앗아 생색을 내는 것에 대한 혐의로, 《논어》 〈공야장(公冶長)〉에 "누가 미생고를 정직하다 하는가? 어떤 사람이 식초를 빌리려 하자, 그의 이웃집에서 빌려다가 주는구나.〔孰謂微生高直? 或乞醯焉, 乞諸其隣而與之.〕"라고 보인다.

육공(陸公)은 반드시 군주를 허물이 없는 자리에 두고자 하여, 혈성(血誠)이 이르는 곳이면 쇠와 돌도 뚫을 수 있었습니다. 이에 덕종(德宗)처럼 남을 시기하고 이기고자하는 마음이 많은 군주조차도 거의 감동시킬 수 있었던 것인데, 끝내 조정에서 용납되지 못한 것은 천명이었습니다.

남녀가 음란하여 인륜을 모독해서 대대로 악(惡)을 이룬 당나라인데,[65] 어떻게 한 왕도(王道)로써 천하를 다스리는 왕자(王者)의 법을 이루어 소강(小康)[66]의 정치에 도달할 수 있었겠습니까. 끝내 육공의 재주를 다 쓰지 못한 것이 당연합니다.

저는 일찍이 당나라 3백 년에 오직 육경여 한 사람만 있을 뿐이라고 여겼습니다. 다만 폄적(貶謫)되어 비방을 피해 지내면서 《고금경험방(古今經驗方)》만 집성하였기 때문에, 주자가 이를 책잡아 말씀하기를 "어찌 완색(玩索)하고 토론할 만한 성현의 경전(經傳)이 없었겠는가." 라고 하셨습니다.[67] 주자의 이 말씀이 바로 그의 잘못을 지적한 것이

65 남녀가……당나라인데 : 원문의 '취우(聚麀)'는 부자간에 암컷을 공유한다는 뜻으로 음란함으로 인륜을 어지럽히는 것을 비유하는바, 당나라 태종의 아들인 고종(高宗)이 태종의 재인(才人)이었던 무씨(武氏)를 맞이하여 황후로 세우니, 이가 바로 측천무후(則天武后)이고, 또 현종(玄宗)은 그의 아들 수왕(壽王) 이모(李瑁)의 처를 황후로 세우니, 이가 바로 양귀비(楊貴妃)였으므로 이렇게 말한 것이다. 《예기》 〈곡례 상(曲禮上)〉에 "오직 금수만은 예(禮)가 없기 때문에 부자간에 암컷을 공유한다.〔夫唯禽獸無禮, 故父子聚麀.〕"라고 보인다.

66 소강(小康) : 요·순(堯舜)이 대도(大道)를 펼친 대동(大同)의 시대보다는 못하나, 정교(政教)가 청명하고 백성들이 부유하고 안락하였던 우(禹), 탕(湯), 문왕(文王), 무왕(武王), 성왕(成王), 주공(周公)의 시대를 이른다. 《禮記 禮運》

67 폄적(貶謫)되어……하셨습니다 : 《고금경험방(古今經驗方)》은 《육씨집험방(陸

니, 원컨대 집사께서는 도(道)를 들은 육내상(陸內相)이 되시기 바랍니다.[68]

氏集驗方)》을 말한 것이다. 육지는 지금의 사천성(四川省) 충현(忠縣)인 충주(忠州)의 별가(別駕)로 폄적되어 10년을 지냈는데, 정적(政敵)들의 비방을 피하기 위해 책을 저술하지 않고 다만 의방서(醫方書)를 익히고 고금의 유명한 처방을 모아《육씨집험방》50권을 만들었다.《唐書 卷157 列傳 第82 陸贄》주자의 말씀은《주자어류(朱子語類)》권136〈역대3(歷代三)〉에 보인다.

68 집사께서는……바랍니다 : 도(道)는 주자의 성리학을 이른다. 육내상(陸內相)은 육지를 이른 것으로, 육지가 한림학사(翰林學士)가 되어 황제의 측근에서 기밀(機密)에 참예하였고, 외직에 있을 적에도 국가의 계책이 대부분 그에게서 나왔기 때문에, 당시 사람들이 그를 내상(內相)이라고 불렀다. 내상은 이후 한림학사(翰林學士)의 별칭이 되었다.《舊唐書 卷139 列傳 第89 陸贄》

김정택에게 답함 경오년[69] 6월

答金正宅 庚午六月

눈에 생기는 병[70]은 비록 글을 읽는 데에 방해가 되나, 마음의 본원을 편안히 수양하고 천리(天理)를 체인(體認)한다면 도리어 한갓 옛 책을 연찬(硏鑽)하는 것보다 낫습니다. 회옹(晦翁)께서 정신을 집중하고 고요히 앉아서 일찍 시력을 잃지 않았던 것을 한탄한 것[71]은 아마도 이 때문일 것입니다. 의가(醫家)에서 '밖으로 보는 것을 줄이고 오로지 안으로 자신을 성찰한다.'라고 한 것 또한 함양(涵養 몸을 닦고 심성(心性)을 기름)에 도움이 있으니, 빨리 시험해 보시기 바랍니다.

69 경오년(庚午年) : 1810년(순조10)으로, 매산의 나이 35세 되던 해이다.

70 눈에 생기는 병 : 원문의 '아도(阿睹)'는 눈을 가리킨다. 소동파의 〈전신(傳神)〉에 "고호두(顧虎頭)가 말하였다. '사람의 초상을 그리는 것은 모두 아도(阿睹) 가운데 있다.'〔顧虎頭云: 傳形寫影, 都在阿睹中.〕" 하였는데, 이는 고개지가 '아도(阿堵)'라고 말한 것을 '아도(阿睹)'로 바꿔 눈의 의미로 쓴 것이다. '아도(阿堵)'는 본래 육조 시대(六朝時代)의 구어(口語)로 '이' 또는 '이것'의 뜻인데, 고개지의 '아도' 또한 눈을 가리킨 것이다.

71 회옹(晦翁)께서……것 : 이 내용은 주자가 반숙도(潘叔度)에게 답한 편지에 "나의 노쇠한 병이 금년에는 다행히 아주 심한 지경에는 이르지 않았으나, 정력은 더욱 쇠퇴하고 시력은 완전히 흐려져서 문자를 볼 수 없습니다. 그래서 눈을 감고 고요히 앉아 있노라니 도리어 방심이 수습되어 지난날에 바깥으로 향해 치달려 가던 마음이 적지 않았음을 깨달았으니, 일찍 시력을 잃지 않았던 것이 자못 한스럽습니다.〔熹衰病, 今歲幸不至劇, 但精力益衰, 目力全短, 看文字不得. 瞑目閑坐, 却得收拾放心, 覺得日前外面走作不少, 頗恨盲廢之不早也.〕"라고 보인다. 《朱子大全 卷46》 회옹은 주자의 호가 회암(晦庵)이므로 높여서 이렇게 칭한 것이다.

동(動)과 정(靜)은 모두 나의 마음을 보존하고 나의 덕을 함양하는 것이지만 동은 정을 근본으로 삼습니다. 이것이 염계(濂溪)의 주정론(主靜論)[72]이 성문(聖門)에 크게 공이 있는 이유입니다. 다만 잘 배우지 못하는 자들은 스스로 허무적멸(虛無寂滅)에 치우쳐서 병을 이룰 뿐이니, 이것이 어찌 정(靜)의 죄(罪)이겠습니까.

이 이치는 모름지기 조용히 탐구하여 깊이 체득하는 데서 나와야 의미가 심원(深遠)하게 되니, 바로 맹자가 말씀한 '자득(自得)한다.'라는 것입니다.[73] 주정(主靜)의 공부가 없는 상태에서 이것이 가능하겠습니까.

집사께서는 공자와 주자를 칭송하고 본받으니 마땅히 시(詩)와 예(禮)로 아들을 가르칠 것이라고 생각했는데, 지금 도리어 강(姜)·신(申)[74] 무리의 나쁜 말을 아이를 기르는 자료로 삼으니, 이것이 어찌

72 염계(濂溪)의 주정론(主靜論) : 염계는 북송의 학자 주돈이(周敦頤, 1017~1073)의 호이고, 주정(主靜)은 도덕의 수양 방법으로 마음을 고요한 상태로 유지하여 외물에 의해 동요되지 않게 함을 이르는바, 염계의 〈태극도설(太極圖說)〉에 보인다. 염계는 정호(程顥), 정이(程頤)의 스승이며, 그의 〈태극도설〉은 송대 성리학의 이론적 근거가 되었다.

73 맹자가……것입니다 : 이 내용은 《맹자》 〈이루 하(離婁下)〉에 "군자가 깊이 나아가기를 도(道)로써 함은 자득하고자 해서이니, 자득하면 처(處)하는 것이 편안하고 처하는 것이 편안하면 이용함이 깊게 되고 이용함이 깊으면 좌우에서 취함에 그 근원을 만나게 된다.〔君子深造之以道, 欲其自得之也. 自得之, 則居之安, 居之安, 則資之深, 資之深, 則取之左右, 逢其原.〕"라고 보인다.

74 강(姜)·신(申) : 당시 과거 공부를 위한 과시체(科詩體)에 있어 가장 뛰어난 인물로 전해지고 있던 강백(姜栢, 1690~1777)과 신광수(申光洙, 1712~1775)를 병칭한 것이다. 이들은 과시체에 있어 새로운 경지를 이룩하였는데, 강백의 〈행시격(行詩格)〉과 신광수의 〈관산융마(關山戎馬)〉가 유명하다.

제가 평소 집사께 기대한 바이겠습니까.

정자께서 일찍이 탄식하기를, "후세 사람들은 어릴 때부터 이미 급급하게 이익으로 달려가는 마음이 있으니, 어떻게 선(善)으로 향할 수 있겠는가. 의식(衣食)을 경영하는 것은 무방하지만, 오직 이익과 녹봉의 유혹이 가장 사람을 해친다."[75]라고 하셨습니다. 이 말씀이 통절(痛切)하여 세 번 반복해 읽으면 부끄러워 땀이 나니, 집사께서는 어찌 이러한 의리를 알지 못하시고 도리어 이렇게 하신단 말입니까? 이것이 바로 시문(時文 과체문(科體文))을 교수해주는 의리입니까?

자제들에게 모두 과거 공부를 그만두기를 요구하는 것 또한 실행할 수 없는 것입니다. 설령 자제들이 과거 공부를 하더라도, 마땅히 주자의 말씀을 따라 30년 전의 혼후(渾厚)하고 순정(純正)하고 명백(明白)하고 준위(俊偉)한 글을 취해서 법으로 삼아야 하니,[76] 삼산재(三山齋)[77]의 시(詩) 같은 것이 그 예입니다. 이 어른의 과문체(科文體) 또한 올바른 음(音)이요 중화(中和)한 소리이니, 단지 요즘 세상에 일찍이

75 후세……해친다 : 이 내용은 《이정유서(二程遺書)》 권15 〈입관어록(入關語錄)〉에 보인다.

76 30년……하니 : 이 내용은 《주자대전(朱子大全)》 권49 〈답진부중(答陳膚仲)〉에 보인다.

77 삼산재(三山齋) : 김이안(金履安, 1722~1791)의 호로 자는 원례(元禮), 본관은 안동(安東), 시호는 문헌(文獻)이다. 농암 김창협의 증손자이고 미호(渼湖) 김원행(金元行)의 아들이다. 1762년(영조38) 학행(學行)으로 천거되어 경연관(經筵官)에 기용되었고, 1781년(정조5) 충주 목사를 지냈으며, 1784년 지평(持平)·보덕(輔德)·찬선(贊善) 등을 거쳐 벼슬이 좨주(祭酒)에 이르렀다. 부친의 문하에 출입하던 성리학자 박윤원(朴胤源) 등과의 교유하면서 성리학에 깊은 조예를 쌓았으며 예학(禮學)에도 조예가 깊었다.

없었던 것일 뿐만 아니라, 연옹(淵翁 김창흡(金昌翕))도 미치기 어려운 부분이 많이 있으니, 참으로 공령가(功令家)의 삼매(三昧)[78]입니다.

만약 문집(文集)이 나오게 되면, 마땅히 이 과문을 시집(詩集)의 끝에 붙여서 후인(後人)의 법으로 삼아야 할 것입니다. 강・신과 같은 무리들의 글은 참으로 광대의 미친 소리이니, 어찌 법도로 삼을 수 있겠습니까. 부형(父兄)이 자제를 가르칠 적에 모두 죽기 살기로 명리(名利)를 구하게 하여, 스스로 정문(程文 과문(科文))을 지어 과거에 응시하는 자 또한 좀처럼 볼 수가 없으니, 온 세상이 모두 다 그렇습니다. 그렇다면 집사께서 가르침을 베푸는 것 또한 지금 세상에는 드문 것입니다. 이것은 비록 하책(下策)에서 나오기는 하였으나, 자제들에게 안과 밖, 빈(賓)과 주(主)를 분별하여 천지간에 본래 제일등(第一等)[79]이 있음을 알게 하는 것이 옳을 것입니다.

왕노재(王魯齋)가 지은 "어느 날이나 태평세상이 될지 모르겠다.〔不知何日可昇平〕"라는 시구[80]는 저로 하여금 감동하여 눈물을 흘리게 합

78 공령가(功令家)의 삼매(三昧) : 과문(科文)을 공부하는 자가 이를 수 있는 깊은 경지를 말한 것으로 보인다. 공령은 과문을 이르고, 삼매는 불교 용어로 하나의 대상에만 마음을 집중시켜 마음이 전일하여 흐트러지지 않는 경지를 이른다.

79 제일등(第一等) : 이천(伊川) 정이(程頤)가 말씀한 성인(聖人)의 일로, 《이정유서(二程遺書)》 권18 〈유원승수편(劉元承手編)〉에 "제일등인 성인(聖人)의 일을 사양하여 다른 사람에게 주고 우선 제이등인 현인(賢人)의 일을 하겠다고 말하지 말라. 조금이라도 이와 같이 말한다면 곧 자기(自棄)이다. 비록 인(仁)에 거하고 의(義)를 행하지 못하는 자와는 차등이 있어 똑같지 않으나 스스로 작게 여기는 것은 똑같으니, 학문을 말할진댄 곧 도로써 뜻을 삼아야 하고, 사람을 말할진댄 곧 성인으로써 뜻을 삼아야 한다.〔莫說道將第一等, 讓與別人, 且做第二等. 才如此說便是自棄. 雖與不能居仁由義者, 差等不同, 其自小一也, 言學, 便以道爲志; 言人, 便以聖爲志.〕"라고 보인다.

니다. 윗자리에 있는 자들은 사람의 마음이 파괴되는 것을 생각하지 않고, 아래에 있는 자는 천작(天爵)[81]의 영화로움을 알지 못하니, 이 때문에 이 어른이 가슴 아파하여 이것을 시에 나타낸 것입니다.

저는 일찍이 회옹(晦翁)의 〈공거의(貢擧議)〉가 이천(伊川)의 〈간상학제(看詳學制)〉[82]보다 크게 못하다고 여겼습니다. 만약 의리를 좋아

80 왕노재(王魯齋)가……시구 : 노재(魯齋)는 남송(南宋) 때의 학자 왕백(王柏, 1197~1274)의 호이고, 인용한 시구는 노재가 당시 젊은 학자들이 과거 급제만을 위해 공부하기 때문에 천작(天爵)의 영화를 알지 못한다고 한탄한 칠언율시인 〈과거(科擧)〉의 한 구절로, 이는 1991년 북경대학 고문헌연구소에서 발간한 《전송시(全宋詩)》 제22부 〈왕백(王柏)〉에서 확인할 수 있는데, 매산이 이를 어느 책에서 인용한 것인지는 미상이다. 노재는 자가 회지(會之), 시호가 문헌(文憲)으로 주자의 사위인 면재(勉齋) 황간(黃榦)에게 주자학을 전수받은 하기(何基)의 문하에서 수학하여 주자가 주해한 사서에 대해 정밀히 연구하였으며, 뒤에는 유가의 경서 전반에 걸쳐 독특한 견해를 많이 제시하였다.

81 천작(天爵) : 하늘에서 내려 준 작위라는 뜻으로, 인의(仁義)와 충신(忠信)을 행하고 선(善)을 즐거워하여 게을리하지 않아 덕이 충만하여 저절로 존귀하게 됨을 이른다. 공경대부(公卿大夫) 등의 벼슬인 인작(人爵)과 상대되는 말이다. 《孟子 告子上》

82 회옹(晦翁)의……간상학제(看詳學制) : 〈공거의(貢擧議)〉는 〈학교공거사의(學校貢擧私議)〉를 줄여 쓴 것으로, 주자가 사적으로 당시의 학교 행정과 관리 선발의 문제점과 이에 대한 개선안을 논한 것인바, 주자는 여기에서 “여러 주(州)의 학교의 정원(定員)을 균등하게 하고, 덕행과(德行科)를 세우며, 사부(詞賦)를 혁파하고, 경(經)·사(史)·자(子)·시무(時務)를 익히는 연한(年限)을 나누어 학업을 고르게 하고, 또 도덕이 있는 사람을 뽑아 교도(敎導)를 전담하게 해야 한다. 이렇게 하면 교육이 위에서 밝아지고 풍속이 아래에서 아름다워져, 선왕의 도가 다시 세상에 밝아지게 될 것이다.”라고 주장하였다. 《朱子大全 卷69》 〈간상학제〉는 이천(伊川) 정이(程頤)가 철종(哲宗) 때 숭정전 설서(崇政殿說書)로 있으면서 손각(孫覺) 등과 함께 당시 국자감(國子監)의 제도를 검토하고 그 개선안을 올린 〈삼학간상문(三學看詳文)〉을 이른다. 여기에는 대략 “학교는 예의(禮義)를 앞세우는 곳인데, 달마다 시험을 보아

하는 마음이 없다면, 법제(法制)를 조금 정돈하고 체제(體製)를 다소 순정(純正)하게 하는 것으로는 풍기(風氣)를 만회할 수 없습니다.

발본색원(拔本塞源)하지 않고 말류(末流)의 기세를 줄이고자 하는 것은, 여울물을 터서 큰 골짜기로 흘러가게 해놓고 작디작은 배를 띄우는 것과 어찌 다르겠습니까. 그러므로 "과거법(科擧法)부터 바꾸는 것이 옳다."라고 하신 것이니, 집사께서 후일 요로(要路)를 담당하게 되신다면 천고의 비루한 풍습을 깨끗이 씻을 수 있겠습니까?

다만 집사께서도 과거 급제로 출신(出身)하여 이미 제이등의 자리를 차지하고 있고, 또 자제들로 하여금 과거 공부를 하게 하니, 이것을 해내지 못할 듯합니다. 삼가 웃고 웃습니다.

경쟁하게 함은 절대로 교양(敎養)하는 도(道)가 아니다. 시험을 고쳐 월과(月課)로 하여 이르지 못함이 있으면 학관(學官)이 불러 가르치게 하고, 다시는 높고 낮음을 상고하여 정하지 않아야 한다. 존현당(尊賢堂)을 지어 천하의 도덕이 있는 선비들을 맞이하며, 향공(鄕貢)의 정원(定員)을 줄여 이익에 유혹됨을 없애며, 번문(繁文)을 생략하여 교관에게 가르치는 임무를 전적으로 위임하며, 행검(行檢)을 장려하여 풍교(風敎)를 후하게 하여야 한다. 또 대빈재(待賓齋)와 이사재(吏師齋)를 설치하며, 관광법(觀光法)을 설치하여야 한다."는 등의 내용이 담겨 있다. 《小學 善行》, 《二程文集 卷8 三學看詳文》

김정택에게 답함 경오년 6월

答金正宅 庚午六月

지난번에 도와드린 일은 옥초(沃焦)의 자료[83]가 될 수 없었는데, 모든 병이 이로 말미암아 나았다는 소식을 받았습니다. 그러나 끝까지 계속해서 이어 갈 수가 없다면 이 또한 전광석화(電光石火)와 같은 잠깐의 소식일 것입니다.

2천 문(文)[84]을 또다시 저인(邸人)을 통해 내어서 삼가 이렇게 올리니, 학철(涸轍)의 다급함[85]을 풀 수 있겠습니까? 사랑을 베푸는 것이 인(仁)이 되고, 재물을 나눠 주는 것이 의(義)가 되는 것을 참으로

83 옥초(沃焦)의 자료 : 아주 급박한 처지에 있을 때 주는 도움을 이른다. 옥초는 타들어가는 가마솥에 물을 붓는다는 뜻의 '옥초부(沃焦釜)'를 줄여 쓴 것으로, 전국 시대에 진(秦)나라의 침략을 받은 조(趙)나라가 제(齊)나라에 구원을 요청하였는데, 제나라 임금이 이를 거절하고자 하자, 모신(謀臣)인 주자(周子)가 "조나라는 제나라와 초나라의 울타리로, 이〔齒〕에 입술이 있는 것과 같습니다. 입술이 없으면 이가 시린 법이니, 오늘 조나라가 망한다면 내일은 우환이 제와 초에 미칠 것입니다. 그러니 조나라를 구원하는 데 힘쓰기를 새는 항아리를 가지고서라도 타들어가는 솥에 물을 붓듯이 하여야 합니다.〔趙之於齊楚, 扞蔽也, 猶齒之有脣也. 脣亡則齒寒, 今日亡趙, 明日患及齊楚. 且救趙之務, 宜若奉漏甕沃焦釜也.〕"라고 간한 말에 보인다. 《史記 卷46 田敬仲完世家》

84 2천 문(文) : 문은 돈의 단위로, 2천 문은 2천 전(錢)을 가리킨다.

85 학철(涸轍)의 다급함 : 남의 도움 없이는 헤쳐 나가기 어려운 매우 다급하고 곤궁한 처지를 가리킨다. 학철은 '학철부어(涸轍鮒魚)'를 줄여 쓴 것으로 '말라가는 수레바퀴 자국의 고인 물속에 있는 붕어'라는 뜻인바, 수레바퀴 자국의 고인 물속에서 죽어가는 붕어가 약간의 물만 주면 살 수 있는데, 만약 시기를 놓치면 건어물 가게에서나 자기를 찾게 될 것이라고 탄식한 우화에서 유래한 것이다. 《莊子 外物》

알고 있으나, 스스로 헤아려 보건대 평소에 조처할 만한 계책이 없고 베풀 만한 땅이 없으니, 안다고 한들 무슨 소용이 있겠습니까.

정 선생(程先生)은 단약(丹藥)이 있었으나 쓸 데가 없어서, 끝내 백성을 장수하게 하려는 뜻을 이루지 못했는데,[86] 더구나 미천한 저의 경우에 있어서이겠습니까. 뜻이 있는 자는 때를 만나지 못하고 때를 만난 자는 뜻이 없음은 예로부터 모두 그러하였으니, 또 어찌 한탄할 것이 있겠습니까.

성상의 처소를 바꾼 일은 바로 동조(東朝)[87]께서 성상을 위하여 모든 지극함을 다 쓰신 뜻입니다. 여중요순(女中堯舜)[88]의 성모(聖母)로서 어찌 구기(拘忌)[89]가 떳떳한 일이 되지 못함을 모르시겠습니까마는,

86 정 선생(程先生)은……못했는데 : 정 선생은 이천(伊川) 정이(程頤)를 가리키고, 단약은 세상을 경륜하고 구제할 수 있는 유가(儒家)의 도(道)를 견주어 말한 것이다. 이천이 지은 〈단약(丹藥)을 보내 준 왕전에게 사례한 시〔謝王佺寄丹〕〉에 "지성은 조화에 통하고 약은 신령과 통하는데, 멀리서 약을 보내어 노쇠한 늙은이의 병든 몸을 구제하네. 내게도 단약이 있는데 그대 믿을 수 있는가? 때맞춰 잘 쓴다면 이 백성을 장수하게 할 수 있다네.〔至誠通化藥通神, 遠寄衰翁濟病身. 我亦有丹君信否? 用時還解壽斯民.〕"라고 하였으므로 이렇게 말한 것이다. 《性理群書句解 卷4 謝王佺寄丹》

87 동조(東朝) : 한(漢)나라 때 여태후(呂太后)가 동쪽 궁전에 거처한 것에서 연유하여 제왕의 모후(母后)인 태후궁(太后宮)을 가리키는데, 여기서는 순조의 대비(大妃)인 효의왕후(孝懿王后)를 가리킨다.

88 여중요순(女中堯舜) : 여자 중의 요순이라는 뜻으로, 본래 송나라 영종(英宗)의 황후인 선인태후(宣仁太后)가 어린 철종(哲宗)을 대신하여 섭정하면서 왕안석(王安石)을 물리치고 사마광(司馬光)을 등용하여 원우(元祐)의 치(治)를 이루었으므로 세상에서 부른 말인데, 여기에서는 효의왕후를 가리킨 것이다. 《宋史 卷242 英宗宣仁聖烈高皇后》

성상을 지극히 사랑하시는 심정이 성상을 보호하는 데 급하여 다른 것은 돌아보지 못하신 것입니다.

그러나 전궁(殿宮)을 받들어 옮긴 지 며칠 안 되어 다시 돌아오셨으니, 멀리 가지 않고 돌아온 성모의 마음을 여기에서 볼 수 있습니다.[90] 우리 동조께서는 국모로 임어(臨御)하신 지 40년에 말씀과 명령이 궁문밖을 나가지 않아서, 그 거룩한 덕과 지극한 선(善)을 백성들이 형언할 수가 없었는데, 이번에 이런 일을 하신 것은 부득이한 바가 있어서입니다.

편지의 훌륭하신 의논은 바로 효의왕후의 이 마음을 말씀하신 것이니, 성태(城台)[91]께서도 어찌 다른 의논이 있겠습니까. 성태의 높은 식견으로 어찌 이 의리를 모르셨겠습니까마는, 또한 어쩔 수가 없었던 것입니다. 스스로 말씀하기를 "알지 못한 것 또한 죄이다."라고 하셨으

89 구기(拘忌) : 음양가(陰陽家)에서 어떤 방위나 처소가 불길하다 하여 기피하는 것으로, 병자를 딴 곳으로 옮기기도 한다.

90 전궁(殿宮)을……있습니다 : '전궁(殿宮)을 받들어 옮긴 지 며칠 안 되어 다시 돌아오셨다'는 것은 이해 6월 5일 왕대비(王大妃)인 효의왕후가 구기(拘忌)가 있어 순조의 거처를 경희궁(慶熙宮)으로 옮길 것을 주장하니, 순조가 효심(孝心)으로 마지못해 이를 따랐다가 12일에 다시 원래의 거처인 창덕궁(昌德宮)으로 돌아온 일을 이른다. 《承政院日記 純祖10年 6月 5日, 12日》 원문의 '불원복(不遠復)'은 《주역》〈복괘(復卦) 초구(初九)〉에 "초구는 멀리 가지 않고 돌아오므로 후회에 이르지 않으니, 크게 선하여 길하다.〔初九, 不遠復, 无祇悔, 元吉.〕"라고 보이는데, 이는 불선(不善)한 행동이 있는 초기에 그 잘못을 깨닫고 곧바로 선(善)으로 돌아온다는 뜻이다.

91 성태(城台) : 자가 성보(城甫)인 김종선(金宗善, 1766~1810)을 높여 칭한 것이다. 김종선은 호는 송재(松齋)이고, 본관은 청풍(淸風)이며, 잠곡(潛谷) 김육(金堉)의 후손이다. 청원부원군(淸原府院君) 김시묵(金時默)의 손자로, 척신(戚臣)으로 등용되어 우윤(右尹) 벼슬을 지냈다.

니, 이 때문에 척완(戚畹 왕실의 외척(外戚))이 되기가 어려운 것입니다.

그러나 그 곡절은 쉽게 한두 마디로 다 할 수 없습니다. 이 일이 있고 난 이후부터는 한밤중에 일어나 잠을 못 이루면서 저도 모르게 한탄하였습니다.

회옹(晦翁)께서 연 3일 동안 잠자리와 밥 먹는 것을 편안히 여기지 못하시다가 명령을 받들고 가르침을 받든 신하들을 책망했던 것[92]은 또한 헌신하는 열정에서 나온 것임을 알 수 있습니다. 우옹(尤翁)은 '도(道)로 깨우쳐서 참〔眞〕으로 보존한다.'는 의리를 가지고 숭릉(崇陵 현종(顯宗))의 때에 아뢰었고, 문곡(文谷)은 '공경(恭敬)이 온갖 간사함을 이긴다.'는 의논을 가지고 숙종 조에 권면하여 이어(移御)하지 말 것을 청하셨으니,[93] 두 현자(賢者)가 군주를 사랑하는 마음이 어찌 지금 사람에게 미치지 못하여 그러했겠습니까. 다만 임금을 인도하여 도에 합당하게 해서 스스로 부인과 내시의 충성[94]으로 돌아가지 않고자

92 회옹(晦翁)께서……책망했던 것 : 이 내용은 주자가 유공(劉珙, 1122~1178)에게 보낸 편지에 보인다. 건도(乾道) 3년(1167)에 효종(孝宗)이 조서(詔書)를 내려 대신들을 질책하고 여러 사람을 꾸짖은 일이 있고부터 효종의 마음은 더욱 느슨해지고 위세가 더욱 외롭게 되었으며, 현인군자는 날로 위축되어 조정에 서려고 하지 않고, 간사하게 아첨하고 녹위를 유지하려는 사람들이 더욱 모여들어 방자하게 못하는 짓이 없었기 때문에, 주자가 이렇게 말하였던 것이다. 《朱子大全 別集 卷1 劉共甫》

93 우옹(尤翁)은……청하셨으니 : 우암의 일은 1665년(현종5), 현종이 궐내의 변괴(變怪) 때문에 이어(移御)하려 하자, 이를 간하기 위해 올린 〈청물이어소(請勿移御疏)〉에 보이는데, 이 소는 《송자대전(宋子大全)》 권11에 실려 있다. 문곡(文谷)은 김수항(金壽恒, 1629~1689)의 호로, 임금의 처소에 재이(災異)가 있어서 이어해야 한다는 왕대비(王大妃)의 청으로 숙종이 처소를 경덕궁(慶德宮)으로 옮기려하자, 이럴 때일수록 인군의 덕을 닦는 것이 중요하다고 간언한 일이 《국역숙종실록》 6년 7월 24일 기사에 보인다.

하셨을 뿐입니다.

시랑(侍郎) 홍성백(洪成伯)[95]이 지위를 벗어나서 진언하였는데, 경전을 인용하고 의리에 의거하여 위로는 임금의 마음을 바로잡을 수 있었고 아래로는 숫자만 채우고 있는 관료들을 경계할 수 있었으니, 이 의의는 마땅히 명신(名臣)의 주의(奏議) 가운데에서 찾아야 할 것입니다.

옛사람이 말하기를 "재상은 모름지기 책 읽은 사람을 써야 된다."[96]라고 하였으니, 어찌 더욱 믿을 만한 말이 아니겠습니까. 뒤에 옛일을 의논하는 자들은 응당 우리 조정에 훌륭한 사람들이 있었다고 말할

94 부인과 내시의 충성 : 부인과 내시처럼 순종하기만 하는 충성을 말한다. 《논어》 〈헌문(憲問)〉에 "사랑한다면 수고롭게 하지 않을 수 있겠는가. 충성한다면 가르쳐주지 않을 수 있겠는가.〔愛之, 能勿勞乎? 忠焉, 能勿誨乎?〕"라고 하였는데, 주자는 《집주(集註)》에서 소식(蘇軾)의 말을 들어 "사랑하기만 하고 수고롭게 하지 않는 것은 짐승들의 사랑이요, 충성하기만 하고 가르쳐 주지 않는 것은 부인과 내시들의 충성이다.〔愛而勿勞, 禽犢之愛也; 忠而勿誨, 婦寺之忠也.〕"라고 주하였다.

95 시랑(侍郎) 홍성백(洪成伯) : 시랑은 참판을 가리키며, 성백은 홍석주(洪奭周, 1774~1842)의 자인바, 이때 홍석주가 형조 참판으로 있었으므로 이렇게 칭한 것이다. 호는 연천(淵泉), 본관은 풍산(豐山), 시호는 문간(文簡)이다. 1795년(정조19) 춘당대 문과에 급제하고 벼슬이 양관대제학(兩館大提學)을 거쳐 좌의정에 이르렀다. 성리학에 정통하였고 대산(臺山) 김매순(金邁淳, 1776~1840)과 함께 당대의 문장가로 이름이 높았다. 매산이 지은 신도비명(神道碑銘)이 《매산집》 32권에 실려 있다.

96 재상은……된다 : 송(宋)나라 태조가 건덕(乾德)으로 연호를 바꾼 원년에 오래된 거울을 얻었는데, 여기에 "건덕 4년에 주조하다.〔乾德四年鑄〕"라는 글이 쓰여 있었다. 의아히 여긴 태조가 여러 재상들에게 미래의 물건이 있게 된 까닭을 물었으나 아무도 대답을 못하자, 학사(學士) 두의(竇儀)를 불렀는데, 두의가 오대 시대 후촉(後蜀)에 건덕이란 연호가 있었다고 답하자, 태조가 탄식하면서 "재상(宰相)은 모름지기 책 읽은 사람을 써야 된다."라고 하였다. 《續資治通鑑長編 卷7 太祖》

것이니, 이것이 종국(宗國 조국(祖國))의 영광이 되지 않겠습니까.

조보(朝報)를 보지 않으시는 것은 무슨 이유인지 모르겠습니다. 보시지 않으려는 뜻이 있어서 안 보시는 것입니까? 아니면 얻어 볼 길이 없어서이십니까? 옛날 오영재(吳寧齋) 공이 "일찍이 세상 사람들이 조보를 보기 좋아하는 것을 병통으로 여겼는데, 훗날 생각해보니 옳지 않았다. 이미 옛날의 역사를 본다면 어찌 눈앞의 역사를 보지 않을 수 있겠는가. 이로부터 매일 보았다."라고 하니, 근재 선생(近齋先生)이 이 일을 말씀하시기를 "오군의 이 말에서 세상을 잊은 자가 아님을 알 수 있다."라고 하셨습니다.[97]

오공은 포의(布衣)의 선비 신분이었는데도 이와 같았는데, 더구나 집사처럼 관적(官籍)에 오른 분이 어찌 곤궁한 신세라고 하여 조보를 보지 않을 수 있습니까. 따라서 볼 수 있으면 보면 되는 것이니, 안 보시는 것을 고상한 것으로 삼는 것은 중정(中正)한 도리가 아닐 듯합니다.

세도(世道)의 승강(昇降)과 인물의 양부(良否)는 비록 우리가 상관하지 않아야 할 듯하나, 거경 궁리(居敬窮理)와 격물 치지(格物致知)[98]

97 오영재(吳寧齋)……하셨습니다 : 영재는 오윤상(吳允常, 1746~1783)의 호로, 자는 사집(士執), 본관은 해주(海州)이다. 대제학(大提學)을 지낸 순암(醇菴) 오재순(吳載純)의 아들로, 김원행(金元行)의 문하에서 배웠다. 학문이 뛰어나고 행실이 효성스러웠으며 경전(經傳)을 탐독하였는데, 37세의 나이에 요절하였다. 이 내용은 근재(近齋) 박윤원(朴胤源, 1734~1799)의 문집인 《근재집(近齋集)》 권31에 실려 있는 〈영재오군유사(寧齋吳君遺事)〉에 보인다.

98 거경 궁리(居敬窮理)와 격물 치지(格物致知) : 거경 궁리는 잠시도 쉬지 않고 마음을 경건히 하고 진리를 연구한다는 뜻이고, 격물 치지는 실제적인 사물을 통하여 이치를 궁구함으로써 온전한 지식에 도달하는 것을 말한다.

의 요점이 또한 여기에 있으니, 반드시 취하여 볼 방법을 도모하시기 바랍니다. 만약 남한테 빌려보는 것을 어렵게 여기신다면 그만 두는 것도 또한 괜찮습니다만, 그렇지 않다면 장주(章奏)와 함께 빠뜨리지 말고 보시기 바랍니다.

옛날 연옹(淵翁 김창흡(金昌翕))은 설악산에서 돌아오면 반드시 소차(疏箚)를 보고 말씀하기를 "충성스러운 말씀과 올곧은 의논을 듣고자 해서이다."라고 하였고, 정목(政目)[99]을 보면서 말씀하기를 "어진 이를 등용하고 불충한 사람을 물리침을 알고자 해서이다."라고 하셨습니다. 연옹은 세상을 버리고 홀로 서서 온 천하 만물로도 그 마음을 움직이게 할 수 없었는데도, 과감하게 세상을 잊지 않음이 이와 같았습니다. 그렇다면 저 장저(長沮)와 걸익(桀溺)[100] 같은 무리는 또한 무슨 마음이었습니까?

99 정목(政目) : 도목정(都目政)에서 관원(官員)의 임명 또는 해임(解任) 등의 사실을 기록한 문서를 가리킨다. 도목정은 음력 6월과 12월에 이조와 병조에서 관리들의 성적에 따라 승진시키거나 강등 또는 퇴출시키던 제도이다.

100 장저(長沮)와 걸익(桀溺) : 춘추 시대 말기의 은자(隱者)들로, 공자가 무도한 세상을 변혁하려고 애쓰는 것을 비웃고, 자신들은 세상을 피한 '피세지사(避世之士)'라고 자처하였는바, 《논어》 〈미자(微子)〉에 보인다.

김정택에게 답함 경오년 6월
答金正宅 庚午六月

《육선공주의(陸宣公奏議)》[101]는 쉬지 않고 계속 보고 계십니까? 퇴계(退溪)께서는 여름 한철에 《주자대전(朱子大全)》을 읽으면서 즐거워 더위를 잊으셨는데,[102] 집사께서는 더위에 시달려 독실하게 읽지 못한다고 하시니, 《육선공주의》가 마음을 기쁘게 하는 것이 《주자대전》만 못해서입니까? 아니면 지기(志氣)를 분기(奮起)함이 퇴계만 못하셔서입니까?

《육선공주의》는 비록 읽지 않을 수 없으나, 두 분 정자(程子)와 주자(朱子)의 소차(疏箚)에 비하면 차이가 있으니, 먼저 세 선생의 공거문(公車文)[103]을 익숙히 읽고 정밀히 생각해서, 천덕(天德)과 왕도(王道)

101 육선공주의(陸宣公奏議) : 당나라 때의 명신인 육지(陸贄)가 올렸던 주의(奏議)를 모은 책으로 후대 정치가들의 필독서이다. 육지에 대한 자세한 내용은 40쪽 주63 참조.

102 퇴계(退溪)께서는……잊으셨는데 : 원문의 '주서(朱書)'는 《주자대전(朱子大全)》을 이른다. 탁계(濯溪) 김상진(金相進, 1736~1811)이 쓴 〈답육경여(答陸敬輿)〉에 "퇴계가 여름 한철을 문을 걸어 닫고 《주자대전》을 읽었는데, 사람들이 혹 더위를 먹을까 걱정하여 그만 읽으라고 하자, 퇴계가 말씀하시기를 '이 책을 읽으면 가슴속에 절로 시원한 기운이 생겨나와 더위 먹을 염려가 없다.'라고 하였습니다.〔夏月閉戶而讀, 人或以病暍止之, 退溪答曰: 讀此書, 胸膈間自生凉風, 無病暍之慮.〕"라고 보인다. 《濯溪集 卷2》

103 세 선생의 공거문(公車文) : 세 선생은 명도(明道) 정호(程顥), 이천(伊川) 정이(程頤), 회암(晦庵) 주희(朱熹)를 이르고, 공거문은 신하들이 임금에게 상소하는 글을

의 실제를 안 뒤에 《육선공주의》를 참고하여 보는 것이 어떨지 모르겠습니다.

천덕이 있어야 비로소 왕도를 말할 수 있는데,[104] 진한(秦漢) 이래로 수많은 저명한 석학(碩學)들 중에 제대로 된 학문을 한 사람이 몇 분이나 됩니까? 비록 충성스러운 말씀과 아름다운 계책이 있었으나 원래 본령(本領)이 부족하였으니, 어떻게 군주를 감동시킬 수 있었겠습니까.

말을 잘하여 한갓 언변(言辯)의 재능만 구사할 줄 아는 자는 군주의 마음을 바로잡을 이치가 만무하니, 이 때문에 정자와 주자의 주의(奏議)를 임금께 아뢰는 제일의 의리로 삼는 것입니다.

편지에서 "도연명(陶淵明)이 반드시 나루터를 묻고자 한 것[105]은 부질없이 마음을 쓴 것이라 이를 수 있다."라고 말씀하셨는데, 어찌 참으로

가리킨다.

104 천덕이……있는데 : 이 내용은 《논어집주》〈자한(子罕)〉 편 자재천상장(子在川上章) 장하주(章下註)의 "이는 성인의 마음이 순수함이 또한 그침이 없음을 볼 수 있으니, 순수함이 또한 그침이 없음은 바로 천덕이다. 천덕이 있어야 왕도를 말할 수 있으니, 그 요점은 오직 근독에 있을 뿐이다.〔此見聖人之心, 純亦不已也, 純亦不已, 乃天德也. 有天德, 便可語王道, 其要只在謹獨.〕"라는 내용을 원용한 것인데, 이는 명도(明道) 정호(程顥)의 글이다. 천도는 자신의 마음과 몸을 다스리는 명명덕(明明德) 공부를, 왕도는 백성을 다스리는 신민(新民) 공부를 가리킨다.

105 도연명(陶淵明)이……것 : 도연명이 기우는 조국 진(晉)나라의 국운을 바로잡기 위하여 출사(出仕)하려고 하였음을 비유한 것이다. 공자(孔子)가 천하에 도를 펴기 위해 주유할 적에 자로(子路)를 시켜서 밭 갈고 있는 장저(長沮)와 걸닉(桀溺)에게 나루를 묻게 한 문진(問津)의 고사가 있으므로 이렇게 말한 것이다. 《論語 微子》

도연명을 몰라서 이렇게 말씀한 것이겠습니까.

도연명이 비록 스스로 "문을 걸어 닫고 교유를 끊고, 마음속에 득실을 잊었다.〔關門絶遊, 忘懷得失〕"[106]라고 말하였으나, 마음속으로는 일찍이 단 하루도 이 세상을 잊지 않았으니, 시를 읽어보면 말하지 않은 뜻을 알 수 있습니다. 그가 스스로 이름과 자를 고쳐서 공명(孔明)에게 자신을 비긴 것[107]은 뜻과 생각이 깊은 것입니다.

옛사람의 시(詩)에 "시상의 풍광이 융중과 비슷하니, 출처는 비록 다르나 기미는 같았네. 당시에 만약 삼고초려(三顧草廬)의 은혜를 입었다면, 진나라의 천록이 끝나지 않았으리.〔柴桑物色似隆中, 物色雖殊氣味同. 當日若承三顧惠, 晉家天祿未宜終.〕"[108]라고 하였는데, 이 시의 표현이 옳은 듯합니다.

저는 일찍이 "도연명은 공명의 뜻은 있었으나 공명의 재주는 없어서,

106 문을……잊었다 : '문을 걸어 닫았다는 것〔關門〕'은 〈귀거래사(歸去來辭)〉의 "문이 달려 있으나 항상 닫혀 있다.〔門雖設而常關〕"라는 구절을, '교유를 끊었다는 것〔絶遊〕'은 같은 글의 "교제를 그만두고 교유를 끊어야겠다.〔請息交以絶游〕"라는 구절을 원용한 것이고, '마음속에 득실을 잊었다〔忘懷得失〕'는 말은 〈오류선생전(五柳先生傳)〉에 그대로 보인다. 《陶淵明集 卷5 雜文》

107 그가……것 : 도연명의 이름은 본래 잠(潛)이고 자가 연명이었는데, 만년에 자인 연명(淵明)으로 이름을 삼고, 제갈량(諸葛亮)을 사모하여 그의 이름의 '양(亮)' 자를 따서 따로 자를 원량(元亮)이라고 하였다는 설이 있으므로 이렇게 말한 것이다. 《隱居通議 卷8 山谷諸作》

108 시상(柴桑)의……않았으리 : 옛사람은 석주(石洲) 권필(權韠, 1569~1612)을 이르며, 인용된 시는 〈제화사수 위자심작(題畫四首爲子深作)〉의 네 번째 수(首)이다. 《石洲集 卷7》 시상(柴桑)은 도연명이 살던 현(縣)의 이름이며, 융중(隆中)은 양양(襄陽)에 있는 산의 이름으로, 제갈량이 유비(劉備)를 만나기 전에 은거하던 곳이다.

비록 소열(昭烈 유비(劉備))과 같은 훌륭한 군주를 얻었더라도 정치(鼎峙)의 사업[109]을 이루지는 못했을 듯하다."라고 삼가 생각하였는데, 어떨지 모르겠습니다.

그러나 사마씨(司馬氏)를 위하여 절개를 온전히 한 사람은 도연명 한 사람이 있을 뿐인데, 어찌 사마의(司馬懿)와 사마염(司馬炎)[110]의 후손에게 이러한 충신이 있게 될 줄을 생각했겠습니까. 도연명이 좋지 못한 때를 만나서 나루터를 묻는 소원을 이루지 못한 것이 애석합니다.

109 정치(鼎峙)의 사업 : 제갈량이 유비의 부름을 받고 천하삼분지계(天下三分之計)를 세워 촉한(蜀漢)을 건국하여, 위(魏), 오(吳)와 함께 세 나라가 서로 대치(對峙)하여 천하를 삼분한 사업을 이른다. 정치는 솥의 세 개의 발이 대치하여 안정을 유지함을 비유한 말이다.

110 사마의(司馬懿)와 사마염(司馬炎) : 사마의(179~251)는 삼국 시대 위(魏)나라의 대장군(大將軍)으로 촉한(蜀漢)의 제갈량의 공격을 물리치고 위나라의 군권을 장악하여 진(晉)나라 건국의 기초를 세웠으며, 사마염(236~290)은 사마의의 손자로 위나라의 제위를 찬탈하여 진나라를 세운 무제(武帝)이다.

김정택에게 줌 경오년 동짓달
與金正宅 庚午至月

하늘이시여, 하늘이시여, 어찌 우리 성태(城台)[111]를 이렇게 빨리 빼앗아 가십니까? 옥수(玉樹)가 부러지고 빙호(冰壺)가 깨졌으니,[112] 세상에 어찌 다시 이런 분이 있겠습니까. 세상에 어찌 다시 이런 분이 있겠습니까.

독서를 많이 하여 의리(義理)를 아는 것이 이분보다 나은 분이 어찌 세상에 없겠습니까마는, 타고난 자품(資品)이 매우 고상해서 사리사욕이 말끔히 사라져 순수하게 천리(天理)만 소유한 사람은 오랜 세월이 지나야 한 번 나올 수 있으니, 이런 분이 어찌 이 세상에 오래 살 수 있겠습니까. 매미가 허물을 벗듯이 더러운 것을 버리고 속세 밖에서 노닐어, 조화와 한 무리가 되고 태청(太淸)[113]과 이웃이 된 것도 당연합

111 성태(城台) : 자가 성보(城甫)인 김종선(金宗善, 1766~1810)을 높여 말한 것이다. 자세한 내용은 51쪽 주91 참조.

112 옥수(玉樹)가……깨졌으니 : 훌륭한 인물인 성태의 죽음을 비유한 것이다. 옥수는 옥으로 된 나무라는 뜻으로 풍채가 준수한 사람을 비유하는바, 두보(杜甫)의 〈음중팔선가(飮中八仙歌)〉에 "종지는 씻은 듯 맑은 풍모의 미소년이니, 환하기가 마치 옥으로 된 나무가 바람 앞에 선 듯하네.〔宗之瀟灑美少年, 皎如玉樹臨風前.〕"라고 보이고, 빙호(氷壺)는 얼음을 넣은 옥 항아리라는 뜻으로 주자의 〈연평이선생행장(延平李先生行狀)〉에 "등적이 말하기를 '원중(愿中)은 얼음을 넣은 옥항아리와 가을 달처럼 티 없이 맑고 투명하니, 우리들이 미칠 수 있는 바가 아니다.' 하였다.〔鄧曰: 愿中如冰壺秋月, 瑩澈無瑕, 非吾曹所及.〕"라고 보인다. 《古文眞寶 前集》, 《朱子大全 卷97》 원중은 연평(延平) 이통(李侗)의 자로, 주자의 스승이다.

니다.

이분의 평소 생활을 보면 외물(外物)과 자신(自身) 사이에 간격을 두지 않고 그 흉금(胸襟)[114]이 막힘없이 환하게 통하여, 청류(淸流)에나 탁류(濁流)에나 잘못한 바가 없는 듯하였습니다.[115] 그러나 가죽 속의 권도〔皮裏權度〕[116]로 말한다면 정밀하고 적절하여 조금도 어긋나지 않았고, 진심을 다 쏟아내어 양단(兩端)을 모두 지극히 한 것[117]은,

113 태청(太淸) : 도가(道家)에서 말하는 삼청(三淸) 중의 하나로, 신선 세계를 이른다. 삼청은 도교의 최고 신선인 원시천존(元始天尊)이 있는 대라천(大羅天) 바로 아래에 위치해 있는데, 여기에는 각각 중앙과 좌·우에 세 궁전이 있고, 각 궁전에는 현세의 조정과 같이 선왕(仙王)·선공(仙公)·선경(仙卿)·선백(仙伯)·선대부(仙大夫)가 있다고 한다. 《雲笈七籤 卷2 太上老君開天經, 卷3 道教 三洞宗元》

114 흉금(胸襟) : 원문의 '성부(城府)'는 성지(城池)와 부고(府庫)라는 뜻으로 사람의 마음 즉 흉금을 비유하는 말이다.

115 청류(淸流)에나……듯하였습니다 : 이 내용은 《소학》 〈가언(嘉言)〉에 "두계량이 호협하고 의를 좋아하여 남의 근심을 걱정하고 남의 즐거움을 즐거워하여 청류에나 탁류(濁流)에나 잘못한 바가 없었다.〔杜季良豪俠好義, 憂人之憂, 樂人之樂, 淸濁無所失.〕"라고 보인다.

116 가죽 속의 권도〔皮裏權度〕 : '가죽 속'이란 겉모습이 아닌 가슴속을 가리키며, '권도'는 저울추와 자로 물건의 무게와 길이를 헤아리는 도구인바, 곧 외면적으로는 누구에게나 잘 대하지만 가슴속에 판단하는 기준은 엄격함을 비유한 것이다. 이 말은 입으로 남의 잘잘못을 말하지 않으나 마음속으로는 포폄(褒貶)을 가하는 것을 '피리춘추(皮裏春秋)'라고 칭하는 데에서 나왔다.

117 양단(兩端)을……것 : 질문에 대해 그 시종(始終)과 본말(本末)을 남김없이 다 말해준다는 뜻이다. 《논어》 〈자한(子罕)〉에 "내가 아는 것이 있는가? 나는 아는 것이 없지만, 비루한 사람이 나에게 묻되 그가 아무리 무식하다 하더라도 나는 그 양쪽을 들어서 다 말해준다.〔吾有知乎哉? 無知也. 有鄙夫問於我, 空空如也, 我叩其兩端而竭焉.〕"라고 하였는데, 주자는 《집주(集註)》에서 "양단은 양쪽 머리와 같으니, 종(終)과 시(始), 본(本)과 말(末), 상(上)과 하(下), 정(精)과 추(粗)가 다하지 않음이 없다는

오직 집사와 저한테만 그러했을 뿐입니다. 종족과 친구들이 모두 복(福)[118]이 없어 이 훌륭한 사람이 별세하였으니, 차마 무슨 말을 하겠습니까. 차마 무슨 말을 하겠습니까.

우리들만 쓸쓸히 세상에 남아있으니, 외로운 말로(末路)에 살아 있더라도 장차 어디에 쓰겠습니까. 통한(痛恨)이 골수에 사무쳐 마음을 진정하여 이분을 놓아주지 못하니, 요컨대 죽은 뒤에야 비로소 끝날 것입니다. 생각하건대 이러한 심정은 응당 똑같을 것입니다.

이 공(公)의 사후에는 절로 허다한 일들이 남아 있으니, 오장(吾丈 상대에 대한 경칭(敬稱))의 책임 아닌 것이 없으나, 이 몸 또한 어찌 감히 사양하겠습니까. 죽은 사람이 다시 살아나더라도 산 사람이 부끄러움이 없어야, 비로소 뒷날에 죽는 사람의 책임을 다했다고 할 수 있는데,[119] 어찌하여야 그 마땅함에 맞게 할 수 있을지 모르겠습니다.

밀양의 영남루(嶺南樓)는 진실로 경상도 한 도(道)의 절경이지만, 산

말이다.〔兩端, 猶言兩頭, 言終始、本末、上下、精粗, 無所不盡.〕"라고 주하였다.

118 복(福) : 원문의 '영(靈)'은 '복', '덕택'의 뜻이다.《춘추좌씨전》 은공(隱公) 3년에 "만약 대부의 덕택으로 내가 머리를 보전하고 죽어서 지하로 갔을 때, 선군께서 여이(與夷)에 관해 물으시면 장차 무슨 말로 대답하겠는가?〔若以大夫之靈, 得保首領以沒, 先君若問與夷, 其將何辭以對?〕"라고 보인다.

119 죽은……있는데 : 죽은 사람에게 했던 생전의 약속을 반드시 실천하여야 신의가 있는 선비가 된다는 말이다. 춘추 시대 진(晉)나라 헌공(獻公)이 죽을 때 자신이 사랑하는 여희(麗姬)의 아들을 부탁하면서 "선비가 어떠하면 신의가 있다고 할 만한가?" 하니, 순식(荀息)이 대답하기를 "죽은 사람이 다시 살아나더라도 산 사람이 자기가 한 말에 부끄러움이 없으면 신의가 있다 할 만합니다.〔使死者反生, 生者不愧乎其言, 則可謂信矣.〕"라고 하였다.《春秋公羊傳 僖公 10年》

천의 형세로 말하면 밀양은 안동(安東)·예안(禮安)·상주(尙州)·선산(善山) 등지보다 크게 못합니다. 이 때문에 점필재(佔畢齋 김종직(金宗直)) 한 분만을 얻었을 뿐입니다. 10가구의 작은 고을에도 충신(忠信)한 사람이 살고 있겠지만,[120] 또한 적막하여 알려진 것이 없습니다.

걸출한 인물은 진실로 영험한 땅의 기운에서 나오지만, 풍기(風氣)가 쇠하면 땅이 영험을 드러내지 않습니다. 그러니 안동·예안·상주·선산에서 인물을 배출하지 못한 것 또한 시운(時運)에 관계되는 것입니다. 가령 훌륭한 재능을 가진 인물이 있다 하더라도, 누가 그를 격려하여 성취(成就)시키겠습니까. 다만 잡풀처럼 영락(零落)하고 말 뿐입니다.

이의조(李宜朝)[121] 공과 같은 분은 뜻이 돈독하고 학문을 좋아하며 재주가 뛰어나고 행실이 잘 닦여져서 영남 선비 가운데 으뜸인데, 집사께서는 이분을 위해서 돈녕부(敦寧府)의 자리 하나도 마련해 줄 수가 없으니, 무슨 말을 할 것이 있겠습니까.

저는 법전(法田) 사람 참봉 강시환(姜始煥)[122]이 유명한 가문의 큰

120 10가구의……있겠지만 : 이 내용은 《논어》〈공야장(公冶長)〉에 "10가호 밖에 안 되는 작은 고을에도 반드시 나만큼 충신한 사람이 있지만, 나처럼 배우기를 좋아하는 사람은 없다.'〔十室之邑, 必有忠信如丘者焉, 不如丘之好學也.〕"라고 한 공자의 말씀을 원용한 것이다.

121 이의조(李宜朝) : 1727~1805. 자는 맹종(孟宗), 호는 경호(鏡湖), 본관은 연안(延安)으로 도암(陶菴) 이재(李縡)와 운평(雲坪) 송능상(宋能相)의 문인이다. 1779년(정조3)에 학행으로 천거되어 공릉 참봉(恭陵參奉)에 제수되었으나 나아가지 않고 학문 연구와 후진 양성으로 일생을 보냈다. 저서로 《가례증해(家禮增解)》가 있는데, 이는 《주자가례(朱子家禮)》를 보충하고 해설한 것이다.

122 법전(法田)……강시환(姜始煥) : 법전은 봉화현(奉化縣)에 있던 진주(晉州) 강

선비임을 알고서, 이분과 말씀을 나눠보려고 한 지 오래 되었습니다. 남쪽 지방으로 왔을 때 더욱더 간절하게 이분을 보고 싶었으나 서로 만날 길이 없었습니다. 도산서원을 지나는 길에 이분의 댁을 한 번 방문하려는 계획을 마음속에 가지고 있지만, 끝내 성취할 수 있을지 모르겠습니다.

안승원(安昇遠)[123] 공에 대해서는 처음으로 그 명성을 들었으니, 집사께서 칭찬하신 것에 대해 제가 흠잡을 이유가 없습니다. 일선(一善)[124]은 또 서울 가는 길 연변에 있는데, 이분이 사시는 곳을 자세히 알지 못합니다. 왜 마을 이름을 알려주시지 않으셨습니까?

일선엔 또 처사 심대지(沈大之)[125]가 있는데, 가슴속에 보존하고 있는 것의 깊이는 자세하게 알지 못하지만, 우리의 당색 내에서 행실이 잘 닦여진 선비라는 것은 대략적으로 알고 있습니다. 선(善)한 사람은 국가의 기강이니, 많다고 하여 싫을 것이 있겠습니까. 영남에는 뜻이 같은 선비들이 이처럼 적으니, 집사께서 국가를 위하여 깊이 염려스럽다고 하신 말씀이 참으로 맞습니다, 참으로 맞습니다.

씨의 집성촌으로 지금의 경북 봉화군 법전면 법전리 일대이다. 강시환(1761～?)은 자가 유종(有終)이고, 본관이 진주로 1786년(정조10)에 식년 진사시에 합격하였고, 1805(순조5)에 제릉 참봉(齊陵參奉)이 되었다. 《海隱遺稿 卷20 族大父參奉公行狀》, 《梅山集 卷33 觀察使姜公神道碑銘》

123 안승원(安昇遠) : 《승정원일기(承政院日記)》 순조(純祖) 9년 3월 21일 기사에 유학(幼學)으로 기록된 것 이외에는 미상이다.

124 일선(一善) : 경상도 선산(善山)의 옛 지명이다.

125 심대지(沈大之) : 《승정원일기(承政院日記)》 순조(純祖) 19년 9월 1일 기사에 유학(幼學)으로 기록된 것 이외에는 미상이다.

영남 좌도(左道)와 우도(右道)의 풍속이 똑같지 않은 것은 바로 풍기(風氣)가 그렇게 만든 것인데, 퇴계(退溪)와 남명(南冥) 또한 이에 점차로 영향을 받았습니다. 두 현자는 풍기에 구애되지 않을 듯하나, 이 지방에 살면서 이 풍속을 따르게 되어, 습관이 천성(天性)과 더불어 이루어짐[126]에 이르렀고 덕을 이룬 것 또한 여기에 있었으니, 대현(大賢) 이하(以下)의 사람들은 벗어날 수 없는 것입니다.

독실함의 병폐는 흘러가 인색함이 됨에 있고, 기(氣)를 숭상함의 병폐는 흘러가 과장함이 됨에 있으니, 과연 편지에서 말씀하신 것과 같습니다. 그러나 공자의 도가 세 번 전하여 이단(異端)이 되고, 주자 문하의 학문이 한 번 전하여 훈고학(訓詁學)이 되었으니,[127] 어찌 유독

126 습관이……이루어짐 : 원문은 '습여성성(習與性成)'으로 《서경》 〈태갑 상(太甲上)〉에 나온 말인데, 이천 정이(程頤)가 〈동잠(動箴)〉에서 "습관이 천성과 더불어 이루어지면, 성현의 지위로 함께 돌아가리라.〔習與性成, 聖賢同歸.〕"라고 인용하였다.

127 공자의……되었으니 : '공자의 도가 세 번 전하여 이단(異端)이 되었다'는 것은 공문십철(孔門十哲) 중 문학(文學)에 뛰어났던 자하(子夏)의 학문이 전자방(田子方 전무택(田無擇))을 거쳐 장자(莊子 장주(莊周))가 나오게 된 것을 말하고, '주자 문하의 학문이 한 번 전하여 훈고학(訓詁學)이 되었다'는 것은 주자 문인들 대부분이 존덕성(尊德性)과 도문학(道問學)을 본령으로 하는 성리학보다는 경전의 자구를 고증하여 해석하는 훈고학에 치우쳤음을 말한 것이다. 한유(韓愈)의 〈송왕훈수재서(送王塤秀才序)〉에 "자하의 학문은 그 뒤로 전자방이 있었고, 전자방의 뒤로는 장주에게 이어졌다. 그러므로 장주의 책에서 전자방의 사람됨을 좋게 말하였다.〔子夏之學, 其後有田子方, 子方之後, 流而爲莊周. 故周之書喜稱子方之爲人.〕"라고 하였다. 《唐宋八大家文鈔 卷7 昌黎文鈔七》 정예환(鄭禮煥, 1746~?)이 고봉(高峯) 기대승(奇大升)을 문묘에 배향해주기를 청한 소에 "정주(程朱)의 문하에서 도학을 전수받은 현인 가운데 스승의 설을 받들어 이치의 근본을 탐구한 자가 얼마나 많았겠습니까. 그러나 정문(程門)의 사양좌(謝良佐)·여희철(呂希哲)·유작(游酢)·양시(楊時)와 주문(朱門)의 양집(楊楫)·채원정(蔡元定)·섭미도(葉味道)·진순(陳淳) 등도 모두 이러한 뜻을 말했다는 것을

영남 선비만 그러하겠습니까.

퇴옹(退翁)은 문로(門路 학문이 나아가는 길)가 순정(純正)하여 전하는 데 폐단이 없습니다. 그러나 잘 배우지 못하면 향원(鄕愿)[128]이 됩니다. 남명은 이미 자신이 스스로 병통을 이루었으니, 거주하는 집에 단청(丹青)하고 음탕한 부인의 집을 부순 것과 같은 따위[129]가 바로 그 예입니다. 이 때문에 한 번 전하여 정인홍(鄭仁弘)이 된 것입니다. 그러나 정인홍의 문하에서 또 동계(桐溪)가 나왔는데, 이분은 남명을 잘 사숙(私淑)한 분입니다.[130] 그렇다면 정인홍 자신이 잘 배우지 못했을 뿐이

듣지 못하였습니다.〔程朱之門, 傳道受業之賢, 承師說探理窟者, 何限其人? 而程門之謝、呂、游、楊, 朱門之楊、蔡、葉、陳, 俱未聞說到此義.〕"라고 하였다.《高峯集 別集 附錄 卷2 請享疏》

128 향원(鄕愿) : 향리에서 근후(謹厚)하다고 칭하나, 실제는 시류에 영합하는 사람을 말한다. 《논어》〈양화(陽貨)〉에 "향원은 덕의 적이다.〔鄕原, 德之賊也.〕"라고 보인다.

129 거주하는……따위 : '거주하는 집에 단청(丹青)하였다는 것'은 제자인 동강(東岡) 김우옹(金宇顒)이 지은 〈행록(行錄)〉에 "남명은 밝고 정결함을 좋아하여 거주하는 서실(書室)에 단청을 칠하였다."라고 보이며, '음탕한 부인의 집을 부순 것'은 성호(星湖) 이익(李瀷)이 지은 〈인사문(人事門) 퇴계 남명(退溪南冥)〉에 "남명은 악(惡)을 미워하는 것이 지나쳐서 음탕한 부인의 집을 훼철(毁撤)하는 지경에까지 이르렀다."라고 보인다. 《南冥集 卷4》, 《星湖僿說 卷9》

130 한 번……사람입니다 : 정인홍(鄭仁弘, 1535~1623)은 자가 덕원(德遠), 호가 내암(萊庵), 본관이 서산(瑞山)이다. 남명 조식의 수제자로서, 경상우도의 남명학파(南冥學派)를 대표하였다. 광해군이 즉위하자 정권의 실세로 등장하였고, 영창대군의 살해를 주도하였으며 인목대비(仁穆大妃)를 폐비시켜 서궁(西宮)에 유폐시켰다. 영의정에 올랐으나 인조반정 이후 참형을 당하였다. 동계는 정온(鄭蘊, 1569~1641)의 호로, 자는 휘원(輝遠), 본관은 초계(草溪)이다. 1610년(광해군2) 별시 문과에 을과로 급제하여 인목대비 폐비를 극간하다가 제주도에 위리안치되었으나 인조반정 후 중용되

니, 남명 선생과 무슨 상관이 있겠습니까.

성태(城台 김종선(金宗善))께서 일찍이 퇴계를 독실하게 믿으셨는데, 이는 기미(氣味)가 서로 비슷하였기 때문입니다. 제가 그 치우침을 바로잡고자 하여 "영공(令公)께서는 강하고 굳센 점이 부족하니, 마땅히 남명의 벽립(壁立)의 기상(氣象)[131]을 배워야 합니다."라고 말씀드렸더니, 즉시 인정을 하시고 또 말씀하시기를 "옛날 사람이 '남명은 우리 동방에 두 번 태어날 분이 아니다.'라고 하였는데, 이 말이 참으로 맞다."라고 하셨습니다.

이와 같이 남의 말을 겸허하게 받아들이는 아름다움과 옛사람을 바르게 논한 것을 이루 다 말할 수가 없습니다. 지금 두 현자의 일로 인해서 다시 받들어 아뢰니, 성태를 생각하시며 눈물을 한 번 흘리실 것이라고 봅니다.

어 대제학을 역임하였다. 정인홍은 강려(剛戾)한 성품과 지나치게 경의(敬義)를 내세우는 행동으로 좌충우돌하여 많은 물의를 일으키다가 인조반정 때 이이첨(李爾瞻)과 함께 잡혀 참형되었고, 정온은 정인홍에게 배웠음에도 절교하고 대의를 위해 절조를 굳게 지켰으므로 이렇게 말한 것이다.

131 벽립(壁立)의 기상(氣象) : 험난한 세파(世波)에도 조금도 흔들리지 않는 의연한 기상을 이른다. 벽립은 '벽립만인(壁立萬仞)'의 줄임말로, 만 길의 절벽이 온갖 풍상(風霜)에도 변하지 않고 의연하게 서 있다는 뜻이다.

김정택에게 답함 신미년[132] 정월

答金正宅 辛未正月

성공(城公 김종선(金宗善))의 장례에 달려가기 위하여 정월 초사흘에 길을 나서 며칠의 일정(日程)에 이르렀을 때에, 삼가 일명(一命)의 직함을 받들었습니다.[133] 참으로 이것은 꿈속에서도 생각하지 않았던 것이고 평소에도 전혀 생각하지 못했던 것입니다.

학문은 두루 통하지 못하였고 나이는 아직 강사(强仕)의 때가 아닌데[134] 함부로 나가서 명에 응한다면, 스스로 칠조공(漆雕公)[135]의 죄인이 됨을 면치 못할 것입니다. 진실로 천한 신분에 감히 나갈 수 없는 상황이지만, 이는 오히려 출처(出處)를 가지고 말한 것일 뿐입니다.

저의 정리(情理)를 돌아보건대 바로 사마천(司馬遷)이 말한 '형제간의 친함이 없어서 고립무원의 외로운 몸이다.'[136]라는 것이니, 어찌 차

132 신미년(辛未年) : 1811년(순조11)으로, 매산의 나이 36세 되던 해이다.

133 일명(一命)의 직함을 받들었습니다 : 일명은 조정으로부터 받는 최하등의 관직인 종9품을 가리키는 말로, 매산은 바로 전해인 경오년(庚午年) 12월 27에 돈녕부 참봉에 제수되었다. 《承政院日記 純祖 10年》

134 나이는……아닌데 : 나이가 아직 40이 안 되었다는 말이다. 《예기》 〈곡례 상(曲禮上)〉에 "나이 40세를 강이라고 하니, 이때 벼슬길에 나선다.〔四十曰强, 而仕.〕"라고 하였으므로 이렇게 말한 것이다.

135 칠조공(漆雕公) : 공자의 제자 칠조개(漆雕開)로, 《논어》 〈공야장(公冶長)〉에 "공자가 벼슬을 하라고 권유하시자, '저는 이 벼슬에 대하여 아직 자신이 없습니다.'라고 대답하니, 공자께서 기뻐하셨다.〔子使漆雕開仕, 對曰: 吾斯之未能信. 子說.〕"라고 보인다.

마 천 리 먼 길을 가서 어버이께 혼정 신성(昏定晨省)을 하지 못하면서도 벼슬에 나아갈 계책을 세우겠습니까. 바로 형편상 절로 이럴 수밖에 없는 것이니, 나아가지 않는 것이 아니고 나아가지 못하는 것입니다. 어찌 녹사(祿仕)[137]를 달갑게 여기지 않아서 이러겠습니까. 오직 집사만이 저의 이런 심정을 알아주실 것입니다.

은혜로운 명령에 한 번 사은숙배(謝恩肅拜)하는 것도 하나의 의리이나, 분의(分義)[138]가 펴지고 펴지지 못함은 여기에 달려있지 않을 듯하니, 집사께서는 어떻게 생각하실지 모르겠습니다. 온 세상이 시끄럽게 비난하여 차마 들을 수 없는 말이 있으나, 다만 되는 대로 내버려 둘 뿐입니다. 저와 무슨 상관이 있겠습니까.

그러나 천지 사이에서 자유자재하게 지내는 저로 하여금 사람들의 구설에 오르는 물건이 되게 하였으니, 전형(銓衡)을 잡은 사람[139]에게 매우 유감스럽습니다. 서울에 들어가는 날에 이미 정순(呈旬)[140]을 하

136 형제간의……몸이다 : 이 내용은 사마천(司馬遷)이 임안(任安)에게 쓴 답장에 그대로 보인다. 《文選 卷41 報任少卿書》

137 녹사(祿仕) : 어버이를 봉양할 녹봉을 얻기 위해 하는 벼슬이라는 뜻으로, 한유(韓愈)의 〈쟁신론(爭臣論)〉에 "옛날 맹자(孟子)가 '벼슬은 가난 때문에 하는 것이 아니지만 가난 때문에 해야 하는 경우도 있다.'고 말씀했는데, 이러한 벼슬을 '녹사'라고 한다.〔古之人有云: 仕不爲貧, 而有時乎爲貧, 謂祿仕者也.〕"라고 보인다. 《五百家注昌黎文集 卷14 雜文》

138 분의(分義) : 일반적으로 신하로서 자신의 분수에 맞는 올바른 의리를 이른다.

139 전형(銓衡)을 잡은 사람 : 원문의 '병전(秉銓)'은 전형의 권한을 잡다는 뜻으로, 조정의 백관(百官)을 전형하는 이조의 전랑(銓郞)을 가리킨다.

140 정순(呈旬) : 낭관(郎官)이 사임하려 할 때 10일에 한 번씩 세 번을 계속하여 소속 상관(上官)에게 사직서(辭職書)를 올리는 것을 이른다.

였습니다. 그러니 한두 번 정도 더 한다면 자연히 기한(期限)이 차서 예전처럼 자유자재할 수 있는 몸이 될 것이니, 구설 또한 그치게 될 것입니다.

월초에 바다를 따라 남쪽으로 가서 여러 명승지들을 차례로 구경하였는데, 이른바 '여러 군진(軍鎭)'이라는 것들 중에 작은 진(鎭)은 촌락을 이루지도 못하였고, 큰 것도 취락(聚落)을 이루지 못하였으며, 큰 진에는 겨우 몇 리 되는 성(城)이 남아 있으나, 높이가 민가의 담장처럼 낮았습니다. 반쯤 부서진 전함(戰艦) 또한 항구에 묶여 있어서, 조수(潮水)가 아니면 움직일 수가 없었습니다.

완전히 망가져버린 각종의 병기(兵器)들 또한 먼지 속에 쌓여 있어서 한 철이나 한 달 만에 수리해서 쓸 수 있는 것이 아니니, 이른바 '방군(防軍 국경을 지키는 군사)'이 비록 모두 모여 지킨다 하더라도, 나가서는 진(陣)을 이루지 못하고 들어와서는 성을 제대로 지켜내지 못할 것입니다. 진장(鎭長)이 먹을 녹봉이 없어서 병졸들에게 얻어먹으며 살아가고 있으니, 어찌 병졸 없는 장수가 있단 말입니까.

하루아침에 강포한 왜적(倭賊)[141]이 파도를 일으키며 쳐들어오면 속수무책으로 사지(死地)로 나갈 뿐이니, 비록 천하를 경영할 만한 인재와 용도(龍韜)와 호략(虎略)의 선비[142]가 있다 한들, 장차 어떻게 적의 예봉을 꺾어 침략을 막을 수 있겠습니까. 이 때문에 정발(鄭撥)이 하나

141 강포한 왜적(倭賊) : 원문의 '해경(海鯨)'은 바다의 고래라는 뜻인데, 여기서는 강포한 왜적을 가리킨다.

142 용도(龍韜)와 호략(虎略)의 선비 : 병법에 정통한 선비를 이른다. 강태공(姜太公)이 지은 병서《육도(六韜)》가운데〈용도〉편과〈호도(虎韜)〉편이 있다.

의 화살도 미처 쏘지 못하고 죽었고, 정운(鄭運)이 발걸음을 제대로 펴지 못했던 것입니다.[143]

용사(龍蛇)[144]의 잘못된 전철이 앞에 분명하게 있는데도, 이후에도 국방(國防)을 위한 계책이 이와 같이 소루(疏漏)하니, 장맛비를 대비할 수 있겠습니까.[145] 참으로 아이들 장난만도 못합니다.

가르치지 않은 백성을 동원하여 싸우는 것도 부자(夫子 공자)께서는 "백성을 버리는 것이다."라고 하셨는데,[146] 하물며 군사와 백성 없이 싸울 수 있겠습니까. 단지 백성을 버리는 것일 뿐만 아니라, 백성을 죽이는 것입니다. 성곽과 갑옷과 병기를 만들어서 지키는 것은 바로

143 정발(鄭撥)이……것입니다 : 이 내용은 임진왜란 당시 조선군의 전비(戰備)가 갖추어지지 못했음을 말하기 위해 매산이 과장한 것이다. 정발(1553~1592)은 자가 자고(子固), 호가 백운(白雲), 본관이 경주(慶州)이고, 시호가 충장(忠壯)이다. 1579년 무과에 급제하여 선전관이 되고, 1592년 임진왜란 때 부산진 첨절제사로 왜군을 맞아 분전하였으나 중과부적으로 마침내 성이 함락되고 전사하였다. 정운(鄭運, 1543~1592)은 자가 창진(昌辰), 본관이 하동(河東), 시호가 충장(忠壯)이다. 임진왜란 때 충무공 이순신(李舜臣)의 휘하에 있으면서 1592년 9월 부산포(釜山浦) 해전에서 우부장(右部將)으로 선봉에서 싸우다가 전사하였다.

144 용사(龍蛇) : '용'은 임진(壬辰)년의 '진(辰)', '사'는 계사(癸巳)년의 '사(巳)'를 각각 뜻하므로 즉 임진년과 계사년에 있었던 임진왜란을 가리킨다.

145 이후에도……있겠습니까 : 외적의 침략을 대비하는 국방의 계책이 철저하지 못함을 말한 것으로, 《시경(詩經)》 〈빈풍(豳風) 치효(鴟鴞)〉의 "하늘에서 장맛비가 아직 내리지 않을 때에, 저 뽕나무 뿌리를 거두어다가 출입구를 단단히 얽어서 매어 놓는다면, 지금 이 아래에 있는 사람들이 혹시라도 감히 나를 업신여길 수 있겠는가.〔迨天之未陰雨, 徹彼桑土, 綢繆牖戶, 今此下民, 或敢侮予?〕"라는 구절을 원용한 것이다. 이후로 국방을 '음우지비(陰雨之比)'라 칭하게 되었다.

146 가르치지……하셨는데 : 이 내용은 《논어》 〈자로(子路)〉에 보인다.

백성을 살리기 위한 것인데, 지금 이로 인해서 백성을 죽이니, 이것이 어찌 성문을 이중으로 하고 목탁을 쳐서 포악한 도적을 대비[147]하는 뜻이겠습니까.

저의 생각에는 여러 진을 부산(釜山)과 다대포(多大浦)로 모아 둘로 만들어서, 성과 해자를 수리하고 병기와 군량을 많이 비축하여 우뚝하게 남문(南門)의 자물쇠로 삼는다면, 나라가 위급할 때 효력을 얻을 듯합니다. 그리고 수영(水營)을 부산으로 옮겨 설치하는 것도 한 가지 방법입니다.

이 말이 진실로 분수에서 벗어난 것임을 알고 있으나, 매번 삼연(三淵)이 지은 〈육진탄(六鎭歎)〉 시[148]를 읽을 때마다 무릎을 치면서 탄복하였습니다. 지금 바다 구경으로 인하여 더욱더 감회가 생깁니다.

애오라지 〈육진탄〉 시 가운데 "육식하는 자들 중에서는 더불어 말할 만한 사람이 없으니, 이 일을 일찍이 저들이 생각이나 해 보았겠는가.〔無人語與肉食者, 此事曾入思量否.〕"라는 구절을 받들어 올리니, 응당 저와 뜻이 합치하실 것이라고 생각합니다. 집사께 훗날 우려해야 할 일이 되지 않을 것임을 어찌 알겠습니까. 그러나 "성곽이 완전하지 못하고, 병기와 갑옷이 많지 않은 것이 나라의 재앙이 아니다."[149]라고 하신 맹자(孟子)의 가르침은 바로 오늘의 일을 말씀하신 것이니, 더욱 저로 하여금 가슴 아프게 합니다.

147 성문을……대비 : 이 내용은 《주역(周易)》 〈계사전 하(繫辭傳下)〉에 보인다.

148 삼연(三淵)이……시 : 삼연 김창흡(金昌翕)이 함경도 북변(北邊)의 육진을 유람하고 읊은 시로, 《삼연집》 권13 〈시(詩)〉에 실려 있다.

149 성곽이……아니다 : 이 말은 《맹자》 〈이루 상(離婁上)〉에 그대로 보인다.

이장(泥丈)이 융원(戎垣)의 장(長)으로 승진한 일[150]은 위로를 드릴 만한 것이요, 축하를 드릴 만한 것이 아닙니다. 3대(代)에 걸쳐 군대를 거느리는 것은 진실로 이미 도가(道家)에서 꺼렸던 바이니,[151] 단지 본인 신상에만 불행이 될 뿐이 아닙니다. 척리(戚里)가 군대를 거

150 이장(泥丈)이……일 : 이장은 이동(泥洞)에 사는 어른이라는 뜻으로 김기후(金基厚, 1747~1830)를 가리키며, '융원(戎垣)의 장(長)'은 총융사(摠戎使)를 가리키는 바, 김기후가 1811년(순조11) 5월 13일에 총융사에 제수되었으므로 말한 것이다. 김기후는 자가 사중(士重), 본관은 청풍(淸風), 시호는 효헌(孝憲)으로, 정조의 비인 효의왕후(孝懿王后)의 사촌 오라비이다. 1774년(영조50) 식년 생원시에 합격하고, 음보(蔭補)로 출사하여 벼슬이 공조 판서에 이르렀다. 《承政院日記 純祖11年 5月 13日》, 《梅山集 卷37 工曹判書金公墓表》

151 3대(代)에……바이니 : 무경칠서(武經七書)의 하나인 《이위공문대(李衛公問對)》에 "당태종(唐太宗)이 '도가(道家)에서 3대에 걸쳐 장수됨을 꺼리는 것은 병법을 함부로 전해서는 안 되기 때문이고, 또한 전하지 않을 수도 없어서이니, 경은 부디 조심하라.' 하였다.〔太宗曰: 道家忌三世爲將者, 不可妄傳也, 亦不可不傳也. 卿其愼之.〕"라고 보이는데, 유인(劉寅)의 주에 "진(秦)나라가 왕전(王翦)의 손자인 왕리(王離)로 하여금 조(趙)나라를 공격하게 하여 조왕(趙王)과 장이(張耳)를 거록성(鉅鹿城)에서 포위하자, 혹자가 말하기를 '왕리는 진나라의 명장이다. 이제 강한 진나라의 군대를 인솔하여 초창기에 있는 조나라를 공격하니, 성을 함락시킬 것이 틀림없다.' 하였다. 그러자 어떤 사람이 말하기를 '그렇지 않다. 3대에 걸쳐 장수가 된 자는 반드시 패하는 법이니, 반드시 패하는 이유는 어째서인가? 사람을 죽이고 공격한 것이 많기 때문이니, 그 후손이 불길함을 받게 된다. 지금 왕리는 이미 3대에 걸쳐 장수가 되었다.' 하였는데, 얼마 안 있다가 항우가 조나라를 구원하고 진군을 격파하여 과연 왕리를 사로잡았다. 여기에 '도가에서 3대에 걸쳐 장수가 되는 것을 꺼린다.'고 말한 것은 어느 책에 나오는지 알 수 없으니, '도' 자를 '병' 자로 쓰는 것이 옳을 듯하다."라고 보인다. 《李衛公問對 下卷》 왕리는 진나라 빈양(頻陽) 동향(東鄕) 사람이다. 전국 시대 4대 명장(名將)으로 꼽히는 왕전(王翦)의 손자이며, 부친 왕분(王賁)도 시황제(始皇帝)의 천하통일에 큰 공을 세운 명장이다.

느리는 장수가 된 것은 청성(淸城 청풍(淸風)) 김문(金門)에서 처음 시작된 것으로, 우리 조선조에서 일찍이 없었던 일입니다. 한 가문이 5대(代)에 걸쳐 일곱 명의 장수를 배출한 것이 모두 외척의 신분 때문에 이루어진 것인데, 옛날에도 이런 일이 있었습니까?[152] 덕 있는 가문이 쇠하게 될 것은 이치로 볼 때 당연한데, 다만 잠옹(潛翁)[153]의 덕이 돈독했던 덕택에 비록 위태로웠으나 허물이 없었으니, 이것 또한 요행일 뿐입니다.

152 척리(戚里)가……있었습니까 : 척리는 왕의 외척 또는 처가를 가리키는 말로, 본디 한(漢)나라 때 장안(長安)에 있던 마을 이름인데, 왕의 인척(姻戚)들이 여기에서 살았으므로 이러한 의미를 가지게 되었다. 현종(顯宗)의 장인으로 청풍부원군(淸風府院君)에 봉해진 김우명(金佑明, 1619~1675)으로부터 5세(世)를 내려가서 정조(正祖)의 장인이 된 김시묵(金時默, 1722~1772)에 이르기까지 청풍 김씨 집안에서 7명 이상의 장수가 나왔는데, 이는 이전 시대에 없었던 일이므로 이렇게 말한 것이다. 김우명은 오위도총관(五衛都摠管)과 호위대장(扈衛大將)을 겸직했고, 김우명의 형 김좌명(金佐明, 1616~1671)은 병조 판서와 수어사(守禦使)를 겸직하였다. 김좌명의 아들 김석주(金錫冑, 1634~1684)는 우의정과 호위대장을 겸직하였으며, 김우명의 아들 김석익(金錫翼, ?~1686)과 김석연(金錫衍, 1648~1723)은 각각 총융사와 어영대장(御營大將)을 지냈다. 김석익의 손자 김성응(金聖應, 1699~1764)은 병조 판서와 훈련대장을 역임하였고, 김성응의 아들 김시묵과 김지묵(金持默, 1725~1799)은 각각 총융사와 어영대장을 지냈다. 김지묵은 김기후의 아버지이다. 《韓國系行譜 淸風金氏》

153 잠옹(潛翁) : 김우명의 아버지인 김육(金堉, 1580~1658)으로 그의 호가 잠곡(潛谷)이므로 이렇게 칭한 것이다. 자는 백후(伯厚), 시호는 문정(文貞)으로 1623년에 증광 문과에 장원으로 급제하였다. 충청도 관찰사로 있을 때 대동법의 시행을 건의하였고, 수차(水車)를 만들어 보급했으며, 《구황촬요(救荒撮要)》와 《벽온방(辟瘟方)》 등을 편찬, 간행하였다. 영의정이 되어서는 대동법의 확장 실시에 힘을 기울여 충청도에 시행하였고, 아울러 민간에 주전(鑄錢)을 허용하였다. 그가 편찬한 《유원총보(類苑叢寶)》는 우리나라 최초의 백과사전이고, 《구황촬요》·《벽온방》 등은 그의 위민(爲民) 사상의 단면을 볼 수 있는 저술들이다.

오직 집사께만 이런 말씀을 아뢸 수가 있기 때문에 붓 가는 대로 씁니다. 응당 때때로 두려워하라는 가르침을 보존하고 가득 찬 것을 이지러지게 한다는 경계[154]를 지켜서 한 세상의 표준을 세우시리라 생각되니, 이것이 어찌 오로지 덕 있는 가문의 다행이 될 뿐이겠습니까.

154 때때로……경계 : '때때로 두려워하라는 가르침'은 《주역》 〈건괘(乾卦) 문언전(文言傳) 구삼(九三)〉에 "힘쓰고 힘써 때에 따라 두려워하면 비록 위태로우나 허물이 없으리라.〔乾乾, 因其時而惕, 雖危, 无咎矣.〕"라고 보이고, '가득찬 것을 이지러지게 한다는 경계'는 《주역》 〈겸괘(謙卦) 단(彖)〉에 "천도는 가득 찬 것을 이지러지게 하고 겸손(謙巽)한 것을 더해준다.〔天道虧盈而益謙〕"라고 보인다.

김정택에게 답함 임신년[155] 정월

答金正宅 壬申元月

서쪽 지방의 경보(警報)[156]에 대해서는 더 무슨 말을 하겠습니까, 더 무슨 말을 하겠습니까. 여러 번 풍년이 든 뒤에 한 번의 흉년으로 인해 황지(潢池)의 변란[157]을 일으켜 일거에 다섯 성(城)을 함락시키고, 수령들을 살해하고 청천강(淸川江) 이북 지방을 점령하기에 이르렀습니다. 이에 서울이 요동하고 팔도가 소란해졌으니, 토적(土賊)이 있은 이래로 일찍이 들어보지 못한 일입니다.

저 역적이 스스로 '원수(元帥)'라고 칭하고 격문(檄文)을 관북과 관서 지방에 돌렸으니, 그렇다면 그 계획이 단지 쥐와 개 같은 자들이

155 임신년(壬申年) : 1812년(순조12)으로, 매산의 나이 37세 되던 해이다.

156 서쪽 지방의 경보(警報) : 홍경래(洪景來)의 난을 가리킨다. 1811년(순조11) 관서 지방에 큰 흉년이 들어 민심이 흉흉해지자, 홍경래 등이 조선 시대에 계속되어 온 서북인의 차별에 대한 울분을 격동시켜 반란을 일으켰다. 이 난은 1811년 음력 12월 18일에 가산(嘉山) 군청을 습격하여 점령한 것을 시작으로 이듬해 음력 4월 19일 반란군이 토벌될 때까지 4개월간 지속되었다.

157 황지(潢池)의 변란 : 민란(民亂)을 가리키는 말로, 황지는 물이 고여 만들어진 작은 못을 이른다. 전한(前漢) 선제(宣帝) 때에 발해(渤海) 지방에 민란이 일어나자, 공수(龔遂)를 발해 태수로 임명하여 도둑을 토벌하게 하였는데, 공수가 "이번의 반란은 굶주림과 추위에 시달리는 백성들을 관리들이 제대로 돌보아 주지 않자, 폐하의 어린아이〔백성〕들이 폐하의 무기를 슬쩍 훔쳐서 황지 가운데에서 한번 장난을 쳐 본 것일 따름입니다.〔其民困于飢寒, 而吏不恤. 故使陛下赤子盜弄陛下之兵于潢池中耳.〕"라고 말했던 데서 유래하였다.《漢書 卷89 龔遂傳》

좀도둑질 하는 정도에서 그치지 않을 것입니다. 사나운 칼날이 가해진 곳은 마치 토붕와해(土崩瓦解)의 형세와 같으니, 지나친 우려가 어느 곳인들 없을 수 있겠습니까.

혹자는 "작은 도적들이니 굳이 염려할 것이 없다."라고 하는데, 다른 때에는 이렇게 말할 수 있으나, 지금은 아닙니다. 다행히 청주(淸晝)의 주문(奏文)이 날마다 보고가 되고 있으니, 도적의 괴수를 죽이고 도적들의 토굴을 소탕하는 일이 차례로 있을 것인데, 이미 그렇게 되었는지 모르겠습니다.

주자가 말씀하신바 "송(宋)나라의 국운이 중흥(中興)한다."[158]는 것을 여기에서 점칠 수 있습니다. 또 "미천한 신하가 병으로 공허한 산림(山林)에 누우니, 세상을 근심하는 한 조각 마음을 견딜 수 없네. 누가 이 오두막으로 승전보를 보내왔는가? 참으로 동면(冬眠)하는 벌레들이 우레 소리 들은 것과 같네.〔微臣殘疾臥空林, 不耐憂時一寸心. 誰遣捷書來蓽戶? 眞如百蟄聽雷音.〕"[159]라고 하였는데, 이 또한 주자가 기쁨을 기록한 시(詩)인데, 바로 이 몸의 오늘 일을 말한 것입니다. 알지 못하

158 송(宋)나라의 국운이 중흥(中興)한다 : 이 구절은 주자가 70세 되던 해인 기미년(己未年)에 지은 시 〈성은(聖恩)을 입어 치사(致仕)하려는 뜻을 이루자 진소원(陳昭遠) 어른이 시로써 축하해 주기에 이미 화답하고 다시 한 수를 읊는다.〔蒙恩許遂休致陳昭遠丈以詩見賀已和答之復賦一首〕〉에 "한나라 국운의 중흥을 어찌 기대할 수 있으리오. 내년은 간지(干支)가 또 군탄이로다.〔漢祚中天那可料, 明年太歲又涒灘.〕"라고 보인다.《朱子大全 卷9》 한나라는 바로 송나라를 가리킨다. 시에서는 흔히 자신의 나라를 한나라라고 표현한다. 군탄은 고갑자(古甲子)의 신(申)으로, 송(宋)나라가 세워진 해인 경신년(庚申年)을 뜻한다.

159 미천한……같네 : 주자가 지은 〈아들이 승전보를 알려준 시에 차운하다〔次子有聞捷韻〕〉의 시로, 4수 가운데 세 번째 수이다.《朱子大全 卷2 詩》

겠습니다. 집사께서는 분문(奔問)[160]의 걸음을 하셨습니까?

비록 조정에 자신을 스스로 추천하여 벼슬을 구할 수는 없으나, 서울 집에 들어가 거처하면서 이번 일이 조금 평안해지길 기다렸다가 깊은 산림(山林)으로 돌아가는 것 또한 한 가지 의리입니다. 그러나 막막하게 소식을 알지 못하니, 답답한 마음을 견딜 수 없습니다.

처음 변란이 알려졌을 때 도성의 광경이 마치 조석(朝夕)의 사이에 사방으로 흩어질 듯하였는데, 그동안 날짜가 자못 오래되었으니, 다소 진정이 되어 지금은 거의 편안해졌습니까?

경상 좌도(慶尙左道) 지방은 풍속이 그리 경박하지 않은데도 소문에 동요되어 스스로 진정하지 못하니, 승전보가 알려져도 듣고 믿으려 하지 않습니다. 그래서 나무와 풀을 베는 일이 거의 끊어질 판이고 또한 농사조차 폐할 지경이니, 정치가 지극하면 혼란을 생각하여 이러한 것입니다. 이 지방을 미루어 다른 지방을 알 수 있고, 이 경상 좌도를 통해서 여러 도를 상상할 수 있습니다.

지극히 신령한 것이 사람 마음인데, 위태롭게 동요되고 편안하기 어려움이 이처럼 지극한 지경에 이르렀으니, 만약 여기에 기근이 더해진다면 형편상 반드시 바람이 불면 풀이 쏠리는 사태가 이를 것입니다. 이렇게 되면 국가의 우환(憂患)이 단지 서쪽 변방에만 있지 않을 것이

160 분문(奔問) : 임금이 위기에 처했을 적에 신하가 급히 달려와 문후(問候)함을 이르는데, 《춘추좌씨전》 희공(僖公) 24년에 "주(周)나라 양왕(襄王)이 난리를 피해 정(鄭)나라 시골 마을인 범(氾)에 머물면서 노(魯)나라에 그 사실을 알리자, 장문중(臧文仲)이 '천자께서 도성 밖의 땅에서 먼지를 뒤집어쓰고 계시니, 어찌 감히 달려가서 관수를 묻지 않겠습니까.〔天子蒙塵于外, 敢不奔問官守?〕'라고 대답하였다."라고 한 말에서 유래하였다.

니, 이 점이 적이 염려됩니다.

만약 대가(大家)들이 백성들을 위로하고 편안하게 하지 않는다면 쉽게 진정되지 못할 것이니, 백성들을 살펴 보호하고 대족(大族)들을 위안하는 두 가지 일을 모두 병행하되, 의심하고 주저해서는 안 됩니다.

근폭(芹曝)의 정성[161]을 가슴속에 간직하고 있지만, 참으로 이른바 "빈말뿐이요 시행함이 없었으니, 비록 간절한들 무슨 보탬이 있었겠는가."[162]라는 것과 같은 것입니다.

우리 집사이시기 때문에 제가 애오라지 이렇게 삼가 말씀드립니다만, 또한 무슨 유익함이 있겠습니까. 만일 시무(時務)를 잘 아는 군자가 대처한다면 마땅히 어떻게 계책을 세워야 되겠습니까?

"국가의 안위는 대신에게 달렸으니, 굳이 오래 눈물 흘릴 것이 없네.〔安危大臣在, 不必淚長流.〕"[163]라고 한 것은 자미(子美 두보(杜甫))가

161 근폭(芹曝)의 정성 : '미나리를 바치다'는 뜻의 헌근(獻芹)과 '햇볕을 바치다'는 뜻의 헌폭(獻曝)을 합한 말로 여러 의미로 쓰이는데, 여기서는 자신의 의견이 변변치 못한 계책을 올린다는 겸사로 쓰였다. 어떤 마을에 미나리를 아주 좋아하는 가난한 이가 있어 그 마을의 부자에게 미나리가 맛이 좋다고 바쳤는데, 부자는 미나리를 먹고 독한 맛 때문에 배탈이 났다는 고사와, 또 옛날 송나라의 시골 농부가 누더기만 입고 겨울을 지내다가 봄이 되자 따뜻한 햇볕을 쬐면서 "등에 쪼이는 따스한 봄볕을 아무도 알 사람이 없을 것이니, 이것을 우리 임금님께 바치면 큰 상을 받겠구나."라고 한 고사에서 유래하였다. 《列子 楊朱》

162 빈말뿐이요……있었겠는가 : 이 내용은 한유(韓愈)의 〈맹간상서에게 보낸 편지〔與孟簡尙書〕〉에 "맹자가 비록 현성이었으나 지위를 얻지 못해 빈말뿐이요 시행함이 없었으니, 비록 간절한들 무슨 보탬이 있었겠는가.〔孟子雖賢聖, 不得位, 空言無施, 雖切, 何補?〕"라고 보이는데, 주자가 지은 〈맹자집주서설(孟子集註序說)〉과 《고문진보 후집》에도 보인다.

163 국가의……없네 : 이 두 구절은 두보가 지은 오언율시 〈거촉(去蜀)〉의 미련(尾

울분을 품고 지은 시인데, 이것을 읽으면 눈물만 더할 뿐입니다.

동조(東朝)의 춘추가 찬란하게 육순(六旬)이 되어서,[164] 성대한 의식을 거행하여 성상(聖上)의 효심이 잘 펴졌으니, 신하와 백성들이 올리는 경하와 축원이 안팎으로 똑같습니다.

다만 엎드려 생각하건대 우리 자성(慈聖)의 겸손하신 덕이 천고의 궁중을 뒤덮어서, 선왕조(先王朝)의 정심(精深)한 의리를 지켜 조정의 신하들이 호소하는 자리에서 휘호(徽號)를 사양하셨으니, 이 때문에 임술년(1802, 순조2)의 언교(諺教)가 당일의 조정 사대부를 울게 하였고, 끝없는 후세에 교훈이 되는 것입니다.[165] 휘호뿐만 아니라 풍성하고 즐겁게 해드리는 모든 거조(擧措)를 한결같이 사양하셨으니, 이것은 일찍이 저와 같이 천한 신하도 더불어 아는 것입니다.

聯)이다.《全唐詩 卷234 杜甫》

164 동조(東朝)의……되어서 : 동조는 당시 대비(大妃)로 있던 정조(正祖)의 비(妃)인 효의왕후(孝懿王后)를 이른다. 계유(1753, 영조29)생으로 이 편지가 쓰인 임신년(1812)에 60세가 되었다.

165 우리 자성(慈聖)의……것입니다 : 10년 전 임술년에 정조가 승하한 뒤에 대신들이 휘호(徽號)를 건의하자, 효의왕후가 사양하는 이유를 언교(諺教)를 통해 알렸는데, 이를 두고 한 말이다. 언교는 언문으로 쓴 왕대비의 교서(教書)를 이르는바, 언교의 대략에 "정조께서 재위하신 24년 동안 일찍이 한 번도 휘호를 받지 않으셨던 것은 겸양을 위하여 그런 것이 아니라, 정밀한 의리가 있어서였다. '비록 다른 날 전해 주게 되더라도 결단코 아름다움을 칭찬하는 행사를 허락하지 않는다.'고 하교를 하셨으니, 지금 내가 휘호를 받는다면 그 정밀한 의리를 어기는 것이어서 저승에서 선왕을 뵐 수가 없다."라고 하였다.《국역순조실록 순조2년 5월 13일》 매산이 이 언교를 읽고서 감회를 적은 글이 본집에 실려있다.《梅山集 卷29 敬書壬戌五月十三日王大妃殿諺教後》

금일의 일은 성스러운 아들이 어머니의 춘추를 알고 기쁜 일을 아름답게 꾸미는 지극한 정성과 순수한 효성[166]에서 나왔으니, 바로 이른바 "기뻐하는 마음이 궁궐에서 시작되어, 효도가 사해(四海)에 나타났다."[167]는 것입니다.

백성 중에 그 누가 흠잡겠습니까마는, 다만 지금 변경에 일이 있어서 나라의 근심이 매우 심하니, 이런 때에 하례(賀禮)를 받는 것은 우리 동조의 본의를 어기는 것일 듯합니다.

만약 휘음(徽音)[168]을 아래로 펴시는 것이 임술년에 내리신 언교(諺教)와 같으시다면, 성스러운 아드님이 반드시 마땅히 뜻에 순종하실 것이요, 여러 신하들도 응당 아름다움을 받들어서 임술년에 있었던

166 아들이……효성 : 원문의 '지년(知年)'은 부모의 연세를 안다는 뜻으로, 부모 연세가 많아지는 것을 알면 모실 수 있는 날짜가 적음을 안타까워하여 하루라도 더 정성껏 봉양하려고 하는 효성(孝誠)을 이르고, '식희(飾喜)'는 기쁨을 꾸민다는 뜻으로, 부모 연세가 많아 장수하신 것을 알면 잔치를 열어 그 기쁜 마음을 드러내는 효성을 이른다. 《논어》〈이인(里仁)〉에 "공자께서 말씀하셨다. '부모의 연세는 알지 않으면 안 되니, 〈부모의 연세를 기억하고 있으면〉 한편으로는 기쁘고 한편으로는 두렵다.〔父母之年, 不可不知也, 一則以喜, 一則以懼.〕"라고 보이며, 《예기》〈악기(樂記)〉에 "음악은 선왕이 기쁨을 드러내는 방법이었으며, 군대와 부월은 선왕이 노여움을 드러내는 방법이었다.〔夫樂者, 先王之所以飾喜也, 軍旅鈇鉞者, 先王之所以飾怒也.〕"라고 보인다.

167 기뻐하는……나타났다 : 이 내용은 당나라의 문장가인 한유(韓愈)가 지은 〈하책황태후표(賀冊皇太后表)〉에 보인다. 《東雅堂昌黎集註 卷39》

168 휘음(徽音) : 후비(后妃)의 아름다운 덕을 표현하는 말로, 《시경》〈대아(大雅) 사제(思齊)〉에 "엄숙한 태임이 문왕의 어머니시니 주강(周姜)에게 사랑받으사 경실(京室)의 며느리가 되셨네. 태사가 그 아름다운 명성을 이으시니, 아들이 백 명이나 되도다.〔思齊太任, 文王之母, 思媚周姜, 京室之婦. 太姒嗣徽音, 則百斯男.〕"라는 구절에서 유래하였다.

준례를 따를 것입니다. 가령 성태(城台 김종선)가 살아계셨다면 반드시 동조의 휘장 앞에서 아뢰었을 것이 분명하니, 이는 제갈공명이 법효직(法孝直)을 뒤늦게 그리워하여 마지않았던 것과 같을 것입니다.[169]

초야(草野)에 있는 저처럼 미천한 신하가 국조의 전례(典禮)를 함부로 논하는 것은 의리와 분수상 감히 할 수 있는 것이 아니지만, 이번의 일로 인하여 자성(慈聖)의 뜻과 일을 천양(闡揚)하는 것은 저 또한 감히 사양할 수 없는 바입니다. 집사가 아니면 누구와 더불어 이것을 말하겠습니까. 그러므로 부질없이 써서 언급하니, 한번 보시고 없애버리신다면 다행이겠습니다.

나라에서 선비를 기른 지 4백 년 만에 또다시 정시(鄭蓍)[170] 한 사람을 얻었으니, 조정을 위하여 축하합니다. 강역(疆域)을 지키는 신하는 마땅히 강역에서 죽어야 하니, 정공(鄭公)의 죽음은 분수상 당연한

169 이는……것입니다 : 법효직(法孝直)은 삼국 시대 촉한(蜀漢)의 신하로 유비의 신임을 받았던 법정(法正, 176～220)으로, 효직은 그의 자이다. 유비(劉備)는 모든 신하들의 반대를 물리치고 손권(孫權)을 정벌하러 직접 출전하였다가 대패하였는데, 이때 제갈량이 "만일 법효직이 있었다면, 주상을 제지하여 동쪽으로 출정하지 못하시도록 했을 것이다. 그리고 동쪽으로 출정하였다고 하더라도 절대로 위태롭게 기울지는 않았을 것이다."라고 하며 그를 그리워하였으므로 이렇게 말한 것이다. 《三國志 卷37 蜀書 法正傳》

170 정시(鄭蓍) : 1768～1811. 자는 백우(伯友), 호는 덕원(德園), 본관은 청주, 시호는 충렬(忠烈)이다. 1799년(정조23) 무과에 급제하고, 1811년(순조11)에 가산 군수가 되었는데 이해 홍경래(洪景來)의 난이 일어나 관아에 폭도들이 들이닥쳐 재물과 관인(官印)을 내놓으라고 협박하자, 그들의 대역무도함을 꾸짖다가 부친과 함께 살해당하였다. 매산이 지은 그의 묘지명이 본집에 실려 있다. 《梅山先生文集 卷38 贈吏曹參判蒼坡鄭公墓誌銘》

것입니다.

그러나 온 가족이 순절(殉節)한 것은 무신년(戊申年)의 세 충신[171]에게도 일찍이 있지 않았던 일이니, 참으로 그 공렬(功烈)이 대단하고 대단합니다. 위태로움을 보면 목숨을 바치는 것이 군주가 어떻게 생긴 사람인지도 모르는 사람에게서 나오는 것은 예로부터 그러하였습니다.[172] 지금 또다시 정공에게서 이 일을 보았으니, 참으로 기이하고 기이합니다. 이것으로 백세에 풍교(風教)를 세울 수 있고, 국세(國勢)를 구정(九鼎)보다 더 무겁게 할 수 있으니,[173] 그 공이 또한 큽니다.

171 무신년(戊申年)의 세 충신 : 무신년(1728, 영조4)에 발발한 이인좌(李麟佐)의 난에 순절했던 충청 병사(忠清兵使) 이봉상(李鳳祥, 1676~1728), 군관 홍림(洪霖, 1685~1728), 청주 영장(淸州營將) 남연년(南延年, 1653~1728)을 말한다.

172 위태로움을……그러하였습니다 : 당나라 현종(玄宗) 때 안진경(顔眞卿, 709~784)의 일을 들어 이렇게 말한 것이다. 안녹산(安祿山)이 반란을 일으키자 하북의 모든 성이 모두 함락되었는데, 오직 안진경이 태수로 있던 평원군(平原郡)만 성을 굳게 지켜 함락되지 않았다. 모든 성이 함락되었다는 소식을 들은 현종이 탄식하며, "하북 24개 고을에 충신이 한 사람도 없단 말인가." 하였는데, 안진경이 보낸 사자가 이르자 현종이 크게 기뻐하면서 "짐이 안진경이 어떤 사람인지 알지 못했는데 하는 일이 마침내 이와 같구나.〔朕不識眞卿何如人, 所爲乃若此.〕"라고 하며 기뻐하였다.《新唐書 卷153 顔眞卿列傳》

173 국세(國勢)를……있으니 : 이 내용은《사기(史記)》권76〈평원군우경열전(平原君虞卿列傳)〉의 "전국 시대에 조(趙)나라의 평원군(平原君)이 합종(合從)을 하기 위해 식객들을 데리고 초(楚)나라에 갔을 적에 합종을 협정(協定)하지 못하였는데, 마침내 모수(毛遂)가 단판으로 협정을 이끌어냈다. 이후 평원군이 조나라로 돌아와서 '모선생이 한번 초나라에 가서 조나라를 구정(九鼎)과 대려(大呂)보다 더 무겁게 만들었네.〔毛先生一至楚, 而使趙重於九鼎、大呂.〕'라고 하고는 그를 상객(上客)으로 삼았다."는 고사의 일부를 원용한 것이다. 구정은 하(夏)나라의 우(禹) 임금이 구주(九州)의 쇠를 거두어 만든 아홉 개의 솥으로, 천하의 보물로 알려졌으며 또한 국가의 상징물로 인식되었다. 대려는 옛날의 큰 종으로 역시 귀중한 보물로 알려졌다.

김정택에게 줌 임신년 7월

與金正宅 壬申七月

세상 사람들이 집사를 잊은 지가 오래되었다고 생각했는데, 정안(政眼)에서 집사의 높은 이름을 갑자기 보게 되니,[174] 저는 놀랍고 의아하여 오랫동안 마음을 진정시키지지 못하였습니다. 까닭 없이 의망(擬望)된 것도 이미 뜻밖의 일인데, 낮은 의망으로 낙점을 받은 것 또한 성상의 특별한 예우에서 나왔으니, 감격스러운 나머지 생각이 어떠하십니까?

군자의 몸가짐은 미리 계획이 정해지면 곤궁하지 않으니, 진실로 우러러 찬탄할 것이 없습니다. 단지 이 직책뿐만 아니라 비록 군주와 일의 가부(可否)를 논하는 자리에 들어가고 군주를 깨우치고 보좌하는 지위에 처하더라도,[175] 큰 일이 있지 않으면 산문(山門)[176]을 한 걸음도

174 정안(政眼)에서……되니 : 정안(政眼)은 관원들의 임명과 해임 등을 기록한 문서로, 정목(政目)이라고도 한다. 김기서가 이해 8월 1일에 병조 좌랑에 제수되었으므로 이렇게 말한 것이다. 《承政院日記 純祖12年 8月 1日》

175 군주와……처하더라도 : 군주를 가까이에서 모시는 시종신(侍從臣)의 자리에 들어감을 말한 것이다. 원문의 '계옥(啓沃)'은 신하가 임금에게 충성스러운 말을 아뢰어 깨우쳐 주고 보좌하는 것으로, 《서경》 〈열명 상(說命上)〉에, 고종(高宗)이 부열(傅說)에게 명하기를 "아침저녁으로 가르침을 바쳐 나의 덕을 도우라.……네 마음을 열어 내 마음에 대도록 하라.〔朝夕納誨, 以輔台德.……啓乃心, 沃朕心.〕" 한 데에서 유래한 것이다.

176 산문(山門) : 산중에 은거(隱居)하는 집의 문이라는 뜻인데, 선비가 은둔하여 지내는 곳을 가리킨다.

나가서는 안 되니, 이 의리는 평소 집사께서 말씀하시던 것입니다.

살아있는 인간의 의욕(意欲)은 무궁하고 부귀가 사람을 사욕에 빠뜨리는 것은 심하기 때문에, 선비가 부귀에 대한 뜻이 없고 난 뒤에라야 천하의 큰일을 할 수 있습니다. 그러므로 맹자께서 말씀하시기를 "사람이 하지 않는 지조(志操)가 있은 뒤에야 훌륭한 일을 할 수 있다."[177]라고 하셨습니다. 이 때문에 천하를 소유하고도 관여하지 않는 자[178]라야 비로소 천하를 맡길 수 있으니, 어찌 부귀를 하찮게 여기는 것을 높게 여기고 말 뿐이겠습니까.

참으로 훌륭합니다. 고량계(高梁溪)[179]의 말씀이여. 그의 말에 이르기를

> "장부(丈夫)가 한 세상에 불우하게 있더라도, 정신은 천고(千古)에 있어야 한다. 지금 사람들이 사후의 명예를 말하는데, 어찌 말할 만한 것이 되겠는가. 다만 한 점의 신령스러운 빛이 천지(天地)와

177 사람이……있다 : 이 내용은 《맹자》〈이루 하(離婁下)〉에 그대로 보인다.

178 천하를……자 : 순(舜) 임금이나 우(禹) 임금과 같은 성인을 이른다. 《논어》〈태백(泰伯)〉에 "높고 크다. 순 임금과 우 임금이 천하를 소유하시고도 관여치 않으심이여.〔巍巍乎! 舜禹之有天下也, 而不與焉!〕"라고 보이는데, 주자는 《집주(集註)》에서 "'불여(不與)'는 관여하지 않는다는 말과 같으니, 그 지위를 즐거움으로 삼지 않음을 말씀한 것이다."라고 풀이하였다.

179 고량계(高梁溪) : 명(明)나라의 학자 고반룡(高攀龍, 1562~1626)으로, 무석(無錫)의 양계(梁溪)에서 스승 고헌성(顧憲成, 1550~1612)을 도와 동림서원(東林書院)을 운영하며 동림당(東林黨)을 이끌었기 때문에, 세상 사람들은 고헌성과 그를 모두 양계라고 불렀다. 고반룡의 자는 존지(存之), 호는 경일(景逸)이며, 시호는 충헌(忠憲)이다. 어려서부터 정주학(程朱學)에 뜻을 두었으며, 저술로 《고자유서(高子遺書)》·《주역간설(周易簡說)》·《주자절요(朱子節要)》 등이 있다.

마주할 수 있으면 천지와 더불어 무궁무진하게 될 수 있으니, 우리들은 함께 값을 따질 수 없는 보배를 보전할 뿐이다."[180]

라고 하였습니다.

퇴계 또한 일찍이 벼슬하는 폐해에 대해 말씀하시기를

"너무 속히 벼슬을 하지 말고 영광에 매몰되지 말아서, 시작만 있고 끝맺음이 없는 것이 시장에서 종아리 맞는 것보다 심하게 부끄러운 것임을 항상 생각하여, 밤낮으로 채찍질하여 독려하면 거의 희망이 있을 것이다. 이렇게 하지 않고 단지 세속 사람들과 뒤섞여 똑같이 살아간다면, 명예를 훼손하고 절개를 욕되게 함이 도리어 세속을 따라 출몰하는 사람보다 더 심할 것이다."[181]

라고 하셨습니다.

저는 집사께서 혹시라도 이 의리를 소홀히 할 것이라고는 생각하지 않습니다. 집사를 애모하는 마음이 지극하므로 이것을 인용하여 사전(事前)의 경계로 삼는 것이니, 응당 제가 말씀드리면 바로 집사의 뜻과 부합할 것이라고 생각합니다.

180 장부(丈夫)가……뿐이다 : 이 내용은 고반룡의 《고자유서》에는 실려 있지 않고, 명(明)나라 학자 장대(張岱, 1597~1679)가 지은 《쾌원도고(快園道古)》 권4 〈언어부(言語部)〉에 실려 있는데, 매산이 어떤 책을 보고 인용한 것인지는 미상이다. 장대는 자가 종자(宗子), 호가 도암(陶庵)으로 명말 청초의 인물인데, 벼슬길에 나아가지 않고 학문 연구로 평생을 보냈다. 《쾌원도고》는 역대 인물들의 일화 및 잡설들을 모아 놓은 책이다. 《李銀珍, 張岱 散文 研究, 서울대학교 박사학위논문, 2015, 殆知閣(http://wenxian.fanren8.com/)》

181 너무……것이다 : 이 내용은 퇴계가 정유일(鄭惟一, 1533~1576)에게 보낸 답장에 그대로 보인다. 《退溪先生文集 卷25 答鄭子中》

김정택에게 답함 계유년[182] 2월

答金正宅 癸酉二月

편지에서 "판경조(判京兆)[183]가 다른 사람을 통해 물건을 보낸 것이 있다."라고 하셨는데, 이것은 옛날 붕우간의 도리입니다. 지금 이 땅에서는 이런 일이 전혀 없는데, 오직 이분이 이러한 일을 행하셨습니다. 이 일은 비록 사소한 것이지만 세교(世敎)에 크게 관계되니, 세교의 다행입니다. 이분이 보내주신 것과 집사께서 사양한 것은《명신록(名臣錄)》에 실을 만하다고 하더라도 의심할 자가 없다고 저는 생각합니다.

선철(先哲)들은 물건을 사양하고 받는 것을 털끝만큼도 구차히 하지 않았으나, 사귀기를 도(道)로써 하고 선물하기를 예(禮)로써 한 경우엔 성인(聖人) 또한 받으셨습니다. 받는 것을 공손이라고 하면 퇴각하는 것을 불공(不恭)이라고 하니,[184] 공손이냐 불공이냐 하는 것은 그 물건에 대해 명분의 유무(有無)를 따지는 것입니다.

182 계유년(癸酉年) : 1813년(순조13)으로, 매산의 나이 38세 되던 해이다.

183 판경조(判京兆) : 한성부 판윤을 말하는데, 누구를 가리키는지는 미상이다.

184 받는……하니 : 이 내용은《맹자》〈만장 하(萬章下)〉에 "만장이 '예물을 물리치는 것을 불공이라 하는 것은 어째서입니까?'라고 하니, 맹자께서 말씀하기를, '존귀한 자가 물건을 주거든, 받는 자가 그 물건을 대하고서 그가 이것을 취한 것이 의에 맞았는가 의에 맞지 않았는가를 생각해서 의에 맞은 뒤에야 받는다면, 이것을 불공이라 한다. 그러므로 물리치지 않는 것이다.'라고 하셨다.〔曰: 却之却之爲不恭, 何哉? 曰: 尊者賜之, 曰其所取之者義乎? 不義乎? 而後受之, 以是爲不恭. 故不却也.〕"라고 보인다.

이천(伊川)은 여급공(呂汲公)의 비단을 사양하였고,[185] 회암(晦庵) 어른은 조여간(趙餘干)의 인삼을 받았습니다.[186] 비단은 절개를 지키는 선비의 몸에 어울리지 않고, 인삼은 생명을 구제하는 약이 됩니다. 정자와 주자께서 대처한 것에 각각 마땅한 의리가 있었으니. 의리가 있는 곳에서는 본래 사양하고 받는 절도에 개의하지 않습니다.

지난번에 영서(潁西) 어른[187]이 병환이 드셨을 적에 이 대감(판경조

185 이천(伊川)은……사양하였고 : 이 내용은《이정유서(二程遺書)》에 "여급공(呂汲公)이 100겸(縑)을 선생에게 보냈는데, 선생이 사양하였다. 그때 선생의 족형(族兄)의 아들 공손(公孫)이 곁에 있다가 선생께 '너무 심하게 하지 마시고 우선 받으시지요.' 라고 하니, 선생이 다음과 같이 말씀하셨다. '여공(呂公)이 나에게 보낸 것은 내가 가난하기 때문이다. 여공은 재상의 지위에 있으니, 천하의 어진 이들을 등용하여 재능에 따라 일을 맡긴다면, 천하 사람들이 그 혜택을 받을 수 있다. 어찌 단지 나의 가난만 구제하는 데 그치겠는가. 천하엔 어진 이들이 참으로 많다. 여공의 비단이 진실로 많으나 두루 다 줄 수 없을까 염려스럽다.'"라고 보인다.《二程遺書 卷21 上 伊川先生語》 여급공(呂汲公)은 문하성 시랑(門下省侍郎)이 되어 급군공(汲郡公)에 봉해진 여대방(呂大防, 1027~1097)이다.

186 회암(晦庵)……받았습니다 : 일찍이 조여간(趙餘干)이 주자가 병에 걸린 채 재난까지 당하였다는 소식을 듣고서 필요한 물품들을 보냈는데, 주자가 아직 형편이 괜찮다고 하면서 약재로 쓰는 인삼과 복령(茯苓)만 제외하고 나머지는 전부 돌려보냈던 일을 말한다.《朱子大全 卷27 與趙帥書》 여간(餘干)은 조여우(趙汝愚, 1140~1196)의 호이다.

187 영서(潁西) 어른 : 임로(任魯, 1755~1828)로, 호가 영서 거사(潁西居士)이므로 이렇게 칭하였다. 그의 자는 득여(得汝)이고 본관은 풍천(豊川)이다. 1777년(정조1)에 아버지인 임종주(任宗周)가 홍국영(洪國榮)에 의해 단천(端川)에 유배되었다가 별세하자, 과거를 포기하고 학문에만 전념하였다. 학문이 높아지자 나라의 부름이 이어져서 1809년(순조9)에 제용감 부봉사(濟用監副奉事)로 출사하였고, 외직으로 충원 현감(忠原縣監) 등을 지냈다.

(判京兆))이 인삼과 해산물을 보내주었는데, 영서 어른이 사양하지 않고 그 후의(厚意)를 받았습니다. 영서 어른은 이것을 먹고 기사회생하였는데, 만일 의롭지 않다면 영서 어른께서 이렇게 하셨겠습니까.

연전에 집사께서도 쌀을 살 수 있는 자금을 받았던 것은 주는 것에 명분이 있었기 때문입니다. 함부로 주는 것은 은혜가 되지 못하고 함부로 받는 것은 충(忠)이 되지 못하지만, 지금 이 대감이 집사께 베푼 것은 위급한 것을 구휼한 것이요 돈으로 매수하려는 것이 아니니. 어찌 '명분 없는 물건'이라고 말할 수 있겠습니까.

지푸라기 하나도 취하지 않는 것이 진실로 집사의 평소 지조이나, 지금 이것을 받았다고 하여 그 누가 "재화(財貨)로 매수한다."고 말하겠습니까. 줄 만하여 주는 것은 은혜를 해치는 것이 아니요, 취할 만하여 취하는 것은 청렴을 해치는 것이 아니니, 집사께서는 사양하심이 너무 과하신 것 아닙니까. 사랑하여 베푸는 것은 인(仁)의 단서요 취하고 주는 것은 의리의 부절(符節)인데, 집사께서 퇴각하는 것을 공손으로 여겨서 시종일관 받지 않으신다면, 사람들이 선(善)을 하는 길을 막는 데 가깝지 않겠습니까.

남과 나를 관계하지 않고 선의 단서가 발현된 것으로 인하여 확충하는 것은 종류를 채워서 의(義)의 지극함에 이르는 것입니다.[188] 다만 군자가 서로 교유할 적에는 예(禮)로 교제하는 것이 중요한데, 이번에

188 종류를……것입니다 : 맹자가 만장(萬章)에게 "자네가 생각하기에 왕자(王者)가 나온다면 장차 지금의 제후들을 모조리 몰아서 죽이겠는가? 아니면 가르쳐도 고치지 않은 뒤에야 죽이겠는가? 자기의 소유가 아닌 것을 취하는 자를 도둑이라 이르는 것은 종류를 채워서 의(義)의 지극함에 이른 것이네.〔充類至義之盡也.〕"라고 한 말에서 인용하였다.《孟子 萬章下》

선물을 보낼 적에는 물건만 있고 편지가 없었습니다. 편지가 없기 때문에 명분이 없고 명분이 없기 때문에 받지 않으신 것인데, 명분이 없는 것이 아니라도 예의가 물건에 미치지 못한 것이니, 집사께서 사양한 것이 당연합니다. 이에 저도 또한 감히 꼭 받으시라고 권할 수가 없습니다.

이 대감께서 만약 사양하신 의리를 듣고서 집사께 편지를 보내어 "이 물건은 곤궁함을 구휼하려고 보낸 것이다."라고 한다면, 이는 해당되는 바가 없는데 선물한 것이 아니니, 전일에 받지 않은 것과 후일에 받는 것이 또한 각각 적절하지 않겠습니까.

옛날에 한강백(韓康伯)이 범선(范宣)이 선물한 비단을 강력히 사양하다가 어쩔 수 없게 된 뒤에 받은 것[189]은 선물이 지극한 뜻에서 나온 것이어서 끝내 거절할 수 없었기 때문이니, 이 또한 너무 심하게 하지 않는 의리[190]입니다.

189 한강백(韓康伯)이……것 : 한강백은 동진(東晉)의 문신인 한백(韓伯, 332~380)으로, 예장 태수(豫章太守), 이부 상서(吏部尙書) 등의 벼슬을 역임하였다. 강백은 그의 자이다. 범선(范宣)은 동진의 고사(高士)로 자가 선자(宣子)이다. 집이 가난해 농사를 지었으나 벼슬에 나아가지 않고 학문에 전념하였는데, 특히 삼례(三禮)에 정통하였다. 이 내용은 《세설신어(世說新語)》 〈덕행(德行)〉에 "범선은 행실이 고상하고 청렴하였다. 예장 태수 한강백이 범선에게 비단 100필을 주었는데 받지 않았다. 50필을 감하여 주었으나, 또다시 받지 않았다. 계속 절반씩 줄여 마침내 1필을 보냈는데도, 끝내 받지 않았다. 강백이 훗날 범선과 함께 수레를 타게 되자, 수레 안에서 2장(丈) 길이의 비단을 끊어 범선에게 주면서 '사람이 어찌 부인에게 홑치마 하나 없게 할 수 있단 말인가?'라고 하니, 범선이 웃으면서 받았다.〔宣潔行廉約, 韓豫章遺絹百匹, 不受. 減五十匹, 復不受. 如是減半, 遂至一匹, 旣終不受. 韓後與范同載就, 車中裂二丈與范云: 人寧可使婦無褌邪? 范笑而受之.〕"라고 보이는바, 매산이 강백과 범선의 입장을 착각한 것으로 보인다.

이 대감이 만약 편지를 보내오거든, 집사께서는 마땅히 부자(夫子)께서 "부자(富者)를 계속 대주지 않는다."[191]라고 하신 가르침을 인용하여 답장을 보내어, 상대방으로 하여금 재차 수고로운 생각을 하지 않게 하시는 것이 어떻겠습니까?

차라리 백이(伯夷)의 깨끗함을 배우다가 지나칠지언정, 유하혜(柳下惠)의 화(和)를 배우다가 미치지 못해서는 안 되니, 이는 진실로 우리들이 평소에 입버릇처럼 하는 말입니다. 그러나 유하혜는 삼공(三公)의 지위 때문에 절개를 바꾸지 않았습니다.[192] 그렇다면 유하혜의 절개는 미칠 수 없는 것이니, 어찌 다만 유유자적하게 스스로 올바름을 잃지 않았을 뿐이겠습니까.[193]

한정(閒靜) 선생이 가르치신 것[194]은 더더욱 말로(末路)에 처한 자들

190 너무……의리 : 이 내용은 《맹자》 〈이루 하(離婁下)〉에 "공자께서는 너무 심한 것은 하지 않으셨다.〔仲尼不爲已甚者.〕"라고 한 말을 원용한 것이다.

191 부자(富者)를……않는다 : 이 내용은 《논어》 〈옹야(雍也)〉에 보이는 "군자는 곤궁한 자를 보조해 주고 부유한 자를 계속 대주지 않는다.〔君子周急不繼富〕"라는 공자의 말씀을 줄여서 인용한 것이다.

192 유하혜(柳下惠)는……않았습니다 : 이 내용은 《맹자》 〈진심 상(盡心上)〉에 보인다.

193 어찌……뿐이겠습니까 : 이 내용은 《맹자》 〈공손추 상(公孫丑上)〉에서 유하혜를 "유유자적하게 무례(無禮)한 향인(鄕人)과 함께 있으면서도 스스로 올바름을 잃지 않았다.〔由由然與之偕而不自失焉〕"라고 평가한 맹자의 말씀을 원용한 것이다.

194 한정(閒靜) 선생이……것 : 한정 선생은 송문흠(宋文欽, 1710~1752)으로 한정은 그의 호이다. 자는 사행(士行), 본관은 은진(恩津)으로 김기서의 외조부이다. 민극렬(閔克烈)에게 보낸 편지에 "백이를 배우는 것이 지극해지면 유하혜의 화(和)와 공자의 시(時)도 또한 미치기를 바랄 수 있으니, 백이를 배우는 것이 미치지 못하더라도 깨끗한 선비가 되는 데에는 무방하여 끝내 구렁으로 떨어지지 않을 것입니다. 그러나

에게 참되고 오묘한 진리가 되니, 부디 서로 지키고 잃지 말기를 바랍니다.

법전(法田) 사람 강사문(姜斯文) 시환(始煥)[195]의 소식이 어떻습니까? 가친께서 수령을 천거하는 인원 중에 이분을 들었는데, 도백(道伯)이 말하기를 "작고(作故)하여 천거를 받아들일 수가 없었다."라고 하였습니다. 진실로 그렇다면 영남에 우리 당의 선비가 곧 없게 되는 것입니다. 그 분과 사귀기를 원한 지가 수십 년이 되었으나, 제가 세 차례 영남 지역에 머물렀어도 끝내 일면식이 없었으니, 또한 천고의 한이 될 만합니다.

"회재(晦齋)의 주손(胄孫 종손(宗孫))인 원상보(元祥甫)[196]는 형제간의 우애가 돈독하고 문학까지 겸비하여 단지 한 도의 선(善)한 선비가 될 뿐만이 아니다."라고 하였으니, 이는 그 지방에서의 인물평입니다.

문과에 급제하여 영화롭게 돌아오자마자 천연두에 걸려 별세하였는

유하혜를 배우다가 제대로 되지 않으면, 바로 '호랑이를 그리다가 제대로 이루지 못하면 도리어 개와 비슷해진다.'는 것과 같습니다."라고 하였는바, 이를 말한 것이다.《開靜堂集 卷3 與閔士從》

195 강사문(姜斯文) 시환(始煥) : 강시환(姜始煥, 1761~?)으로 자세한 내용은 64쪽 주122 참조.

196 회재(晦齋)의……원상보(元祥甫) : 회재(晦齋)는 이언적(李彦迪, 1491~1553)의 호이고, 원상보(元祥甫)는 회재의 직계 9세 장손인 이원상(李元祥, 1762~1813)으로 자가 선장(善長), 호가 의은(依隱)이다. 이 편지가 쓰인 계유년(1813, 순조13)에 증광 문과에 급제하였는데, 영화(榮華)로 소분(掃墳)하러 가는 길에 천연두에 걸려 12월 28일에 세상을 떠났다. '보(甫)'는 남자 이름 뒤에 붙이는 미칭이다.《立齋先生文集 卷46 贈弘文館修撰依隱李君行錄》

데, 별세할 때에 죽는 것을 두려워하지 않았습니다. 집안의 제종(諸宗)이 원근(遠近)과 노소(老少)의 구분 없이 모두 모여 병을 간호하였는데, 심지어는 자신이 죽음을 대신하기를 원하는 자가 있기까지 하였으니, 살아서 종자(宗子)의 책임을 다하였음을 여기에서 알 수 있습니다. 한 고을에 사는 모든 이들이 신분의 귀천과 상하(上下)를 막론하고 한탄하고 애석해하지 않음이 없었는데, 지친(至親)을 잃은 것처럼 슬퍼하여 혹 눈물과 콧물을 흘리며 우는 자도 있었으니, 이것이 어찌 하루아침에 갑자기 취할 수 있는 것이겠습니까. 더욱더 안타까운 일임을 알 수 있습니다.

이 두 분의 불행은 실로 영남 한 도의 불행이 되니, 비록 운세(運勢)에 관계된다고 말하더라도 가능할 것입니다. 집사께서는 훌륭한 인물을 아끼고 좋아하시므로 또한 응당 크게 마음 아파하실 것입니다.

김정택에게 답함 갑술년[197] 윤월

答金正宅 甲戌閏月

근래에 진강(進講)한 것은 《천자문(千字文)》이었습니다. 맨 처음 연석(筵席)에 나갔을 때에 빈료(賓僚)[198]가 진달하기를 "이 계방(桂坊)의 관원[199]은 평소 학식으로 칭찬을 받으니, 그로 하여금 글 뜻을 아뢰게 하는 것이 어떻겠습니까?"라고 하였습니다. 이어 저를 돌아보고 말하기를 "반드시 말을 천근하게 하여 알아들으시기 쉽도록 하시오." 라고 하였는데, 제가 일어나 대답하기를 "춘방(春坊 세자시강원)의 빈객(賓客)들께서 이미 각각 글 뜻을 아뢰었으니, 신은 아뢸 만한 말씀이 없습니다."라고 하였습니다.

후일 합문(閤門)에 나아가자, 빈료가 말씀하기를 "지난번 서연(書筵)에서 글 뜻을 청하였는데 아뢰지 않은 것은 어째서인가?"라고 하기에, 제가 다음과 같이 대답하였습니다.

"계방은 세자를 배위(陪衛)하는 직책에 불과하여, 세자께서 하교하

197 갑술년(甲戌年) : 1814년(순조14)으로, 매산의 나이 39세 되던 해이다.

198 빈료(賓僚) : 조선 시대에 왕세자의 교육을 담당하기 위하여 설치하였던 세자시강원(世子侍講院)의 빈객(賓客) 벼슬을 가리킨다. 왕세자에게 경서(經書)·사적(史籍)·도의(道義) 등을 강의하였으며, 정2품인 좌·우빈객 각 1명씩과 종2품인 좌·우부빈객 각 1명씩을 두었는데, 모두 겸직이었다.

199 이 계방(桂坊)의 관원 : 이해 2월에 익위사 세마(翊衛司洗馬)에 제수된 매산 자신을 가리킨 것이다. 계방은 세자를 모시고 호위하는 역할을 하는 세자익위사의 별칭이다.《梅山集 卷53 年譜》

신 것이 아니면 감히 우러러 대답할 수 없으니, 이는 옛날 선배들도 망설였던 바입니다. 설령 아뢸 만한 실제(實際)가 있다 하더라도, 이미 학식이 높다고 아뢰었으니, 어찌 외람되이 학식이 높다는 지목을 감당하여 아뢰겠습니까. 또 《천자문》은 부연(敷衍)하여 아뢸 만한 뜻이 없고, 또 억지로 찾아서 말을 만든다면 또한 성의(誠意)가 부족한 데 해당되니, 마땅히 경사(經史)를 진강할 때를 기다려 힘써 우러러 대답하여야 할 것입니다."

이에 빈료가 수긍하고 서연에 올라 다시 청하지 않았는데, 이 일에 대해 고견(高見)은 어떠하신지 모르겠습니다.

김정택에게 줌 갑술년 5월
與金正宅 甲戌午月

권경지(權敬止) 어른[200]이 갑자기 구천(九泉)의 사람이 되셨습니다. 한 번 만나 뵙고 싶은 마음[201]이 항상 간절했었는데 끝내 이루지 못했으니, 이 또한 운수가 있는 것입니까? 듣건대 "학문(學問)과 문로(門路)가 순정(純正)하여 《소학》과 《근사록》을 필생의 공부로 삼았다."라고 하니, 참되게 도에 나아갔음을 더욱더 징험할 수 있습니다.

제가 애석해 하는 것은 다만 고가(古家)에서 전형(典刑)을 잃은 것 때문만은 아닙니다. 삼가 생각하건대 고명께서는 세한(歲寒)의 지조[202]를 백발까지 변치 않을 것을 기약하셨을 것으로 여겨지는데, 갑자기 이분을 잃고 말았으니, 장차 어떻게 마음을 가누시겠습니까? 노년에 좋은 벗을 잃는 것은 명운(命運)에 크게 관계되는 것이니, 탄식을 금치 못합니다.

200 권경지(權敬止) 어른 : 인물에 대한 정보는 미상이다.

201 한 번……마음 : 원문의 '일식(一識)'은 '일식한형주(一識韓荊州)'를 줄인 말로, 훌륭한 현인을 만나기를 바란다는 뜻이다. 형주(荊州)는 당(唐)나라 때 형주의 자사(刺史)였던 한조종(韓朝宗, 686~750)을 가리키는데, 이백(李白)의 〈여한형주서(與韓荊州書)〉에 "생전에 만호후에 봉해지는 것은 필요없다. 오직 한 번 한 형주를 만나는 것이 소원이다. 〔生不用封萬戶侯, 但願一識韓荊州.〕"라고 하였다. 《古文眞寶後集 卷2》

202 세한(歲寒)의 지조 : 세한은 날씨가 추워진 때를 이르는바, 곤궁할 때에도 변치 않는 지조를 뜻한다. 《논어》 〈자한(子罕)〉에 "날씨가 추워진 뒤에야 소나무와 측백나무가 뒤늦게 시듦을 알 수 있다.〔歲寒然後, 知松柏之後雕.〕"라는 구절에서 연유하였다.

민원리(閔元履)[203]의 상(喪)은 또 어쩌면 이리도 혹독하단 말입니까. 이 사람이 어찌 여기에 그친단 말입니까. 학문은 임금을 인도하고 보필할 수 있고 문장은 나라를 빛낼 수 있었으나, 자신을 없는 것처럼 거두어 자신의 몸을 녹사(祿仕)[204]에 감추었으니, 더욱더 덕행의 실제를 볼 수 있습니다.

나이는 쉰 살도 채우지 못하였고 관직은 겨우 한 고을의 현령(縣令)에 그쳤으니 진실로 말할 만한 것이 없으나, 수명이 짧아 뜻한 바의 사업을 충분히 성취하지 못한 것이 안타까울 따름입니다. 민공(閔公)의 기유년과 임자년 사이의 일[205]은 진실로 '옥에 티'[206]라고 할 수 있으니, 어려서 덕(德)이 아직 이루어지지 않았을 적의 일에 속한다고 하여야 비로소 노성(老成)하고 충후(忠厚)한 말이 될 것입니다.

후진을 양성하는 방도는 진실로 실정을 따져보고 그가 한 일을 용서하며 옛날의 잘못은 접어두고 새로워진 것을 허여하여, 회광반조(回光返照)[207]의 계책을 세워 지극히 중정(中正)한 경지에 함께 나아갈 수

203 민원리(閔元履) : 민치복(閔致福, 1766~1814)으로 원리는 그의 자이다. 호는 확재(擴齋), 본관은 여흥(驪興)이며 여호(驪湖) 김양행(金亮行)의 문인이다. 1789년(정조13)의 식년시(式年試)에 합격하고 남평 현감(南平縣監)을 지냈다.

204 녹사(祿仕) : 어버이를 봉양할 녹봉을 얻기 위해 하는 벼슬을 이른다. 자세한 내용은 69쪽 주137 참조.

205 기유년과……일 : 기유년은 정조 13년(1789)이고 임자년은 정조 16년(1792)인데, 이 사이의 일은 무엇을 말한 것인지 미상이다.

206 옥에 티 : 나무랄 데 없이 좋은 것에 있는 사소한 흠을 이르는 말이다. 《시경》 〈대아(大雅) 억(抑)〉에 "백옥으로 만든 규의 흠집은 갈아서 없앨 수 있지만, 이 말의 흠은 다스릴 수 없다.〔白圭之玷, 尙可磨也. 斯言之玷, 不可爲也.〕"라고 보인다.

207 회광반조(回光返照) : 자신을 성찰(省察)하여 자기 마음속의 영성(靈性)을 직시

있게 해야 합니다.

이렇게 하지 않고 음성과 안색을 크게 하여[208] 조금도 상대를 돌보고 소중히 여기지 않으며 단지 정치적 취향이 다른 사람이 올바른 사람을 모해(謀害)한 것으로 몰아붙이니, 본래 명을 편안히 여기는 성인(聖人)이 아니라면 어찌 틀어지고 과격해지지 않을 수 있겠습니까. 과격하면 정도(正道)를 벗어나니, 이 때문에 지나친 욕망을 강(剛)함으로 여긴다는 비판[209]을 불러오게 된 것입니다.

옛날의 군자 중에도 먼저는 더러웠다가 뒤에 깨끗하게 되고[210] 먼저는 병이 들었다가 뒤에 치유된 사람[211]이 있으니, 어찌 한때의 잘못으

함을 이른다.

208 음성과……하여 : 원문의 '대성이색(大聲以色)'은 《시경》 〈대아(大雅) 황의(皇矣)〉에, "상제께서 문왕에게 이르시되, '상천(上天)인 나는 밝은 덕인 마음을 중요시하고 음성과 얼굴빛은 중요시하지 않음을 생각한다.' 하였다.〔帝謂文王: 予懷明德, 不大聲以色.〕"라고 보이는데, 여기서는 문맥을 따라 단장취의(斷章取義)한 것으로 보고 이렇게 번역하였다. '予懷明德 不大聲以色'의 '大'는 '重'과 같고 '以'는 '與'와 같은 뜻이다.

209 지나친……비판 : 이 내용은 공자가 "나는 강한 자를 아직 보지 못하였다.〔吾未見剛者.〕"라고 하시자, 혹자가 신장(申棖)이 해당될 것이라고 하니, 공자께서 "신장은 욕망 때문이니, 어찌 강하다고 할 수 있겠는가.〔棖也慾, 焉得剛?〕"라고 평하신 말씀을 원용하여, 혹자가 지나친 의욕을 강함으로 오인한 잘못을 비판한 것이다. 《論語 公冶長》

210 먼저는……되고 : 이 내용은 남북조 시대 남조의 송(宋)나라 사람 공치규(孔稚珪, 447~501)가 지은 〈북산이문(北山移文)〉의 "잠깐 자취를 산림에 돌리나 마음은 세속에 물들었으며, 혹은 먼저는 깨끗하였으나 뒤에는 더러웠으니, 어쩌면 그리도 잘못되었는가!〔乍廻迹以心染, 或先貞而後黷, 何其謬哉!〕"라는 구절을 역으로 원용한 것이다. 《古文眞寶後集 卷2》 〈북산이문〉은 공치규와 함께 종산(鍾山)에 은거하고 있다가 세상에 나가 벼슬한 주옹(周顒)을 풍자한 글이다.

211 먼저는……사람 : 이 내용은 양웅(揚雄, 기원전53~기원후18)의 《법언(法言)》 〈효지(孝至)〉에 "혹자가 묻기를, '덕에 시작이 있고 마침이 없는 것과 마침이 있고 시작

로 인하여 좌절시키고 막고 끊어서, 개과천선하여 스스로 새로워질 길을 열어주지 않는단 말입니까. 도량(度量)이 넓지 못함으로 인하여 세도를 적잖이 병들게 하였으니, 그때 국정(國政)을 관장한 사람에게 유감이 없을 수 없습니다. 공의 의중은 어떠하신지 모르겠습니다.

만약 율곡 어른께서 살아계셨다면 민공에 대한 처분에 필시 적절한 방도가 있었을 것이니, 어찌 이런 일이 있었겠습니까. 집사께서 율곡을 배우고 위로 올라가서 공자의 지극히 공정함과 극진히 정성스러움[212]에까지 배움이 미치시길 바랍니다. 이렇게 하여야 비로소 우리의 일이 완료되었다고 할 수 있을 것입니다.

그 당시 국정을 관장한 사람은 끝내 '사(私)' 자 한 글자에 얽매여 자신을 그르치고 다른 사람까지 그르친 일이 또한 많습니다. 정자(程子)께서 말씀하시기를 "비록 천하를 공정하게 하는 일이라도 만약 사의(私意)를 가지고 한다면 바로 이것이 사(私)이다."[213]라고 하셨으니, 어찌 진실로 맞는 말이 아니겠습니까.

집사께서 원하시는 것이 공자, 정자, 율곡 세 성현(聖賢)을 배우는

이 없는 것 중에 어느 것이 낫습니까?' 하니, 대답하기를 '먼저 병이 들었다가 뒤에 치료하는 것이 낫겠는가? 먼저 치료하였는데 뒤에 병이 드는 것이 낫겠는가?' 하였다. 〔或問: 德有始而無終, 與有終而無始也, 孰寧? 曰: 寧先病而後瘳乎? 寧先瘳而後病乎?〕"라고 한 구절을 원용한 것이다.《揚子法言 卷10》

212 공자의……정성스러움 : 이 내용은 주자가 진량(陳亮)에게 답한 편지에 "공자가 어찌 지극히 공정하고 극진히 정성스러운 분이 아니며, 맹자가 어찌 주먹을 휘두르고 크게 발길질한 분이 아니겠는가.〔孔子豈不是至公血誠, 孟子豈不是麤拳大踢?〕"라고 한 말씀을 원용한 것이다.《朱子大全 卷28 答陳同夫書》

213 비록……사(私)이다 :《이정유서(二程遺書)》 권5에 그대로 보인다.

데에 있다면 지난번의 일은 진실로 '회풍(檜風) 이하는 평할 것도 없다.'[214]는 것이니, 어찌 군이 말할 것이 있겠습니까.

집사께서도 이재방(李在邦)[215]의 부고를 들으셨습니까? 이 사람도 죽었습니다. 훌륭한 점이 많아 이루 다 말할 수가 없는데, 폐일언(蔽一言)하면 "빙심(冰心)이 옥호(玉壺)에 있어 밑바닥까지 깨끗하다."[216]라는 것이니, 당대의 제일류(第一流)라는 말은 이 사람에게 해당되는 것입니다.

안팎으로 살펴보아 흠이 없으니, 어찌 이런 사람이 세상에 다시 있겠습니까. 어진 이는 나라의 기강이고 사람들의 희망이니,[217] 어쩌면 장차 나라가 없고 사람이 없게 되는 것이 아닐는지요? 그렇지 않다면 어찌하여 이리도 빨리 빼앗아 간단 말입니까? 세상의 모범이 되는 풍

214 회풍(檜風)……없다 : 논평할 가치도 없을 만큼 하찮은 일이라는 말이다. 춘추시대 오(吳)나라 계찰(季札)이 노(魯)나라에 가서 주(周)나라의 국풍(國風)을 차례로 들어 보고 평을 하였는데, 회(檜)나라 이하의 노래에 대해서는 나라가 미미하여 아무런 평도 가하지 않았던〔自檜以下無譏焉〕 고사에서 유래한 것이다.《春秋左氏傳 襄公 29年》

215 이재방(李在邦) : 재방은 이승달(李承達, 1767~1814)의 자이며, 호는 수우(守愚), 본관은 전주(全州)로 매산의 처남이 된다. 종숙인 이송(李淞)에게서 수학하였으며, 1803년(순조3) 별시 문과에 급제하고, 벼슬이 지평에 이르렀다. 본집 39권에 매산이 쓴 묘지명이 있다.

216 빙심(冰心)이……깨끗하다 : 사람의 마음과 풍모가 고결(高潔)하다는 뜻이다. 당(唐)나라 시인 왕창령(王昌齡)의 〈부용루 송신점(芙蓉樓送辛漸)〉 시에 "낙양의 친우가 만약 묻거든, 한 조각 빙심이 옥호에 있다고 하게나.〔洛陽親友如相問, 一片冰心在玉壺.〕"라고 한 구절을 원용한 것이다.

217 어진……희망이니 : 이 내용은《어림(語林)》에 나오는 말로,《초학기(初學記)》 권17 〈인부(人部)〉에 인용되어 보인다.

부한 경륜을 조금도 세상에 드러내지 못하고 이를 거두어 돌아갔으니, 거듭 안타깝습니다.

그의 문장은 불후의 명작이지만, 당사자에게 있어서는 또한 여사(餘事)였습니다. 지극히 맑은 기품(氣稟)을 타고 나서 지극히 혼탁한 세속에 살았으니, 그가 어찌 죽지 않을 수 있겠습니까. 살아서는 굶주린 배를 채울 수 없었고 죽어서는 몸을 가릴 수 없었으며, 또 혈윤(血胤)이 끊어져 전형(典刑)을 이을 수가 없으니,[218] 이른바 '천도(天道)'라는 것이 있습니까? 없습니까?[219]

저는 그의 부음(訃音)을 듣고 나서부터 오장(五臟)이 찢어지는 듯하고 사지(四肢)가 땅바닥에 늘어져서, 몹시 애통한 나머지 절로 병이 날 듯하였습니다. 어찌 혼인한 인척의 집안이어서 이러겠습니까. 그 사람이 안타깝고 세도가 걱정스럽기 때문이니, 집사만이 저의 마음을 아실 것입니다.

증자(曾子)께서 10년 동안 옷을 지어입지 못한 것[220]을 집사한테서 보

218 혈윤(血胤)이……없으니 : 혈윤은 혈통을 이어받은 자손을 이르고, 전형(典刑)은 전형(典型)과 같은 말로 자손이나 제자의 모양과 행동이 그 조상이나 스승을 닮은 틀을 이른다.

219 이른바……없습니까 : 이 내용은 사마천(司馬遷)의 《사기》 권61 〈백이열전(伯夷列傳)〉에 보인다. 천도(天道)는 선(善)한 자에게 복을 내리고 악(惡)한 자에게 화를 내리는 하늘의 이치를 이르는바, 선한 자가 복을 받지 못하고 악한 자가 화를 받지 않으므로 천도가 참으로 있는가 하고 의문한 것이다.

220 증자(曾子)께서……것 : 증자는 공자의 제자인 증삼(曾參)으로, 이 내용은 《장자(莊子)》 〈양왕(讓王)〉의 "증자가 위(衛)나라에 살 때……사흘 동안 밥을 짓지 못하고 10년 동안 옷을 지어 입지 못하였다.〔曾子居衛,……三日不擧火、十年不製衣.〕"라

았습니다. 저의 경우는 편안히 앉아서 분수에 맞지 않는 배부름과 따뜻함을 누리니, 편치 못한 마음이 춥고 굶주리는 사람보다 심합니다.

이어 팽사영(彭思永)이 "누워서 추위에 떠는 세상 사람들을 생각했다."라고 한 말[221]을 생각해보니, 마치 저의 마음을 안 듯하였습니다. 타인에게도 그러한데, 더구나 저는 집사께서 골육보다 더 친애해 주셨는데도 한결같이 궁핍한 상황을 보고만 있으려니, 이것이 더욱 크게 마음을 불편하게 합니다. 1천 문(文)을 마련하여 이곳으로 편지를 가지고 온 사람에게 부탁하여 솜을 살 자금을 보내드렸는데, 새해까지 도착할 수 있을지 모르겠습니다. 이 일은 삼가 진동보(陳同甫)가 갖옷의 재료를 보내준 뜻[222]에 붙인 것이니, 부디 사양하지 마십시오.

는 구절을 원용한 것으로, 매우 곤궁하게 생활한 것을 이른다.

221 팽사영(彭思永)이……말 : 팽사영(1000~1070)은 북송 초기의 문신으로 자가 계장(季長)이며 여릉(廬陵) 사람이다. 인종(仁宗) 때 진사가 되었고 시어사(侍御史) 벼슬을 지냈다. 이 내용은 명도(明道) 정호(程顥)가 지은 팽사영의 행장인 〈고호부시랑치사 팽공행장(故戶部侍郎致仕彭公行狀)〉의 "일찍이 자제들을 가르칠 적에 '나는 대여섯 살일 적에 겨울철 따뜻한 이불 속에 있으면, 천하 사람들의 추위를 생각할 줄 알았다.' 하였다.〔嘗教其子弟曰: 吾數歲時, 冬處被中, 則知思天下之寒者矣.〕"라는 구절을 약간 바꾸어 쓴 것이다.《二程全書 卷56 明道文集》

222 진동보(陳同甫)가……뜻 : 진동보는 남송(南宋)의 사상가인 진량(陳亮, 1143~1194)으로 동보는 그의 자이다. 주자와 매우 친하여 많은 편지를 주고받았는데, 성리(性理)에 대한 논의를 반대하고 실사실공(實事實功)을 강조하여 지나치게 공리를 추구한다는 주자의 비판을 받았다. 이 내용은 주자가 진량에게 답한 편지에 "잊지 않으시고 멀리서 새로 지은 시에다가 맛있는 과일과 좋은 물건을 함께 보내주셨습니다. 의복의 재료는 또 직접 베틀로 짠 것이니, 이 성의를 어찌 잊을 수 있겠습니까.〔乃蒙不忘, 遠寄新詞, 副以香果佳品. 至于裘材, 又出機杼, 此意何可忘也?〕"라고 보인다.《朱子大全 卷36 答陳同甫》 인용 원문의 '구재(裘材)'는 퇴계 이황의 《주자서절요기의(朱子書節要記疑)》에 '의복의 재료와 같다.〔猶言衣服之材〕'고 주한 것에 의거하여 번역하였다.

김정택에게 줌 을해년[223] 4월

與金正宅 乙亥四月

집사께서도 일찍이 박원득(朴元得)[224]의 사람됨을 들으셨습니까? 그는 어진 사람으로 옥처럼 흠이 없고 얼음처럼 지극히 깨끗하여 밑바닥까지 맑았으니, 참으로 귀한 사람이라고 할 수 있습니다. 게다가 시서(詩書)에 능히 근면하여 선인(先人)의 가르침을 계승하였고 예법에 대해서는 전문가였으니, 생각하건대 동시대에 그를 따라갈 사람이 없을 것입니다.

이역(吏役 수령의 일)을 맡았을 때에는 한결같은 마음으로 직분을 수행하여 심신(心身)이 다 망가지는 줄도 모를 정도였고, 남을 사랑하는 일을 잊지 않는 한결같은 마음[225]은 사람으로 하여금 크게 감복하게 하였습니다. 뜻을 세움과 처신(處身)에 있어 집에 있을 때에나 관직에

223 을해년(乙亥年) : 1815년(순조15)으로, 매산의 나이 40세 되던 해이다.

224 박원득(朴元得) : 박종여(朴宗輿, 1766~1815)로, 원득은 그의 자이고 호는 냉천(冷泉)이다. 매산의 스승인 근재(近齋) 박윤원(朴胤源)의 아들로, 음보(蔭補)로 강릉 참봉(康陵參奉)에 제수되고 벼슬이 서흥 부사(瑞興府使)에 이르렀다.

225 남을……마음 : 원문의 '존애(存愛)'는 《예기》 〈대전(大傳)〉에 "성인(聖人)이 남향하여 천하를 다스릴 적에 마땅히 먼저 한 것이 다섯 가지이니, 백성을 다스림은 여기에 들어있지 않다. 첫 번째는 치친(治親), 두 번째는 보공(報功), 세 번째는 거현(擧賢), 네 번째는 사능(使能), 다섯 번째는 존애(存愛)이다.〔聖人南面而聽天下, 所宜先者五, 民不與焉. 一曰治親, 二曰報功, 三曰擧賢, 四曰使能, 五曰存愛.〕"라고 보이는데, 손희단(孫希旦)이 《예기집해(禮記集解)》에서 "존애는 남을 사랑하는 일을 마음속에 보존하여 잊지 않는 것이다.〔存愛, 以愛人之事, 存於心而不忘也.〕"라고 주해하였다.

나갔을 때에 일마다 하나의 옳은 도리를 구하였으니, 거의 천성(天性)을 온전히 한 사람입니다.

하루아침에 일어나지 못하고 세상을 떠났다는 소식을 갑자기 듣고서 몹시도 슬퍼 심담(心膽)이 떨어질 듯하였습니다. 이 사람은 왕가의 외척[226]이어서 사류(士類)들이 교유하지 않았기 때문에, 사람들이 잘 알지 못했습니다. 그러나 만일 그가 어질다면 어찌 외척이라고 하여 버릴 수 있겠습니까.

곽황(郭況)이 하사(下士 낮은 관리)에게 공손하고 겸손하였던 것[227]과 부희(傅喜)가 꼿꼿하게 절개를 지킨 것[228]도 선철(先哲)에게 인정을 받았는데, 하물며 순유(醇儒)인 이 사람에 있어서이겠습니까. 또 하물며 근재(近齋 박윤원(朴胤源)) 어른의 어진 아들임에 있어서이겠습니까.

궁궐에 수십 년을 출입하였는데도 금련(禁臠)[229]으로 자세(藉勢)하

226 왕가의 외척 : 박종여의 숙부인 금석(錦石) 박준원(朴準源, 1739~1807)의 따님이 정조의 후궁인 수빈 박씨(綏嬪朴氏, 1770~1822)이기 때문에 이렇게 말한 것이다.

227 곽황(郭況)이……것 : 곽황(5~59)은 한(漢)나라 광무제(光武帝)의 황후인 곽성통(郭聖通)의 아우이다. 광무제가 곽황이 몸가짐을 신중히 하는 것을 훌륭하게 여겨 나이 16세 때 황문시랑(黃門侍郎)에 제수하였고, 18세 때 황후로 등극한 누이의 신분에 맞추어 더욱 높은 자리를 주었다. 그러자 빈객들이 물밀듯이 찾아왔는데, 곽황은 자기를 찾아온 낮은 관리들을 공손하게 대하여 세상 사람들의 칭송을 크게 받았다. 《後漢書 卷10上 皇后紀 第10上》

228 부희(傅喜)가……것 : 부희는 한(漢)나라 애제(哀帝, 기원전25~기원전1)의 조모(祖母)인 부태후(傅太后)의 사촌아우로, 대사마(大司馬) 벼슬을 지냈다. 부태후가 태황태후(太皇太后)의 존호를 얻고자 할 때, 부희가 승상(丞相) 공광(孔光) 등과 함께 이를 반대하다가 부태후에 의해 봉지로 추방되었는데, 이 일로 인하여 세상 사람들에게 꿋꿋하게 절개를 굽히지 않았다는 칭송을 받았다. 《漢書 卷82 王商史丹傅喜傳》

229 금련(禁臠) : 임금이 아끼는 사람을 이른다. 금련은 본디 돼지의 목덜미 살로,

는 기미가 조금도 없었으며, 오히려 니곡(泥谷)[230]에서의 날마다 곤궁하고 배고픈 생활을 바꾸지 않았으니, 옛날에 이른바 '퇴양군자(退讓君子)'[231]라는 것이 어떠한 것인지 모르겠습니다.

이것이 제가 즐겁게 교유하여 형적(形迹)에 얽매이지 않았던 까닭입니다. 이와 같지 않았다면, 제가 어떻게 서로 사모하고 기뻐하여 둘 다 추향할 바를 잊었겠습니까.

몇 해 전엔 김성보(金城甫)[232]를 곡하였고 작년엔 이재방(李在邦)[233]을 곡하였으며 올해엔 또 이 사람을 잃어, 오직 이 한 몸만 외로이 남았으니, 끝내 어찌한단 말입니까, 끝내 어찌한단 말입니까? 갈팡질팡하는 만년(晩年)에 단지 뒤에 죽는 슬픔만 있을 뿐입니다. 인물을

다른 사람은 건드릴 수 없는 물건을 말한다. 《진서(晉書)》 권79 〈사혼열전(謝混列傳)〉에 "동진(東晉)의 효무제(孝武帝)가 사혼을 부마(駙馬)로 삼으려다가 얼마 안 되어 붕어한 뒤에 원숭(袁崧)이 다시 그를 사위로 삼으려 하자, 왕순(王珣)이 원숭에게 '금련을 가까이하지 말라.'고 농담하였는바, 금련이란 원래 진나라 원제(元帝)가 강남으로 옮겨갔을 때 재정이 궁핍하여 돼지가 들어오면 그 목덜미의 고기는 원제에게만 바치게 한 데서 생긴 용어이다."라고 하였다.

230 니곡(泥谷) : 지금의 종로구 운니동(雲泥洞)에 있었던 진골 마을을 이른 것으로 보인다.

231 퇴양군자(退讓君子) : 성품이 겸손하여 남에게 겸양을 잘하는 군자라는 의미이다. 전한(前漢) 문제(文帝)의 황후인 두황후(竇皇后)의 오라비인 두장군(竇長君)과 아우인 두광국(竇廣國) 형제가 모두 근신하고 겸양하여 이렇게 칭해졌다. 《前漢書 卷97上 外戚列傳》

232 김성보(金城甫) : 김종선(金宗善, 1766~1810)으로, 성보(城甫)는 그의 자이다. 자세한 내용은 51쪽 주91 참조.

233 이재방(李在邦) : 이승달(李承達, 1767~1814)로 재방은 그의 자이다. 자세한 내용은 100쪽 주215 참조.

애호하는 것은 참으로 집사의 본래의 성품이니, 또한 이 사람의 죽음이 안타깝다는 것을 아실 것이므로 이렇게 말씀드립니다.

지난번 편지에 "부친이 살아계시는데 모친의 이장(移葬)을 거행할 경우에 시마복(緦麻服)을 입는 것이 예법에 맞지 않는다."라고 하셨습니다. 저는 진실로 말씀하신 바를 곧바로 믿을 수 없어서 오랫동안 힘을 써서 연구하고 찾아보았는데, 여전히 자신할 수가 없습니다.

선현의 학설을 고찰해보건대 후재(厚齋)와 도암(陶菴)[234]이 모두 "장기(杖期)는 실제로 3년의 체제를 겸하고 심상(心喪) 3년을 시행해야 한다."라고 하였으니, 이장할 때 시마복을 입는 것을 올바른 예를 지키는 것으로 본 것입니다.

무릇 부친이 살아계시고 모친이 돌아가셨을 때에는 압굴(壓屈)[235]하여 스스로 슬픈 정을 다 펼 수 없으나, 본복(本服)은 삼년복입니다.

234 후재(厚齋)와 도암(陶菴) : 후재는 김간(金榦, 1646~1732)의 호이고 도암은 이재(李縡, 1680~1746)의 호이다. 김간은 자가 직경(直卿), 본관이 청풍(淸風), 시호가 문경(文敬)이며, 송시열(宋時烈), 박세채(朴世采)의 문인이다. 학행으로 천거되어 벼슬이 우참찬에 이르렀다. 많은 저술을 남겼는데, 특히 예설(禮說)에 조예가 깊었다. 이재는 자가 희경(熙卿), 본관이 우봉(牛峰), 시호가 문정(文正)이며 김창협(金昌協)의 문인이다. 1702년(숙종28) 알성 문과에 급제하고 벼슬이 대제학을 거쳐 좌우참찬에 이르렀다. 예학(禮學)에 밝았으며 외암(巍巖) 이간(李柬)의 학설을 계승한 낙론(洛論)을 주도하여 한원진(韓元震) 등의 호론(湖論)을 반박하였는바, 매산 학맥의 연원이기도 하다. 저서로 《도암집(陶庵集)》 등이 있다.

235 압굴(壓屈) : 압존(壓尊)과 같은 말로, 어떤 일 때문에 기존의 예를 폐하거나 격식을 낮추는 것을 말한다. 예컨대 어머니 상에 아버지가 살아 있으면 아들이 어머니를 위해 삼년복을 입지 못하고 기년복을 입는 따위이다.

강복(降服)하여도 3년의 체제를 갖추어야 하니, 이 또한 응당 삼년복을 입어야 합니다.

《가례집고(家禮集考)》[236]에 복을 입어서는 안 된다고 단정하고, 심지어 "대의에 관계된다.〔大義所係〕"라고 한 말은, 바꿀 수 없다면 또한 지나친 말이 될 것입니다. 삼년복의 체제를 갖추고 시마복을 입어야, 끝내 사사로운 정을 펴지 않는다는 뜻에 어긋남이 없을 것입니다. 고견은 어떠신지 모르겠습니다.

236 가례집고(家禮集考) : 본암(本庵) 김종후(金鍾厚, 1721~1780)가 엮은 책으로 8권 8책이다. 《가례(家禮)》를 본문으로 삼되, 삼례(三禮)를 비롯한 유교 관계의 문헌에만 국한하지 않고 여러 분야의 자료까지 동원하여 사례(四禮)와 관계되는 것들을 추출해서 모아놓은 책이다.

김정택에게 줌 병자년[237] 윤월

與金正宅 丙子閏月

아우 분께서 금산(錦山)에 부임[238]한 뒤에 소식(消息)이 어떠신지 궁금합니다. 집사께서 한 번 행장을 꾸려 가셔서 중봉(重峯)의 충혼(忠魂)을 위로하고 이어 칠백의총(七百義塚)도 위무(慰撫)하고 싶지 않으신지요?[239] 가신 김에 적성(赤城)의 붉은 노을을 봐야 하지 않겠습니까?[240]

덕유산(德裕山)은 호남의 명산입니다. 금산읍은 그 산기슭에 있어서 지세가 궁벽하면서도 깨끗하니, 이 때문에 이름난 고을이 된 것입니

237 병자년(丙子年) : 1816년(순조16)으로, 매산의 나이 41세 되던 해이다.

238 아우……부임 : 아우는 김기유(金基有)로, 이해 6월 25일에 금산 군수(錦山郡守)에 제수되었다. 김기유의 자는 대자(大字)이다. 《承政院日記 純祖 16年 6月 25日》

239 중봉(重峯)의……않으신지요 : 중봉은 임진왜란에 왜군과 맞서 싸우다가 금산 전투에서 숨진 조헌(趙憲, 1544~1592)의 호이고 칠백의총(七百義塚)은 이 싸움에서 순절한 의병들의 무덤이다. 1592년(선조25) 8월 1일에 조헌의 의병과 영규(靈圭)의 승병(僧兵)이 연합하여 모두 7백 명이 금산에서 왜군과 싸우다가 전원이 순절하였는데, 조헌의 아우 조범(趙範)이 살아남은 사람들과 함께 시체를 거두어 하나의 무덤을 만들고 칠백의총이라 이름하였다. 《국역선조수정실록 25년 8월 1일》, 《國朝寶鑑 卷31 宣祖朝 8》

240 적성(赤城)의……않겠습니까 : 적성의 붉은 노을은 진(晉)나라 시인 손작(孫綽, 314~371)이 적성산에 은거하면서 지은 〈유천태산부(遊天台山賦)〉에 "적성산에 노을이 일어나 절로 표지를 세운다.〔赤城霞起而建標〕"라고 보인다. 《文選 卷11 遊覽》 금산 인근에 있는 무주(茂朱) 고을에 적상산(赤裳山)이 있으므로 이렇게 말한 것으로 보인다.

다. 바로 이때에 덕유산에 오두막을 짓고서, 골짜기는 흐름을 다투고 바위는 수려함을 다투며 구름이 일고 노을이 짙게 깔린 곳[241]으로 금산의 수령[242]을 불러 데리고 가서, 세속 밖의 맑은 유람을 이루시는 게 어떻겠습니까?

굳이 오래 눌러 있을 계획을 할 필요 없이, 계형(季兄)[243]의 입장을 보고서 더 머물지 속히 떠날지를 결정하는 것이 좋을 듯합니다. 옛날 장지화(張志和)가 강호에서 살 적에 스스로 '연파조수(烟波釣叟)'라고 칭하자, 그의 형 학령(鶴齡)이 그가 세상을 피해 은둔하여 돌아오지 않을 것을 걱정하여, 아우를 위해 월주(越州)의 동곽(東郭)에 집을 지었으니,[244] 이 일이 본보기로 삼기에 매우 좋습니다. 계형이 응당

241 골짜기는……곳 : 이 내용은 진(晉)나라 고개지(顧愷之, 348~409)가 회계(會稽)의 산천(山川)에 대해 "일천 바위는 빼어남을 다투고, 일만 골짜기는 흘러감을 다툰다. 초목들은 울창하게 뒤덮여, 마치 구름이 피어나고 노을이 무성한 것과 같다.〔千巖競秀, 萬壑爭流. 草木蒙籠, 若雲興霞蔚.〕"라고 묘사한 말을 원용하여, 덕유산의 빼어난 풍광을 비유한 것이다. 《晉書 卷92 顧愷之列傳》

242 수령 : 원문의 '부석(鳧舃)'은 오리와 신발로 지방 수령을 이른다. 후한(後漢) 명제(明帝) 때에 하동(河東) 사람 왕교(王喬)가 섭현(葉縣)의 현령으로 있었는데, 초하루와 보름마다 수레나 말도 타지 않고 머나먼 길을 와서 조회에 참석하였다. 황제가 이를 괴이하게 여겨 살펴보게 하였는데, 그가 올 때마다 오리 두 마리가 동남쪽에서 날아오므로 그물을 쳐서 잡고 보니, 그물 속에 신발 한 짝만 있었다고 하는 고사에서 유래하였다. 《後漢書 卷28 王喬列傳》

243 계형(季兄) : 김기유를 가리킨 것으로 계씨(季氏)라는 의미에 형(兄)자를 붙여 높인 것이다.

244 옛날……지었으니 : 이 내용은 《신당서(新唐書)》 권196 〈은일열전(隱逸列傳) 장지화(張志和)〉에 보인다. 장지화(732~774)는 당나라 초기의 은자(隱者)로 초명은 귀령(龜齡)이고, 자는 자동(子同), 호는 현진자(玄眞子)이다. 16세 때 명경(明經)으로

기꺼이 학령처럼 집 짓는 일을 할 것이니, 집사의 부가범택(浮家泛宅)[245]을 여기에서 점칠 수 있을 것입니다.

추암(搴菴) 김순행(金純行) 공이 삼산(三山)에 있을 적에 연옹(淵翁 김창흡)이 이악(離岳)에서 결하(結夏)를 하고자 하여 서로 약속하게 되었고,[246] 병계(屛溪)는 아드님의 단구(丹邱) 임소를 따라 사인암(舍人巖)에서 머물러 쉬다가 오랜 뒤에 돌아왔습니다.[247] 옛날 현인은 거

천거되고 숙종(肅宗) 때 대조한림(待詔翰林)에 올랐는데, 숙종이 지화란 이름을 하사하였다. 뒤에 남포위(南浦尉)로 폄적되었는데, 돌아와서는 은거하여 문학과 그림으로 일생을 보냈다.

245 부가범택(浮家泛宅) : 배를 집으로 삼아 강호(江湖)를 유랑하며 자유로이 생활함을 이른다. 당나라 안진경(顔眞卿)이 호주 자사(湖州刺史)로 있을 적에 장지화가 찾아왔는데, 안진경은 그가 타고온 배가 낡아서 물이 새는 것을 보고 바꾸어 주려고 하였다. 이에 장지화가 "나의 소원은 배를 집 삼아 물 위에 살면서 소계(苕溪)와 삽계(霅溪) 사이를 오가는 것입니다.〔願爲浮家泛宅, 往來苕霅間.〕"라고 대답하였다. 《新唐書 卷196 隱逸列傳 張志和》

246 추암(搴菴)……되었고 : 추암은 김순행(金純行, 1683~1721)의 호이고, 자는 성중(誠仲), 본관은 안동(安東)이다. 1714년(숙종40) 증광 생원시에 합격하고 보은 현감(報恩縣監)을 지냈다. 삼산(三山)은 보은의 옛 지명이고 이악(離岳)은 속리산을 이른다. 결하(結夏)는 승려들이 음력 4월 보름부터 3개월 동안 사찰 밖으로 나가지 않고 좌선(坐禪)하며 공부에 매진하는 것으로 하안거(夏安居)라고도 한다. 삼연 김창흡이 추암에게 답한 편지의 대략에, "가을에 속리산으로 가서 동관음(東觀音) 골짜기에서 결하하고자 하여 그곳으로 한 번 가겠다고 약속하였는데, 노쇠한 몸으로 매년 먼 곳을 다니기는 무리이고, 조용히 책상에서 혼자 공부하는 것에 한창 완색(玩索)하는 취미를 알게 되어, 약속을 성사시키기 어렵습니다."라고 하였다. 《三淵集 卷20 答純行》

247 병계(屛溪)는……돌아왔습니다 : 병계는 윤봉구(尹鳳九, 1683~1767)의 호이고, 아드님은 윤심위(尹心緯, 1716~?)를 가리킨다. 단구(丹邱)는 단양이고, 사인암(舍人巖)은 단양에 있는 경치 좋은 기암절벽이다. 병계 윤봉구가 한후수(韓後遂)에게 답한 편지의 대략에, "가아(家兒)가 뜻밖에 단구로 옮겨 제수되어 평소 단양의 승경을

처에 얽매이지 않고 거류(去留)를 마음대로 한 것이 이와 같습니다.

이는 제가 일찍이 원하던 바인데, 연로한 어버이의 병환이 심하여 운신을 자유롭게 할 수 없어서 반백 년을 성시(城市)와 저잣거리에서 보내고 있습니다. 그러니 매번 최고운(崔孤雲)의 "붉은 먼지 자욱한 길은 눈을 붙일 곳 없고, 흰 구름 속의 푸른 산은 꿈에서도 돌아갈 때 있네.〔紫陌紅塵, 眼無開處; 白雲青山, 夢有歸時.〕"라는 구절[248]을 암송할 때마다 크게 한탄할 뿐입니다.

감상하고 싶은 마음을 풀 수 있게 되었습니다. 그곳에 가게 되면 사인암 옆에 있는 옛 친구의 초가를 빌리려고 하며, 도담(島潭) 가에도 작은 집을 지어 놓고 두 곳을 왕래하며 반년 혹은 반년 이상씩 머무를 계획입니다."라고 하였다. 《屛溪集 卷21 答韓仲良》

248 최고운(崔孤雲)의……구절 : 고운은 최치원(崔致遠)의 자이고, 해당 구절은《계원필경(桂苑筆耕)》〈재헌계(再獻啓)〉에 "인간 세상의 요로와 통진은 눈을 붙일 곳이 없고, 사물 밖의 청산과 녹수는 꿈속에서 돌아갈 때가 있네.〔人間之要路通津, 眼無開處, 物外之青山綠水, 夢有歸時.〕"라고 한 말을 가감하여 인용한 것으로 보인다.

김정택에게 줌 병자년 7월

與金正宅 丙子七月

수건과 빗이 자리에 갖춰졌다[249]는 소식을 들은 뒤로 마음속에 교차하는 걱정과 기쁨을 이루 다 말할 수 없으니, 기뻐하는 것은 병환을 고칠 수 있기 때문이요, 걱정하는 것은 병환을 고치려다가 도리어 병환이 생길 수 있기 때문입니다.[250] 집사의 이 일은 바로 부득이한 점이 있어서 이렇게 된 것이니, 어찌 화려하고 잗다란 즐거움에 끌려 마음을 빼앗긴 것이겠습니까. 이는 집사에 대해 염려할 만한 것이 아닙니다.

"옛날 제갈공명이 아내를 택할 적에 바로 추녀(醜女)를 얻었습니다. 공명의 정대(正大)한 기개와 온축된 경륜은 진실로 천부적인 자질에서 얻은 것입니다. 그러나 지려(智慮)가 나날이 더욱 정명(精明)해지고, 위망(威望)이 나날이 더욱 성대해진 까닭을 삼가 생각해보면,

249 수건과……갖춰졌다 : 원문의 '건즐(巾櫛)'은 수건과 빗이라는 뜻으로, 여자가 이것을 준비하여 남자를 위해 시중드는 것을 이르는데, 여기서는 김기서가 새 첩을 맞이함을 이른 것으로 보인다. 《춘추좌씨전(春秋左氏傳)》 희공(僖公) 22년에 "진(秦)나라에 인질로 잡혀 있던 진(晉)나라 태자(太子)가 도망하여 돌아오려 하였는데, 태자의 부인이 말하였다. '우리 임금께서 저에게 수건과 빗을 들고 공자(公子)를 모시게 한 것은, 공자를 안심하고 편안히 지낼 수 있도록 하기 위해서였습니다.〔寡君之使婢子侍執巾櫛, 以固子也.〕'"라고 한 고사에서 유래한다. 그러나 이것은 부인이 자신을 겸사로 한 말로, 남의 부인을 이렇게 지칭하지는 않았을 것이므로 첩을 얻은 것을 가리키는 말로 보았다.

250 기뻐하는……때문입니다 : 첩을 얻어 맛있는 음식을 먹고 잠자리가 편안하면 그동안 앓던 질병을 치료할 수 있기 때문에 기뻐하는 것이요, 첩에게 빠져 정력을 지나치게 소모하면 도리어 질병을 얻게 되므로 이 점을 걱정하는 것이다.

욕심을 줄이고 마음을 수양한 것이 많은 도움이 됐을 것입니다." 이상에서 말씀드린 의리는 주자가 유 형주(劉荊州)에게 말씀해준 것인데,[251] 진실로 집사께서 평소 말씀하신 것입니다.

주자가 또 말씀하기를

"형주(荊州)에는 함께 담소를 나눌 만한 훌륭한 사대부가 없습니다. 사람의 마음은 지극히 위태로운 것이므로 오래도록 흘러가게 내버려두면 다시 수습하기 어려우니, 날마다 옛 책을 가져다가 자세히 읽고 깊이 생각하여 물욕의 가림을 떨쳐내시기 바랍니다."[252]

라고 하였습니다. 이 말씀이 더욱 절실하고 의미가 있으니, 평상(平常)을 살아가는 자는 미혹되어 심지(心志)를 잃기 쉽기 때문입니다.

집사께서는 적막한 물가에 거처하여 전혀 별다른 일 없이 지내시므로, 마음을 붙인 것이 치우치기 쉽고 치우치면 병이 되니, 이는 일반적인 인정이요 공통적인 병통입니다. 집사의 깨끗한 수양과 올곧은 절개로 어찌 이러한 것을 하시겠습니까, 어찌 이러한 것을 하시겠습니까. 그러나 일에 앞서 염려하는 것이니, 이는 곧 "단주(丹朱)처럼 오만하지 마소서."[253]라고 경계하는 뜻입니다.

251 옛날……것인데 : 인용한 내용은 주자가 유 형주(劉荊州)에게 보낸 편지에 보인다. 유 형주는 주자의 스승인 병산(屛山) 유자우(劉子羽)의 아들인 유공(劉珙, 1122~1178)으로, 자가 공보(共甫)인데 형호남로(荊湖南路)와 형호북로(荊湖北路)의 안무사(安撫使)를 지내면서 형주에 살았기 때문에 이렇게 칭한 것이다. 《朱子大全 別集 卷4 劉共甫》

252 형주(荊州)에는……바랍니다 : 이 내용도 《주자대전 별집》 권4 〈유공보(劉共甫)〉에 보인다.

253 단주(丹朱)처럼……마소서 : 이 내용은 요(堯) 임금으로부터 왕위를 물려받은

부디 제갈공명의 일을 반드시 배울 만하다고 여기시고 회옹의 말씀을 반드시 따를 만하다고 여겨서, 사사로이 즐기는 것이 청명하고 순수한 바탕을 범할 수 없게 한다면 어찌 진정한 대영웅(大英雄)이 되지 않겠습니까. 그렇다면 제갈공명 또한 의당 우선 버려둘 터인데, 하물며 유공보(劉共甫) 같은 사람에 있어서이겠습니까.

지극히 친밀하여 빠지기가 쉬운 것은 부부만 그러한 것이 아니니, 첩을 맞이하는 것은 더욱 경계해야 할 바입니다. 여기에 조심하지 않으면 인욕(人欲)이 지극해져서 천명(天命)이 행해지지 못할 것입니다. 아! 또한 두려워할 만합니다.

이른바 '〈남녀가 한 방에 거처함은〉 사람의 일 중에서 지극히 비근(卑近)한 것이나, 그 사이에서 도(道)가 행해진다.'[254]는 것은 성찰(省察)을 발하고 사욕을 다스리는 바탕이 되니, 집사께서는 공경히 유념하시기 바랍니다.

순(舜) 임금에게 우(禹) 임금이 경계한 말씀으로, 《서경》 〈익직(益稷)〉에 "단주처럼 오만하게 하지 마소서. 태만하게 노는 것을 좋아하며 오만함과 포악함을 행하였습니다.〔無若丹朱傲. 惟慢遊是好, 傲虐是作.〕"라고 보이는데, 채침(蔡沈)의 《집전(集傳)》에 "정자(程子)가 말씀하였다. '순 임금보다 더 성스러운 분이 없는데, 우 임금이 순 임금을 경계할 적에 단주처럼 태만하게 노는 것을 좋아하지 말고 오만함과 포악함을 행하지 말라고 하였다. 순 임금이 태만하게 노는 것과 오만함과 포악함을 하지 않음은 비록 어리석은 자라도 마땅히 알 터인데, 어찌 우 임금이 이것을 몰랐겠는가. 숭고한 지위에 처하면 경계함이 마땅히 이와 같아야 하기 때문이다.'"라고 하였다. 단주는 요(堯) 임금의 아들로 이름이 주(朱)이고 단(丹)은 봉한 나라이다.

254 사람의……행해진다 : 주자가 호대원(胡大原)에게 답한 편지에서, 남녀가 결혼을 하여 함께 사는 것에 대해 말씀한 내용에 보인다. 호대원의 자는 백봉(伯逢)이다. 《朱子大全 卷46 答胡伯逢》

공자께서 "오직 여자와 소인은 대하기가 어려우니, 가까이 하면 불손하고 멀리 하면 원망한다."[255]라고 하셨습니다. 멀리하고 가까이하는 사이에 절로 올바르고 마땅한 절도가 있으니, 군자가 모름지기 조심해야 할 바입니다. 서로의 사이가 허물이 없음을 함부로 믿고 삼가 유익한 경계의 말씀을 올리니, 남의 밭을 김매는 경우에 가깝지 않겠습니까.[256]

퇴도(退陶 퇴계의 또 다른 호)의 유서(遺書)는 여전히 계속 읽고 계십니까? 윤화정(尹和靖)은 "이천(伊川)의 궁행(躬行)은 한 권의 《주역》으로써 다하였다."라고 하였는데,[257] 저는 퇴계 어른께서는 겸괘(謙卦) 하나를 거의 다 실천하셨으니, 후학들이 이 어른에게 배울 것은 오로지 '높고 빛나며 낮되 넘을 수 없는 것'[258]에 있다고 생각합니다. 이를

255 오직……원망한다 : 이 말은 《논어》 〈양화(陽貨)〉에 보인다.

256 남의……않겠습니까 : 자신의 병통은 제대로 돌아보지 못하면서 남의 병통을 지적하여 고치기를 요구하려 한다는 겸사이다. 《맹자》 〈진심 하(盡心下)〉에 "사람들의 병통은 자기 밭을 버려두고 남의 밭을 김매는 데에 있으니, 남에게 요구하는 것은 중하고 스스로 책임지는 것은 가볍다.〔人病, 舍其田而芸人之田, 所求於人者重, 而所以自任者輕.〕"라고 보인다.

257 윤화정(尹和靖)은……하였는데 : 윤화정은 이천(伊川) 정이(程頤)의 고제(高弟)인 윤돈(尹焞, 1071~1142)으로, 화정은 그의 호이다. 주자(朱子)가 처남인 정순(程洵, 1135~1196)에게 답한 편지에, 이천의 학문을 제대로 알고 싶으면 남긴 어록이나 다른 글은 보지 말고 그 분이 지은 《역전(易傳)》을 정심(精深)하게 공부하라고 권하고, 윤화정의 이 말을 근거로 들었다. 《朱子大全 卷41 答程允夫》

258 높고……것 : 이 내용은 《주역》 〈겸괘(謙卦) 단(彖)〉에 보이는데, 정이천의 《역전(易傳)》에는 "겸은 자신을 낮추고 겸손한 것이니 그 도(道)가 높고 빛나며, 자처하기를 비록 비굴하게 하나 그 덕이 실로 높아서 더할 수가 없으니, 이것이 넘을 수 없는

잘 배운다면 오랑캐 땅에서도 행할 수 있으니, 또한 말세에 대처하는 참된 말씀과 묘리가 됩니다.

우암(尤菴) 어른이 일찍이 "퇴계의 학문이 가장 폐단이 없지만, 그의 처신(處身)은 주자와 같지 않다. 또한 문집이 보기 어려워 주석을 내고자 하였지만 그렇게 하지 못하였다."라고 하셨는데,[259] 남당(南塘)이 이어서 완성하여 《남당집습유(南塘集拾遺)》에 실었으니,[260] 일찍이 보셨습니까? 집사께서 《퇴계집(退溪集)》을 해석하시기를 《주서차의(朱書箚疑)》[261]의 준례처럼 하여, 우암 어른이 마치지 못하신 일을 완성하

것이다."라고 풀이하였고, 주자의 《본의(本義)》에는 "사람이 능히 겸손하면 높은 지위에 있는 자는 그 덕이 더욱 빛나고 낮은 지위에 있는 자도 사람들이 또한 뛰어넘을 수가 없으니, 이는 군자가 좋은 종말을 맞는 이유이다."라고 풀이하였다. 주자의 설을 따른다면 매산이 인용한 말은 '높은 분은 더욱 빛나고 낮은 자도 다른 사람이 넘을 수 없다.'라는 뜻이 될 것이다.

259 우암(尤菴)……하셨는데 : 우암의 〈간서잡록(看書雜錄)〉에 "퇴계의 학문이 가장 폐단이 없으나, 그의 처신이 주자와 같지 않으니, 어쩌면 나의 소견이 망령된 것인지도 모르겠다. 지금 세상 선비들이 그 문집을 많이 읽지만, 역시 읽기가 어렵기 때문에 내가 일찍이 주석을 내고자 하여 작업을 시작했는데 끝을 보지 못하였다. 혹 계속 이어서 완성시키는 사람이 있으면 좋겠다.〔退溪之學最爲無弊, 而其作處與朱子不同, 豈余所見之妄耶? 今世士友多讀其文集, 然亦難看. 故余嘗欲爲註釋, 始功而未果焉. 或有繼而成之者, 則善矣.〕"라고 보인다. 《宋子大全 卷231》 '퇴계의 처신은 주자와 같지 않다'는 것은 주자는 무신봉사(戊申封事) 등의 상소문을 올려 적극적인 자세를 취한 반면 퇴계는 소극적인 자세를 취하였으므로 처신이 주자와 다르다고 한 것이다.

260 남당(南塘)이……실었으니 : 남당은 권상하(權尙夏)의 문인으로 호락논쟁(湖洛論爭)에서 호론(湖論)을 이끈 한원진(韓元震, 1682～1751)의 호이다. 여기서 말한 것은 《남당집습유》 권4 〈퇴계집차의(退溪集箚疑)〉로, 퇴계의 편지와 잡저 중에서 의심나는 부분들을 조목조목 반박한 내용이다.

261 주서차의(朱書箚疑) : 우암이 《주자대전》에서 난해한 구절을 뽑아 주석을 붙인

실 수 있겠습니까?

《대산집(大山集)》[262]을 삼가 이에 올리니, 점필(佔畢)[263]의 용도로 쓰시기 바랍니다. 이 사람은 학술이 순정(純正)하여 멀리는 주자를 종주로 삼고 가깝게는 도산(陶山)[264]을 계술하였으니, 퇴계 이후로 없었던 인물입니다. 그리고 유서(遺書)에서도 순정함이 많고 하자가 적음을 볼 수 있으니, 근세의 영남 학자 가운데 으뜸입니다.

다만 명리(名理 성리학)를 논한 것이 퇴계의 학설을 융통성 없이 지켜서 이기호발설(理氣互發說)이 바른 견해에 누가 됨을 알지 못하고는, 이것을 따르면서 퇴계를 위하여 변명하였습니다. 그리하여 율곡의 학설에 대해 밝게 알지 못했을 뿐만 아니라 심지어 학설을 만들어 논변(論辨)하였는데,[265] 끝내 '이무위(理無爲)' 세 글자에 대해 투철하게 이

《주자대전차의(朱子大全箚疑)》를 가리킨다.

262 대산집(大山集) : 이상정(李象靖, 1711~1781)의 문집으로, 대산은 그의 호이다. 자는 경문(景文), 본관은 한산(韓山)으로 1735년(영조11)에 증광 진사시에 합격하고 같은 해 문과에 급제하여 출사하였으나 곧 사직하고 학문에 전념하였다. 대산은 갈암(葛庵) 이현일(李玄逸, 1627~1704)과 밀암(密庵) 이재(李栽, 1657~1730)를 이어 퇴계학파의 종장이 되었으며, 그의 학문은 이후 정재(定齋) 유치명(柳致明, 1777~1861)으로 이어져 한말의 면우(俛宇) 곽종석(郭鍾錫, 1846~1919)에게로 전해졌다.

263 점필(佔畢) : 본래 스승이 경의(經義)를 풀어 가르치지 않고 단지 책만을 읊는 것을 가리켰는데, 뒤에는 독서 또는 송독(誦讀)을 두루 가리키게 되었다. 《예기》〈학기(學記)〉에 "지금 가르치는 자들은 그 보는 간독(簡牘)만을 읊을 뿐이다.〔今之敎者, 呻其佔畢.〕" 하였는데, 진호(陳澔)는 《예기집설(禮記集說)》에서 "신(呻)은 읊는 소리이고 점(佔)은 봄이고 필(畢)은 간독이다.〔呻, 吟諷之聲也, 佔, 視也, 畢, 簡也.〕"라고 주하였다.

264 도산(陶山) : 퇴계 이황(1501~1570)을 말한다. 이황은 60세 되던 해에 도산에 서당을 짓고 도옹(陶翁)이라고 자호하였다. 《退溪集 年譜 卷1》

해하지 못하여 이(理)를 작용하는 물건으로 보았으니, 이것이 답답한 점입니다.

퇴계와 율곡이 주장한 두 학설의 옳고 그름은 마땅히 《중용(中庸)》 첫 장(章)의 장구(章句)에서 결정하여야 합니다. 여기에 이르기를 "기(氣)로써 형체를 이루고 이(理) 또한 부여했다."[266]라고 하였으니, 이것을 "이와 기가 서로 발한다.〔理氣互發〕"고 말할 수 있겠습니까. 마땅히 "기가 발함에 이가 이것을 타는 것이다.〔氣發而理乘〕"라고 불러야 하지 않겠습니까. 애석합니다. 이는 먼저 들은 말에 의해 오도(誤導)된 것으로 오래전부터 이것을 근심하였으니, 어찌 대산만 그러하겠습니까.

우계(牛溪)는 자신의 견해를 굽히고 율곡을 따라 "큰 근원을 밝게 보았다."[267]라고 인정하였으니, 천하의 크게 지혜로운 분과 크게 용맹한 분이 아니면 어찌 여기에 참여할 수 있겠습니까. 영남 전체의 많은 선비들 중에서 퇴계 어른의 뒤에 이(理)와 기(氣)를 논한 자가 수백 년이 넘도록 몇 사람이나 되는지 모르겠지만, 옛 견해를 깨끗이 씻어

265 심지어……논변(論辨)하였는데 : 대산이 율곡의 《성학집요(聖學輯要)》를 읽고 이를 비판한 〈독성학집요(讀聖學輯要)〉를 지은 것을 이른다. 《大山集 卷40》

266 기(氣)로써……부여했다 : 이 내용은 주자의 《중용장구》에 "하늘이 음양과 오행으로 만물을 화생할 적에 기로써 형체를 이루고 이 또한 부여하니, 명령함과 같다.〔天以陰陽五行, 化生萬物, 氣以成形, 而理亦賦焉, 猶命令也.〕"라는 구절을 이른 것이다.

267 큰……보았다 : 우계(牛溪) 성혼(成渾)이 율곡의 상(喪)에 곡하면서 "율곡은 도체(道體)에 대하여 큰 근원을 밝게 보았으니, 이른바 '천지의 조화는 두 근본이 없다'는 것과 '인심(人心)의 발함은 두 근원이 없다'는 것과 '이기(理氣)는 서로 발할 수 없다'는 등등의 말은 참으로 나의 스승의 말씀이라고 할 수 있다.〔栗谷於道體, 洞見大原, 所謂天地之化無二本, 人心之發無二原, 理氣不可謂互發者, 此等說話眞是吾師.〕"라고 하였으므로 말한 것이다. 《牛溪先生年譜 卷1 牛溪先生年譜》

버리고 새로운 생각으로 나아가기를[268] 우계처럼 했던 사람이 하나도 없으니, 사람들이 풍기(風氣)에 구애된 것이 이와 같단 말입니까? 우계께서 도의 높은 경지에 나아간 것이 더욱더 분명합니다.

268 옛……하기를 : 이 내용은《근사록(近思錄)》권3〈치지(致知)〉의 "의리에 의심스러운 것이 있으면 옛 견해를 깨끗이 씻어 버리고 새로운 생각으로 나아가야 한다.〔義理有疑, 則濯去舊見, 以來新意.〕"라고 한 장재(張載)의 말을 원용한 것이다.

김정택에게 답함 병자년 10월
答金正宅 丙子陽月

지난번에 집사에게 기술하실 것을 권면한 한 가지 일은 입언(立言 문장을 지음)과는 다름이 있으니, 사양할 수 있는 일이 아닌 듯합니다. 남인(南人)의 젊은 사람들이 사사로이 논저(論著)한 것이 왕왕 시비(是非)를 전도시키고 의리에 배치되고 있으니, 무신년과 을해년의 역변(逆變)[269]과 신유사옥(辛酉邪獄)[270]을 사화(士禍)로 여기지 않는 것입니까? 이는 염려하지 않을 수 없는 일입니다.

오인(午人)[271]들은 입을 열기만 하면 경신사화(庚申士禍)[272]를 말하

269 무신년과 을해년의 역변(逆變) : 무신란(戊申亂)과 을해옥사(乙亥獄事)를 가리킨다. 무신란은 1728년(영조4)에 소론 강경파와 남인 일부가 경종(景宗)의 죽음에 영조와 노론이 관계되었다고 주장하면서 일으킨 반란으로, 이인좌(李麟佐)가 중심이 되었기에 '이인좌의 난'이라고도 한다. 을해옥사는 1755년에 소론의 윤지(尹志) 등이 일으킨 역모(逆謀) 사건이다. 윤지는 오랜 귀양살이 끝에 노론을 제거하기 위해 무리를 조직하고, 우선 민심의 동요를 위하여 나라를 비방하는 글을 나주 객사에 써 붙였는데, 이것이 윤지의 소행임이 발각되어 거사(擧事)하기 전에 붙잡혀 서울로 압송된 후 사형을 당하였다. 나주벽서사건(羅州壁書事件)이라고도 하고, '윤지의 난'이라고도 한다.

270 신유사옥(辛酉邪獄) : 1801년(순조1)에 발생한 천주교 박해 사건으로, 신유박해라고도 한다. 천주교는 정조의 관대한 정책에 의해 18세기 말에 전국적으로 교세를 확장시켜 나갔으나, 순조가 즉위하자 천주교를 사교(邪敎)로 규정하고 본격적으로 탄압하였다. 신유박해는 집권 세력인 노론 벽파가 그 반대 세력인 남인 시파를 제거하기 위한 정권 다툼의 한 결과물이라고도 할 수 있다.

271 오인(午人) : 남인(南人)을 가리킨다. 십이지(十二支)를 방위에 배치할 경우, 오(午)가 정남(正南)이 되기 때문이다.

고, 이광려(李匡呂)의 문집(文集) 중에는 "무신년에 군대가 일어났다.〔戊申軍興〕"라는 등의 말과 "을해년에 일이 일어났다.〔乙亥事作〕"는 등의 말들이 있으니,[273] 이는 조짐을 드러낸 것일 뿐만이 아닙니다.

집사처럼 마음이 공정하고 안목이 분명하신 분은 참으로 마땅히 충성과 반역의 분별을 구명하고 고금의 변화를 꿰뚫어 일가(一家)의 말을 이루어서 백세(百世)의 공안(公案)을 만들어야 하니, 이는 진실로 그만둘 수 있다고 해서 그만둘 수 있는 것이 아닙니다. 이것을 어찌 공허한 글에 생각을 드리워 자신을 드러내는 자에 비기겠습니까. 부디 속히 도모하시기를 두 손 맞잡고 기다립니다.

자하(子夏)가 말한 '네 가지 행실〔四行〕'[274]은 인륜(人倫)의 큰 것이니,

272 경신사화(庚申士禍) : 조선 숙종 6년(1680)에 남인(南人)이 축출되고 서인(西人)이 득세한 사건이다. 정원로(鄭元老)가, 남인인 허적(許積)의 서자 허견(許堅)이 종실인 복창군(福昌君)·복선군(福善君)·복평군(福平君) 3형제와 역모를 꾀하고 있다고 고변하자, 서인인 김석주(金錫胄)·김익훈(金益勳) 등이 주도하여 옥사(獄事)를 일으켰는데, 복창군 3형제와 허견, 허적 등이 죽거나 유배되고 남인들이 축출되었다.

273 이광려(李匡呂)의……있으니 : 이광려(1720~1783)의 문집은 《이참봉집(李參奉集)》을 가리킨다. '무신년에 군대가 일어났다'는 말은 〈가평군수윤공묘지명(加平郡守尹公墓誌銘)〉에 보이고, '을해년에 일이 일어났다'는 말은 〈원교선생묘지(圓嶠先生墓誌)〉에 보인다.《李參奉集 卷3》 이광려의 자는 성재(聖載), 호는 월암(月巖), 본관은 전주(全州)이다. 하곡(霞谷) 정제두(鄭齊斗, 1649~1736)의 학문을 계승한 이른바 강화학파(江華學派)의 명문 집안 출신으로, 학문과 문장이 뛰어나 참봉(參奉)으로 천거되었다.

274 네 가지 행실 : 《논어》〈학이(學而)〉 편에 보이는 자하(子夏)의 말로 '어진 이를 존경하되 여색을 좋아하는 마음과 바꿔 하는 것〔賢賢易色〕'과 '부모를 섬기되 능히 그 힘을 다하는 것〔事父母能竭其力〕'과 '임금을 섬기되 능히 그 몸을 바치는 것〔事君能致其

이를 행함에 반드시 정성을 다하면 이것이 바로 학문입니다. 어찌 이것을 도외시하고 학문을 할 수 있겠습니까. 《논어집주》에서 "학문은 이와 같음을 구할 뿐이다."[275]라고 한 것은 참으로 진실하고 절실하게 말씀한 것입니다.

자질이 아름다운 사람들 중에는 진실로 일찍이 현자를 높이는 자도 있고, 충성스럽고 효성스러운 자도 있습니다. 하지만 '여색을 좋아하는 마음과 바꿔하며, 힘을 다하고 몸을 바치는 것'의 경우는, 어찌 배우지 않고 할 수 있겠습니까. '비록 배우지 않았다고 할지라도'라고 한 것은 가설한 말이지, 이 네 가지 행실을 할 수 있는 자가 배우지 않은 사람이라고 말한 것은 아닙니다.

위 장의 부자(夫子)의 말씀[276]과 비교해보면 진실로 혼연(渾然)함이 부족합니다. 그러나 오씨(吳氏)가 "억양이 너무 지나쳤다."라고 한 것은 지나친 것이요, "폐단이 학문을 폐지하게 한다."라고까지 말한 것은 너무 지나친 우려가 되지 않겠습니까.[277]

身〕'과 '붕우와 사귀되 말함에 성실함이 있는 것〔與朋友交言而有信〕'을 가리킨다.

275 학문은……뿐이다 : 이 내용은 《논어》 〈학이〉 편에 보이는 자하(子夏)의 말에 대한 주자의 주석에 보인다.

276 위 장의 부자(夫子)의 말씀 : 공자께서 "자제(子弟)가 들어가서는 효도하고 나와서는 공손하며, 행실을 삼가고 말을 진실하게 하며, 널리 사람들을 사랑하되 인(仁)한 이를 친근히 해야 하니, 이것을 행하고 여력이 있으면 여가를 이용하여 글을 배워야 한다.〔子曰: 弟子入則孝, 出則弟, 謹而信, 汎愛衆, 而親仁, 行有餘力, 則以學文.〕"라고 한 것을 가리킨다. 《論語 學而》

277 오씨(吳氏)가……않겠습니까 : 오씨는 송(宋)나라 때의 학자인 오역(吳棫, 1100~1154)으로, 자는 재로(才老)인데 《논어속해(論語續解)》를 저술하였다. 오씨의 설은 《논어집주》 장하주(章下註)에 "자하의 말은 그 뜻이 좋다. 그러나 말하는 사이에 억양

주자는 오씨의 설을 따라서 또 이르시기를 "자로(子路)가 말한 '하필독서(何必讀書)'의 설과 동일하니, 그 폐단이 모두 학문을 폐지하는 데 이른다."라고 하셨는데,[278] 주자의 이 말씀은 아마도 자하의 마음을 굴복시킬 수 없을 듯합니다. 자로의 말은 선후와 본말의 순서를 잃었으니 부자(夫子)에게 지적을 당한 것[279]이 당연하지만, 자하가 말한 것은 오로지 근본을 힘씀에서 나왔으니, 어찌 자로가 그 지나침을 알지 못하고 말재주로 남을 상대한 것[280]과 나란히 하여 똑같이 여기겠습니까.

이 너무 지나쳐서 그 흐름의 폐단이 장차 혹 학문을 폐지하는 데에 이를 수 있으니, 반드시 윗장의 '여력이 있으면 글을 배우라'는 부자(夫子)의 말씀과 같이 한 뒤에야 폐단이 없게 될 것이다.〔子夏之言, 其意善矣. 然詞氣之間, 抑揚大過, 其流之弊, 將或至於廢學, 必若上章夫子之言, 然後爲無弊也.〕"라고 보인다.

278 주자는……하셨는데 : 이 내용은 《주자어류(朱子語類)》 권21 〈논어3(論語三)〉에 "오재로(吳才老)는 자하의 이 말을 자로(子路)가 말한 '하필독서(何必讀書)'의 설과 동일하게 여겼는데, 그 뜻이 참으로 좋다. 그러나 그 폐단은 모두 학문을 폐지하는 데에 이른다.〔吳才老, 以子夏此言, 與子路何必讀書之說同, 其意固善, 然其弊皆至於廢學.〕"라고 보인다. 이 내용은 《논어집주》 〈학이(學而)〉 편 '현현역색(賢賢易色)'장의 소주(小註)에 그대로 실려있다.

279 자로의……당한 것 : 자로가 어린 자고(子羔)를 비(費) 땅의 읍재(邑宰)로 삼았을 때에 공자가 자질이 아름다우나 아직 배움이 부족한 자고로 하여금 갑자기 백성을 다스리게 하면 다만 그를 해칠 뿐이라고 하였는데, 이에 대해 자로가 "고을에는 인민이 있고 사직이 있으니, 하필 책을 읽은 뒤에야 배움이라 하겠습니까.〔有民人焉, 有社稷焉, 何必讀書然後爲學?〕"라고 대답하자, 공자가 "남의 아들을 해치는구나.〔賊夫人之子.〕"라고 책망한 것을 이른다. 《論語 先進》

280 자로가……것 : 이 내용은 《논어집주》 〈선진〉 '자로사자고위비재장(子路使子羔爲費宰章)'의 장하주에 "자로는 자고로 하여금 정사를 학문으로 삼게 하고자 하였으니 선후와 본말의 순서를 잃은 것인데, 자로는 그 잘못을 알지 못하고 도리어 말재주로 남을 상대하였다. 그래서 부자께서 그 말재주를 미워하신 것이다.〔子路乃欲使子羔,

소주(小註)의 주자의 설[281]은 다만 부자의 말씀과 비교하면 그 치우침을 볼 수 있습니다. 이것이 정밀한 뜻이 되니, 어떻게 생각하시는지요?

以政爲學, 失先後本末之序矣, 不知其過, 而以口給禦人. 故夫子惡其佞也.〕"라고 한 범씨(范氏)의 말에 보인다.

281 소주(小註)의 주자의 설 : 위의 주278의 내용을 이른다. 영락대전본《논어집주》의 소주에 이 내용이 실려 있으므로 말한 것이다.

김정택에게 줌 기묘년[282] 5월

與金正宅 己卯五月

영공(令公)의 자부(子婦)의 상(喪)에 대해 차마 무슨 말씀을 하겠습니까, 차마 무슨 말씀을 하겠습니까. 주곡(晝哭)[283] 이후로 참으로 이날이 있게 될까 걱정하면서도 부모의 사랑과 자식의 효성에 감동되어 몸을 보전할 것이라고 혹 기대했는데, 마침내 자신의 목숨을 바쳐 정절(貞節)의 뜻을 이루었습니다. 탁월한 높은 정절에 대해 공경히 탄복합니다.

예로부터 순절(殉節)하는 이들은 혹 신체와 발부(髮膚)를 훼손하거나 혹 도랑에서 목을 매어 죽기로 맹세한 소원을 마침내 이루었으니, 지조는 비록 온전하게 했더라도 일은 크게 어긋났으며 행실은 비록 확립하였지만 그 몸은 훼손되었습니다. 그런데 지금은 그렇지 않아서 생명을 끊을 때에 차분하고 여유로웠으니, 만일 진실로 정(靜)할 때에 예(禮)를 어기지 않는 분이 아니라면 어찌 동(動)할 때에 반드시 절도가 있게 할 수 있겠습니까. 《주역》에 이른바 '부인(婦人)은 정(貞)하여 길하다.'[284]라고 한 것이 이 사람을 말한 것이 아니겠습니까. 아드님이

282 기묘년(己卯年) : 1819년(순조19)으로, 매산의 나이 44세 되던 해이다.

283 주곡(晝哭) : 남편을 여읜 것을 말한다. 춘추 시대 노(魯)나라의 재상 문백(文伯)의 어머니 경강(敬姜)이, 남편 목백(穆伯)이 세상을 떠났을 때는 낮에만 곡을 하고, 아들 문백의 상을 당해서는 주야로 곡을 하였는데, 공자가 이를 두고 경강이 예(禮)를 안다고 평했던 고사에서 유래하였다. 《禮記 檀弓下》

284 부인(婦人)은……길하다 : 이 내용은 《주역》 〈항괘(恒卦) 육오(六五) 상(象)〉

안사람에게 모범이 되는 교화[285]를 편 것을 여기에서 볼 수 있습니다.

아드님은 탁월한 천성과 순일(純一)한 행실이 있어서 부부 사이에 아름다운 절개를 점차 이루어 효성과 정렬이 전부 이루어졌습니다. 응당 세교(世敎)의 광영이 될 것이요 단지 덕망이 높은 귀공의 집안에 영광이 될 뿐만이 아닐 것입니다. 부디 이 뜻으로 마음을 달래신다면, 슬픔이 거의 위로될 것입니다. 이것이 제가 크게 바라는 바입니다.

정포(旌褒)[286]에 대한 논의가 응당 며칠 안으로 나와야 할 것으로 생각되는데, 누군가 이 일을 위하여 창도(唱導)하는 자가 있는지 모르겠습니다.

지난번에 말씀을 듣건대, 서호(西湖)에서 주고받으신 시문(詩文)에 대해 제목을 붙이고 생각을 가다듬은 것이 또한 며칠이 되었다고 하셨으니, 예술에 뛰어난 벗의 높은 식견과 멀리 내다보는 안목에 더욱 감복합니다. 바라건대 우리 어른께서는 이를 종신토록 거두어 쓰십시오.

에 "부인은 정하여 길하니, 하나를 따라 마치기 때문이다.〔婦人貞吉, 從一而終也.〕"라고 보인다.

285 안사람에게……교화 : 원문의 '형내지화(刑內之化)'는 부인에게 모범이 되는 교화라는 뜻으로, 남편의 훌륭한 덕이 부인에게 모범이 되어 부인을 감화시키고 그 형제들까지 감화시킴을 말한다. 《시경》 〈대아 사제(思齊)〉에 "종묘(宗廟)의 선공(先公)들에게 순히 하시어 신(神)이 이에 원망함이 없으며 신이 이에 애통함이 없음은, 과처(寡妻)에게 모범이 되시어 형제에 이르러 집과 나라를 다스리셨기 때문이다.〔惠于宗公, 神罔時怨, 神罔時恫, 刑于寡妻, 至于兄弟, 以御于家邦.〕"라고 보인다.

286 정포(旌褒) : 효자·충신·열녀나 나라에 큰 공이 있는 사람에게 정려문(旌閭門)을 지어 주어 포상(褒賞)함을 이른다.

주자께서 일찍이 성인(聖人)의 출처를 논하여 말씀하기를 "모름지기 그분의 지성스럽고 간절한 곳과 깨끗하여 얽매임이 없는 곳을 보아야 한다."[287]라고 하셨는데, 이 두 가지는 삼가 베풀 만한 자리가 없을 것으로 생각되니, 동강(東岡)을 굳게 지키는 것[288]이 지금 상황에서 제일 좋은 방법입니다.

한 번 나아가 관리가 되는 것과 같은 일은 호구지책(糊口之策)에 불과합니다. 만약 출처(出處)의 큰 경계를 손상시키지 않더라도 한 걸음만 문밖을 나서게 되면 뒤처리를 잘하기가 어렵게 되니, 이 또한 그만 둘 수 없겠습니까?

만약 진실로 이치를 터득한다면 비록 죽고 사는 일이라도 바꿀 수 없을 것인데, 하물며 구구한 녹사(祿仕)[289]에 있어서이겠습니까. 게다가 5말의 쌀[290]이 어찌 많은 가솔의 목숨을 살릴 수 있겠습니까. 굶어

287 모름지기……한다 : 이 내용은 《주자어류》 권137 〈전국한당제자(戰國漢唐諸子)〉에 보인다.

288 동강(東岡)을……것 : 벼슬하지 않고 은거하는 뜻을 굳게 가짐을 말한다. 동강은 동쪽 언덕으로, 은자(隱者)가 사는 곳을 가리킨다. 후한 때 어떤 사람이 주섭(周燮)에게 "선세(先世) 이래로 공훈과 총애가 이어졌거늘, 그대는 어찌하여 홀로 동쪽 언덕만을 지키려 하는가?"라고 말한 데에서 유래하였다. 《後漢書 卷53 周燮列傳》

289 녹사(祿仕) : 녹봉을 받기 위해 하는 벼슬을 이른다. 《맹자》 〈만장 하(萬章下)〉에 "벼슬을 하는 것은 가난 때문이 아니지만, 때로는 가난 때문에 벼슬하는 경우가 있다.〔仕非爲貧也, 而有時乎爲貧.〕" 하였는데, 주자는 《집주(集註)》에서 "벼슬을 하는 것은 본디 도를 행하기 위해서이나, 또한 집이 가난하고 부모가 늙었거나 혹은 도가 때와 맞지 않아서 단지 녹봉을 받기 위해 벼슬하는 경우가 있다.〔仕本爲行道, 而亦有家貧親老, 或道與時違, 而但爲祿仕者.〕"라고 주하였다.

290 5말의 쌀 : 관리의 적은 녹봉을 이른다. 남북조 시대 동진(東晉)의 은사이며 시인인 도연명(陶淵明, 365~427)이 가계(家計)를 위하여 팽택의 현령(縣令)이 되었는데,

죽어서 시신이 구학(溝壑)을 전전하는 것과 같을 것이니, 뜻을 굽히고 자신을 욕되게 하기보다는 차라리 지키는 바를 온전히 하여 호연(浩然)히 부끄러움이 없게 자신의 삶을 끝내는 것이 낫지 않겠습니까.

맹자가 말씀하시기를 "사람이 하지 않는 것이 있은 뒤에야 훌륭한 일을 할 수 있다."[291]라고 하셨습니다. 이 때문에 천하를 소유하고서도 간여하지 않는 자[292]라야 비로소 천하를 맡길 수 있으니, 어찌 부귀를 하찮게 여기는 것을 높게 여기고 말 뿐이겠습니까.

고경일(高景逸)이 "쓸쓸한 이 한 몸이 도움 받는 것이 얼마인가? 천지간이 매우 넓으니 나 자신이 용납될 수 있고, 천고의 세월이 매우 장구하니 부끄럽지 않을 수 있다."라고 하였으니,[293] 훌륭한 말입니다.

굶주림과 가난이 뼈까지 스며들더라도 바위처럼 굳센 지극한 지조를 조금도 바꾸는 일이 없다면, 세교(世敎)를 부식(扶植)하는 효과를

심양군(潯陽郡)의 독우(督郵)가 순찰을 나오자, 현의 아전이 의관을 정제하고 맞이할 것을 진언하였다. 도연명은 "내가 5말의 쌀 때문에 허리를 굽히고 향리의 소인을 섬기는 일을 할 수 있겠는가." 하고는 그날로 벼슬을 버리고 〈귀거래사(歸去來辭)〉를 지어 심정을 피력하고 집으로 돌아왔다. 5말의 쌀은 당시 현령의 한 달 급료라고 한다. 《晉書 隱逸列傳 陶潛》

291 사람이……있다 : 이 내용은 《맹자》 〈이루 하(離婁下)〉에 그대로 보이는바, '하지 않는 것'이 있다는 것은 불의(不義)와 부정(不正)을 하지 않음을 이른다.

292 천하를……자 : 순(舜) 임금이나 우(禹) 임금 같은 성인을 이른다. 《논어》 〈태백(泰伯)〉에 "높고도 높도다! 순 임금과 우 임금이 천하를 가졌으나 간여하지 않으심이여.〔巍巍乎! 舜禹之有天下也而不與焉.〕"라고 보인다.

293 고경일(高景逸)이……하였으니 : 고경일은 명나라 때 학자 고반룡(高攀龍, 1562~1626)으로 경일은 그의 호이다. 본문의 내용은 《고자유서(高子遺書)》 권8 하(下) 〈여이차견시어(與李次見侍御)〉에 보인다. 고반룡에 대한 자세한 내용은 85쪽 주179 참조.

한마디로 다 말할 수 없을 것이니, 그 효과는 좋은 벗이 진심으로 충고해주는 뜻에 부응하는 데에서 그치지 않습니다. 우리들은 본디 밝게 빛나는 보물을 지녀 천지(天地)와 마주하여 천지와 함께 다함이 없을 수 있으니, 다만 마땅히 이처럼 값을 매길 수 없는 보배를 지켜야 합니다. 삼가 생각하건대 집사의 마음이 기쁘고 상쾌해질 것입니다.

이용대(李龍大)[294]가 그 아비의 원통함을 부르짖어 목숨을 버리고도 후회하지 않은 것은 참으로 강개(慷慨)하여 자신을 희생한 것이니, 천백 세(千百世)에 한 번 나올 사람입니다. 일찍이 그를 위하여 전(傳)을 짓고자 하였는데, 통문(通文)을 읽고서 더욱 감복하게 되었으니, 〈증민(烝民)〉 편 첫 장의 의리[295]가 이에 없어지지 않을 것입니다.

다만 은미한 내용을 드러내고 감추어진 것을 밝혀 영원히 전해지기를 도모할 수 있는 필력이 없으나, 귀공의 지극한 뜻에 삼가 부응하지 않을 수 없으니, 끝내 명(命)을 받들지 않을 수 없을 것입니다.

294 이용대(李龍大) : 본문에 보이는 내용 이외에는 미상이다.

295 증민(烝民) 편……의리 : 〈증민〉 편은 《시경》 〈대아(大雅)〉에 수록된 작품이고, '첫 장의 의리'는 '하늘이 만든 인간 사회는 어떤 사물이 있으면 반드시 그에 관한 올바른 법이 있다.'는 〈증민〉 편 첫 장의 뜻을 가리킨다. '어떤 사물이 있으면 반드시 그에 관한 올바른 법이 있다.'는 것은 예컨대 인간의 경우 선한 성품이 있기 때문에 아름다운 덕을 좋아하고, 아비와 자식의 관계의 경우 아비는 자식을 사랑하고 자식은 아비를 효성으로 받드는 마음이 있는 것과 같은 것으로, 아버지를 위하여 자신을 희생하고도 후회하지 않은 이용대의 효성에 매산이 감복하였듯이 다른 사람들도 이용대의 아름다운 덕행에 감동할 것이기 때문에 이렇게 말한 것이다. '증민(烝民)'의 '증(烝)' 자가 저본에는 '생(生)'으로 되어 있는데, 문맥과 전거, 그리고 《매산집》의 용례에 비추어 수정하고 번역하였다.

연경(燕京)에서 새로 들여온 책은, 바로 청나라 사람들이 '《황조문헌통고(皇朝文獻通考)》'[296]라고 일컫는 책입니다. 황조는 황명(皇明 명나라를 높여 부르는 칭호)이 아니라, 바로 청나라 사람들이 자신들의 왕조를 칭한 말입니다. 이 가운데 〈조선고(朝鮮考)〉에서 신임옥사(辛壬獄事)에 대해 언급하였는데, 네 충신의 이름을 열거해놓고 "역모(逆謀)로 복주(伏誅)되었다."라고 하였으니,[297] 이는 당시 흉악한 무리들이 무함하여 올린 주문(奏文)을 접했기 때문입니다.

본문을 적어 보내니, 보시면 알 수 있을 것입니다. 네 충신을 무함하는 것은 영조(英祖)를 무함하는 것인데, 을사년(1725 영조 즉위년) 이후에 즉시 변무(辨誣)하지 않아서 출판되어 천하에 유포되었으니, 이 또한 여러 신하들의 죄입니다.

뜻을 잃고 초야에 있는 무리들이 책을 써서 '야승(野乘)'[298]이라고 이름한 것들은 어두운 방에서 몰래 쓰인 것들로 응당 못하는 말이 없을 것이니, 이보다 더한 것이 없을 줄 어떻게 알겠습니까.

296 황조문헌통고(皇朝文獻通考) : 청나라 고종(高宗) 건륭(乾隆) 32년(1767)에 혜황(嵆璜) 등이 칙명을 받고 《속문헌통고(續文獻通考)》 중 청조(清朝) 부분만 분리하여 편찬한 뒤, 기윤(紀昀) 등이 교정하여 건륭 52년에 완성된 사책으로, 청나라 개국(1616)부터 건륭 50년(1785)까지를 대상으로 하였다.

297 조선고(朝鮮考)에서……하였으니 : 〈조선고〉는 〈사예고 2(四裔考二) 동(東) 조선 2(朝鮮二)〉를 이른다. 여기에 "조선의 영의정 김창집, 중추부사 이이명, 좌의정 이건명, 판중추부사 조태채 등이 역모를 꾸민 일이 발각되어 복주되었다.〔朝鮮議政金昌集、中樞李頤命、左議政李健命、判中樞趙泰采, 謀逆事發伏誅.〕"라고 기록되어 있다.

298 야승(野乘) : 초야에 있는 사람이 사사로이 편찬하여 지은 역사서로 관(官)에서 편찬한 역사인 정사(正史)와 대립되는 의미로 쓰여지는바, 패사(稗史)·외사(外史)라고도 한다.

해동의 신민(臣民)이 된 자는 항상 눈을 밝게 뜨고 담력을 키워 우리 성상에 대한 무함을 분변하는 것을 제일의 의체(義諦)로 삼아야 합니다. 영조를 해와 달보다 높이는 것이 갚을 수 없는 은혜에 보답하는 것이니, 한번 밝게 변론하는 일을 늦추어서는 안 될 것입니다. 조정에서도 이런 논의가 있다고 합니다.

《개원례(開元禮)》[299]에는 "소렴(小斂)과 대렴(大斂)에는 결교(結絞 끈으로 묶는 것)가 없다."라고 하였고, 《서의(書儀)》[300]의 '소렴 진의(小斂陳衣)'에 대한 주석에는 "지금의 풍속에는 대렴과 소렴이 없다."라고 하였고, 《가례부주(家禮附註)》의 고씨(高氏)의 설[301]에는 "오늘날의

299 개원례(開元禮) : 당나라 현종(玄宗) 개원(開元) 연간에 칙명에 의해 서견(徐堅, 660~729), 소숭(蕭嵩, ?~749) 등이 150권으로 편찬한 《대당개원례(大唐開元禮)》를 말한다. 길례(吉禮), 빈례(賓禮), 가례(嘉禮), 군례(軍禮), 흉례(凶禮)의 다섯 가지로 분류되었다. 두우(杜佑)의 《통전(通典)》에 일부 편입되었고, 《신당서(新唐書)》 〈예문지(藝文志)〉와 《구당서(舊唐書)》 〈예문지〉의 바탕이 되었다. 개원 20년(732)에 반사(頒賜)되었다.

300 서의(書儀) : 송나라 사마광(司馬光, 1019~1086)이 고례(古禮)에 근본하고 당시의 행할 만한 것을 참작하여 만든 예서(禮書)이다. 표주(表奏)·공문(公文)·사서(私書)·가서(家書)의 서식(書式) 1권, 관의(冠儀) 1권, 혼의(婚儀) 2권, 상의(喪儀) 6권 등 모두 10권이다. 《사마씨서의(司馬氏書儀)》라고도 한다.

301 가례부주(家禮附註)의 고씨(高氏)의 설 : 《가례부주》는 주희의 문인인 신재(信齋) 양복(楊復)이 편찬한 《가례잡설부주(家禮雜說附註)》를 이른 것으로 보인다. 고씨는 남송의 문신이자 학자인 고항(高閌)을 이른다. 자는 억숭(抑崇), 시호는 헌민(憲敏)으로 양시(楊時)의 문인이다. 고종(高宗) 소흥(紹興) 원년(1131년) 진사시(進士試)에 급제하고 벼슬이 예부 시랑(禮部侍郎)에 이르렀다. 남송의 학제(學制)와 예제(禮制)는 대부분 그의 의견이 반영된 것이다.

상(喪)은 의금(衣衾 수의와 이불)을 박하게 하고 교모(絞冒)[302]를 하지 않으니, 형체가 드러날까 두려워서이다. 바로 관 속에 넣어서, 입관(入棺)을 소렴으로 삼고 관 뚜껑 닫는 것을 대렴으로 삼으니, 이는 대렴과 소렴이 모두 폐해진 것이다."라고 하였습니다. 이러한 글에 의거하면 당(唐)·송(宋)나라 이후로는 대렴과 소렴이 모두 고례(古禮)에 벗어납니다.

온공(溫公 사마광(司馬光))은 예법을 좋아하였기 때문에 《의례》에서 뽑아 염교(斂絞)를 행하였으나, 대렴은 본문이 결락되었습니다. 《가례》는 《서의》에 근본하였으니, 대렴에 염교가 없는 것은 또한 《서의》를 인습한 것입니다. 소렴할 때 교(絞)를 펼쳤다가 입관한 뒤에야 묶는다면 두 염(斂)을 합하여 하나로 만든 것과 같으니, 정밀한 의리가 있어서 그렇게 한 것이 아닌 듯합니다.

소렴할 때 결교(結絞)하지 않는 것은 본래 효자(孝子 큰 상주)가 때때로 부모의 얼굴을 보려는 뜻에서 나온 것이니, 그렇다면 대렴을 폐하지 않고도 효성스러운 마음을 더욱 만족시킬 수 있습니다. 진실로 차마하지 못하는 마음에 방해가 되는 것이 있다면, 주공(周公)이 어찌 《의례》에 실어 놓았겠습니까. 그러므로 주자께서 "《서의》를 인습한 것이요, 그 사이에 정밀한 의리가 있는 것이 아니다."라고 하신 것입니다.

《가례》는 미처 재차 수정되지 못하였기 때문에 마땅히 바로잡아야 할 이러한 부분들이 제대로 바로잡혀지지 못했으니, 주자가 쓴 것이라고 하여 맹신(盲信)하고 고치지 않아서는 안 될 듯합니다.

302 교모(絞冒) : 시신을 묶는 띠와 감싸는 주머니를 말한다.

김정택에게 줌 신사년[303] 섣달

與金正宅 辛巳臘月

이번에 보낸 충폭(衷幅)[304]은 전라도 관찰사 어른께서 종제(從弟)인 창평(昌平)의 수령에게 보낸 글[305]입니다. 옛날에 제후들이 천자에게 선비를 천거했던 것은 현자를 등용시키고 선(善)을 권면하기 위해서였습니다. 이 때문에 용렬한 사람은 몸을 바치고 훌륭한 덕이 있는 사람은 이름을 바쳐서 그윽하고 드러나지 않은 곳에까지 미쳤으니, 지금의 이른바 '도섬(道剡)'[306]이라는 것이 바로 이러한 뜻입니다.

그런데 관찰사들이 막연히 이것을 생각하지 않고 이해(利害)에 어지럽게 이끌리는 마음으로 조석(朝夕)의 급한 요구에 응하니, 이는 마치 말을 사면서 다리의 힘을 따지지 않고, 옥을 사면서 미추(美醜)를 따지지 않는 것과 같습니다.

이 때문에 명실(名實)이 부합하지 않고 또한 형식적인 문구(文具)조

303 신사년(辛巳年) : 1821년(순조21)으로, 매산의 나이 46세 되던 해이다.

304 충폭(衷幅) : 편지 속에 넣어 보내는 별지(別紙)를 이른다.

305 전라도……글 : 당시의 전라도 관찰사는 이서구(李書九, 1754~1825)이고 창평의 수령은 매산의 사촌 동생인 홍익필(洪翼弼, 1777~1825)인데, 그 편지의 실체는 미상이다.《承政院日記 純祖 21年 6月》

306 도섬(道剡) : 흔히 도천(道薦)이라고도 하는데, 관찰사가 관할 도내에 있는 사람 중에 학식이 높은 이를 임금에게 추천하는 것을 말한다. 섬(剡)은 중국의 섬계(剡溪) 지방을 이르는 말로 공문서를 쓸 때 이 지방에서 나오는 종이를 많이 사용하는 데에서 유래하여 공문서를 섬독이라고 한다. '剡'을 추천한다는 뜻의 염으로 읽어 도염으로 발음해야 한다는 주장도 있다.

차 올리지 못하는데, 유독 이 어른은 부지런히 세도(世道)와 인물에 대해 마음을 써서 현자를 급히 구하기를 목마른 것처럼 하여 하료(下僚 지위가 낮은 관리)에게도 의견을 물었습니다. 고가(古家)의 유일(遺逸) 중에 참된 재능과 진실한 학문을 갖추어 한 도(道)의 기대에 부응할 수 있는 인물을 찾기를 이처럼 정성스럽고 진지하게 하시니, 아마도 주자가 유공보(劉共父)에게 답한 편지의 뜻[307]을 들으셨나 봅니다.

숨어 있던 은자들이 모두 현달하게 되어 인재를 취사선택하는 일이 어지럽지 않게 되는 것을 우리들이 장차 볼 것이니, 임금을 높이 받들고 백성들을 잘 보살피는 공을 이루는 것이 여기에서 시작될 것입니다.

이 어른에게 천하의 중임을 맡겨 정사를 보좌하고 인재를 널리 구하게 하지 못해서, 인재를 발탁하여 임금을 섬기는 고충(苦衷)을 혼자만 가지고 있고 세상 사람들에게 두루 미치게 하지 못하는 것이 애석합니다.

집사께서 덕을 좋아하고 선비를 아끼는 것 또한 진심에서 나와 매양 한 번 가서 먼저 찾아보고자 하시니, 이분과 간곡하고 자상히 권면하며 교유하는 사이에 얻은 것이 있어 이렇게 하시는 것일 것입니다. 이 때문에 이 별지를 올려서 보여드리는 것이니, 응당 제 뜻을 밝게 이해하시어 저의 바람을 저버리지 않으시리라 생각합니다.

백성들과 친후(親厚)한 사람을 살펴 등용하고 백성들이 향모(嚮慕)하는 사람을 칭찬해서, 위급할 때 일에 임하여 기다렸다가 쓰기를 도

307 주자가……뜻 : 주자가 유공보에게 보낸 편지에서 인재를 선발하고 대우하는 일의 중요성에 대해 말한 것을 이른다. 《朱子大全 卷37 與劉共父》

모하려고 한 뒤에야 비로소 근본이 장구한 계획에 미칠 수 있으니, 진실로 어진 사대부들의 마음을 깨우치시기를 두 현자에게 원하는 것입니다.

김정택에게 줌 임오년[308] 4월

與金正宅 壬午四月

빠듯한 일정에 창황(蒼黃)하여 비를 무릅쓰고 수레에 흔들리며 길을 가시느라 매우 지치고 고단하실 것이니, 몸에 탈이나 생기시지 않으셨는지요? 오늘의 일을 어떻게 말하겠습니까. 집사께서는 수년 동안 독서하여 자신을 살피기를 어떻게 하셨는데, "귀신에게 협박을 당하여 결국엔 좌도(左道)로 민중을 현혹시켰다."고 죄를 덮어씌워 깊숙하고 어두운 감옥에 가두니,[309] 이것이 무슨 일이란 말입니까, 이것이 무슨 일이란 말입니까. 세상에는 참으로 별일이 다 있습니다.

그 당시에 어찌하여 저와 의논하지 않으시고 경솔하게 행동하여 이런 참극을 초래하셨습니까? 개탄스럽고 안타까운 마음을 이루 다 말할 수 없습니다. 그러나 일이 이미 이 지경에 이르렀으니, 또한 어찌할 수 없습니다. 처한 상황에 따라 편안하여 운명처럼 편안히 여겨 고요히 조물주의 처분을 기다리는 것이 어떻겠습니까?

308 임오년(壬午年) : 1822년(순조22)으로, 매산의 나이 47세 되던 해이다.

309 귀신에게……가두니 : 좌도(左道)는 바르지 못한 사도(邪道)라는 의미인데, 주로 혹세무민하는 무고(巫蠱)나 방술(方術) 등을 가리킨다. 1822년 대사간 구강(具康)이 상소하여, 김기서가 귀신의 협박을 받고서, 홍우섭(洪遇燮), 유관(柳輨)과 함께 삼헌관(三獻官)을 맡고, 김매순(金邁淳)이 제문을 지어 제사를 지냈는데, 이는 정귀(正鬼)가 아닌 것의 제사를 지낸 것이고, 이것으로 민중을 현혹시켰다고 탄핵하였다. 이 일로 김기서는 감옥에 갇혀 문초를 당하고 충청도 연풍(延豐)으로 정배(定配)되었다.《국역순조실록 22년 4월 8일》

김정택에게 줌 임오년 6월

與金正宅 壬午六月

영서(潁西) 어른을 통해 거처하시는 일상에 대해 들었습니다.[310] 그러나 직접 만날 수 없으면 신을 신은 채 발바닥을 긁는 것과 다를 것이 없으니, 그리운 마음을 더욱 수고롭게 합니다.

불볕더위가 몹시 심한 이때에 곤경에 처하여 지내시는 기체후가 어떠하십니까? 삼가 생각하건대 이치로 스스로 극복하여 가는 곳마다 편안하지 않은 곳이 없고, 신명의 도움으로 화락하여 철따라 몸을 잘 조섭하시리라 생각됩니다.

유배지를 옮기는 것이 부득이할 듯하였으나, 이배(移配)하지 않고 가까운 지역에서 편안히 지내게 한다고 하니, 흡족한 소식에 감탄을 금치 못하겠습니다.

회암(晦庵) 어른께서 용릉(舂陵)으로 귀양 가는 채원정(蔡元定)을 송별하고 나서 여러 번의 서신을 주고받았을 뿐만이 아니었으나, 한탄하거나 위로하는 말씀을 한마디도 하지 않고 오직 "애통함을 견딜 수 없다.〔不勝悃悵〕"라는 네 글자만 적고서 "책을 읽고 이치를 완미(玩味)하지만, 강론하고 싶어도 참여할 사람이 없는 것이 근심이다."라고 끝

310 영서(潁西)……들었습니다 : 영서(潁西) 어른은 호가 영서 거사(潁西居士)인 임로(任魯, 1755~1828)를 가리킨다. 이때 임로는 충원 현감(忠原縣監)으로 있었고, 김기서는 충원에 접해있는 연풍현에 귀양 가 있었다. 충원은 오늘날의 충청북도 충주 지역이다. 《국역순조실록 22년 7월 11일》

맺으셨습니다.[311]

우리들이 서로 교유함에 한결같이 이 법도를 따르고 아녀자의 태도를 본받지 말아야 하는데 왕왕 인내하지 못하는 경우가 있으니, '가장 상등의 성인(聖人)은 감정을 잊는다.〔太上忘情〕'[312]는 말에 크게 부끄럽습니다. 아니면 주자를 제대로 배우지 못해서 그런 것인지요?

듣건대 책상 위에 책을 올려놓고 전일하고 정밀하게 연찬(硏鑽)하신다고 하니, 공부하시는 것은 무슨 경전인지요? 정숙자(程叔子)의 《역전(易傳)》은 전적으로 부주(涪州)에서 귀양살이하실 때의 공력(工力)에 힘입은 것이니,[313] 이것을 집사께 바라는 바입니다.

동파(東坡)는 유배지에서 살 적에 풍토병에 걸리고 남방 오랑캐들에

311 회암(晦庵)……끝맺으셨습니다 : 채원정(蔡元定, 1135~1198)은 자가 계통(季通)이고 호가 서산(西山)으로, 주자의 친구이자 제자이며 채침(蔡沈, 1167~1230)의 아버지이다. 한탁주(韓侂胄)가 주자를 미워하였는데, 함께 위학(僞學)을 했다는 이유로 화가 채원정에게 미쳐 도주(道州)로 유배 가면서 용릉에 이르렀다. 이 내용은 《주자대전》 권44 〈답채계통(答蔡季通)〉에 보인다.

312 성인(聖人)은……잊는다 : 이 내용은 진(晉)나라 왕연(王衍, 256~311)이 "성인은 감정을 잊고, 가장 하등의 사람은 감정에 미치지도 못한다. 그렇다면 감정이 모이는 곳은 바로 중등인 우리들에게 있습니다.〔聖人忘情, 最下不及於情. 然則情之所鍾, 正在我輩.〕"라고 한 말을 원용한 것이다. 왕연이 어린 아들을 잃고서 슬픔을 가누지 못하니, 조문하러 간 산간(山簡)이 왕연이 지나치게 슬퍼하는 것을 탓하자, 왕연이 위와 같이 대답하였다. 《晉書 卷43 列傳 第13》

313 정숙자(程叔子)의……것이니 : 정숙자는 이천(伊川) 정이(程頤)를 가리킨다. 이천이 당화(黨禍)를 입어 사천성(四川省)의 부주(涪州)로 귀양 갔었는데, 이때에 주역 공부에 전력하여 《역전(易傳)》을 지었다. 주자가 임용중(林用中)에게 보낸 편지에 "이천 선생이 《역전》을 지은 것은 부주로 한 번 귀양 갔던 기력에서 얻어진 것이다.〔伊川先生做得易傳, 却是得涪州一行氣力也.〕"라고 하였다. 《朱子大全 別集 卷6 林擇之》

게 모욕을 당했습니다.[314] 일반 사람들은 그 고통을 견디지 못하는데, 가슴속이 담박하여 조금도 얽매이는 것이 없었으며, 토란을 먹고 물을 마시면서 글 짓는 것을 낙으로 삼았습니다. 이 일이 본받기에 참으로 좋으므로 이렇게나마 우선 말씀드립니다.

영서 어른이 만년에 벼슬살이를 하신 것은 참으로 마땅한 일이 아니었는데, 끝내 소인배들의 능욕을 받아 몸과 명예가 욕을 당하여 거의 여지가 없게 되었습니다.[315] 만약 벼슬을 떠나 은거하려는 처음의 소원을 이루시라고[316] 일찍 권했다면 어찌 이렇게 심한 지경에 이르렀겠습니까. 이 또한 우리들의 책임입니다.

어제 동쪽 성곽에서 영서 어른을 맞이하여 배알하였는데, 해가 대지를 불태울 듯한 더위 속에서 여정(旅程)으로 피곤한 와중에도 나쁜 병에 걸리시지 않았을 뿐 아니라 풍모(風貌)가 전보다 나으셨습니다.

314 동파(東坡)가……당했습니다 : 동파 소식(蘇軾)은 철종(哲宗) 소성(紹聖) 원년(1094년)에 신종(神宗)을 비판했다는 무함을 받아 영원군 절도부사(寧遠軍節度副使)로 좌천되어 혜주(惠州)에 안치되었고, 혜주에 있은 지 3년 만에 또다시 경주 별가(瓊州別駕)로 좌천되어 원부(元符) 3년(1100년)까지 창화(昌化)에 안치되었다. 창화는 지금의 광주(廣州) 해남도(海南島)이다. 《東坡全集 東坡先生墓誌銘》

315 영서……되었습니다 : 임로가 기묘년(1819)에 충원 현감이 되어 선정을 베풀었으나, 임오년(1822)에 교활한 아전과 호족들에 의해 억울한 누명을 쓰고 암행어사에 의해 봉고파직(封庫罷職)되고 서울로 압송되었으므로 이렇게 말한 것이다. 《老洲集 卷17 翊贊任公墓誌銘》

316 벼슬을……이루시라고 : 원문의 '수초(遂初)'는 벼슬을 떠나 은거하겠다는 처음의 소원을 이루는 것을 이른다. 진(晉)나라 손작(孫綽)이 젊었을 때 허순(許詢)과 함께 세속을 초탈하려는 뜻을 품고 10여 년 동안 산수 속에 자유롭게 살면서 〈수초부(遂初賦)〉를 지어 자신의 만족스런 삶을 서술한 데에서 유래하였다. 《世說新語 言語》

또 흉금이 탁 트여 아무런 일이 없는 듯하였으니, 더욱 소장부가 아님을 알겠습니다.

다만 집사께서 함께하여 힘이 될 사람은 오직 이 어른뿐인데, 일이 마침내 크게 잘못되었으니, 어찌 이리도 불행이 거듭되는 것입니까? 이것이 또한 기운 것을 엎어버리는 이치란 말입니까?[317]

또 이 어른이 귀양을 면하리라고 기필할 수가 없는데 이 또한 동일한 운수이니, 어떻게 하시겠습니까? 향후의 생활은 아마도 더욱 망연(茫然)해질 것이라고 생각됩니다. 그러나 일이 어찌할 수 없는 상황에 이르면 어찌할 수 없는 방법으로 대처해야 할 뿐이니, 삼가 푸른 하늘의 처분을 기다리는 것이 어떻겠습니까, 어떻겠습니까. 하늘이 정한 운명은 매우 견고하여 참으로 털끝만큼의 인력(人力)도 용납되기 어렵습니다.

언부(彦富)[318]는 근래에 별 탈이 없는지요? 또한 학업의 과정에 손에 들고 가서 보여주며 말할 만한 성과가 있습니까? 부자간이 서로 대함에 서산(西山)과 구봉(九峯)[319] 부자처럼 항상 의리로써 기쁘게 하고

317 이것이……말입니까 : 천도(天道)는 원래 좋은 나무나 곡식을 북돋아 잘 자라게 하므로 이처럼 훌륭한 인물에게는 많은 복록을 내려주어야 하는데 도리어 불행이 거듭되므로, 천도를 의심하고 탄식한 것이다. 《중용장구》 제17장에 "하늘이 물건을 낼 적에는 반드시 그 재질을 따라 돈독히 한다. 그러므로 심은 것을 북돋아 주고 기운 것을 엎어버리는 것이다.〔天之生物, 必因其材而篤焉. 故栽者培之, 傾者覆之.〕"라고 하였다.

318 언부(彦富) : 김기서의 아들 김국선(金國善)으로, 언부는 그의 자이다.

319 서산(西山)과 구봉(九峯) : 서산은 송나라 때 학자인 채원정(蔡元定)의 호이고 구봉은 채침(蔡沈)의 호이다. 두 사람은 부자간으로 모두 주자에게 수학하여 학문의 경지가 높았는데, 서산은 당시 사람들이 잘 모르는 홍범(洪範)의 수(數)에 대하여 홀로 깨닫고 있었으나 미처 논저(論著)하지 못하자 "나의 뒤를 이어 학설을 완성시킬 사람은

계시겠지요. 두 대(代)가 옥처럼 훌륭하게 성취되는 것[320]이 이 한 가지 일에 달려 있으니, 이는 예사롭게 위로하고 당부하는 말이 아닙니다. 더욱 스스로 분발하여 심신이 해이해지지 않게 하시고, 더욱 채찍질을 가하시어 의지가 꺾이지 않게 하시기를 조석으로 간절히 바라는 바입니다.

근래에 설경헌(薛敬軒)[321]의 《독서록(讀書錄)》을 보았는데, 한결같이 우리 유가(儒家)의 종통(宗統)에 전일하였고 주자를 독실하게 믿었으니, 그를 '순수한 것 중에 순수하다.〔醇乎醇〕'[322]라고 하더라도 과언이 아닙니다.

다만 허형(許衡)을 극찬하여 공자와 같은 사지구속(仕止久速)의 기

나의 아들일 것이다."라고 하였고, 주자 역시 노년에 《서경집전(書經集傳)》을 쓰다가 완성하지 못하자 제자인 채침에게 부탁하였다. 《宋史 卷434 儒林列傳 蔡元定, 蔡沈》

320 옥처럼……것 : 원문의 '옥성(玉成)'은 송(宋)나라 장재(張載)의 〈서명(西銘)〉에 "그대를 빈궁하게 하고 시름에 잠기게 하는 것은, 장차 그대를 옥으로 만들어 주려 함이다.〔貧賤憂戚, 庸玉汝於成也.〕"라고 한 데서 온 말로, 학문과 인격이 시련을 통하여 귀한 옥처럼 훌륭하게 성취되는 것을 말한다. 《古文眞寶後集 卷10》

321 설경헌(薛敬軒) : 명나라 초기의 문신이자 학자인 설선(薛瑄, 1389~1464)으로 경헌은 그의 호이다. 자는 덕온(德溫), 시호는 문청(文淸)으로 성조(成祖) 영락(永樂) 19년(1420) 향시에 장원으로 급제하고 벼슬이 예부우시랑(禮部右侍郎) 겸 한림원학사(翰林院學士)에 이르렀다. 평생 독실하게 주자의 학문을 연구하여 명대 성리학의 종장(宗匠)으로 일컬어진다.

322 순수한……순수하다 : 이것은 한유(韓愈)가 맹자를 칭찬한 말로 한유의 《창려집(昌黎集)》 〈잡저(雜著) 독순(讀荀)〉에 "맹씨는 순수한 것 중에 순수한 분이고, 순경(荀卿)과 양웅(揚雄)은 대체적으로는 순수하나 작게는 하자가 있다.〔孟氏, 醇乎醇, 荀與揚, 大醇而少疵.〕"라고 하였다.

상이 있다고 말한 것[323]은 화이(華夷)가 다르다[324]는 것을 알지 못한 것이니, 남당(南塘)이 이른바 '만세(萬世)를 이끌고 이적(夷狄)에 귀속시켰다.'는 것이 바로 경헌(敬軒)을 말한 것입니다.[325]

또 영락(永樂) 연간에 처음 벼슬을 하고도 일찍이 부끄러움을 몰랐으니,[326] 부끄러워하지 않음이 남과 같지 못하다면 어느 것이 남과 같겠

323 허형(許衡)을……것 : 이 내용은《독서록》제1권에 보인다. 허형(許衡, 1209~1281)은 원(元)나라 초기의 문신이자 학자로 호는 노재(魯齋), 자는 중평(仲平), 시호는 문정(文正)이다. 주자학자로서 원나라 초기에 주자학의 기초를 닦았으며 세조(世祖) 때에 국자좨주(國子祭酒)를 역임하고, 신력(新曆)의 제정에도 참여하였다. 사지구속(仕止久速)은《맹자》〈공손추 상(公孫丑上)〉의 "속히 떠날 만하면 속히 떠나고 오래 머무를 만하면 오래 머물며, 은둔할 만하면 은둔하고 벼슬할 만하면 벼슬하신 것은 공자이시다.〔可以速而速, 可以久而久, 可以處而處, 可以仕而仕, 孔子也.〕"라는 구절의 각 문구의 끝 글자를 따서 말한 것으로, 흔히 공자의 시중(時中)의 도(道)를 표현하는 말로 쓰인다.

324 화이(華夷)가 다르다 : 화이는 중화와 이적(夷狄)으로, 허형이 오랑캐인 원나라에서 벼슬한 것이 잘못임을 말한 것이다.

325 만세(萬世)를……것입니다 : 남당(南塘) 한원진(韓元震)이 지은〈졸수재설변(拙修齋說辨)〉의 "천하 사람들을 이끌고 이적에 귀속시킨 자는 허형이고, 만세의 사람들을 이끌고 이적에 귀속시킨 자는 반드시 허형을 높이는 자의 말이다.〔率天下而歸夷狄者, 衡也, 率萬世而歸夷狄者, 必尊衡者之言也.〕"라는 구절을 원용한 것이다. 허형은 오랑캐인 원나라에서 크게 중용되었으므로 '천하 사람들을 이끌고 이적에 귀속시켰다.'고 혹평하였고, 설선은 허형을 높여 공자에 견주었기 때문에 '만세의 사람들을 이끌고 이적에 귀속시켰다.'고 말한 것이다.《南塘集拾遺 卷6》

326 영락(永樂)……몰랐으니 : 영락은 명(明)나라의 3대 황제인 성조(成祖)의 연호이다. 성조는 명나라 건국 이후 연왕(燕王)에 봉해져 연경(燕京) 지역에 웅거해 있다가, 조카인 주윤문(朱允炆)이 건문제(建文帝)로 즉위하자 반란을 일으켜 황제의 자리를 찬탈하고 방효유(方孝孺, 1357~1402)의 10족을 멸족시키는 등 많은 신하들을 도륙하는 공포 정치를 펴서 유자들의 혹평을 받았으므로 이렇게 말한 것이다.

습니까.[327] 출처(出處)는 유자(儒者)의 대절(大節)인데 스스로 가볍게 여긴 것이 이와 같으니, 애석합니다.

순리(順理)와 역리(逆理)를 모르는 자가 어찌 화(華)와 이(夷)가 다른 줄 알 수 있겠습니까. 허형을 두고 공자를 잘 배웠다고 말한 것도 당연합니다. 그러나 진서산(眞西山)과 김점필재(金佔畢齋) 같은 분들이 모두 군자들의 지탄을 면치 못했던 것은 이치가 밝지 못하고 식견이 진실하지 못했기 때문입니다.[328]

세 분의 현인은 실로 한 세상의 종사(宗師)였음에도 이러한 점이 있었으니, 참으로 학문을 강습하지 않아서도 안 되고 아는 것을 지극히 하지 않아서도 안 될 것입니다. 고견은 어떠신지 모르겠습니다.

327 부끄러워하지……같겠습니까 : 이 내용은 《맹자》 〈진심 상(盡心上)〉에 그대로 보이는바, 부끄러움이 없어 정상인과 같지 못하다면 모든 일이 정상인과 같지 못하다는 말이다.

328 진서산(眞西山)과……때문입니다 : 진서산은 송나라 학자 진덕수(眞德秀, 1178~1235)이고 김필재(金畢齋)는 점필재(佔畢齋) 김종직(金宗直, 1431~1492)을 가리키는데, 두 사람 모두 처음 벼슬할 때 모셨던 임금에 대한 충성을 지키지 못하고 왕위를 찬탈한 임금한테서 벼슬자리를 계속 이어간 것 때문에 후대 군자들의 지탄을 받았다는 말이다. 서산은 주자학자로서 10년 동안 영종(寧宗)을 모시고 수십만 자의 상소를 올리며 직간했던 충신이었는데, 황자(皇子) 굉(竑)이 권간(權奸) 사미원(史彌遠)의 농간에 의해 폐출당하여 죽은 뒤에, 사미원의 후원으로 즉위한 이종(理宗)의 부름에 응하여 다시 벼슬하였다. 점필재는 단종(端宗) 때 진사가 되었다가 세조(世祖) 3년(1457)에 단종을 죽인 세조를 의제(義帝)를 죽인 항우(項羽)에 비유해 〈조의제문(弔義帝文)〉을 지었는데, 세조 5년(1459) 식년 문과에 급제하여 세조를 모시며 벼슬하였다. 《宋史 卷414 史彌遠, 卷437 眞德秀》, 《谿谷漫筆 卷2 圃隱佔畢齋皆有重名於斯文而皆有大可疑處》

김정택에게 답함 계미년[329] 정월

答金正宅 癸未正月

보내주신 편지에 "이(理)는 미약한 적이 없어서 기(氣)가 감히 빼앗지 못한다."라고 하시니, 여러 차례 읽고는 더욱 명리(名理 성리학)에 탁월하심을 우러르게 되었습니다. 우주 사이에 가득 차고 두루 퍼져서 허다한 조화를 만들어 내고 허다한 사람과 물건을 낳는 것은 기(氣)이니, '이(理)' 자를 안배할 만한 조금의 틈도 없을 듯합니다. 그러나 이는 다만 기를 위주로 하여 이(理)를 관찰하여 말한 것일 뿐이니, 이(理)를 위주로 하여 기를 관찰한다면 기가 궤적을 따르는 것도 이(理)가 주재(主宰)가 되지 않음이 없습니다.

그렇다면 이(理)는 기의 본체(本體)이고 기는 이(理)의 작용(作用)입니다. 양(陽)이 미약하여도 끝내는 음(陰)을 이길 수 있고, 선(善)이 적더라도 끝내는 악(惡)을 이길 수 있으며, 군자가 적더라도 끝내는 많은 소인을 이길 수 있고, 시비(是非)가 뒤섞여 있더라도 끝내는 백대의 정해짐[330]을 얻을 수 있으니, 어찌 "이(理)는 기를 이길 수 없다."라고 말할 수 있겠습니까.

이(理)는 행위가 없고 기는 행위가 있으며 이(理)는 형체가 없고 기는 형체가 있어서 항상 이(理)가 기에 가려지기 때문에, 주자부터

329 계미년(癸未年) : 1823년(순조23)으로, 매산의 나이 48세 되던 해이다.

330 백대의 정해짐 : 백대가 지난 뒤에 공론이 정해져 옳고 그름을 올바르게 비평함을 말한다.

이미 "이(理)는 약하고 기는 강하다."라고 말씀하셨습니다. 그러나 실제는 기가 성대하게 유행하는 것이 모두 이(理)가 사역(使役)하는 바이니, 이(理)가 아니면 이 기가 어디에서 작용하며 무엇을 표준으로 삼겠습니까? "기가 이(理)의 명령을 듣는다."는 말은 의심할 만한 것이 아닌 듯합니다.

김정택에게 줌 갑신년[331] 단오 다음다음날

與金正宅 甲申端陽之再翌

근래에 곡령(鵠嶺)[332]을 유람하여 박연 폭포(朴淵瀑布)를 비롯한 여러 승경(勝景)을 두루 유람하였는데, 매우 깨끗한 곳에 이를 때마다 귀공의 고아한 풍도를 그리워하고 우러르지 않은 적이 없으니, 응당 묵묵히 마음속에 합하는 바가 있을 것이라고 생각합니다. 이곳에 일찍이 와본 적이 있으십니까?

선죽교(善竹橋)의 화벽(化碧)의 피[333]와 만월대(滿月臺)의 길을 메운 풀[334]이 마음을 자극하여 왕왕 마음을 가누기 어려웠습니다. 다른

331 갑신년(甲申年) : 1824년(순조24)으로, 매산의 나이 49세 되던 해이다.

332 곡령(鵠嶺) : 고려의 도읍지 개성(開城)에 있는 송악산(松嶽山)에 대한 이칭인데, 여기서는 개성을 가리켜 말한 것이다.

333 선죽교(善竹橋)의 화벽(化碧)의 피 : 선죽교는 1392년 고려의 충신인 정몽주(鄭夢周, 1337~1392)가, 뒤에 태종이 된 이방원(李芳遠)의 무리에게 피살된 장소로 원래 선지교(善地橋)였는데, 정몽주가 피살되던 날 밤 다리 옆에서 참대가 솟아나왔다 하여 선죽교로 고쳐 불렀다고 전한다. 화벽(化碧)의 피는 충신과 열사들이 흘린 피를 일컫는 말이다. 《장자》 〈외물(外物)〉의 "장홍이 촉에서 죽었는데 그 피를 보관한 지 3년 만에 벽옥으로 변하였다.〔萇弘死于蜀, 藏其血三年, 而化爲碧.〕"라는 구절에서 나온 말이다. 장홍은 주(周)나라 영왕(靈王) 때의 대부로 간언(諫言)을 하다가 왕이 듣지 않자 자살한 충신이다.

334 만월대(滿月臺)의……풀 : 만월대는 송악산 기슭에 있는 고려 시대의 궁궐터이다. 919년(태조2) 정월에 태조가 송악산 남쪽 기슭에 도읍을 정하고 궁궐을 지었는데, 1361년(공민왕10)에 홍건적(紅巾賊)의 침입으로 소실되었다. 길을 메운 풀은 만월대 터의 황폐한 모습을 형용한 것이다.

시대의 흥망성쇠가 나와 무슨 상관이 있기에, 자연스럽게 서로 감응하여 사람으로 하여금 목이 쉬도록 울게 하니, 또한 어찌하여 이렇게 되는지 알지 못하겠습니다.

삼연(三淵) 어른의 시에 "사방을 돌아봄에 눈물이 흐르려 하니, 내 무슨 마음인지 알지 못하겠네.〔四顧淚欲落, 不知我何心.〕"라고 한 구절[335]은 진실로 이 마음을 먼저 읊은 것입니다.

한 지방의 걸출한 선비들이 모두 숭양서원(崧陽書院)[336]에 모여 유현(儒賢)들에게 강학을 주관해줄 것을 청하였는데, 읍양(揖讓)하고 진퇴(進退)하는 예절이 진실로 법도에 맞고 경서(經書)를 가지고 질문하고 논란함에 있어 또한 깊이 의심할 줄 아니, 선비들의 추향이 올바름을 잃지 않았음을 여기에서 볼 수 있었습니다.

"반 천년 동안 폐해져서 거의 사람 축에도 끼지 못한다."라고 한 것이 참으로 무슨 말인지 알지 못하겠습니다. 주(周)나라의 완민(頑民)은 상(商)나라의 충신이니,[337] 무슨 죄가 있겠습니까.

335 삼연(三淵)……구절 : 삼연은 김창흡(金昌翕, 1653~1722)의 호이고, 인용한 구절은 삼연의 시 〈만월대(滿月臺)〉에 보인다. 《三淵集 卷7》

336 숭양서원(崧陽書院) : 개성의 선죽동에 있는 서원이다. 1573년(선조6)에 유수 남응운(南應雲)이 유림의 세력과 협의하여, 포은(圃隱) 정몽주(鄭夢周)와 화담(花潭) 서경덕(徐敬德)의 충절과 덕행을 추모하고자 선죽교 위쪽에 문충당(文忠堂)을 창건하면서 비롯되었다. 1575년에 '숭양(崧陽)'이라고 사액하여 서원으로 승격시켰으며, 이후에 청음(淸陰) 김상헌(金尙憲)·잠곡(潛谷) 김육(金堉)·포저(浦渚) 조익(趙翼) 등을 추가로 배향하였다.

337 주(周)나라의……충신이니 : 완민(頑民)은 멸망한 상(商)나라의 유민(遺民)으로 새 왕조인 주(周)나라에 복종하지 않는 완악한 백성이란 뜻이다. 무왕(武王)이 상나라를 멸망시킨 뒤에 주공(周公)의 시대까지 계속해서 상나라의 완민들을 다스려 교화

하물며 이미 귀화(歸化)하여 아름답고 민첩한 자들이 주나라의 서울에서 강신제(降神祭)를 돕는 경우이겠습니까.[338] 문벌(門閥)을 숭상하여 인재를 잃는 것은 진실로 우리나라 풍속의 촌스러운 우매함인데, 고도(故都)를 막아버리고 인심을 질곡에 빠트려 잃게 해서 수많은 영재(英才)들로 하여금 조금도 드러나지 못하게 하였으니, 어찌 애석하지 않겠습니까.

중국이 장안(長安)과 낙양(洛陽)의 인재를 처우함에도 이런 일이 있었습니까. 집사처럼 세도(世道)와 인물에 마음을 두시는 분은 응당 이를 위하여 슬퍼하실 것입니다.

보내주신 편지에서 "인도(人道)를 다한 곳이 바로 천명(天命)이니, 자신의 분수를 다하지 않고 천명으로 돌리는 것은 모두 천명이 아니다."라고 하신 것은 도(道)를 가지고 말씀한 것이니, 백 번 흠송(欽誦)하여 찬탄해 마지않습니다.

천명은 하늘에서 나오니, 무릇 사람과 물건이 살아가면서 받는 길흉화복이 모두 하늘이 명한 것입니다. 그렇다면 하늘과 명은 두 가지가 아닙니다. 인위적으로 방해하지 않은 연후에야 비로소 하늘이 부여한 명을 온전히 할 수 있으니, 이것이 천명을 확립하는 것입니다. 몸을 수양하여 천명을 기다리지 못하는 것은 천명을 순히 받는 것이 아닙니

시킨 내용이 《서경(書經)》의 〈소고(召誥)〉·〈다사(多士)〉·〈필명(畢命)〉 편 등에 보인다.

338 귀화(歸化)하여……경우이겠습니까 : 이 내용은 《시경》 〈대아 문왕(文王)〉의 "은나라 선비 중에 아름답고 민첩한 자들이 주나라 서울에서 강신제를 돕는다.〔殷士膚敏, 祼將于京.〕"라는 구절을 원용한 것이다.

다. 그러므로 "천명을 두려워한다."[339]라고 합니다.

이치를 궁구하고 성(性)을 다하면, 성은 천덕(天德)이고 명은 천리(天理)이니, 이른바 '천도(天道)를 즐거워하고 천명(天命)을 안다.'[340]는 것도 이것으로 말미암아 가는 것에 지나지 않습니다. 공자와 안자(顔子)가 쓰임을 받으면 행하고 버림을 받으면 숨은 것이 바로 명을 편안히 여긴 것이니, 윤화정(尹和靖)이 "운명은 말할 것이 못 된다."고 한 것[341]은 "성인은 오직 자신의 분수를 다하여 만난 일마다 편안히 여긴다."라고 말한 것과 같습니다. 그러므로 명을 말하지 않는 것입니다. 융통성 있게 보면 어폐가 없을 듯하니, 어떻게 생각하십니까?

339 천명을 두려워한다 : 공자의 말씀으로, 《논어》 〈계씨(季氏)〉에 "군자는 세 가지 두려워함이 있으니, 천명을 두려워하며 대인을 두려워하며 성인의 말씀을 두려워한다.〔君子有三畏, 畏天命, 畏大人, 畏聖人之言.〕"라고 보인다.

340 천도(天道)를……안다 : 이 내용은 《주역》 〈계사전 상(繫辭傳上)〉에 보인다.

341 공자와……한 것 : 《논어집주》 〈술이(述而)〉 제10장에 "공자께서 안연에게 '써주면 도를 행하고 버리면 은둔하는 것을 오직 나와 너만이 이것을 가지고 있다.'〔子謂顔淵曰: 用之則行, 舍之則藏, 惟我與爾有是夫.〕"라고 하셨는데, 이에 대해 윤화정이 "써주고 버리는 것은 나에게 관여됨이 없고, 행하고 은둔하는 것은 만나는 바에 편안하니, 운명은 말할 것이 못된다. 안자(顔子)는 성인에 가까웠기 때문에 또한 이에 능하였던 것이다.〔用舍, 無與於己; 行藏, 安於所遇, 命不足道也. 顔子幾於聖人, 故亦能之.〕"라고 설명하였는바, 이것을 원용한 것이다.

김정택에게 답함 갑신년 윤월
答金正宅 甲申閏月

말씀해주신 《주역》의 뜻은 묘한 지식과 탁월한 해석이 편지에 가득히 넘쳐나니, 저로 하여금 응접하느라 겨를이 없게 합니다. 이와 같은 분은 참으로 늙어서도 학문을 좋아한다고 할 수 있으니, 흠송과 찬탄을 거의 말로 다할 수 없습니다.

하늘이 사람을 내심에 각각 이목(耳目)과 신지(神志 정신과 의지)를 갖추어주었는데, 천만 사람의 이목과 신지가 하나도 똑같지 않으니, 이는 천만 사람으로 하여금 각각 이 이목과 신지를 전하되 다른 사람을 모방하지 않게 하고 다른 사람에게 지배되지 않게 한 것입니다.

이 때문에 각각 자신이 볼 수 있는 것을 보고 들을 수 있는 것을 들어서 타인의 시력과 청력을 빌리지 않는 것인데, 유독 견식과 해오(解悟)에 대하여는 머리를 숙여 옛 사람의 노복(奴僕)이 되니, 어찌 부끄럽게 여길 수 없단 말입니까.

그러나 공자와 맹자를 먼저 공부하고 정자와 주자를 뒤에 공부하면, 온갖 이치를 정돈하고 육경(六經)을 갈고 닦아서 다 드러나지 못한 뜻이 거의 털끝만큼도 없는데도, 융통성이 없고 고집스러우며 기량(伎倆)을 그럴 듯하게 짜 맞추는 자는, 혹 대낮에 때적을 치고 북두성을 보거나 장님이 코끼리를 더듬는 것처럼 하여 무언가를 찾아내면 이전에 발명하지 못한 것을 발명했다고 여깁니다.

그러나 그것의 실제는 군더더기이고 망령된 것이어서, 심한 경우에는 모기령(毛奇齡)[342]의 꾸지람을 받고, 아니면 이도량(李都梁)[343]에게 자질구레하다고 무시를 받으니, 이는 진실로 기억하여 경계하지 않을 수 없습니다.

그러나 의심나는 것마다 차기(箚記)하여 뜻이 다시 막히는 것을 보완하거나, 혹 한 가지 설을 갖추어 미래의 학자를 기다려서 정자와 주자의 신신(藎臣)[344]의 지위를 잃지 않을 뿐입니다.

《역경(易經)》과 같은 경우는, 사서(四書)의 주(註)가 한 글자도 더할 수 없고 한 글자도 덜어낼 수 없으며 한 글자도 많지 않고 한 글자도 적지 않은 것과는 다르니, 비록 《주역전의(周易傳義)》[345]의 글자와 조금 차이가 있더라도 이치를 해침에는 이르지 않습니다. 다만 긴요한 곳이 달라서는 안 되니, 강령과 두뇌가 되는 부분은 털끝만큼의 차이가

342 모기령(毛奇齡) : 1623~1716. 명말청초의 학자로 자는 대가(大可), 호는 추청(秋晴)이다. 양명학(陽明學)의 영향을 받았으며 고증학에 조예가 깊었는데, 인용은 방대했지만 상세하게 확인하지 않아 오류가 많다는 비판을 받았다. 《사서개착(四書改錯)》을 지어 주자를 비판하였다.

343 이도량(李都梁) : 도량이라는 지역에 살았던 이패림(李沛霖)을 가리킨 것으로 보인다. 이패림은 청나라의 인물로 인물 정보가 자세하지 않다. 전하는 기록들을 통해 볼 때, 그가 지은 《사서주자이동조변(四書朱子異同條辨)》이 18세기 초에 조선에 유입되어 유행하였음을 알 수 있다. 《燕行日記 卷9》, 《芝村集 卷19 別判敦寧閔靜能赴燕序》, 《국역숙종실록 35년 1월 18일, 2월 16일》

344 신신(藎臣) : 충애(忠愛)가 돈독한 충신을 이른다. 《시경》 〈대아 문왕(文王)〉에 "왕의 신들은 너의 할아버지를 생각하지 않겠는가〔王之藎臣, 無念爾祖.〕"라고 하였는데, 채침(蔡沈)은 《집전》에서 "신(藎)은 나아감이니, 충애의 돈독함이 계속 나아가 그치지 않음을 말한 것이다."라고 주하였다.

345 주역전의(周易傳義) : 명나라 영락제(永樂帝) 때에 간행된 사서오경대전본(四書五經大全本) 중 《주역》에 관한 책이다. 호광(胡廣, 1370~1418) 등이 편찬하였는데, 이천 정이의 《역전(易傳)》과 주자의《주역본의(周易本義)》를 함께 실었다.

천 리나 어긋나게 되는[346] 병통을 이루기 쉽기 때문입니다.

어리석은 저의 의견을 차근차근 말씀드려 다시 가르침을 구하려고 합니다. 그런데 오랫동안 《주역》을 연구하지 않아 마음과 눈에 모두 생소할 뿐만 아니라, 오랫동안 어버이 곁을 지키느라 문자를 이해할 짧은 여가도 거의 없었습니다. 그러나 끝내는 마땅히 우러러 다시 여쭙겠습니다.

우리 어른께서 《주역》을 공부하면서, 한 글자와 한 구절이 모두 귀결됨이 있게 하여 의리와 상수(象數)가 각각 귀추(歸趨)를 지극히 하도록 하였으니, 저와 같은 자는 마땅히 글 외에 있는 뜻을 얻어 끝없이 받아 쓸 것입니다. 이는 우리 어른께서는 수고로움에 처하고 어리석은 저는 편안함에 처하는 것이니, 이것이 어찌 조금 다행한 것일 뿐이겠습니까.

이 몸이 《주역》 속에 있음은 물고기가 물에 있는 것과 같고, 《주역》이 몸속에 있음은 봄이 나무에 있는 것과 같으니, 우리 어른의 생각은 어떠신지 모르겠습니다.

별지에 가르침을 주신 것은 기발하고 기발하십니다. 금년 갑신년(1824)은 바로 명(明)나라가 멸망한 해의 간지(干支)임을 생각하여, 심의(深衣)와 난삼(襴衫)을 만들어 입혀서 성군(聖君)을 사모하고 한

346 털끝만큼의……되는 : 처음의 작은 잘못이 결과적으로 엄청난 차이를 초래한다는 뜻으로, 《예기》 〈경해(經解)〉에 "《주역》에 이르기를 '군자가 처음을 삼가니, 처음의 차이는 털끝만하나 끝에 가서 어긋남은 천 리나 멀다.' 하였으니, 이것을 말한 것이다.〔易曰: 君子愼始, 差若豪氂, 繆以千里, 此之謂也.〕"라고 보인다.

(漢)나라를 그리워하는 의리에 붙인 것[347]은 천고에 전혀 없었던 일이니, 아녀자 가운데 이런 견식을 가진 사람이 있으리라고 어찌 생각했겠습니까.

훗날 《열녀전(烈女傳)》을 이어 지을 자가 있다면 응당 이 일을 갖추어 서술해야 할 것이니, 부디 누구인지 밝히셔서 길이 전해지기를 도모하시기 바랍니다.

347 금년……붙인 것 : 명(明)나라는 1644년 갑신년에 멸망하였는바, 다시 갑신년이 돌아오자 어떤 부인이 청나라가 오랑캐 복상을 입는 것을 싫어하여 심의와 난삼을 만들어 남편에게 입힌 일이 있으므로 이렇게 말한 것으로 보인다. 한(漢)나라는 중국을 가리키는 말로 쓴 것이다. 한과 당(唐)은 중국을 대표하는 말로 쓰여 한자(漢字), 한문(漢文), 한학(漢學) 등의 '한(漢)' 자가 모두 중국을 가리키고, 당재(唐材), 당의(唐衣) 등의 '당(唐)' 자도 중국을 지칭한다.

김정택에게 답함 을유년[348] 8월
答金正宅 乙酉八月

큰형수의 상(喪)을 귀공의 아드님이 주관하고 있습니다. 이 때문에 친속의 호칭으로 신주에 '현백모(顯伯母)'라고 쓰고, 예법 상 소상(小祥)에 상복을 벗고 난 뒤에 사당에 들여야 합니다. 비록 사당에 들였더라도 우선 동벽(東壁) 아래에 봉안하였다가 사손(嗣孫)을 세워 신주를 고쳐 쓰고 합독(合櫝)하고 난 뒤에 정감(正龕)에 올리는 것이 옳으니, 어찌 후사를 세우는 일이 지체된다고 하여 대번에 합독할 수 있겠습니까.

신주에 다르게 쓴 두 신위(神位)를 합독하는 것은 이리 보나 저리 보나 근거할 것이 없고 경도(經道 상도(常道))와 권도(權道)에 모두 잘못이니, 비록 예가 궁하면 변통한다고 하더라도 어찌 감히 상고할 수 없는 일을 하겠습니까.

한 사당의 5대의 신주에 쓰인 내용이 각기 다른 것이 3개인 것은 비록 매우 근심스럽고 절박한 일이지만, 일이 어찌할 수 없는 상황에 이르면 어찌할 수 없는 것으로 대처해야 할 뿐입니다. 그러니 형세와 정리(情理)에 있어 그 사이에 어긋남이 있게 해서는 안 될 듯합니다.

최존위(最尊位)는 비록 마땅히 조천(祧遷)해야 하지만, 아직 체천하지 않았다고 하여 어찌 홀로 삼헌(三獻)의 예를 써서 동일한 사당에서 예를 달리할 수 있겠습니까. 또한 마땅히 여러 신위와 함께 단헌(單

348 을유년(乙酉年) : 1825년(순조25)으로, 매산의 나이 50세 되던 해이다.

獻)으로 제사지내야 합니다.

이 신주를 체천하고 예를 갖추어 제사를 행하기를 기다린 뒤에야 정(情)과 예(禮)가 모두 편안해질 것이니, 이러한 것들의 변통은 경법(經法)을 굳게 지킬 수 없다는 것 외엔 다른 방도가 없을 것 같습니다.

《주역》〈계사전(繫辭傳)〉의 긴 공부는 멈추지 않고 계속 연구하십니까? 《주역》의 도가 광대하여 한량이 없고 무궁무진해서, 여기에 쓰인 글이 비록 한 개의 허자(虛字)라도 모두 일단(一團)의 의미임을 늙어서 더욱 깨닫게 되었으니, 네 분 성인(聖人)께서 매우 간절하게 마음을 쓰신 것[349]은 얕은 식견으로 억지로 알 수 있는 바가 아닙니다.

공자께서 《주역》을 상구(商瞿)에게 전하고[350], 안자(顔子)와 증자(曾子)에게 전수하지 않은 것은 어째서입니까? 《주역》은 상지(上智)의 사람을 위해 쓴 글이 아니고, 다만 백성들의 일상생활을 위하여

349 네……것 : '네 분 성인(聖人)'은 《주역》의 완성에 관여한 복희(伏羲), 문왕(文王), 주공(周公), 공자(孔子)를 이른다. 《주자어류》에 "복희가 괘(卦)를 그을 때에 우연히 일(−)이 양(陽)이고 이(--)가 음(陰)임을 보고서 따라 그렸으니, 이 속에는 다만 양은 길함이 되고 음은 흉함이 될 뿐 문자가 없었다. 그러다가 뒤에 문왕이 이해할 수 없음을 보셨기 때문에 이를 위해 단사(彖辭)를 지으셨고, 혹 점을 쳐서 효(爻)를 얻은 곳에 이해할 수 없는 것이 있으므로 주공이 이를 위해 효사(爻辭)를 지으셨으며, 그래도 이해할 수 없으므로 공자가 이를 위해 십익(十翼)을 지으셨으니, 모두 당초의 뜻을 해석한 것이다."라고 하였다. 《朱子語類 卷66 易二 綱領上之下 卜筮》 십익은 《주역》을 부연 설명한 열 가지 전으로 《단전(彖傳) 상(上), 하(下)》, 《상전(象傳) 상, 하》, 《계사전(繫辭傳) 상, 하》, 《문언전(文言傳)》, 《설괘전(說卦傳)》, 《서괘전(序卦傳)》, 《잡괘전(雜卦傳)》을 가리키는데, 공자가 지었다고 전한다.

350 공자께서……전하고 : 이 내용은 《사기》에 보인다. 상구(商瞿)는 노(魯)나라 사람으로 자는 자목(子木)이며, 공자보다 29세 어리다. 《史記 卷67 仲尼弟子列傳》

쓴 것이니, 백성들로 하여금 점서(占書)를 가지고 흉함을 피하고 길함에 나아가게 하였기 때문에, 전수해야 하는 의체(義諦)로 보지 않으셔서 그리했을 것입니다. 이것과 이정(二程)께서 〈태극도(太極圖)〉를 짓지 않은 것[351]은 그 뜻이 어디에 있습니까? 참다운 가르침을 받기 원합니다.

강산(薑山) 어른[352]께서 끝내 병환에서 일어나지 못하고 별세하셨습니다. 이미 효도를 잘 끝마쳤고, 또 능히 정종(正終)[353]으로 편안히 일생을 마쳐 몸과 이름이 완전하니, 자기 스스로에게는 또한 다시 무슨 유감이 있겠습니까마는, 이 세상과 이 백성들을 어찌한단 말입니까?

저는 이 어른에 대해서 반면식(半面識)도 없으나, 그분을 진실한 마음으로 사랑하고 좋아하는 것은 만년의 절개가 말세에 참됨을 얻었기 때문입니다. 일찍이 경신환국(庚申換局) 이후 원우(元祐)의 완인(完人)[354]에 마땅히 이 어른을 해당시켜야 한다고 생각했으니, 당세의

351 이정(二程)께서……것 : 이정은 명도 정호와 이천 정이를 가리키며, 〈태극도(太極圖)〉는 태극의 이치를 도식으로 만든 것으로 염계(濂溪) 주돈이(周敦頤)가 일찍이 〈태극도〉와 이에 대한 설명을 붙여 〈태극도설(太極圖說)〉을 지었는데, 명도와 이천은 이렇게 하지 않았으므로 말한 것이다.

352 강산(薑山) 어른 : 강산(薑山)은 이서구(李書九, 1754~1825)의 호로, 다른 호는 척재(惕齋)이고, 자는 낙서(洛瑞), 본관은 전주(全州)이다. 선조(宣祖)의 중자(衆子)인 인흥군(仁興君) 이영(李瑛)의 6대 주손(胄孫)이다. 갑오년(1774 영조50) 정시(庭試) 문과에 급제하고, 벼슬이 판중추부사(判中樞府事)에 이르렀다.

353 정종(正終) : 수를 누리다가 집에서 생을 마치는 것을 말하기도 하고, 임종 때까지 바른 도리를 지키다가 생을 마감하는 군자의 죽음을 뜻하기도 하는데, 여기서는 후자의 의미로 썼다. 증자(曾子)가 죽을 때 "내가 바름을 얻어서 죽는다면 이것으로 그만이다.〔吾得正而斃焉, 斯已矣.〕"라고 한 데서 연유한 말이다. 《禮記 檀弓上》

유상(儒相)[355]이라고 말하더라도 옳을 것입니다.

집안에 있을 때에는 얼굴이 다른 어머니[356]를 감동시켰고, 조정에 있을 때에는 비궁(匪躬)의 충절(忠節)[357]을 다하였습니다. 또 책을 읽어 이치를 밝히고 일을 종합하고 경륜하였으니, 참으로 실용에 적합한 학문이요 세상에 필요한 재주였습니다.

이와 같은 분은 선철(先哲) 중에서 꼽아 보더라도 더불어 비교할

354 원우(元祐)의 완인(完人) : 원우는 북송 철종(哲宗)의 연호로 1086년부터 1093년까지이며, 완인은 덕행이 완미(完美)한 사람이란 뜻인데, 여기에서는 몸도 죽거나 훼손되지 않는 뜻까지 겸하여 말하였다. 철종 때 왕안석(王安石)의 신법(新法)에 반대하여 사마광(司馬光)을 따른 자들을 원우당인(元祐黨人)이라 하였는데, 사마광의 천거로 관직에 나간 유안세(劉安世, 1048~1125)가 간신인 장돈(章惇)에 의해 광동(廣東)과 광서(廣西) 등 먼 곳으로 일곱 번이나 유배 가서 오랫동안 전전하였으나 아무런 탈이 없었다. 그러다가 휘종(徽宗) 선화(宣和) 연간에 환관 양사성(梁師成)이 권력을 잡고는 그에게 자식을 위해서라도 관직에 나오라는 편지를 보내자, 그는 "내가 자식을 위했더라면 이런 지경에 이르지는 않았을 것이다. 게다가 내가 밀려난 지 거의 30년이 되도록 일찍이 권력을 가진 자와 편지 한 장을 주고받은 적이 없다. 나는 원우의 완인으로 그대로 남고 싶으니, 그 마음은 결코 바뀌지 않을 것이다." 하고는 편지를 되돌려 보냈다. 《宋名臣言行錄後集 卷12》

355 유상(儒相) : 유학을 널리 통달한 재상이나 학자다운 정승을 이르는바, 유학에 달통하고 의술까지 익힌 사람을 '유의(儒醫)'라고 칭하는 것과 같다.

356 얼굴이 다른 어머니 : 계모(繼母)를 가리킨다. 이서구가 5세이던 무인년(1758)에 친어머니가 돌아가시자, 부친이 신사년(1761)에 재취(再娶)하여 계모(繼母)를 얻었다. 《惕齋集 年譜 惕齋先生年譜》

357 비궁(匪躬)의 충절(忠節) : 비궁은 《주역》 〈건괘(蹇卦) 육이(六二)〉에 "왕의 신하가 국가의 어려움에 충성을 다하는 것은 자신의 연고 때문이 아니다.〔王臣蹇蹇, 匪躬之故.〕"라고 한 데서 유래한 말로, 신하가 국사를 돌봄에 있어서 자신의 이해와 안위(安危)는 생각하지 않고 오직 국사에만 힘을 다하는 것을 말한다.

분이 드문데, 애석하게도 반평생 동안 불우해서 뱃속에 가득한 경륜[358]을 어디에도 펼쳐보지 못하고 끝내 조화를 따라 무덤 속[359]에 묻히게 되었습니다. 남긴 상소문은 구구절절 혈성(血誠)이 배어있으니, 조국(祖國)에 대한 일념이 죽음에 이르도록 단사(丹砂)처럼 밝았음을 볼 수 있습니다.

이러한 상소문을 읽고도 눈물을 흘리지 않는 자는 참으로 사람의 마음이 없는 자[360]일 것입니다. 집사께서는 과연 찾아가서 영결(永訣)

358 뱃속에 가득한 경륜 : 원문의 '윤균(輪囷)'은 나무의 몸통이나 뿌리가 기괴하게 굽어있는 모양을 말하는데, 여기서는 겉모습은 기굴하지만 속에는 천자를 보필할 경륜이 있음을 말한다. 추양(鄒陽)의 〈옥중상서자명(獄中上書自明)〉에 "구불구불한 나무뿌리는 기괴하기 이를 데 없는데 만승의 천자가 사용하는 기물이 되는 것은 어째서인가? 좌우 근신이 먼저 돋보이도록 해주기 때문이다.〔蟠木根柢, 輪囷離奇, 而爲萬乘器者, 何則? 以左右先爲之容也.〕"라고 하였고, 매승(枚乘)의 〈칠발(七發)〉에 "용문의 오동나무는 높이가 백 척이고 가지가 없는데, 몸통은 구불구불한 모양으로 높이 솟아있고 뿌리는 사방으로 퍼져 갈라져 있다.〔龍門之桐, 高百尺而無枝, 中鬱結之輪菌, 根扶疏以分離.〕"라고 하였다. 《文選 卷39 獄中上書自明》, 《文選 卷34 七發八首》

359 무덤 속 : 원문의 '명막(冥漠)'은 '명막군묘(冥漠君墓)'의 줄인 말로 무덤이란 뜻이다. 원(元)나라 때 지어진 《지대금릉신지(至大金陵新志)》 권12 하(下) 〈고적지(古蹟志)〉에 "팽성왕(彭城王) 의강(義康)이 동부성(東府城)을 수리하다가 고총(古塚)을 발견하여 동쪽 언덕에 다시 매장하고 법조 참군(法曹參軍) 사혜련(謝惠連)으로 하여금 제문을 지어 제사 지내도록 하였는데, 이 고총에 묻힌 사람의 성명을 알 수 없기 때문에 명막군묘라고 임시로 이름하였다.〔彭城王義康, 脩東府城得古塚, 改葬東岡, 使法曹參軍謝惠連爲文祭之, 不知其名字遠近, 故假爲之號.〕"라고 보인다.

360 이러한……자 : 진력(陳櫟, 1252~1334)이 쓴 제갈량(諸葛亮)의 〈출사표(出師表)〉의 소주(小註)에 "선배들이 말하기를 '이 출사표를 읽고도 눈물을 떨어뜨리지 않는 자는 참으로 사람의 마음이 없는 자이다.'〔前輩謂: 讀此書, 不隕淚者, 是眞無人心.〕라고 하였다."라는 말을 원용한 것이다.

하셨습니까? 지금 이후에는 세상에 집사를 알아주는 사람이 없어서 음(音)을 감상할 사람[361]이 끊겼으니, 장차 어떻게 살아가시겠습니까?

백 번이라도 대신 죽고 싶은 슬픔[362]을 이기지 못하여, 옛사람이 편지를 보내어 서로 조문한 의리를 본받아 삼가 이렇게 우러러 말씀을 드리니, 짐작하건대 응당 이 고충을 헤아려주실 것입니다.

361 음(音)을 감상할 사람 : 서로의 마음을 제대로 알아주는 지기(知己)를 이른다. 원문의 '상음(賞音)'은 지음(知音)과 같은 말로, 상대방이 연주하는 음악의 진실한 의미를 알아주는 것인데, 서로 마음을 알아줌을 비유한다. 춘추 시대 거문고의 명인인 백아(伯牙)가 거문고를 연주하면 그의 벗 종자기(鍾子期)만이 그 음률의 의미를 제대로 알아듣고 서로 즐거워하였는데, 종자기가 죽자 백아가 거문고의 줄을 끊고 다시는 연주를 하지 않았다는 고사에서 유래하였다.《列子 湯問》

362 백 번이라도……슬픔 : 훌륭한 인물의 죽음에 대한 매우 애통한 심정을 이른다. 《시경》〈소아(小雅) 황조(黃鳥)〉 편의 "저 푸른 하늘이여, 우리 훌륭한 사람을 죽이도다. 만약 대신하여 죽을 수만 있다면 사람마다 그 몸을 백 번이라도 바치리라.〔彼蒼者天, 殲我良人. 如可贖兮, 人百其身.〕"라는 구절에서 나온 것인데, 이 시는 춘추 시대 진(秦)나라 목공(穆公)의 순장(殉葬)에 희생되었던 자거씨(子車氏)의 엄식(奄息)·중항(仲行)·겸호(鍼虎) 3형제의 죽음을 애도하면서, 이 훌륭한 사람들을 살릴 수만 있다면 자신이 대신 백 번이라도 죽겠다고 노래한 것이다.

김정택에게 답함 정해년[363] 윤월
答金正宅 丁亥閏月

귀문(貴門)의 종질부(從姪婦)가 자신의 생명을 버려 아들의 목숨을 이으려고 한 것은, 그 맹세한 마음이 애통하고 간절하여 마땅히 신명을 감동시키고 조화를 돌릴 수가 있었습니다. 그런데 지금 일이 크게 어그러져 이렇게 되지 못하였으니, 이른바 '천도(天道)'라는 것이 있습니까? 없습니까? 처한 바에 나아가서 십분 도리로 따져본다면, 바르기는 하나 중도(中道)는 아닙니다.[364]

그러나 지극한 정성과 애통함에서 발한 것은 참으로 그 사이에 정밀한 의리가 존재하니, 한마디로 말해서 천고에 한 번 나올만한 규합(閨閤)[365] 중 한 분입니다. 오직 동춘(同春) 선생의 따님 중에 나씨(羅氏) 집안의 며느리가 된 분[366]이 남편을 여읜 지[367] 십수 년 동안 일찍이

363 정해년(丁亥年) : 1827년(순조27)으로, 매산의 나이 52세 되던 해이다.

364 바르기는……아닙니다 : 《주역》의 괘사(卦辭)와 효사(爻辭)에 중(中)과 정(正)이 보이는데, 《주역》에 있어 '중'은 이효(二爻)와 오효(五爻)를 가리키는바 하괘(下卦)와 상괘(上卦)의 중앙에 있기 때문에 붙여진 이름이고, '정'은 초효(初爻), 삼효(三爻), 오효(五爻)의 양(陽) 자리에 양효(陽爻)가 있는 것과 이효, 사효(四爻), 상효(上爻)의 음(陰) 자리에 음효(陰爻)가 있는 것을 가리킨다. 사람에게 있어 '중'은 과(過)하거나 불급(不及)함이 없어 언제나 도리에 맞는 것을 이르고 '정'은 올바른 자리에 있는 것으로, 정이 중만 못하기 때문에 이렇게 말한 것이다.

365 규합(閨閤) : 내실의 작은 문이란 뜻인데, 여기서는 아내를 가리켜 말한 것이다.

366 동춘(同春) 선생의……분 : 동춘 선생은 송준길(宋浚吉)로, 동춘은 그의 호이다. 나씨는 나명좌(羅明佐, 1634~1651)를 이른다.

슬퍼하는 모습을 시부모에게 보이지 않다가, 하루 저녁에 갑자기 스스로 목을 매어 죽었습니다.

죽기로 맹세한 지가 오래되었어도 은인자중(隱忍自重)하며 후사를 세우기를 기다렸는데, 작은 동서(同壻)가 연달아 두 딸을 낳는 것을 보고는 마침내 죽음을 결행하였습니다. 삼주(三洲)께서 묘갈명을 지어 그 정렬(貞烈)을 인정했습니다.[368]

이번의 일은 나씨 부인에게 견주면 또 다시 할 말이 있으니, 어찌 중도에 지나치다 하여 소중하게 여기지 않을 수 있겠습니까. 세상에 삼주와 같은 대문장(大文章)이 없어서 세상에 드문 훌륭한 절개를 천양(闡揚)하지 못하니, 이것이 한(恨)이 될 뿐입니다.

보여주신 유서(遺書)는 여러 번 받들어 읽었는데, 사람으로 하여금 목이 메고 눈물이 흘러서 차마 다시 읽을 수 없게 합니다. 그 말이 분명하게 법도에 맞아, 진실로 깊은 식견으로 재량(裁量)하여 나온 것이요 잠깐 동안의 헤아림에서 나온 것이 아니니, 이것이 이른바 '조용히 의리를 취하는 것이 비분강개하여 몸을 죽이는 것보다 어렵다.'[369]

367 남편을 여윈 지 : 원문의 '주곡(晝哭)'은 남편을 여윈 것을 이른다. 주곡의 고사에 대한 자세한 내용은 125쪽 주283 참조.

368 삼주(三洲)께서……인정했습니다 : 삼주는 농암(農巖) 김창협(金昌協)의 또 다른 호이며, 나명좌는 농암의 외숙부이다. 나씨의 부인이 정렬(貞烈)을 지켜 스스로 목숨을 끊은 것에 대한 내용은 농암이 지은 〈백구묘지명(伯舅墓誌銘)〉에 보인다. 《農巖集 卷27》

369 조용히……어렵다 : 이천(伊川) 정이(程頤)가 "감개(感慨)하여 몸을 죽이기는 쉽고 조용히 의(義)를 이루기는 어렵다.〔感慨殺身者易, 從容就義者難.〕"라고 한 말을 원용한 것이다. 《近思錄 卷10》

는 것이겠지요.

다만 그 유언을 다 따르기는 어려우니, 궤전(饋奠 조석 상식)을 설치하지 말고 신주(神主)를 세우지 말고 합장(合葬)하지 말라고 한 것이 바로 그것입니다.

예(禮)에 "초상에 후사가 없는 경우는 있으나, 주관하는 사람이 없을 수 없다."[370]라고 하였습니다. 그러므로 "남편 집안에 형제가 없으면, 남편의 집안사람으로 하여금 상(喪)을 주관하게 한다."[371]라고 한 것입니다. 그러니 집사께서는 망자에 대하여 비록 복(服)이 다한 먼 집안이지만, 달리 소공(小功)과 대공(大功)의 복을 입을 만한 친족이 없으니, 마땅히 그 상을 주관하셔야 할 것입니다. 상에 이미 주관하는 분이 있다면, 어찌 영좌(靈座)를 진설하고 궤전을 행하지 않을 수 있겠습니까.

《예기》〈잡기(雜記)〉에 "비록 소원한 사이라도 또한 우제(虞祭)를 지내야 한다."라고 한 말을 따라서, 우제를 지낸 다음 부묘(祔廟)[372]를 하고 이어서 궤연(几筵)을 철거하는 것이 마땅할 듯합니다. 이른바 '졸곡(卒哭)'이라는 것은 삼우제를 지낸 뒤의 제사를 이르니, 막 상을 당했을 때엔 아침·저녁 사이에 슬픔이 이르면 곡하다가, 이 졸곡 때가 되면 곡을 그치고 아침·저녁의 곡만 하면 됩니다.

그러나 복이 없는 친족을 곡함에 있어서는 어찌 끝마치고 끝마치지

370 초상에……없다 : 이 말은 《예기》〈상대기(喪大記)〉에 보인다.

371 남편……한다 : 이 말은 《예기》〈잡기 하(雜記下)〉에 보인다.

372 부묘(祔廟) : 새로 죽은 자의 신주를 사당에 붙여 모시는 것으로, 한 대를 띄워 손자는 할아버지에게 붙여 제사한다.

않음을 말할 수 있겠습니까. 다만 마땅히 삼우(三虞)는 있고 졸곡은 없어야 할 것입니다. 비록 졸곡은 없더라도 차마 제사 없이 부묘할 수가 없으니, "붕우가 상주 역할을 할 경우에는 우제(虞祭)와 부제(祔祭)를 지낸다."[373]는 글을 따라서 삼우제를 지낸 다음 날 부제를 하고, 부제한 뒤에는 다시 정침(正寢)으로 신주를 들이지 말고 곧바로 부묘할 조비(祖妣)의 사당으로 신주를 들이는 것이 맞을 듯합니다.

부장(祔葬)하는 일은, 설령 영종질(令從姪)의 묘소를 영월(寧越)로 옮길 계획을 의논하고 있어서 끝내 망자의 간절한 소원을 이루는 것에 우선 힘쓸 수가 없더라도, 이미 왼쪽에 비운 자리[374]가 있으니 마땅히 묘혈(墓穴)을 같이 하는 제도를 따라서 외로운 혼으로 하여금 의탁할 곳이 있게 하여야 할 것입니다.

옛사람이 말하기를 "절의(節義)가 있는 부인을 모두 부묘(祔廟)하는 것은 어짊을 귀하게 여긴 것이다."라고 하였으니, 이 의리를 미루어 본다면 따로 묘역을 정해서는 안 될 것입니다. 돌아가신 시부모의 묘소 옆에 붙여 장례하는 것은 다하지 않는 효성에서 나온 망자의 발원(發願)이니 영구하게 도모를 하여 마땅히 원하는 바의 뜻을 이루어 주어야 하겠으나, 다만 부부간에 합장하는 것은 부부를 함께하는 도이니, 이것은 하지 않아서는 안 될 일입니다.[375]

373 붕우(朋友)가……지낸다 : 부제(祔祭)는 졸곡이 끝나면 망자의 궤연으로 조고나 조비의 신주를 모셔다가 상견례(相見禮) 비슷하게 행하는 제사인바, 손자와 조고, 손부와 조비를 각각 함께 합제(合祭)한다. 이 말은 《예기》〈상복소기(喪服小記)〉에 보인다.

374 왼쪽에 비운 자리 : 남편이 죽어 장례할 적에 부인이 사후에 묻힐 것을 미리 생각하여 왼쪽에 비워둔 자리를 말한다.

375 돌아가신……일입니다 : 자세한 내용은 알 수 없으나, 이 절부(節婦)가 죽으면서 유언으로 시부모의 묘소 옆에 자신을 묻어달라고 유언하였는데, 남편의 묘소가 멀리 영월에 있으므로 남편의 묘에 부장하지 않고 시부모의 묘소 옆에 장례하려 한 것으로 보인다. 매산의 견해는 후일에 남편의 묘소를 이장하여 시부모와 함께 한 곳에 모셔야 할 것이요, 지금은 우선 영월에 있는 남편의 묘소에 부장해야 함을 강조한 것이다.

김정택에게 답함 정해년 칠석

答金正宅 丁亥七夕

보내주신 편지에 한여름 극심한 더위에 상복을 벗지 않으면 반드시 고질병이 더칠 것이라고 염려하고 걱정해 마지않으셨습니다. 만일 진실로 우리 어른처럼 깊이 사랑해 주시는 분이 아니라면, 누가 저의 처지를 이와 같이 돈독히 위해주시겠습니까. 지극한 감격에 눈물이 흘러 가슴속에 쌓인 것을 말로 다 형용할 수가 없습니다.

큰 슬픔[376]을 당한 이래로 비록 감히 정해진 제도를 넘어 몸을 위태롭게 하지는 않았으나, 또한 정(情)을 억제하여 예(禮)에 맞게 하지도 못해서 오직 상복만 몸에 걸치고 있을 뿐입니다.

그런데 만약 다시 병을 걱정해서 이 상복을 제거한다면 삼년상을 치르는 중에 하루도 슬퍼함이 없는 자와 거의 다를 것이 없으니, 비록 더위를 먹어 죽더라도 최복(衰服)을 벗을 수 없습니다. 가르치심을 따를 수가 없으니 참으로 두렵고 두렵습니다.

정간공(貞簡公) 원호(元昊)의 출처가 중도(中道)에 맞음[377]은 진실

376 큰 슬픔 : 부친 홍이간(洪履簡, 1753~1827)이 이해 2월 4일에 작고한 것을 말한다.《梅山先生文集 卷50 先考同敦寧府君家狀》

377 정간공(貞簡公)……맞음 : 원호(元昊)는 생육신(生六臣) 중 한 사람으로 정간은 그의 시호이고, 자는 자허(子虛), 호는 관란(觀瀾)이다. 1423년(세종5) 식년 문과에 급제하고 벼슬이 집현전 직제학에 이르렀다. 1453년(단종1) 수양대군이 황보인(皇甫仁)과 김종서(金宗瑞) 등의 대신을 죽이고 정권을 잡자, 병을 핑계로 고향인 원주로 돌아가 은거하였다. 1457년(세조3) 단종이 영월에 유배되자, 영월 서쪽에 관란재(觀瀾

로 훌륭하신 말씀과 같습니다. 김동봉(金東峯)과 남추강(南秋江) 등 여러 현자들은 모두 약관(弱冠)의 한 포의(布衣)였을 뿐이니,[378] 세상을 가벼이 여기고 마음 가는 대로 행동하여 뜻한 바를 도모할 수 있었습니다.

그러나 원공(元公)과 같은 분은 이름이 관적(官籍)에 통하고 훌륭한 명성을 드날려서 몸을 돌리기가 매우 어려웠는데도, 선양(禪讓)하기 이전에 물러나 은둔하여 명철(明哲)하게 일을 처리하고 몸을 잘 보존하였으니, 기미(幾微)를 봄이 신묘한 것입니다. 그리고 형만(荊蠻)으로 가는 길에 난(難)에 달려가 목숨을 걸고 호위하기를 잊지 않은 것[379]은, 군주를 위해서 부지런히 충성을 바친 정성입니다. 방상(方喪)[380]

齋)라는 집을 짓고 아침저녁으로 영월 쪽을 바라보고 눈물을 흘렸으며, 단종이 승하하자 홀로 삼년상을 치렀고, 삼년상을 마친 뒤 원주에 돌아가 두문불출하였다.

378 김동봉(金東峯)과……뿐이니 : 김동봉은 김시습(金時習, 1435~1493)으로 동봉은 그의 호이고, 남추강(南秋江)은 남효온(南孝溫, 1454~1492)으로 추강은 그의 호이다. 생육신은 원호・이맹전(李孟專, 1392~1480)・김시습・남효온・조려(趙旅, 1420~1489)・성담수(成聃壽, ?~1456)인데, 김시습・남효온・조려・성담수는 모두 포의의 신분이었고 이맹전은 1427년(세종9) 친시 문과에 급제하고 정언(正言)과 거창 현감을 지냈다.

379 형만(荊蠻)으로……것 : 원호는 단종이 영월로 유배 가 있을 때 나라의 금령으로 가까이 갈 수 없자, 영월 서쪽의 사내평(思乃坪)에 흙으로 대(臺)를 만들고 관란재(觀瀾齋)를 짓고서 날마다 올라가서 단종이 계신 곳을 살피며 눈물을 흘렸으므로 말한 것이다. 《觀瀾先生遺稿 事蹟 卷2 行狀》 '형만(荊蠻)으로 가는 길'이라는 것은 단종이 왕위를 양보하고 영월로 유배 간 것을 가리킨다. 주(周)나라의 태왕(太王)인 고공단보(古公亶父)의 장남 태백(泰伯)은, 태왕이 막내아들 계력(季歷)에게 왕위를 물려줄 뜻이 있다는 것을 알아차리고는 또 다른 아우 중옹(仲雍)과 함께 형만으로 달아나 자취를 감춤으로써 왕위를 양보하였던 고사가 있으므로 이렇게 말한 것이다. 《史記 卷31 吳太白世家》

삼년복을 입고 죽어도 벼슬에 나아가지 않기로 맹세하여 험난한 시국을 두루 겪으면서도 절개를 한결같이 하였습니다. 그러니 몸과 목숨을 다하여 순국(殉國)한 것은 김동봉과 남추강 제현에 비하면 또 더 어려운 것입니다.

김동봉과 남추강은 사육신(死六臣) 및 호장(戶長) 엄흥도(嚴興道)[381]와 함께 영월의 창절서원(彰節書院)[382]에 배향되어 있으나 원정간공은 여기에 참여되지 못하였으니, 이것은 은전(恩典)이 누락된 것입니다.

충신단(忠臣壇)으로 말하면, 호장 엄흥도 한 명 외에는 국사(國事)에 죽은 자가 아니면 모두 배향하지 않았으니, 이것은 유독 원정간공뿐만이 아닙니다. 제가 영월에 있을 적에 〈관란정기(觀瀾亭記)〉[383]를 지

380 방상(方喪) : 신하가 임금의 상을 당하여, 부모의 상을 입는 예로 임금을 위해 삼년상을 입는 것을 말한다. 《예기》 〈단궁 상(檀弓上)〉에 "군주를 섬기되 면전에서 직간(直諫)함은 있고 은미하게 간함은 없으며, 좌우로 나아가 봉양하되 일정한 방소가 있으며, 부지런히 일하여 죽음에 이르며, 상을 부모의 삼년상에 견주어 입는다.〔事君, 有犯而無隱, 左右就養有方, 服勤至死, 方喪三年.〕"라고 보인다. 원호는 단종이 승하하자, 삼년상을 입었다.

381 호장(戶長) 엄흥도(嚴興道) : 단종이 세조에 의해 상왕(上王)에서 노산군(魯山君)으로 강봉되어 영월에 안치되었을 적에 영월의 호장으로 있던 인물로, 단종이 시해되자 후환을 두려워하지 않고 시신을 수습하고 장례를 치러 주었다. 시호는 충의(忠毅)이다. 《燃藜室記述 卷4 端宗朝故事本末》

382 창절서원(彰節書院) : 단종의 유배지인 영월읍 영흥리에 있는 서원으로 처음에는 창절사(彰節祀)라 하였으나 숙종 25년에 사액서원이 되었는바, 사육신과 김시습, 남효온, 엄흥도와 금성대군(錦城大君) 이유(李瑜), 화의군(和義君) 이영(李瓔)이 배향되고, 원호는 빠져있다.

383 관란정기(觀瀾亭記) : 이 작품은 본집 제28권에 실려 있다.

었으므로 이에 삼가 보시도록 올리니, 의리를 다하고 분수를 다한 전말을 다 보실 수 있을 것입니다.

영월에 예전에는 생육신 사당이 있었는데, 근간에 조정의 명령으로 인하여 훼철(毁撤)되었습니다. 단종을 위하여 영월에 들어가서 삼년상을 입은 분으로는, 당시 충렬을 지킨 여러 현자 중에 오직 원정간공 한 분이 계실 뿐입니다. 그러니 창절서원에 함께 제향하여야 함은 의심할 만한 것이 없을 듯하나, 아직도 이런 말이 적막하게 들리지 않으니 응당 사론(士論)이 있어야 할 것입니다.

율곡 어른께서 유독 매월당 어른을 표장(表章)한 것은, 전(傳)을 지으라는 교명(敎命)을 받들었기 때문입니다.[384] 원정간공은 행실을 은밀하게 하고 감춰서 백성들이 칭송할 수 없었습니다. 그러므로 오랜 세월이 지난 뒤에야 이름이 드러났으니, 또한 때가 있는가 봅니다. "출처의 바름이 담재(湛齋)[385]에게 뒤지지 않는다."라고 한 말씀은 "부자(夫子)를 얻어서 더욱 이름이 드러났다."[386]고 이를 만합니다.

384 율곡……때문입니다 : 이 내용은 《선조수정실록(宣祖修正實錄)》 15년(1582) 4월 1일 조에, "선조가 이이(李珥)에게 〈김시습전(金時習傳)〉을 지어 올리도록 명하였다."라고 보인다.

385 담재(湛齋) : 하서(河西) 김인후(金麟厚, 1510~1560)로, 담재는 그의 또 다른 호이고, 자는 후지(厚之), 본관은 울산(蔚山)이다. 1540년(중종35) 별시 문과에 급제하고 홍문관 부수찬 등의 벼슬을 지냈으나 1545년(인종1) 인종이 승하하고 곧이어 을사사화가 일어나자, 병을 핑계로 고향인 장성(長城)에 돌아가 성리학 연구에 전념하였다. 문장과 도학(道學), 절의(節義)를 두루 갖추어 1796년(정조20)에 문묘에 배향되었다.

386 부자(夫子)를……드러났다 : 이 내용은 사마천이 "백이와 숙제가 비록 어질기는 하였지만, 공자를 얻어서 더욱 이름이 드러나게 되었다.〔伯夷叔齊雖賢, 得夫子而名益彰.〕"라고 한 구절을 원용한 것이다. 《史記 卷61 伯夷列傳》

김정택에게 줌 정해년 8월
與金正宅 丁亥八月

빠듯한 일정[387] 때문에 경계를 늦추지 못하셨을 터인데, 체후는 어떠하십니까? 창끝으로 쌀을 거르고 칼머리로 불을 때는 것[388]이 또한 살 수 있는 계책이니, 이치를 통달한 사람이 어느 곳에서든 천명을 편안히 할 수 없겠습니까. 조심하고 환란을 염려하여 더욱더 두려워하고 검속(檢束)하여, 인자한 하늘이 굽어 살펴주시기를 공손히 기다려야 할 것입니다.

삼가 500문(文)을 보내어 옛사람이 나귀를 준 의리[389]에 붙입니다.

387 빠듯한 일정 : 김기서가 정해년(1827 순조27) 이조원(李肇源, 1758~1832)의 흉모(凶謀)에 가담하여 흉서(凶書)를 썼다는 죄목으로 절도안치(絶島安置) 형을 받아 영암군(靈巖郡)의 추자도(楸子島)로 유배를 갔기 때문에 이렇게 말하였다. 이후 여러 신하들의 계속된 상소로 인하여 천극(荐棘) 형까지 더해졌다. 천극은 정배된 죄인을 안치한 구역에 가시울타리를 둘러쳐 마음대로 출입할 수 없도록 한 위리안치(圍籬安置)를 가리킨다. 《承政院日記 純祖 27年 8月 18日, 19일, 21일》

388 창끝으로……것 : 매우 위태로운 상황을 맞아 두려워하고 조심하여 신중하게 대처한다는 뜻으로 쓰였다. 동진(東晉)의 권신 환온(桓溫)이 남군 태수(南郡太守)로 있을 적에 형주 자사(荊州刺史) 은중감(殷仲堪)과 위어(危語)를 지었는데, 이때 '창끝으로 쌀을 거르고 칼머리로 불을 땐다.〔矛頭淅米劍頭炊〕'라고 하였다. 위어(危語)는 사람을 두렵게 하는 말이다. 《世說新語 排調》

389 옛사람이……의리 : 주자가 채연(蔡淵, 1156~1236)에게 답한 편지에 "임천(臨川) 증경건(曾景建)의 편지에 '존장(尊丈)이 이미 저곳을 지나가셨는데, 나귀를 준 사람이 있어서 도보로 가는 수고를 덜 수 있었습니다.' 하였습니다.〔臨川曾景建書云: 尊丈已過彼, 有以驢爲贈者, 可免徒步之勞也.〕"라고 한 말을 원용한 것이다. 《朱子大全

나머지는 계속된 어려움 속에서도 마음이 형통하여서,[390] 그리워하는 마음에 부응해 주시기를 바랍니다.

續集 卷3 答蔡伯靜》 이 답장은 서산(西山) 채원정(蔡元定)이 유배갔을 때 그의 장자 채연에게 주자가 보낸 편지이다.

390 계속된……형통하여서 : 이 내용은 《주역》 〈감괘(坎卦)〉의 "습감(習坎)은 진실함이 있어 마음으로 형통하니, 행하면 가상함이 있으리라.〔習坎有孚, 維心亨, 行有尙.〕"라고 한 말을 원용한 것으로, 아무리 험난한 곳에 처하여도 마음이 성실하여 형통하다는 뜻이다. 습감은 연속된 구덩이라는 뜻으로 계속 이어지는 어려움을 이른다.

매산집

제12권

書서

서書

박원득[1] 종여 에게 답함 기미년[2] 정월

答朴元得 宗輿○己未正月

《상례비요(喪禮備要)》[3]를 살펴보면 "소렴(小斂)에 시신에 기대어 곡하고 가슴을 친 뒤에, 괄발(括髮)을 하고 문(免)을 하고[4] 부인은 북상투를 틀며, 시신을 옮긴 뒤에 습질(襲絰)[5]을 한다."라고 되어 있으니,

1 박원득(朴元得) : 박종여(朴宗輿, 1766~1815)로, 원득은 그의 자이고, 호는 냉천(冷泉), 본관은 반남(潘南)이다. 매산의 스승인 근재(近齋) 박윤원(朴胤源, 1734~1799)의 아들로, 음보(蔭補)로 강릉 참봉(康陵參奉)에 제수되고 벼슬이 서흥 부사(瑞興府使)에 이르렀다. 문집 《냉천유고(冷泉遺稿)》가 전하는데, 매산에게 보낸 편지도 16편이 실려 있다.

2 기미년(己未年) : 1799년(정조23)으로, 매산의 나이 24세 되던 해이다.

3 상례비요(喪禮備要) : 신의경(申義慶, 1557~1648)이 《주자가례(朱子家禮)》의 원문을 위주로 하고 고금의 예설(禮說)을 참고하여 1권 1책으로 편찬한 책인데, 뒤에 친구인 사계(沙溪) 김장생(金長生)이 여러 대목을 증보하고, 아울러 시속(時俗)의 예제(禮制)도 참고하여 이용하기에 편리하도록 만든 다음 서문을 붙였으며, 그 뒤 사계의 아들 신독재(愼獨齋) 김집(金集)이 이를 교정하여 2권 1책의 목판본으로 1648년(인조26)에 간행하였는바, 이 때문에 흔히 사계의 저작으로 알려져 있다.

4 괄발(括髮)을……하고 : 상을 당하여 삼끈으로 머리카락을 묶는 것을 '괄발'이라고 하고, 관(冠)을 벗고 머리카락을 묶는 것을 '문(免)'이라고 한다.

그렇다면 반함(飯含)[6]을 할 때에 염발(斂髮 머리를 쪽 찌거나 틀어 올림)하지 않는다는 것을 미루어 알 수 있습니다.

소렴할 때에 백포건(白布巾)과 환질(環絰)을 하는 것을 《가례(家禮)》에서는 말하지 않았는데, 《상례비요》에 이것을 말한 것은 고례(古禮)를 폐할 수 없기 때문입니다. 사계(沙溪 김장생(金長生))께서 《의례(儀禮)》를 가지고 《가례》의 빠진 부분을 보충하였으니, 어찌 감히 이것을 따르지 않을 수 있겠습니까.

옛날에 사(士)는 월반전(月半奠)[7]이 없었으나, 《상례비요》에는 "보름에는 과일 한 그릇을 올리고, 술을 진설하지 않고 신주를 내오지 않는다."라고 하였으니, 이에 따라 행하는 것이 마땅할 것입니다. 이것은 돌아가신 선생〔先先生〕[8]께서 월반전을 행해야 하는지 말아야 하는지를 물은 저의 질문에 답하신 것이니, 구구한 제가 받들어 믿는 것입니다.

또 엎드려 듣건대 "평소의 망참례(望參禮)를 다시 행하고자 하나, 결행하지 못하고 있다."라고 하였으니, 상주께서 만약 먼저 영좌(靈座)에서 망전(望奠)을 거행하고 장례한 뒤에 계속하여 사당에서 망참례를 행하신다면, 어찌 선친의 뜻을 계승하는 효성에 빛남이 있지 않겠습니까. 만약 사력(事力 재력)이 미치지 못한다면, 비록 사당에서 행하지

5 습질(襲絰) : 습을 하고 수질(首絰)과 요질(腰絰)을 착용하는 것으로, 《의례(儀禮)》 〈사상례(士喪禮)〉에 "서의 동쪽에서 습질을 한다.〔襲絰于序東〕"라고 하였다.

6 반함(飯含) : 죽은 사람을 염습할 때 입에다 구슬과 쌀을 물리는 일이다.

7 월반전(月半奠) : 월반은 한 달의 가운데인 보름을 가리키는바, 보름에 올리는 전을 말한다.

8 돌아가신 선생 : 매산의 스승인 근재(近齋) 박윤원(朴胤源)을 가리킨다.

못하고 영좌에서만 행하더라도, 아버지의 사당에만 풍성하게 하는 혐의[9]가 없을 듯하니, 어떨지 모르겠습니다.

비위(妣位)에 합부(合祔)하는 이유를 마땅히 고위(考位)의 궤연(几筵)[10]에 아뢰어야 하는데, 상식(上食)할 때를 인하여 아뢰는 것이 마땅할 듯합니다.

궤연은 사당과 다르고 삭전(朔奠)은 참례(參禮)와 다르니, 비위에 합부하는 날에 고위에 올리는 삭전을 폐하는 것이 옳겠습니까? 삭전을 행하는 것이 마땅할 듯합니다.

《상례비요》의 〈부당복도(夫黨服圖)〉 가운데에 나오는 남편의 종조고(從祖姑)는 즉 남편의 동성(同姓) 5촌 고모로서 시아버지의 종자매(從姊妹 사촌 자매)들입니다. 이들에 대한 복은 비록 《의례》와 《가례》에는 보이지 않으나, 《가례의절(家禮儀節)》과 국제(國制)[11]에는 모두 시마

9 아버지의……혐의 : 다른 선조들은 염두에 두지 않고 자신의 부친의 제사만을 풍성하게 하는 혐의를 이른다. 《서경(書經)》 〈상서(商書) 고종융일(高宗肜日)〉에 "제사를 거행함에 있어 오직 아버지 사당에만 풍성하게 하지 마소서.〔典祀無豐于昵.〕"라고 보인다.

10 궤연(几筵) : 부모의 상에 3년간 위패를 모시는 영연(靈筵)을 이른다.

11 가례의절(家禮儀節)과 국제(國制) : 《가례의절》은 명(明)나라 때의 학자 구준(丘濬, 1420~1495)이 주자의 《가례》에 주를 단 책으로, 《문공가례의절(文公家禮儀節)》이라고도 한다. 국제는 《국조오례의(國朝五禮儀)》를 가리키는바, 국가의 기본 예식인 길례(吉禮)·가례(嘉禮)·빈례(賓禮)·군례(軍禮)·흉례(凶禮)에 대해 규정한 예전(禮典)이다.

복(緦麻服)을 입도록 허락하였고, 사계 어른께서 또 이것을 《상례비요》에 기재하셨습니다. 이 또한 후(厚)한 것을 따르는 의리[12]에서 나온 것이니, 따르는 것이 옳을 듯합니다.

주부(主婦)가 아헌(亞獻)할 때[13]에 일을 집행할 만한 다른 부녀(婦女)가 없으면, 주인의 서모(庶母)와 서조모(庶祖母)가 주부를 도와 일을 집행하니, 이는 부득이해서 이렇게 하는 듯합니다. 율곡께서 서모를 주부 앞에 배치한 뜻을 가지고 미루어 보더라도, 서모로 하여금 일을 집행하게 해서는 안 될 듯합니다. 율곡께서 행하신 것은 끝내 온당하지 않아서, 이미 우계(牛溪)와 구봉(龜峯) 두 현자가 비판하였으니,[14] 마땅히 법으로 취해서는 안 될 듯합니다.

계집종이 일을 집행할 수 없는 것은 보내오신 편지의 말씀이 맞습니다.

12 후(厚)한……의리 : 원문은 '종후지의(從厚之義)'로, 어떤 일을 행할 적에 너무 박하지 않게 후한 쪽을 따라서 하는 의리로, 여기서는 상(喪)을 치를 적에 보다 후한 편을 선택함을 이른다.

13 주부(主婦)가 아헌(亞獻)할 때 : 아헌은 제사를 지낼 적에 술잔을 세 번 올리는 삼헌례(三獻禮) 중에 두 번째 술잔을 올리는 예를 이르는바, 초헌(初獻)은 주인(主人)이 하고, 아헌은 주부가 한다. 주자의 《가례》 권4 〈상례 우제(虞祭)〉의 아헌의 주에 "주부가 하되 예는 초헌과 같다. 다만 축(祝)을 읽지 않고 사배(四拜)한다.〔主婦爲之, 禮如初, 但不讀祝四拜.〕"라고 보인다.

14 우계(牛溪)와……비판하였으니 : 우계는 성혼(成渾)의 호이고 구봉(龜峯)은 송익필의 호이다. 비판한 내용은 《우계집》 권4 〈답송운장서(答宋雲長書)〉와 《구봉집》 권6 〈여호원논숙헌대서모례(與浩原論叔獻待庶母禮)〉에 보인다.

박원득에게 답함 경신년[15] 11월

答朴元得 庚申十一月

대상(大祥)을 이미 대장(大葬 국장(國葬))의 졸곡(卒哭) 뒤로 물려 행한다면, 비록 25개월의 기간이 지났더라도 마땅히 대상을 아직 치르지 않은 예(例)를 따라야 합니다. 비록 27개월 뒤에 죽었더라도, 궤연(几筵)이 아직 철거되지 않았고 상주가 상복을 입고 있다면 이것은 바로 대상을 아직 치르지 않고 죽은 것이니, 어찌 대상을 아직 치르지 않은 상(喪)에 주인이 없는 경우가 있겠습니까.

마땅히 대상을 치렀느냐 치르지 않았느냐를 논해야 하고 상기(喪期)가 다 했는가의 여부를 논해서는 안 되니, 그렇다면 아들이 아버지를 뒤이어 할아버지의 복을 입을 적에는 변례(變禮)에 처하여 바름을 잃지 않아야 한다는 것을 어찌 의심할 것이 있겠습니까.

아버지 상의 졸곡을 지낸 뒤에는 마땅히 날짜를 점쳐서 조모(祖母)의 대상을 행하여야 하니, 제부(諸父 숙부)가 상기가 이미 다하였다는 핑계를 대고 대상을 아직 치르지 않은 상태에서 먼저 상복을 벗을 수 있겠습니까. 마땅히 형(兄)의 졸곡 뒤에 날짜를 점쳐서 대상제를 지내고 승중(承重)[16]한 형의 아들과 함께 동시에 복을 벗으면 되니, 다시

15 경신년(庚申年) : 1800년(정조24)으로, 매산의 나이 25세 되던 해이다.

16 승중(承重) : 상제(喪祭)의 중함을 이어 받는다는 뜻으로, 상제나 종묘(宗廟)의 중한 책임을 적장(嫡長)이 이어 받음을 이른다. 옛날에는 종법(宗法)에 있어서 적서(嫡

무엇을 의심할 것이 있겠습니까. 형이 추후에 성복(成服)을 하였으면 아우들은 먼저 상기가 차서 먼저 복을 벗는 경우가 진실로 있으니, 이른바 '먼저 상기가 찼다.'는 것은 대상의 시기를 말하는 것입니다.

김씨(金氏)가 말한바 '첫번째 19일로 정하였다.'는 것은 대상의 시기를 말한 것이 아니고 국상(國喪)의 졸곡 후의 초정(初丁)[17]을 말한 것에 지나지 않으니, 무슨 의의가 있기에 반드시 이때에 먼저 복을 벗는단 말입니까? 주자가 "먼저 상기가 차면 먼저 복을 벗는다.〔先滿先除〕"라고 말씀하신 것[18]은 증거로 삼을 만한 것이 못될 듯합니다. 담제(禫祭)는 때가 지났으니 마땅히 지내지 않아야 할 것이요, 대상이 지난 뒤에 정일(丁日)이나 해일(亥日)에 길제(吉祭)로 나아가는 것이 옳을 것이며, 한 달을 넘겨 길제로 나아가는 것이 더욱더 옳을 듯합니다.

庶)의 구별이 매우 엄하여 적자가 죽었을 경우 다른 서자에게 종통을 전하지 않고 바로 손자에게 전하였는데, 이를 할아버지의 입장에서는 '전중(傳重)'이라 하고, 손자의 입장에서는 '승중'이라고 한다.

17 초정(初丁) : 상정(上丁)이라고도 하는바, 일진(日辰)으로 보아 매월 첫 번째에 드는 정일(丁日)을 이른다.

18 주자가……것 : 이 내용은 《주자어류(朱子語類)》 권89 〈예(禮) 6 상(喪)〉에 "친상에 형제들 중에 먼저 상기가 찬 자는 먼저 복을 벗고, 뒤에 상기가 찬 자는 뒤에 벗으니, 외지(外地)에 있어 부음을 듣는 데 선후가 있기 때문이다.〔親喪, 兄弟先滿者先除服, 後滿者後除, 以在外聞喪有先後者.〕"라고 보인다.

박원득에게 답함 신유년[19] 정월
答朴元得 辛酉元月

편지에 가득히 넘치는 가르침을 손을 깨끗이 씻고 장중하게 읽기를 백 번에 그칠 뿐만이 아니었는데, 여기에서 선친의 뜻과 일을 훌륭하게 계승하고 엄격하게 지키고 있음을 볼 수 있으니, 구구한 이 몸은 기쁘고 감탄하였습니다. 이 의리는 돌아가신 선생께서 60년 동안 강명(講明)하신 것으로 출처의 큰일에 관계되니, 백대(百代)의 앞에도 있었고 천대(千代)의 뒤에도 있을 것이어서, 부서져 사라질 수도 없고 갈려 없어질 수도 없는 것입니다.

《주역》을 말씀하지 않으셨으나, 《주역》을 잘 이용한 곳을 알 수 있습니다. 그러므로 크게 감추어 숨긴 것을 제가 밝히고자 하고 지극히 은미하고 완곡(婉曲)한 것을 제가 드러내고자 하여, 삼가 드러난 것을 은미하게 하고 그윽한 것을 밝게 드러내는 뜻[20]을 스스로 따르고자 합니다. 지금 저에게 내려주신 가르침을 보니, 이치를 바르게 보고 근심을 자세하게 헤아리셔서 저도 모르게 마음속이 시원히 풀리니, 감히 명하신 대로 따르지 않겠습니까. 다시 지은 초본(草本)을 삼가 지금 보내 드리니, 보신 뒤에 다시 가르쳐 주시기를 바랍니다.

19 신유년(辛酉年) : 1801년(순조1)으로, 매산의 나이 26세 되던 해이다.

20 드러난……뜻 : 이 내용은 《주역》 〈계사전 하(繫辭傳下)〉에 "《역》은 과거를 드러내고 미래를 보여 주며, 드러난 것을 은미하게 하고 숨겨진 것을 밝혀 준다.〔夫易, 彰往而察來, 微顯而闡幽.〕"라고 보인다.

제가 글과 폐백을 받들고 헌병(軒屛)[21]에 올랐을 적에, 선생께서는 《춘추(春秋)》의 대의(大義)[22]를 첫 번째로 강론하셨습니다. 지금 삼년상을 마쳐서 궤연(几筵)[23]을 철거할 때가 되어 선생께서 평소 지키신 큰일을 가지고 마침내 영좌(靈座)의 앞에서 아뢰니, 바로 이른바 '조리를 시작하고 조리를 끝낸다.'[24]고 하는 것입니다. 양해해 주시기를 바랍니다. 그러나 제문(祭文)[25]의 양을 거듭 줄이고 거듭 삭제하였어도 이

21 헌병(軒屛) : 마루의 난간과 방 안에 둘러친 병풍이라는 뜻인데, 병풍은 어른이나 선생이 계신 자리와 가까운 곳에 치기 때문에 선생의 문하를 이른다.

22 춘추(春秋)의 대의(大義) : 《춘추》에서 강조하였던 존주양이(尊周攘夷)의 의리로, 여기서는 곧 중화(中華)인 명나라를 높이고 오랑캐인 청나라를 배척하는 의리이다. 원문의 '양추(陽秋)'는 공자가 지은 《춘추》를 가리키는바, 진(晉)나라 간문제(簡文帝)의 후(后) 정씨(鄭氏)의 이름인 아춘(阿春)을 휘하여 춘(春)을 양(陽)으로 바꾸어 쓴 것이다.

23 궤연(几筵) : 원문의 '상생(象生)'은 궤연을 이르는바, 망자가 살아생전에 사용했던 기물들을 진열하여 살아있을 때를 그대로 본뜬다 하여 붙여진 이름이다. 두우(杜佑)의 《통전(通典)》 권49 〈시향천신부(時享薦新附)〉에 "사당에 신주를 보관하여 사시제를 지내고, 침전(寢殿)에는 의관과 궤장 등 살아생전에 쓰던 기물을 두고서 그곳에 새로운 음식물을 올린다.〔廟以藏主, 以四時祭, 寢有衣冠几杖象生之具, 以薦新物.〕"라고 보인다.

24 조리를……끝낸다 : 조리는 맥락과 같은 말로, 음악을 연주할 때 처음에 종이나 징 따위를 쳐서 소리를 퍼뜨려 음악을 시작하는 것을 '조리를 시작한다.'고 하고, 마지막에 석경(石磬)을 쳐서 음악을 끝마치는 것을 '조리를 끝낸다.'고 하는바, 여기서는 돌아가신 선생이 평생하신 큰일의 시작과 끝을 말한 것이다. 《맹자》 〈만장 하(萬章下)〉에 "집대성이란 음악을 연주할 적에 금옥으로 소리를 퍼뜨리고 옥경으로 거두는 것이다. 금옥으로 소리를 퍼뜨리는 것은 조리를 시작함이요 옥경으로 거두는 것은 조리를 끝냄이다.〔集大成也者, 金聲而玉振之也. 金聲也者, 始條理也; 玉振之也者, 終條理也.〕"라고 하였다.

25 제문(祭文) : 원문의 '뇌(酹)'는 제사를 지낼 때에 강신(降神)하기 위해 땅에 술을

미 주자께서 지은 네 글자[26]보다 많으나, 그래도 제문을 짓지 않는 것보다는 낫지 않겠습니까. 어느 때에나 선생의 마음을 말로 다 표현해 낼 수 있겠습니까? 오직 가슴속에 평탄치 못한 심사가 있을 뿐이니, 일일이 세상 사람들에게 말하기 쉽지 않습니다.

붓는 의식인 '뇌주(酹酒)'를 줄인 말인데, 여기서는 제사의 뜻으로 쓰였다.

26 주자께서……글자 : 주자가 스승인 연평(延平) 이동(李侗)의 제문에서 사용한 '빙호추월(氷壺秋月)'이라는 네 글자로, 얼음으로 만든 호리병에 맑은 가을 달이 비치는 것과 같이 티 없이 고결한 연평의 인품을 형용한 말이다. 《朱子大全 卷87 祭延平李先生文》

박원득에게 답함 신유년 2월
答朴元得 辛酉二月

종형(從兄)께서 요절한 자식의 상(喪)에 곡하셨다는 소식을 들으니, 마음이 참담하고 서글픕니다. 비록 상(殤)을 이루지 못했으나 그래도 한 달 동안의 곡이 있으니,[27] 그렇다면 어찌 조모(祖母)의 사당에 영화(榮華)를 고할 수 있겠습니까. 시신을 내어다 묻은 뒤에야 비로소 이것을 의논할 수 있으니, 한집에 사느냐 다른 집에 사느냐는 또한 굳이 논할 것이 못됩니다.

《가례》에 "아헌(亞獻)은 주부(主婦)가 하고 삼헌(三獻)은 자제(子弟)가 한다."고 하였고,[28] "백숙부모(伯叔父母)가 헌을 한다."는 글은 없습니다. 그러나 사당 안에서는 집사가 되어 일하는 것을 영광으로 여기

27 상(殤)을……있으니 : '상을 이루지 못했다는 것'은 8세 이전의 나이에 죽었음을 말한다. 성년(成年)이 되기 전에 죽는 것을 세 가지로 나누어 삼상(三殤)이라고 하는 바, 하상은 8세에서 11세, 중상(中殤)은 12세에서 15세, 장상(長殤)은 16세에서 19세 사이에 요절함을 이른다. 원문의 '역월(易月)'은 한 달을 하루로 친다는 의미로, 8세 이전에 죽었을 경우의 무복지상(無服之殤)에는 한 달을 하루로 계산하여 곡을 하므로 이렇게 말한 것이다. '한 달 동안의 곡'은 삼년상에 해당되는 경우로 27일을 곡한다. 《儀禮 喪服 疏》

28 아헌(亞獻)은……하였고 : 《가례》 권5 〈제례(祭禮) 사시제(四時祭)〉의 아헌(亞獻)의 주에 "주부가 한다.〔主婦爲之.〕"라고 하였고, 종헌(終獻)의 주에 "형제 중 맏이나 또는 장남이나 빈이 한다.〔兄弟之長或長男或親賓爲之.〕"라고 하였으므로 이렇게 말한 것이다.

는데 이는 진실로 천한 사람에게까지 미칠 수 있으니, 그렇다면 귀한 사람에게는 미칠 수가 없겠습니까. 백숙부모로 하여금 공경의 뜻을 표하게 하는 것은 똑같습니다. 그렇다면 제부(諸父)가 제사가 끝날 때까지 하는 일이 없다면 진실로 매우 서운하니, 퇴계(退溪)의 말씀[29]에 대해 저는 흠잡을 데가 없습니다.

《가례》의 본의(本意)는 이분들이 높기 때문에 참여시키지 않은 듯합니다. 그러나 선조를 높이고 종족을 존경하는 뜻으로 종축(宗祝)[30]과 유사(有司)의 직책을 행하는 것이 어찌 존체(尊體)를 낮추고 굽히는 것이겠습니까. 공경히 일을 집행하면 될 것입니다.

《상례비요》에 새 신주를 합제(合祭)하는 축문은 어머니가 생존해 계시고 아버지가 별세한 경우를 가지고 말한 것인데, 소주(小註)에 "모친(某親)의 상기가 이미 다하여 예법 상 마땅히 배향(配享)해야 한다."라고 하였습니다. 그렇다면 아버지가 먼저 별세하고 어머니의 상을 당했을 경우와 어머니가 먼저 별세하고 아버지의 상을 당했을 때에도 통용되는 말이니, '모친(某親)'이라는 두 글자를 가지고 알 수

29 퇴계(退溪)의 말씀 : 《퇴계집(退溪集)》 권34 〈답정여인문목(答鄭汝仁問目)〉에 "아헌과 종헌을 제부(諸父)를 시키지 않은 것은 응당 뜻이 있을 터인데, 고찰할 수가 없습니다. 그러나 정리(情理)를 가지고 말할 것 같으면, 사람들은 사당 안에서 일하는 것을 영광으로 여깁니다. 하물며 제부는 조고(祖考)와의 친소(親疏) 관계가 여러 자제와 똑같지 않으니, 제사를 마치도록 하는 일이 하나도 없다면 어찌 흠결(欠缺)이 있는 것이 아니겠습니까.〔亞、終獻不使諸父, 應有其意, 不可考. 然以情理言之, 廟中以有事爲榮, 況諸父之於祖考, 非衆子弟之比, 終祭無一事, 豈非欠缺耶?〕"라고 보인다.

30 종축(宗祝) : 종백(宗伯)과 태축(太祝)을 합한 말로 원래 종문(宗門)의 제사를 주관하는 관직인데, 여기서는 사대부 집안의 제사의 축관 등을 가리켜 말한 것이다.

있습니다. 그러나 사당에 올려서 들인다는 말이 전혀 없고, 《사례편람(四禮便覽)》의 축사(祝辭)는 《상례비요》에 비해서 꽤 자세하나 여기에 또한 배향한다는 말이 없으니, 저의 생각에는 둘 다 모두 미비한 듯합니다.

이에 그 본문을 따라 고치기를

"모친(某親)의 상기가 이미 다하여 예법 상 마땅히 배향해야 하므로, 이제 좋은 때에 사당에 올려서 들입니다. 맹춘(孟春)의 때에-아직 중춘(仲春)이 아니니, 이 말은 삭제해도 됩니다.- 세시(歲時)의 감회에 젖어 슬픈 마음이 하늘처럼 다함이 없습니다. 이에 감히 맑은 술과 여러 가지 음식을 가지고 공경히 세시의 제사를 올립니다."

라고 하였는데, 어떨지 모르겠습니다.

'배(配)'는 모은다는 뜻입니다. 어머니가 먼저 별세하고 아버지의 상을 당했을 때에는 '배' 자를 써서는 안 되는 의리가 없을 듯하니, 단지 《상례비요》의 주를 따르는 것이 옳습니다. 새 신주의 축문은 《가례의절》과 《상례비요》에서 나왔는데, 처음 사당을 만들어 제사한 분과 여러 대를 계승한 분을 통틀어 지칭한 것입니다.

박원득에게 줌 임술년[31] 11월

與朴元得 壬戌十一月

지금 장인(丈人)의 면례(緬禮 이장)를 행하려고 하는데, 형포(荊布)는 삼년복을 입어야 할 자가 아니니 응당 시마복(緦麻服)을 입어서는 안 됩니다.[32] 왕숙(王肅)이 "복이 없으면 조복(弔服)에 가마(加麻)한다."라고 한 말[33]을 따르고 싶지만, 부인이 가마(加麻)하는 것은 상고할 예(禮)가 없으니, 또한 따르기 어렵습니다. 계묘(啓墓)[34]할 때부터 장례할 때까지 소복(素服)으로 곡림(哭臨)해야 하고 우제(虞祭)를 치르고 나서 화려하고 성대한 복장으로 돌아와야 하니, 비록 하관(下棺)에 참여하지 못하더라도 마땅히 소복으로 우제를 마치는 것이 어떨지 모르겠습니다.

31 임술년(壬戌年) : 1802년(순조2)으로, 매산의 나이 27세 되던 해이다.

32 형포(荊布)는……됩니다 : 형포는 가시나무로 만든 비녀를 꽂고 베로 만든 치마를 입는다는 뜻으로 부인의 검소한 덕을 말하는데, 여기서는 부인을 지칭한다. 이장할 경우 삼년복을 입어야 할 상주는 시마복을 입는바, 여기서는 부인이기 때문에 시마복을 입어서는 안 된다고 말한 것이다.

33 왕숙(王肅)이……말 : 왕숙(王肅, 195~256)은 경학에 조예가 깊었던 삼국 시대 위(魏)나라 학자이고, 해당 구절은 당나라 때 두우(杜佑, 735~812)가 편찬한《통전(通典)》에 실려 전한다.《通典 卷101 禮61 師弟子相爲服議》

34 계묘(啓墓) : 이장(移葬)이나 반장(返葬)을 하기 위해 묘를 허무는 것을 말한다.

박원득에게 답함 계해년[35] 정월

答朴元得 癸亥正月

하문하신 의절(儀節)은 자세히 다 살펴보았습니다. 옛날 어떤 사람이 신독재(愼獨齋 김집(金集))에게 여쭙기를 "만약 관직이 바뀌었거나 추증되는 일이 시향(時享)[36]하는 달 안에 있으면 시향하는 날을 기다려야 하지만, 만약 이미 시향이 지났으면 다음 중월(仲月)의 시향을 기다립니까?"라고 하자, 신독재께서 답하시기를 "일이 있으면 고해야 하니, 지체하고 기다려서는 안 된다."라고 하셨습니다.

이것을 근거하여 보면 관직에 임용되어서 영화(榮華)를 아뢰는 것 또한 마땅히 처음 벼슬하는 다음 날에 해야 할 것이요, 지체하여 절일(節日)을 기다려서는 안 됩니다. 그런데 지금 집사께서 병환이 있어서 이것을 행하실 수 없다면, 보름 때에 사당에 참배하고 고하시는 것도 의리에 해롭지는 않을 듯합니다. 비록 몸소 받들어 고유하지 못하더라도 대신 고해야 마땅할 것이요, 사은숙배하는 날에도 마땅히 관복을 입고 사당에 배알하여야 할 것입니다. 알지 못하겠습니다. 고견은 어떻습니까?

35 계해년(癸亥年) : 1803년(순조3)으로, 매산의 나이 28세 되던 해이다.

36 시향(時享) : 사시제(四時祭)를 가리킨 것으로, 시제(時祭)・시사(時祀)라고도 하는데, 매년 춘하추동(春夏秋冬)의 중월(仲月)인 2월・5월・8월・11월에 날짜를 가려 가묘에 지내는 큰 제사이다.

박원득에게 줌 계해년 동짓달
與朴元得 癸亥至月

근래에 우암(尤庵 송시열) 선생의 초상화를 얻어서 작은 족자로 만들어 매월 초하루와 보름에 저의 거실에 걸어놓고 재배(再拜)하고 뵈면서, 자나 깨나 갱장(羹墻)의 사모하는 마음[37]을 붙이고 있습니다. 제가 비록 우암 어른의 가르침을 행하지는 못하지만, 원하는 바는 우암 어른을 배우는 것입니다. 하늘처럼 높고 바다처럼 넓은 흉금과 태산처럼 높고 높은 기상을 가지고 보면, 도(道)가 모습을 주고 하늘이 형체를 준[38] 분임을 알 수 있습니다. 바라보면 엄숙하고 나아가면 온화하신[39] 이 어른의 말씀을 직접 들을 수 없으니, 제가 늦게 태어나서 남간정사(南澗精舍)와 화양동(華陽洞)[40] 사이에서 참된 말씀을 받들지 못하는

37 갱장(羹墻)의……마음 : 죽은 사람에 대한 간절한 추모의 정을 말한다. 요(堯) 임금이 죽은 뒤에, 순(舜) 임금이 3년 동안 사모하는 정을 이기지 못한 나머지, 밥을 먹을 때에는 요 임금의 얼굴이 국그릇 속〔羹中〕에 비치는 듯하고, 앉아 있을 때에는 요 임금의 그림자가 담장〔墻〕에 어른거리는 듯했다는 고사에서 유래하였다. 《後漢書 卷63 李杜列傳》

38 도(道)가……준 : 우암의 심원한 흉금과 고상한 기상이 하늘의 도와 이치를 자연 그대로 받아 이루어진 것임을 비유한 말로, 《장자(莊子)》 〈덕충부(德充符)〉에서 인용한 것이다.

39 바라보면……온화하신 : 군자의 모습을 갖춘 우암을 형용한 말이다. 이 내용은 《논어》 〈자장(子張)〉 편의 "군자는 세 가지 변함이 있으니, 멀리서 바라보면 엄숙하고, 그 앞에 나아가면 온화하고, 그 말을 들어보면 명확하다.〔君子有三變, 望之儼然, 卽之也溫, 聽其言也厲.〕"라는 자하(子夏)의 말을 원용한 것이다.

것이 더욱더 한스럽습니다.

주자께서 이른바 '선생은 조용하여 말이 없고 천한 이 몸은 눈물만 줄줄 흘린다.'[41]는 것이 참으로 제 마음을 미리 알고 하신 말씀입니다. 우암 선생의 입장에서는 화상을 모시기에 적당한 곳이 아니겠지만 저의 입장에서는 우러러보고 의지할 곳이 있으니, 구구한 이 몸의 다행입니다. 삼가 생각하건대 주자는 후세의 공자요 우암 어른은 후세의 주자이니, 처한 시대 상황도 같고 공적(功績)도 같습니다. 이미 우암 어른의 유상(遺像)을 받들고 있으니, 공자와 주자 두 부자(夫子)의 유상까지 모두 받들고 싶으나 그럴 수가 없습니다. 이어 생각하건대 돌아가신 선생의 서실에 봉안되어 있던 두 부자의 작은 영정이 응당 집안에 보존되어 있을 것입니다. 집사께서 만약 저도 함께 모실 수 있도록 허락해 주신다면 삼가 마땅히 몸소 가서 받들어 올 것입니다. 만일 선친이 받들었던 것이라서 남에게 줄 수 없다고 하신다면, 아직 장황(裝潢)하지 않은 한 본을 보내주시기를 천만번 간절히 바랍니다.

지금 사람들은 세 성현(공자・주자・우암)께 모두 망극한 은혜를 받고 있어서 비록 집집마다 제사 지내더라도 지나침이 되지 않으니, 높이 받들어 공경하고 깨끗이 하여 정성을 바침에는 그 마음이 모두 똑같을 것입니다. 그렇다면 제가 간곡히 청하는 것은 혹시라도 혈구(絜

40 남간정사(南澗精舍)와 화양동(華陽洞) : 남간정사는 우암이 후학을 양성하기 위하여 1683년(숙종9)에 회덕(懷德) 소제동(蘇堤洞)에 세운 강학당이고, 화양동은 괴산의 청천(靑川)에 있는 골짜기로, 우암이 은거하며 제자들을 가르치던 곳이다.

41 선생은……흘린다 : 이 구절은 주자가 지은 〈북산기행십이장(山北紀行十二章)〉 시 가운데 염계(濂溪) 주돈이(周敦頤)의 서당(書堂) 유상(遺像)에 참배하고 느낌을 읊은 제11장에 보인다.

矩)의 의리[42]에 위배되지 않겠습니까. 그러나 만약 집사와 제가 아우처럼 길러주고 형처럼 섬기는 사이가 아니라면, 이 말을 어찌 감히 입 밖으로 낼 수 있겠습니까. 또 제가 믿고 우러러 청하는 것은 집사께서 남과 나 사이에 구별이 없는 분이시기 때문이니, 부디 가엾게 여기고 헤아려주시기 바랍니다.

유상을 설치하고서 단지 재배만 하는 것은 그다지 의미가 없으니, 판향(瓣香) 하나로 작은 정성을 올리는 것이 예(禮)에 어떨지 모르겠습니다. 돌아가신 선생께서 예전에 화상을 뵙고 재배만 하시고 분향하지 않으신 것은 영당(影堂)에 가깝게 되는 것을 꺼리셨기 때문입니까? 겸산(兼山)[43]의 예전의 예(例)를 또한 듣기 원하니 아울러 가르쳐 주십시오.

《예기》〈왕제(王制)〉에 이르기를 "사서인(士庶人)은 죽은 지 3일이

42 혈구(絜矩)의 의리 : 혈구(絜矩)의 '혈(絜)'은 헤아린다는 뜻이고 '구(矩)'는 방정한 척도를 이르는 것으로, 자신의 마음을 가지고 남의 마음을 헤아려 하고 싶은 것을 함께하고, 하기 싫은 것을 베풀지 않음을 말한다. 《대학(大學)》에 "윗사람에게 싫었던 것으로써 아랫사람을 부리지 말며 아랫사람에게 싫었던 것으로써 윗사람을 섬기지 말며 …… 오른쪽에게 싫었던 것으로써 왼쪽을 사귀지 말며 왼쪽에게 싫었던 것으로써 오른쪽을 사귀지 말 것이니, 이것을 일러 구(矩)로 헤아리는 도(道)라고 한다.〔所惡於上, 毋以使下, 所惡於下, 毋以事上, …… 所惡於右, 毋以交於左, 所惡於左, 毋以交於右, 此之謂絜矩之道.〕"라고 보인다.

43 겸산(兼山) : 유숙기(兪肅基, 1696~1752)로, 겸산은 그의 호이고, 자는 자공(子恭), 본관은 기계(杞溪)이다. 김창흡(金昌翕)의 문하에서 수학하였으며, 1715년(숙종 41) 생원시에 1등으로 합격하였다. 1733년 명릉 참봉(明陵參奉)으로 벼슬길에 올라 효릉 참봉(孝陵參奉), 임피 현령(臨陂縣令), 전주 판관 등을 역임하였다. 《소학》과 경서(經書)를 매일 정독하며 이론과 실천의 부합에 힘썼다. 저서에 《겸산집》이 있다.

되면 빈소(殯所)를 차리고, 3개월이 되면 장례한다."라고 하였으니, 빈소를 차리는 것과 장례는 본래 두 가지의 일입니다. 출빈(出殯)[44]하고 장례하지 못하였는데, 장례하였다고 말해도 되겠습니까? 저는 장례라고 말할 수 없다고 생각합니다. 그렇다면 비록 죽은 지 3개월의 기간이 지났더라도 한결같이 아직 장례하지 않은 것으로 단정할 뿐입니다. 〈왕제〉의 "상중에 있는 3년 동안은 제사지내지 않는다."라는 글을 지금 비록 따를 수 없으나, 죽고 나서 아직 매장하지 못한 상황에서, 모시는 신위에 제사하는 것은 정(情)이 너무 지나친 듯합니다. 우암 어른이 "100일로 끊는다."[45]라고 하신 것은 변통으로 말씀한 것이지만, 끝내 예에 지나칠 듯하여 감히 믿을 수가 없습니다.

《의례》〈사혼례(士昏禮)〉에 "종자(宗子)는 아버지가 없으면 어머니가 명하고, 부모가 다 별세하였으면 자기가 직접 명한다."라고 하였으니, 이것은 《가례(家禮)》의 "종자 자신이 혼인하게 되면, 집안의 어른이 주관한다."[46]는 글과는 같지 않습니다. 그러나 "부모가 모두 돌아가

44 출빈(出殯) : 장례 지내기 전에 집 밖에 차린 빈소에 시신을 내어다 놓는 것을 말한다.

45 100일로 끊는다 : 이 내용은 《송자대전(宋子大全)》 권70 〈답송도원(答宋道源)〉에 "100일의 설은, 사대부는 3개월이 되면 장례하기 때문에 모두 이것을 기한으로 삼아 조금 당기거나 조금 늦추는 지점으로 삼는 것입니까? 일찍이 듣건대 '종형의 상을 당하여 장례를 마칠 때까지 기다렸다가 혼례를 행하고자 하는 경우, 장례를 제대로 치루지 못했다면 마땅히 100일로 끊어야 한다.'라고 하였으니, 제례에 융통해서 시행해도 괜찮을 것 같습니다.〔百日之說, 蓋士大夫以三月而葬, 故槩爲此限, 以爲差進差退之地耶? 曾聞: 遭從兄喪, 欲待其葬後而行昏禮者, 其葬不易, 則當以百日爲斷云, 恐可通行於祭禮也.〕"라고 보인다.

셨으면 친족의 높은 분이 주관하고, 없으면 자기가 명하는 것이 가하다."라고 하였으니, 이는 《의례》에서 말하지 않은 것을 주자께서 발명하신 것입니다. 비록 종자가 아니더라도 부모와 친족이 없으면 자기가 직접 명하면 됩니다.

외친(外親)은 나의 친족이 아니니, 길례와 흉례를 그들로 하여금 주관하게 할 수가 없습니다. 그러므로 《예기》〈잡기(雜記)〉에

> "고모와 누이, 누이동생의 남편이 죽었는데, 남편의 집안에 형제가 없으면 남편의 친족사람으로 하여금 상을 주관하게 하고, 아내의 집안[47]은 비록 친척이라도 상을 주관하지 않는다. 남편의 집안에 만약 친족이 없다면 이웃집에서 주관하고, 그것도 없으면 이윤(里尹)[48]이 주관한다."

라고 한 것은 부인은 외성(外成)[49]이기 때문입니다. 외성이기 때문에 본종(本宗)에서 외친과 같이 여기는 것입니다. 이 때문에 상을 주관하지 않고 또한 사위와 외손(外孫)이 주관하는 것을 허락하지 않으니, 이것은 내외를 구분하고 혐의를 결정하는 것입니다. 이미 상을 주관할 수 없다면 또한 혼인을 주관할 수 없으니, 큰 한계를 넘어서는 안 됩니다.

46 종자 자신이……주관한다 : 이 내용은 《가례》 권3 〈혼례(昏禮) 의혼(議昏)〉에 보인다.

47 집안 : 원문에는 '상(喪)'으로 되어있는데, 《예기》〈잡기(雜記)〉의 원문에 의거하여 '당(黨)' 자로 바로잡아 번역하였다.

48 이윤(里尹) : 주(周)나라 때에 작은 마을의 호적 및 기타 공공 사무를 맡아보았던 하급 관리인 여서(閭胥), 이재(里宰) 등을 이른다. 《禮記注疏 卷43》

49 외성(外成) : 여자가 출가함을 이르는데, 여기서는 밖에서 들어와 부부가 되었다는 의미로 쓰인 듯하다.

위당(魏堂)의 《가례회성(家禮會成)》[50]에 이르기를 "부친을 여의고 친족의 어른이 없는 자는 모구(母舅 모친의 형제)가 주관하고, 모구가 없는 자는 부집(父執 부친의 친구)과 이재(里宰)가 주관한다."라고 하였습니다. 이것은 변통의 의논에서 나온 것이지만, 모구의 경우는 '비록 친척이더라도 주관하지 않는다.〔雖親不主〕'는 뜻에 위배되니 결코 따를 수가 없고, 부집과 이장은 바로 '이웃과 이윤이 주관한다.〔隣里主之〕'는 글에 부합합니다.

그러나 《의례》를 따라 자기가 직접 명하는 것[51]이 바름이 되는 것만 못할 듯합니다. 자기가 직접 명하는 것은 '청렴을 기르고 부끄러움을 멀리 한다.〔養廉遠恥〕'는 뜻이 부족한 듯하나, 만일 의롭지 않다면 이것을 주공(周公)께서 말씀하셨겠습니까?[52] 하휴(何休)[53]가 《춘추공양전(春秋公羊傳)》의 '송공(宋公)이 공손수(公孫壽)로 하여금 와서 납폐(納幣)하게 하였다'는 장(章)을 해석하면서 말하기를

"예(禮)에 어머니가 있으면, 어머니가 마땅히 여러 부형과 사우(師

50 위당(魏堂)의 가례회성(家禮會成) : 위당은 명(明)나라의 학자이고, 《가례회성》은 위당이 《주자가례》의 글을 분석하여 여러 주석 및 경전에서 밝혀놓은 예교(禮敎)들을 각 조목의 아래에 기재하고, 자신의 견해와 《가례의절(家禮儀節)》의 주석을 첨부한 책이다. 《楊志剛(Yano Zhi-gang), 중국 명·청대 『주자가례』의 보급과 정착 과정, 『국학연구』 제16집, 한국국학진흥원, 2010.》

51 자기가……것 : 이 말은 《의례》 권2 〈사혼례(士昏禮)〉에 그대로 보인다.

52 이것을 주공(周公)께서 말씀하셨겠습니까 : 《의례》를 주공이 지었기 때문에 이렇게 말한 것이다.

53 하휴(何休) : 129~182. 중국 후한(後漢) 때의 학자로 《춘추공양전》에 통달하여 《춘추공양해고(春秋公羊解詁)》를 지었다. 저술로는 《춘추공양해고》 외에 《공양묵수(公羊墨守)》, 《좌씨고황(左氏膏肓)》, 《곡량폐질(穀梁廢疾)》 등이 있다.

友)에게 명하여 부형과 사우의 이름을 칭해서 혼례를 행한다. 그런데 송공은 어머니가 없어서 명을 내리게 할 사람이 없어 말이 궁하므로 스스로 명하였다. 스스로 명했으니, 그렇다면 '사(使)' 자를 칭하지 않을 수 없다."[54]

라고 하였으니, 이것이 징험할 만한 것입니다.

54 예(禮)에……없다 : 이 내용은 《춘추공양전주소(春秋公羊傳注疏)》 권2 〈은공 2년(隱公二年)〉에 보인다.

박원득에게 답함 을축년[55] 2월

答朴元得 乙丑二月

일찍이 돌아가신 선생께서 지으신 오영재(吳寧齋)[56]의 유사(遺事)를 읽어 보니, 순암(醇菴)[57]께서 성천(成川) 고을을 맡으셨을 적에 영재가 성천의 가죽신을 신지 않고 짚신을 신었다고 하셨는데, 저는 방상(方喪)[58]으로 인해서 제도를 바꾼 것으로, 온몸에 걸친 피복(被服)이 바로 관물(官物)이었습니다.

55 을축년(乙丑年) : 1805년(순조5)으로, 매산의 나이 30세 되던 해이다.

56 오영재(吳寧齋) : 오윤상(吳允常, 1746~1783)으로 영재는 그의 호이다. 자는 사집(士執), 본관은 해주(海州)이며 대제학(大提學)을 지낸 순암(醇菴) 오재순(吳載純)의 아들이고, 노주(老洲) 오희상(吳熙常)의 형으로, 미호(渼湖) 김원행(金元行)의 문하에서 배웠다. 행실이 효성스러웠고 경전(經傳)을 깊이 연구하여 학식이 높았는데, 37세에 요절하였다.

57 순암(醇庵) : 영재 오윤상의 아버지인 오재순(吳載純, 1727~1792)의 호로, 자는 문경(文卿)이다. 1772년(영조48)에 탕평정시(蕩平庭試)에 급제하고, 정조의 총애를 받으면서 오랫동안 문형(文衡)을 지내고 전조(銓曹)를 맡았다. 저술에 《주역회지(周易會旨)》, 《완역수언(玩易隨言)》, 《성학도(聖學圖)》, 《순암집(醇庵集)》 등이 있다.

58 방상(方喪) : 자식이 돌아가신 아버지를 위해 복(服)을 입는 상례에 견주어 신하가 임금의 상에 복을 입는 것을 말한다. 《예기》 〈단궁 상(檀弓上)〉에 "어버이를 섬기되 숨김은 있고 범함은 없으며, 좌우로 나아가 봉양함에 일정한 방소가 없으며, 부지런히 일하여 죽음에 이르며, 삼년상에 슬픔을 지극히 한다. 군주를 섬기되 범함은 있고 숨김은 없으며, 좌우로 나아가 봉양함에 일정한 방소가 있으며, 부지런히 일하여 죽음에 이르며, 부모의 삼년상과 똑같이 한다.〔事親, 有隱而無犯, 左右就養無方, 服勤至死, 致喪三年; 事君, 有犯而無隱, 左右就養有方, 服勤至死, 方喪三年.〕"라고 보인다.

또 듣건대

"돌아가신 선생께서는 선왕고(先王考)가 부임한 관청에 따라가셨을 적에 항상 문을 닫고 몸을 단속하여 고을 사람들과 사귀는 일이 적어서, 돌아올 적엔 문을 나오자 사람들이 관아의 자제인 줄을 몰랐다."

라고 하였습니다. 저는 아버지의 임소(任所)에 온 지 몇 달이 안 되는데도 얼굴을 아는 자가 많았습니다. 이 두 가지는 제가 기뻐하여 배웠지만 아직 능하지 못한 일입니다. 더구나 이보다 더 큰 것에 있어서이겠습니까. 선현에게 부끄럽고 부끄러울 뿐입니다.

돌아가신 선생의 유편(遺編)을 정사(正寫)하는 일이 이미 끝나서 이장(李丈)과 유장(兪丈)[59] 두 어른께 전해드려 수정을 받았습니까? 문고가 있고 없고는 스스로 명덕을 밝히신 우리 선생의 입장에서 보면 전혀 보탬이나 손해될 것이 없습니다. 그렇다면 이것을 전하는 것도 훌륭한 것이 되지 않고, 전하지 않는 것도 부족함이 되지 않습니다.

그러나 우리 선생께서 종신토록 자정(自靖)[60]하여 스스로 선성(先

59 이장(李丈)과 유장(兪丈) : 근재 박윤원과 교유가 많았던 이정인(李廷仁, 1734~?)과 유한준(兪漢雋, 1732~1811)을 가리킨 것으로 보인다. 이정인은 자가 선장(善長), 본관이 전주(全州)이며, 1774년(영조50)에 증광시(增廣試)에 합격하고 돈녕 도정(敦寧都正)을 지냈다. 유한준은 자가 만청(曼倩) 또는 여성(汝成), 호가 저암(著菴), 본관이 기계(杞溪)이다. 1768년 진사시에 합격하고 벼슬이 형조 참의에 이르렀다.

60 자정(自靖) : 스스로 의리에 편안히 함을 이른다. 《서경》 〈미자(微子)〉에 "스스로 의리에 편안하여 사람마다 스스로 선왕(先王)에게 뜻을 바칠 것이다.〔自靖, 人自獻于先王.〕"라고 보이는데, 채침(蔡沈)은 《집전(集傳)》에서 "정(靖)은 편안함이니, 각기 의리에 마땅히 다해야 할 바에 편안하여 스스로 그 뜻을 선왕에게 진달(陳達)하여 신명(神明)에게 부끄러움이 없게 할 뿐이다."라고 주하였다.

聖)께 뜻을 바치셨는데, 사업에 나타난 것은 오직 효도하고 우애하여 정사(政事)에 베풀고[61] 의를 행하면서 그 도를 행한 것[62]이었을 뿐입니다. 이것은 '집을 나가지 않고 나라에 가르침을 이룰 수 있다.'[63]는 것입니다.

그러나 도덕과 문장(文章), 절의(節義)의 실제가 모두 유저(遺著)에 기재되어 있으니, 장차 한 세상 사람들의 귀와 눈에 각인되고 후세의 사람들을 무궁하게 깨우칠 것이 여기에 있는데, 책 상자 속에 오랫동안 넣어두었습니다. 은미한 말씀이 거의 실추되고 대의(大義)가 장차 사라질 상황이니, 이것이 변변찮은 제가 밤낮으로 근심하고 고민하는 것입니다.

저는 겨우 약관(弱冠)의 나이에 갑자기 태산이 무너지는 애통함[64]을

61 오직……베풀고 : 이 내용은 《서경》 〈군진(君陳)〉의 "효도하고 형제에게 우애하여 능히 정사에 시행하였다.〔惟孝友于兄弟, 克施有政.〕"라는 구절을 원용한 것이다.

62 의를……행한 것 : 이 내용은 《논어》 〈계씨(季氏)〉의 "숨어살면서 그 뜻을 구하고 의를 행하면서 그 도를 행하는 것을, 나는 그러한 말만 들었고 그러한 사람은 보지 못하였노라.〔隱居以求其志, 行義以達其道, 吾聞其語矣, 未見其人也.〕"라는 구절을 인용한 것이다.

63 집을……이룬다 : 이 내용은 《대학장구》 전 9장의 "이른바 나라를 다스림이 반드시 먼저 그 집안을 가지런히 함에 있다는 것은 그 집안을 가르치지 못하고 능히 남을 가르치는 자는 없다는 것이다. 그러므로 군자는 집을 나가지 않고 나라에 가르침을 이루는 것이다. 효(孝)는 군주를 섬기는 것이요, 제(弟)는 장관을 섬기는 것이요, 자(慈)는 여러 백성들을 부리는 것이다.〔所謂治國, 必先齊其家者, 其家不可教, 而能教人者無之. 故君子不出家而成教於國. 孝者, 所以事君也; 弟者, 所以事長也; 慈者, 所以使衆也.〕"라는 구절을 인용한 것이다.

64 태산이……애통함 : 원문의 '산퇴(山頹)'는 태산이 무너졌다는 말로 스승이나 철인(哲人)의 죽음을 비유하는 말이다. 공자가 자신이 죽는 꿈을 꾸고는 아침 일찍 일어나

당하여, 귀로 들어 마음에 보존된 선생의 가르침들이 거의 다 날마다 멀어지고 달마다 잊히고 있으니, 훗날 구천에 돌아가서 선생을 배알할 때에 장차 무엇을 손에 쥐고 고하겠습니까? 심법(心法)을 전하는 것은 너무 높아서 제가 감히 바랄 수가 없고, 오직 유저를 가지고 깊은 산중으로 들어가서 종신토록 연찬(硏鑽)하여 자나 깨나 사모하고 그리워하는 자료로 삼기를 원하니, 집사께서는 부디 저에게 1부를 나누어 주십시오. 아직 세상에 간행되지 않았으니, 어찌 감히 제가 번거롭게 남들에게 보이겠습니까. 삼가 받아서 잘 감추어 두어서, 신중하게 하시려는 집사의 지극한 뜻을 저버리지 않겠습니다. 〈노소호삼인영(魯蘇胡三人詠)〉[65]은 우리 선생께서 감회를 심도 있게 기록한 시입니다. 제가 이

뒷짐을 지고 지팡이를 끌고 문 앞에 한가로이 거닐며 "태산이 무너지겠구나. 대들보가 부러지겠구나. 철인이 죽게 되겠구나.〔泰山其頹乎! 梁木其摧乎! 哲人其萎乎!〕"라고 노래하고는 얼마 후에 별세한 일에서 유래하였다.《禮記 檀弓上》

65 노소호삼인영(魯蘇胡三人詠) : 나라를 위해 충절을 바쳤던 노중련(魯仲連), 소무(蘇武), 호전(胡銓)에 대해 지은 시로,《근재집(近齋集)》 권2에 실려 있다. 노중련은 전국(戰國) 시대 말기 제(齊)나라의 고사(高士)로 진(秦)나라 군대가 조(趙)나라의 수도인 한단(邯鄲)을 포위하였는데, 이때 위(魏)나라가 장군 신원연(新垣衍)을 보내 진나라 임금을 황제로 섬기면 포위를 풀 것이라는 계책을 내었는데, 노중련이 "저 무도한 진(秦)나라가 방자하게 황제가 되어 죄악으로 천하에 정사를 편다면, 나는 동해에 뛰어들어 죽을 뿐이요, 내 차마 그 백성은 될 수가 없다.〔彼卽肆然而爲帝, 過而爲政於天下, 則連有蹈東海而死耳, 吾不忍爲之民也.〕"라고 하여 이를 무산시켰다.《史記 卷83 魯仲連列傳》 소무는 전한(前漢) 무제(武帝) 때 흉노(匈奴)에 사신으로 갔다가 19년 동안이나 구금된 인물로, 갖은 고초를 당하면서도 끝내 충절을 지켰다.《漢書 卷54 蘇建傳 蘇武》 호전은 남송(南宋) 때의 직신(直臣)으로, 추밀원 편수관으로 있을 때 소를 올려 금(金)과의 화친을 주장하는 왕륜(王倫)·진회(秦檜)·손근(孫近) 3인을 삼간(三奸)으로 지목하며 죽이라고 간했다가 진회의 노여움을 사서 유배되었다.《宋史 卷374 胡銓列傳》

시를 항상 외우기를 원했고 또한 화답하여 어려움을 참고 견디는 회포를 펴기를 바라니, 엎드려 바라건대 등사하여 보여주십시오.

제문(祭文)은 개정하여 별폭에 기록하였습니다. 그러나 생각이 막히고 지식이 고루해서, 드러난 것을 은미하게 하고 숨겨진 것을 밝혀 우리 선생의 도(道)를 위해 헌신하신 고심(苦心)을 이를 통하여 조금이라도 전해지게 할 수 없으니, 부끄럽고 부끄럽습니다. 그러나 우리 선생께서 우뚝하게 서서 홀로 행하신 정밀한 의리와 큰 절개는 본래 천지에 세울 수 있고 해와 별처럼 높이 매달아 밝힐 수 있으니, 어찌 저의 말이 있어야 전해질 수 있겠습니까. 또 스스로 천리(天理)의 바름을 다하여 당신 마음에 편안한 바를 얻으셨으니, 그렇다면 남이 알아주고 알아주지 않는 것이 무슨 상관이 있겠습니까. 다만 집사와 함께 서로 힘써 지켜서 실추하지 말기를 바랍니다.

지난번에 하문하신 '부제(祔祭)할 때에 부위(祔位)에 놓는 모사(茅沙)'[66]를 확인하기 위해 《가례》와 《가례의절(家禮儀節)》, 《가례원류(家禮源流)》[67]와 《상례비요》 등의 도식(圖式)을 고찰하였으나, 모두

66 모사(茅沙) : 제사에 뇌주(酹酒)하며 강신(降神)하고 제주(祭酒)할 때에 쓰는 도구로, 띠를 붉은 끈으로 묶어 모래 위에 꽂아놓기 때문에 붙여진 이름이다. 강신은 선조의 영혼이 내려오게 하는 의식으로 분향을 하여 하늘로 올라간 영혼을 내려오게 하며, 모사에 술을 세 번 따라 뇌주하여 지하에 묻혀있는 체백(體魄)을 내려오게 한다. 또한 옛날 사람들은 음식을 먹을 적에 처음으로 음식을 만든 사람에게 고마움을 나타내는 의식으로 고수레를 하는데, 술잔을 올린 다음 술잔을 가져다가 조금씩 세 차례 모사에 따르고 다시 올리는바, 이것을 제주라 한다.

67 가례원류(家禮源流) : 주자의 《가례》 본문을 기본으로 하여 《의례(儀禮)》, 《주례(周禮)》, 《예기(禮記)》에서 관계되는 것을 뽑아 주(註)를 붙여 원(源)이라 하고, 주자

실려 있지 않았습니다. 도암(陶菴 이재(李縡)) 어른이 "도식에는 정위(正位)와 부위에 각각 있다."라고 하신 것은 무엇을 근거한 것인지 모르겠습니다.

부위에 따로 향안(香案)을 진설하지 않는 것은 양(陽)에게 구하는 뜻[68]이 높은 신위에 통솔될 수 있기 때문입니다. 강신(降神)은 그러하나, 부위의 제주(祭酒)로 말하면 부위의 모사에 함께 뒤섞어 할 수 없으니, 마땅히 별도로 진설해야 할 듯합니다. 《가례》와 《상례비요》의 〈시제도(時祭圖)〉에는 강신의 모사는 향안 앞에 있고 제주의 모사는 매 신위의 앞에 있으니, 이것이 증거가 될 만합니다.

이후 여러 학자들의 예설(禮說)을 모아 유(流)로 삼아, 가례의 연원과 발달 과정을 정리한 책이다. 유계(兪棨, 1607~1664)가 편찬한 것을 윤선거(尹宣擧, 1610~1669)가 수정하였고, 윤증(尹拯, 1629~1714)이 증보하였다.

68 양(陽)에게 구하는 뜻 : 분향을 하여 하늘로 돌아간 혼기(魂氣)를 맞이한다는 의미이다. 《예기》 〈교특생(郊特牲)〉에 "사람이 죽으면 혼기는 하늘로 돌아가고 체백(體魄)은 땅으로 돌아간다. 그러므로 제사는 음양에게 구하는 뜻이다.〔魂氣歸于天, 形魄歸于地. 故祭求諸陰陽之義也.〕"라고 하였는데, 주자는 "사람이 죽으면 혼기는 하늘로 돌아가고 체백은 땅으로 돌아간다. 이 때문에 옛날 사람들은 분향을 하여 양에게 구하고 술을 따라 음에게 구하였다.〔人死時, 魂氣歸於天, 精魄歸於地. 所以古人祭祀, 燎以求諸陽, 灌以求諸陰.〕"라고 해설하였다. 《朱子語類 卷87 禮四 小戴禮 祭義》

박원득에게 줌 무진년[69] 2월

與朴元得 戊辰二月

지난번에 말씀하신 겸복(兼服)의 뜻에 대해서는, 슬프고 경황이 없고 편안하지 못해서 연구하지 못하였으니, 정론(定論)을 받들기를 원합니다.

《예기》〈대전(大傳)〉에 "의(義)에 따라 할아버지로부터 순하게 내려와서 아버지에 이르는 것을 '중(重)'이라 한다."라고 하였습니다.[70] 이 뜻을 미루어 보면 아버지를 대신하여 할아버지 복을 입는 자는 아버지와 할아버지가 비록 동일한 참최복(斬衰服)이지만, 끝내 할아버지 복이 중합니다. 그래서 할아버지를 위한 복이 비록 연복(練服)[71]이더라도 아버지 복만 입어서는 안 되고, 아버지가 입어야 할 복을 입고 할아버지 상을 끝마치는 것이 바로 아버지의 효를 순히 따르는 것이니, 어찌 아직 연제(練祭)를 지내지 않은 것이 이미 연제를 지낸 것보다

69 무진년(戊辰年) : 1808년(순조8)으로, 매산의 나이 33세 되던 해이다.

70 예기(禮記)……하였습니다 : 이 내용은 《예기》〈대전〉에 그대로 보이는데, 이에 대한 소(疏)에 "의(義)는 잘라냄을 주장하니, 의를 사용하여 할아버지를 따라서 순히 내려가서 아버지에 이르면 그 의가 점점 가벼워지고 할아버지는 의가 중해진다. 그러므로 중(重)이라고 한 것이다. 의는 할아버지가 중하고 부모가 가볍고, 인(仁)은 부모가 중하고 할아버지가 가벼우니, 한 쪽은 가볍고 한 쪽은 중함이 마땅히 이와 같아야 한다. 그러므로 말하기를 '그 의가 그러하다.'라고 한 것이다.〔義, 主斷割. 用義循祖, 順而下之, 至於禰, 其義漸輕, 祖則義重. 故名曰重也. 義則祖重而父母輕, 仁則父母重而祖輕, 一輕一重, 宜合如是. 故云: 其義然也.〕"라고 해설하였다.

71 연복(練服) : 소상(小祥) 후부터 담제(禫祭) 전까지 입는 상복을 가리킨다.

중하다 하여 할아버지 복을 버리고 아버지 복을 입을 수 있겠습니까.

"마땅히 아버지 복을 입어야 한다."라고 말하는 자들은 응당 두씨(杜氏)와 박씨(朴氏)의 호복지설(互服之說)[72]을 원용할 것입니다. 그러나 저의 생각에는 두씨와 박씨가 품절(品節 조목지어 놓은 것)하는 데에 급급하여 예(禮)의 본체를 알지 못하였으니, 모름지기 우암의 주장과 같아야 비로소 큰 법을 얻는다고 봅니다. 할아버지 복은 진실로 벗을 수가 없고 아버지 복도 겸하여 입지 않을 수가 없으니, 마땅히 《예기》〈간전(間傳)〉의 '포특(包特)'[73]의 글을 인용하여 시행하여야 할 것입니다. 수질(首絰)을 벗었으면 아버지 상의 질(絰)만 더하고, 요질(腰絰)을 바꿨으면 아버지 상의 띠를 싸서 보존하여 할아버지의 대상에 이르는 것이 옳습니다. 이것은 항상 입는 복을 가지고 말한 것이고, 제전(祭奠)을 올릴 때에는 각각 해당되는 분의 복을 입습니다. 세상 사람들은 모두 방편(方便 편리함)을 따라서 상이 아울러 있을 경우에 호복(互服)

72 두씨와……호복지설(互服之說) : 두씨(杜氏)는 진(晉)나라 사람 두예(杜預)인데, 박씨는 미상이다. '호복지설(互服之說)'은 두예가 "아버지를 이미 장사 지낸 뒤에 어머니가 돌아가셨으면 어머니를 위한 상복을 입다가 우제(虞祭)를 마치면 다시 아버지를 위한 상복을 입는다. 이미 연제(練祭)를 마쳤으면 어머니를 위한 상복을 입고, 아버지의 상을 제상(除喪)할 수 있으면 아버지를 위한 상복을 입고 제상하고, 제상을 마치고는 어머니를 위한 상복을 입는다.〔若父已葬而母卒, 則服母之服, 至虞訖, 反服父之服, 旣練, 則服母之服, 喪可除, 則服父之服以除之, 訖而服母之服.〕"라고 한 말을 가리킨다.《通典 卷97 禮 竝有父母之喪及練日居廬堊室議》

73 포특(包特) : 포는 겸한다는 뜻이고 특은 단독으로 하고 겸하지 않는다는 뜻으로, 《예기》〈간전(間傳)〉에 "복을 바꾸는 자는 어찌하여 가벼운 것을 바꾸는가? 참최(斬衰)의 상에 우제와 졸곡을 마치고 자최(齊衰)의 상을 만났으면 가벼운 것은 겸하고 중한 것은 한 가지만 한다.〔易服者, 何爲易輕者也? 斬衰之喪, 旣虞卒哭, 遭齊衰之喪, 輕者包, 重者特.〕"라고 보인다.

할 뿐이어서, 오래전에 포특의 가르침을 버렸습니다.

대공(大功)[74]의 상에도 오히려 겸하여 복을 입어야 하는데, 하물며 할아버지의 중함을 계승한 자에 있어서이겠습니까. 만약 연복이 가볍다고 여겨 아버지의 최복(衰服)만 입는다면, 이것은 몸에 할아버지 복이 없는 것이니, 승중(承重)의 의의가 어디에 있겠습니까. 이것이 어찌 어버이 마음을 자기의 마음으로 삼는 뜻이겠습니까. 또 어떻게 상(喪)이 아울러 있음을 표시할 수 있겠습니까. 그러므로 제가 "포특을 실행하지 않을 수 없다."라고 하였으니, 어찌 세속에 맞지 않다고 해서 행하지 않을 수 있겠습니까.

중부(仲父)의 부제(祔祭)에 가친이 종자로서 제사를 주관한다면, 부위(祔位)하는 축문에 마땅히 망자의 이름을 써야 합니까? 《상례비요》에 쓰지 않은 것은 아들의 입장에서 어버이를 휘(諱)한 것이지만, 형이 할아버지께 고할 적엔 어찌 아우의 이름을 휘할 수 있겠습니까. 쓰는 것이 마땅할 듯한데, 어떠할지 모르겠습니다.

74 대공(大功) : 친소에 따라 구분한 복상 제도(服喪制度)인 오복(五服 참최·자최·대공·소공·시마)의 하나로, 비교적 올이 굵은 베로 상복을 만들어 9개월 동안 입으며, 중자처(衆子妻)·질처(姪妻)·당형제(堂兄弟) 등이 여기에 해당된다.

박원득에게 줌 무진년 4월
與朴元得 戊辰四月

유임하신 지가 수십 일이 되었는데, 어떠한 경세제민(經世濟民)의 계책이 있으십니까? 옛날에 어떤 사람이 "벼슬살이하면서 학업을 닦는 유익함이 없다."라고 한탄하자, 주자가 답하시기를

> "세속의 학문을 가지고 말하면 진실로 이와 같지만, 만약 성문(聖門)에서 말씀하신 '덕업(德業)'을 가지고 말한다면 애당초 일상생활 속에서 벗어나 있지 않다. 단지 압문자(押文字)만 하더라도 이것이 바로 덕을 진전시키고 학업을 닦는 자리이다."

라고 하셨습니다.[75] 이른바 '압문자'라고 하는 것은 비판(批判)[76]과 서압(署押 서명)과 같은 따위인데, 이는 어느 곳이든 학문하지 않는 곳이 없고 또한 무슨 일이든 학문 아닌 것이 없음을 말씀한 것입니다. 이것은 정자(程子)께서 말씀한바 "모름지기 일에 나아가 백성을 구제하고 덕을 기르는 방도를 배운다."라는 것입니다.[77]

75 주자가……하셨습니다 : 이 내용은 《주자대전》 권35 〈여유자징(與劉子澄)〉에 그대로 보인다.

76 비판(批判) : 벼슬을 제수하는 명단이나 신하들의 주장(奏狀)에 재상이 의사를 덧붙이거나 평론함을 이른다.

77 정자(程子)께서……것입니다 : 이 내용은 《주역》 〈고괘(蠱卦) 상(象)〉의 "산 아래에 바람이 있음이 고(蠱)이니, 군자가 보고서 백성들을 구제하며 덕을 기른다.〔山下有風, 蠱. 君子以, 振民育德.〕"라는 말을 풀이한 정이천(程伊川)의 《역전(易傳)》에 그대로 보인다. 《二程遺書 卷3》

백성들로 하여금 진정(眞情)을 바치게 하고 아전을 통솔하고 자기 몸을 바로잡아서 부서기회(簿書期會)[78]와 같은 일들에 이르러서도 각각 바른 도리를 따르지 않음이 없다면, 이 또한 덕을 진전시키고 학업을 닦는 것이니, 어찌 책을 다 읽은 뒤에야 학문이 되겠습니까. 다시 스스로 몸을 아끼고 소중히 할 것을 기약해서, 선친께서 몸으로 직접 가르치신 것에 우러러 부응하고 천한 이 몸이 충심으로 좋아하는 것에 굽어 응답하시기 바랍니다.

저암(著菴) 어른이 노년에 마악(摩岳 마니산(摩尼山))의 정상에서 옷깃의 먼지를 턴 것[79]은 충분히 통쾌하게 여길 만한 일이 되나, 단지 적절한 때가 아닌 듯합니다. 70세에 치사(致仕)한다는 것은 예에 있어 큰 한계이고, 65세로 연한을 제한한 것은 국가의 떳떳한 법에 있는 것이니, 큰 예법을 넘을 수 없고 떳떳한 법을 파괴할 수가 없는데, 이 어른은 오래전에 이 두 가지를 넘으셨습니다. 그러나 억지로 종루(鍾漏)의 일[80]을 한 것은 굶주림에 시달려서이니, 어찌 평소에 가졌던

78 부서기회(簿書期會) : 1년의 회계(會計)를 장부에 기입해서 기일에 맞추어 조정에 올려 보고하는 일을 말한다.

79 저암(著菴)……것 : 저암(著菴)은 유한준(兪漢雋, 1732~1811)의 호이고, '마악(摩岳)의 정상에서 옷자락을 떨쳤다'는 것은 유한준이 1808년(순조8)에 나이 77세로 강화 경력(江華經歷)에 제수되었을 때 관직에 나아가려고 한 일을 가리킨다. 《梅山集 卷51 著菴兪公【漢雋】遺事》 원문의 '진의(振衣)'는 벼슬길에 나아가기 위하여 준비함을 뜻하는바, 《후한서(後漢書)》 권63 〈이고열전(李固列傳)〉에 "이런 까닭에 암혈(巖穴)에 있는 은자(隱者)와 지혜와 경륜을 갖춘 선비가 갓과 옷깃의 먼지를 털고〔彈冠振衣〕 관직에 나아가 쓰이고 싶어 하는 것이다."라고 보인다.

80 종루(鍾漏)의 일 : 종루는 만종(晩鐘)이 울리면 낮 시간이 다 지난 것이라는 뜻의 '종명루진(鍾鳴漏盡)'의 줄인 말로, 흔히 사람이 늙어서 죽는 것을 비유하는데, 여기서

마음이겠습니까. 그리고 오두미(五斗米)의 녹봉[81]을 위해 벼슬한 것으로 말하면 더욱 그 마음에 하고자 하신 바가 아니니, 서글프고 서글픕니다. 이 일은 비록 실절(失節)에 비견할 수는 없으나, 끝내 굶어 죽는 일은 사소한 것이니,[82] 빨리 편지를 받들어 올려서 부임하는 것을 멈추시라고 권면하지 않아서는 안 될 듯하니, 바라건대 집사께서는 이것을 도모하십시오. 저도 어찌 이런 마음이 없겠습니까마는, 사람이 하찮고 말이 무게가 없어서 장자(長者)의 귀를 기울이게 하지 못할까 두렵습니다.

는 늙어서도 관직을 탐하는 것을 풍자하는 말로 쓰였다. 《삼국지(三國志)》 권26 〈위지(魏志) 전예전(田豫傳)〉에 전예가 노년에 위위(衛尉)에 임명되자 늙고 병들었다는 핑계로 사양하며 "70살이 넘도록 벼슬자리에 있는 것은 낮이 모두 지나 종이 울리고 밤이 모두 새어 물시계의 물이 다했는데 양간 통행을 멈추지 않는 것과 같으니, 이는 죄인이다.〔年過七十而以居位, 譬猶鍾鳴漏盡而夜行不休, 是罪人也.〕"라고 한 말을 원용한 것이다.

81 오두미(五斗米)의 녹봉 : 오두미는 '다섯 말의 쌀'이라는 뜻으로, 수령의 적은 녹봉을 이른다. 진(晉)나라의 은사인 도잠(陶潛)이 팽택 현령(彭澤縣令)으로 있을 때에 군(郡)에서 파견한 독우(督郵)의 시찰을 받게 되었다. 아전이 도잠에게 의관을 갖추고 독우에게 인사를 해야 한다고 하자, 도잠이 탄식하며 "내가 오두미의 녹봉 때문에 허리를 꺾어 시골의 어린아이에게 굽실거릴 수는 없다.〔我不能爲五斗米, 折腰向鄕里小兒.〕"라고 하고는, 즉시 수령의 인끈을 풀어 놓고 고향으로 돌아간 고사가 전한다. 《晉書 卷94 陶潛列傳》

82 끝내……것이니 : 이 내용은 어떤 사람이 "외로운 과부가 빈궁하고 의탁할 사람이 없다면, 재취(再娶)해도 괜찮습니까?〔或有孤孀貧窮無託者, 可再嫁否?〕"라고 묻자, 정자(程子)가 "단지 후대 사람들이 추위와 굶주림으로 죽는 것을 두려워하여 이런 말이 있게 된 것이다. 그러나 굶어 죽는 것은 지극히 사소하고, 절개를 잃는 것은 지극히 큰 것이다.〔只是後世怕寒餓死, 故有是說. 然餓死事極小, 失節事極大.〕"라고 한 말을 원용한 것이다. 《二程遺書 卷22下 附雜錄後》

이 어른의 문장은 당대의 최고여서 응당 길이 전해질 것이지만, 이것은 오히려 표면적인 일입니다. 천륜(天倫)에 돈독하여 평소 가정에서의 행실이 순수하게 완비되었고 화려함을 거두고 실질에 나아가며 늙어서도 학문을 좋아하여, 장차 풍부하게 소유하여 나날이 새로워지기를 기약하였습니다. 이 때문에 천하의 보물을 아껴서 현자에게 완비해 주기를 바라는 것이니, 이 편지는 보는 즉시 불태우십시오. 알지 못하는 자들은 저더러 연세 많은 분을 교묘하게 비방한다고 말할 것입니다.

박원득에게 답함 무진년 윤월
答朴元得 戊辰閏月

밀암(密庵)의 묘갈명[83]에 대한 일은 이미 훌륭한 가르침을 살펴 잘 알았습니다. 일찍이 밀암 어른의 모습[84]도 바라본 적이 없었던 자들이 얼핏 듣고 얼핏 보고서 자황(雌黃)[85]한다고 하여, 어찌 대번에 이것을 유편(遺編)에서 뽑아낼 수 있겠습니까. 밀암 어른이 곤궁함을 굳게 지킨 절개는 온 나라 사람들이 칭찬하는 바이지만, 오직 우리 선생께서 자세한 내용을 아셨습니다. 이 때문에 만시(挽詩)와 묘갈명[86]에서 안자(顔子)에게 비겼으니, 이는 다만 가난을 편안히 여겼던 한 가지 일을 말씀한 것일 뿐입니다. 그 글들을 가지고 알 수 있으니, 이것이

83 밀암(密庵)의 묘갈명 : 밀암은 김지행(金砥行, 1716~1774)의 호로, 자는 유도(幼道), 본관은 안동이다. 우의정을 지낸 문충공(文忠公) 김상용(金尙容)의 5세손이며, 병계(屛溪) 윤봉구(尹鳳九)의 문인이다. 일찍부터 과거에 대한 뜻을 버리고 공주(公州) 계실곡(溪室谷)에 은거하여 학문을 하며 안빈낙도하여, 안자(顔子)에 버금가는 인물로 칭송되었다. 저술로 《밀암집(密庵集)》이 전한다. 그의 묘갈명은 박윤원(朴胤源)이 지었다.

84 모습 : 원문의 '미첩(眉睫)'은 눈썹과 속눈썹인데, 사람의 모습을 가리키는 말로 쓰인다.

85 자황(雌黃) : 유황(硫黃)과 비소(砒素)를 혼합하여 만든 안료(顔料)로, 옛날에 황지(黃紙)에 글씨를 쓰다가 잘못 썼을 경우에 이것을 사용해서 글자를 지우고 그 위에 다시 썼으므로, 전하여 시문(詩文)을 고치거나 선악과 시비를 가려 말하는 뜻으로 쓰인다.

86 만시(挽詩)와 묘갈명 : 만시는 박윤원이 지은 〈도밀암김공(悼密庵金公)〉을 이르고, 묘갈명은 〈밀암김공묘갈명(密庵金公墓碣銘)〉을 이른다. 《近齋集 卷2, 卷31》

어찌 전체(全體)를 가지고 말씀한 것이겠습니까. 말하는 자들이 본래 살피지 못한 것이니, 지극히 공정하고 지극히 정밀한 금 저울과 옥 저울추에 무슨 상관이 있겠습니까.

밀암 어른의 전할 만한 실제는 한두 가지로 말할 수가 없으나, 벼슬하지 않는 의리는 매우 높아서 더욱 인멸(湮滅)되어 칭송을 받지 않아서는 안 되는데, 이 의리를 아는 자가 적습니다. 지금 그 집안이 파산되어 그분이 남긴 시문(詩文)을 함께 전할 수 있는 곳이 없고, 오직 묘갈명의 글이 길이 전해질 것을 바랄 수 있는데, 만약 다시 돌아가신 선생의 문고에서 산삭(刪削)을 당한다면, 이후 천년만년 뒤에 누가 세상에 김밀암 선생이 있었음을 알겠습니까.

밀암의 입장에서는 하찮은 사후의 명성이 뜬 연기와 같을 뿐이니 무슨 가감(加減)이 되겠습니까마는, 밀암 어른을 위하는 선생의 입장에서는 평소 가르침을 청한 처지로 그 덕을 서술하여 묘에 명문을 지으셨으니, 따라서 이것을 전하지 않아서야 되겠습니까. 삼가 원고를 올리니, 묘문(墓文)이 있는 권(卷)에 부디 밀암의 묘갈명을 등사해서 권 속에 넣어주시기 바랍니다. 일간(日間)에 다시 보여 주시기를 엎드려 바랍니다.

박원득에게 답함 무진년 8월

答朴元得 戊辰八月

돌아가신 선생의 문고(文稿) 2질을 삼가 받아서 소중히 보관하였습니다. 밀암 어른의 묘갈명은 시집에 실려 있는 만시와 함께 받들어 여러 번 읽었고, 이어서 보내주신 가르침을 참고하여 자세히 살펴보았습니다. 효자의 지극한 심정으로 선생의 글 쓰신 본의를 말씀하였는데, 그 내용이 깊고 간절하며 밝게 드러나서 미진한 것이 거의 없습니다. 이와 같은 뒤에야 비로소 심법(心法)을 전수하였다고 말할 수 있을 것이니, 구구한 이 몸은 존경하고 복종하는 마음이 지극합니다.

밀암 어른에 대해서도 십분 말씀해서 털끝만큼도 어긋나지 않았으니, 자운(子雲)과 요부(堯夫)와 같은 자를 굳이 후세에 기다릴 필요가 없습니다.[87] 누가 덕을 아는 자가 적다고 말합니까? 두 현자의 말씀에 동요되어서 이 글을 유고의 가운데에 편집하지 않는다면, 저는 이것이 옳은 일인지 모르겠습니다.

안자(顔子)는 성인이십니다. 공자의 도가 하늘과 같은데, 오직 안자가 그 온전함을 얻으셨고, 부자(夫子 공자)의 넓디넓은 심중이 모두 안자의 신상을 통하여 발현되었습니다. 안자가 성인의 온축된 학문을

87 자운(子雲)과……없습니다 : 자운은 전한(前漢)의 문장가인 양웅(揚雄)의 자이고, 요부는 북송(北宋)의 학자인 소옹(邵雍)의 자이다. 이 두 사람은 모두 저서를 완성하고는 당세에는 몰라주어도 후세에 자기와 같은 사람이 나오면 반드시 책의 진가를 알아줄 것이라고 자부하였던 인물들인데, 박윤원이 당대에 밀암의 진가를 알아주었으므로 이렇게 말한 것이다.

발명한 것은 한 가지 일로써 말할 수 없으니, 마치 하늘은 말하지 않는데도 사시가 운행되고 온갖 물건이 생겨나는 것과 같습니다. 지극한 밝음으로 기미를 살피고 지극한 굳셈으로 결단을 내릴 수 있었으니, 이 때문에 아성(亞聖)이 되신 것이고, 안자 이후엔 더 이상 안자가 없고 오직 명도(明道 정호(程顥))가 거의 그에 가까웠으니, 봄의 생기와 봄바람[88]은 그 덕을 견준 것이 같습니다. 그렇다면 다시 어떤 사람이 체(體)가 온전하고 용(用)이 커서 참으로 안씨(顏氏)의 아들과 차이가 없을 수 있겠습니까.

진(秦)나라와 한(漢)나라 이후로는 안자가 안자된 소이를 모르고 자질이 아름다우면 안자라고 칭했으니, 황헌(黃憲)을 일컬어 안자가 다시 탄생하였다고 한 것[89]이 바로 그 예입니다. 염계(濂溪)가 나와서 처음으로 아성(亞聖)이라고 인정하였고[90] 이정(二程)은 공자와 안자를

88 봄의……봄바람 : '봄의 생기'와 '봄바람'은 각각 안자와 명도 정호의 덕을 비유한 말이다. '봄의 생기'는 명도 정호가 "공자는 원기이고, 안자는 봄의 생기이고, 맹자는 가을의 쌀쌀함까지 모두 드러난다. 공자는 포괄하지 못하는 것이 없고, 안자는 '스승의 말씀을 어기지 아니하여 어리석은 것처럼 보이는 학문'을 후세에 보여주었으니 자연스러운 온화함이 있어 말하지 않고 화한 분이다. 맹자는 재기(才氣)를 드러내었다.〔仲尼元氣也, 顏子春生也, 孟子幷秋殺盡見. 仲尼無所不包, 顏子示不違如愚之學於後世, 有自然之和氣, 不言而化者也. 孟子則露其才.〕"라고 한 말에 보이고, '봄바람'은 주광정(朱光庭, 1037~1094)이 여주(汝州)에서 명도를 만나 한 달 동안 함께 지내고 돌아와서 사람들에게 "나는 한 달 동안 봄바람 속에 앉아 있었다.〔光庭在春風中坐了一箇月.〕"라고 한 말에 보인다. 《二程遺書 卷5》, 《二程外書 卷12 傳聞雜記》

89 황헌(黃憲)을……것 : 이 내용은 후한(後漢) 때 순숙(荀淑)이 황헌(黃憲)을 만나 보고서 그의 덕망과 학식에 감복하고는 자신의 벗인 원랑(袁閬)에게 이르기를 "그대의 고을에 안자가 있는데 알고 있는가?〔子國有顏子, 寧識之乎?〕"라고 말한 것을 가리킨 것이다. 《後漢書 卷53 黃憲列傳》

나란히 칭하였으니,[91] 누가 다시 그 높은 덕에 견줄 수 있겠습니까.

근세에 문장을 짓는 자들 중에 문리를 조금만 아는 자들도 십분 신중할 줄 아는데, 하물며 이치를 밝게 알고 말을 알며 권도(權度 판단력)가 있어 정밀하고 간절하여 어긋나지 않는 우리 선생과 같은 분에 있어서이겠습니까. 비록 평소에 옛날 분을 논하더라도 일찍이 경솔하게 말씀한 적이 없는데, 더구나 아성을 끌어다가 비유함에 있어서이겠습니까. 선생이 묘갈명에서 "단표누항(簞瓢陋巷)에도 그 즐거움을 변치 않았으니, 아 공의 어짊이여. 우리 동방의 안자로다."[92]라고 하셨는데, 이것이

90 염계(濂溪)가……인정하였고 : 염계는 북송의 학자인 주돈이(周敦頤)의 호이다. 안자를 아성이라고 한 것은 《통서(通書)》〈안자〉에 보인다.

91 이정(二程)은……칭하였으니 : 이 내용은 《이정유서(二程遺書)》 권11 〈사훈(師訓)〉에 "안자가 단명(短命)한 것은 안자 한 사람을 가지고 말하면 불행하다고 할 수 있지만, 거시적으로 보면 천지 사이에 손익(損益)되는 것도 없고 진퇴(進退)하는 것도 없다. 비유하건대 한 집안에 자식이 다섯인데 셋은 부귀하고 둘은 빈천할 경우, 빈천한 두 사람의 입장에서 말하면 부족하지만 부모와 한 집안의 입장에서 말하면 넉넉한 것과 같다. 예컨대 공자의 지극한 덕이 또 높은 지위에 처한다면 이는 화공(化工)이 온전한 것인데, 공자와 안자 두 사람의 입장에서 말하면 안자 한 사람에겐 부족한 점이 있고, 요 임금·순 임금·우 임금·탕왕·문왕·무왕·주공 등 여러 성인의 입장에서 말하면 천지 사이가 또한 부유한 것이다.〔顔子短命之類, 以一人言之, 謂不幸可也, 以大目觀之, 天地之間無損益, 無進退. 譬如一家之事, 有子五人焉, 三人富貴而二人貧賤, 以二人言之則不足, 以父母一家言之則有餘矣. 若孔子之至德, 又處盛位, 則是化工之全爾. 以孔·顔言之, 於一人有所不足, 以堯·舜·禹·湯·文·武·周公羣聖人言之, 則天地之間亦富有餘也.〕"라고 보인다.

92 단표누항(簞瓢陋巷)에도……안자로다 : 이 말은 〈밀암김공묘갈명(密庵金公墓碣銘)〉에 그대로 보인다. 《近齋集 卷31》 단표누항은 한 대그릇의 밥과 한 표주박의 음료를 마시면서 누추한 골목에서 가난하게 산다는 뜻으로, 청빈한 생활을 뜻한다. 《논어》〈옹야(雍也)〉에 보인다.

어찌 노여움을 옮기지 않고 허물을 두 번 다시 저지르지 않으며 잘하는 것을 자랑하지 않고 공로를 과시하지 않아서,[93] 성인의 온축된 것을 발명하여 만세토록 다함이 없게 한 안자를 들어서 말씀하신 것이겠습니까.

이것은 한 그릇의 밥과 한 표주박의 음료로 누추한 골목에 살면서 그 즐거움을 바꾸지 않은 안자[94]를 들어서 말씀한 것이니, 굳이 분변하지 않고도 알 수 있습니다. 게다가 만시(挽詩)가 있어서 서로 발명되니, '거의 가깝다〔殆庶幾〕'라는 뜻이 네 글자 가운데 그대로 있습니다.[95] 비록 나쁜 입을 가지고 남을 교묘하게 꾸짖는 소인이라도 감히 그 점에

93 노여움을……않아서 : 이 내용은 《논어》 〈옹야〉에 공자가 안회를 칭찬하며 "안회는 배우기를 좋아해서 다른 사람에게 화풀이하지 않았고 같은 잘못을 반복하지 않았다.〔有顔回者, 好學, 不遷怒, 不貳過.〕"고 한 것과 《논어》 〈공야장(公冶長)〉에 안회가 "잘하는 것을 자랑하거나 공을 세웠다고 과시하는 일이 없기를 바란다.〔願無伐善, 無施勞.〕"고 자신의 소원을 말한 것을 각각 원용하였다.

94 한 그릇의……안자 : 이 내용은 《논어》 〈옹야〉에 공자가 안자를 칭찬하여 "어질구나, 안회여! 한 대그릇에 담긴 밥과 한 표주박의 음료로 누추한 골목에서 살아가는구나. 다른 사람들은 이에 대한 근심을 견디지 못하는데 안회는 그 즐거움을 변치 않으니, 어질구나, 안회여!〔賢哉! 回也. 一簞食, 一瓢飮, 在陋巷, 人不堪其憂, 回也不改其樂, 賢哉! 回也.〕"라고 한 구절을 인용한 것이다.

95 하물며……있습니다 : 시(挽詩)는 〈도밀암김공(悼密庵金公)〉을 가리키는바, 이 시의 내용 중에 "훌륭하구나, 안씨의 아들이여. 단표누항의 즐거움에 화락하였네. 내가 밀암공을 살펴보니, 천 년을 통틀어 여기에 거의 가깝네.〔賢哉顔氏子, 簞瓢樂怡怡. 吾觀密庵公, 千載庶幾斯.〕"라고 한 부분이 묘갈명과 서로 발명되므로 말한 것이다. '네 글자 가운데에 그대로 있다.'의 '네 글자'는 묘갈명의 '우리 동방의 안자로다.〔我東顔子〕'를 가리킨 것으로, 이 구절이 바로 만시의 '여기에 거의 가깝네〔庶幾斯〕'라는 구절과 뜻이 같음을 말한 것이다. 《近齋集 卷2》

대해 혀를 놀려 비방할 수가 없을 것인데, 어찌 집사께서는 지나치게 헤아리는 염려가 마침내 이와 같단 말입니까.

고인 중에 가난함을 서술할 때에 안자에 비긴 자를 손가락으로 다 셀 수 없습니다. 정백자(程伯子)가 소요부(邵堯夫)를 칭한 것과 한남당(韓南塘)이 구암(久庵)을 칭한 것[96]이 바로 그 예이니, 어찌 유독 밀암 어른에 대해서만 의심할 것이 있겠습니까. 밀암 어른이 궁함을 굳게 지키신 것은 온 나라가 아는 바이니, 이것을 가지고 안자에 비견한다면 누가 감히 불가하다고 하겠습니까. 추성(鄒聖)은 맹시사(孟施舍)를 증자(曾子)에 비유하였고,[97] 농암(農巖)은 오백풍(吳伯豐)을 안자에 비유하고[98] 설경헌(薛敬軒)을 명(明)나라의 염계(濂溪)라고 허여

96 정백자(程伯子)가……칭한 것 : 정백자는 북송의 학자 명도(明道) 정호(程顥)를 가리키고, 소요부는 동시대의 학자인 소옹(邵雍, 1011~1077)으로 요부는 그의 자이다. 명도가 지은 〈화소요부타괴음이수(和邵堯夫打乖吟二首)〉 시에 "일생의 누항은 안씨의 즐거움이고 천고의 청풍은 백이의 가난함이네.〔陋巷一生顏氏樂, 淸風千古伯夷貧.〕"라고 하였다. 한남당은 수암(遂菴) 권상하(權尙夏)의 문인인 한원진(韓元震, 1682~1751)으로 남당은 그의 호이다. 구암(久庵)은 수암의 문인인 윤봉구(尹鳳九, 1681~1767)의 호이다. 남당이 지은 〈병계윤서응회갑하사(屛溪尹瑞膺回甲賀詞)〉 시에 "몸에 지닌 삼자부는 안씨를 배우는 것이었고 평생의 학업은 주자의 저술에 대한 공부였네〔三字身符顏氏學, 一生家計紫陽編.〕"라고 하였다. 《二程文集 卷1 明道文集 1》, 《南塘集 卷1》

97 추성(鄒聖)은……비유하였고 : 추성은 추나라의 성인이란 뜻으로 맹자를 가리키며, 맹시사(孟施舍)는 당시의 용사(勇士)인바, 이 내용은 《맹자》 〈공손추 상(公孫丑上)〉에 "맹시사는 증자와 유사하고 북궁유는 자하와 유사하다.〔孟施舍似曾子, 北宮黝似子夏.〕"라고 보인다. 북궁유 또한 당시의 용사이다.

98 농암(農巖)은……비유하였고 : 오백풍은 오필대(吳必大)로 백풍은 그의 자이다. 주자의 고제(高弟)로 간신 한탁주(韓侂胄)가 집권할 때에 벼슬에 제수되었으므로 주자

하였으며,[99] 진백사(陳白沙)를 살아있는 맹자(孟子)라고 장려하였으니,[100] 어찌 맹시사·오백풍·설경헌·진백사가 네 성현의 전체를 얻었다고 여긴 것이겠습니까. 이는 모두 일부분을 가지고 말한 것입니다. 선생께서 밀암 어른의 묘갈명을 지음에 어찌 전해 받은 바가 없이 이렇게 말씀하셨겠습니까.

일찍이 듣건대 "밀암 어른은 타고난 재주가 횡거(橫渠 장재(張載))와

가 걱정하였는데, 뒤에 주자의 학문을 위학(僞學)이라고 하여 금지하자 바로 벼슬을 그만둔 인물이다. 이 내용은 《농암집》 권31 〈잡지(雜識) 내편 1(內篇一)〉의 "《성리대전》의 주자 문인류는 기재된 문인이 너무 소략한 데다 인물을 취사선택하고 경중을 나누는 데에 기준이 전혀 없다. 예를 들어 오백풍은 비록 일찍 죽기는 하였지만 선생이 그를 마치 공자 문하의 안연처럼 아껴 전후로 그를 칭찬한 말씀이 매우 많은데 한 군데도 기재된 곳이 없다.〔性理大全朱子門人類, 所載門人極草略, 而其取捨輕重, 全無權衡. 如吳伯豐, 雖早亡, 先生惜之, 殆同孔門之顔氏, 前後稱道之語, 不翅多矣, 而一無所載.〕"라고 한 것과, 같은 책 권32 〈잡지 내편 2〉의 "오백풍은 주자 문하의 안연이다.〔吳伯豐, 朱門之顔淵也.〕"라고 한 것에 보인다.

99 설경헌(薛敬軒)을……허여하였으며 : 설경헌은 명나라 초기의 문신이자 성리학자인 설선(薛瑄, 1389~1464)으로, 경헌은 그의 호이다. 이 내용은 명나라 학자 양렴(楊廉, 1452~1525)이 지은 설선에 대한 찬(贊)에 "본조의 성리학은 실제로 공으로부터 시작되었으니, 송나라에서 찾아보면 염계 어른과 같네.〔本朝理學, 實始於公. 求之於宋, 若濂溪翁.〕"라고 보인다. 《明儒言行錄 卷2 薛瑄敬軒先生文淸公》 염계는 북송의 학자 주돈이(周敦頤)의 호이다.

100 진백사(陳白沙)를……장려하였으니 : 진백사는 명나라 때 강문학파(江門學派)의 창시자인 진헌장(陳獻章, 1428~1500)으로 백사는 그의 호이다. 이 내용은 〈진헌장열전(陳獻章列傳)〉에 "그의 학문은 쇄연히 홀로 터득한 것인데, 논자들이 연비어약의 즐거움이 있다고 하였고, 난계(蘭谿) 강린(姜麟)은 '살아있는 맹자'라고까지 말하였다.〔其學灑然獨得, 論者謂有鳶飛魚躍之樂, 而蘭谿姜麟至以爲活孟子云.〕"라고 보인다. 《明史 卷283》

가까워 고심하여 힘을 다하는 뜻이 있다." 하였으니, 총명하고 지혜로워 하나를 들으면 열 가지를 아신 분의 기상[101]과는 똑같지 않습니다. 《중용》에 이른바 '천하의 지극히 성실한 분'이라는 것은 안자가 해당되고, '그 다음은 한 쪽을 지극히 한다.'[102]는 것은 장자(張子 장재)가 해당됩니다. 밀암 어른도 한 쪽을 인하여 지극히 한 분입니다. 우리 선생께서는 본래 나름대로의 판단 기준이 있어서 경중을 비교하신 것이니, 백세에 길이 남을 일을 도모함에 있어 어찌 털끝만큼이라도 사실이 아닌 말씀을 하셨겠습니까. 묘갈명으로 만시의 본지(本旨)를 찾아보고 만시로 묘갈명의 남은 뜻을 본다면, 누가 "같은 부류에 비견하였다." 라고 말하지 않을 수 있겠습니까. 설령 만시는 없고 명문만 있더라도 말하는 자들의 자부(資斧)[103]가 되기에 부족한데, 하물며 '천재서기(千載庶幾)'라는 구절이 함께 남아서 나란히 전하는 경우에 있어서이겠습니까. 이 때문에 원집에 편집하지 말라는 가르침에 대해 감히 명령을 받들지 못하는 것입니다.

101 총명하고……기상 : '총명하고 지혜로움'은 세상에 나면서부터 만물의 이치를 아는 상지(上智)의 자질을 말한다. 《논어》 〈공야장(公冶長)〉에 자공(子貢)이 "안회는 하나를 들으면 열을 알고, 저는 하나를 들으면 둘을 압니다.〔回也, 聞一以知十; 賜也, 聞一以知二.〕"라고 하였는데, 주자가 "문일지십은 상지의 자질이니 태어나면서부터 아는 이의 다음이다.〔聞一知十, 上知智之資, 生知之亞也.〕"라고 주하였다.

102 중용(中庸)에……한다 : 이 내용은 《중용장구》 제23장에 "오직 천하에 지극히 성실한 분이어야 그 성(性)을 다할 수 있다.〔唯天下至誠, 爲能盡其性.〕"라고 하였고, 뒤이어 "그 다음은 한쪽으로 지극히 함이니, 한쪽으로 지극히 하면 능히 성실할 수 있다.〔其次致曲, 曲能有誠.〕"라고 보인다.

103 자부(資斧) : 날카로운 도끼라는 뜻인데, 여기에서는 평하는 자들의 예리한 비판이란 뜻으로 쓰였다.

개장(改葬)할 때의 시마복에 대해서는, 자사(子思)가 말씀하시기를 "부모가 아니면 복이 없다.〔非父母無服〕"[104]라고 하셨습니다. 이것을 근거하여 보면 부모 외엔 비록 삼년복을 입는 자라도 시마복을 입어서는 안 될 듯하고, 시마는 3월인데 3년의 체제를 갖추고 있으니, 삼년복을 입는 자는 복을 입지 않으면 안 될 것입니다. 이 때문에 《의례(儀禮)》〈상복(喪服)〉의 소(疏)에는 "시마복을 입는 경우는 신하가 임금을 위해서와 자식이 아버지를 위해서와 처가 남편을 위해서 입는 것이다."라고 하였고, 《통전(通典)》에는 대덕(戴德)이 첩이 남편을 위한 것과 손자가 할아버지의 후계자가 된 것을 함께 거론하였고,[105] 후현(後賢)들은 다시 며느리가 시부모를 위하는 것[106]과 증손・현손・오대

104 부모가……없다 : 이 말은 《자사자전서(子思子全書)》〈외편(外篇) 상복(喪服)〉에 "사도문자(司徒文子)가 개장(改葬)할 적에, 그의 숙부가 자사에게 복을 묻자, 자사가 말씀하기를 '예(禮)에 부모의 개장에는 시마복을 입는다고 하였으니, 이는 이미 장례를 지내고 상복을 벗어서 차마 상복을 입지 않은 채로 지친(至親)을 보내지 못해서이다. 부모가 아니면 복이 없으니, 복이 없으면 조문하는 복장에 가마(加麻)한다.〔司徒文子改葬, 其叔父問服於子思. 子思曰: 禮, 父母改葬緦. 旣葬而除, 不忍無服送至親也. 非父母無服, 無服則弔服而加麻.〕"라고 보인다.

105 통전(通典)에는……거론하였고 : 대덕(戴德)이 거론한 내용으로 《통전》 권102 〈개장복의(改葬服議)〉에 인용되어 실려 있다. 대덕은 전한(前漢) 시대의 학자로 자는 연군(延君)인데, 조카 대성(戴聖)과 함께 후창(后蒼)에게서 예를 배웠다. 두 사람을 구별하여 대덕은 대대(大戴), 대성은 소대(小戴)라고 부른다.

106 며느리가……것 : 이것은 유악(劉岳)이 《신서의(新書儀)》에서 한 말로, 《의례경전통해(儀禮經傳通解)》 권16 하(下) 〈부당복(夫黨服)〉에 보인다. 유악은 후량(後梁)・후당(後唐) 때에 벼슬하였던 인물로, 자는 소보(昭輔)이고 낙양(洛陽) 사람이다. 한림학사(翰林學士)・비서감(秘書監)・태상경(太常卿)의 벼슬을 지냈으며, 문학과 전례(典禮)에 통달하였다.

손의 승중(承重)한 자에까지 미루어갔습니다. 이들은 똑같이 삼년복을 입기 때문에 반드시 시마복을 입는 것이니, 예에 대해 뒤에 나온 것을 밝다고 하는 것은 바로 이러한 부분을 가리키는 것입니다.

자사가 이른바 '복이 없으면 조복(弔服)에 가마한다.'[107]는 것은 단지 기년복(朞年服)의 친척을 가리킨 듯하나, 《통전》에 "기년복 이외의 남은 친척도 모두 조복을 입는다."[108]고 한 글을 가지고 미루어 보면 기년으로부터 시마에 이르는 친척이 모두 조복을 입을 수 있는 것이니, 이것은 후함을 따르는 방도입니다. 이른바 '조복'이라는 것은 옛날에 석최(錫衰)·시최(緦衰)·의최(疑衰)[109] 세 가지가 있었으니, 공(公)·경(卿)·제후(諸侯)·대부(大夫)·사(士)를 구별한 것입니다. 서인(庶人)은 백포심의(白布深衣)를 입는데, 백포심의는 서인의 평상복이기 때문에 조복이 될 수 있습니다.

송나라의 황간(黃幹)·왕백(王柏)·김이상(金履祥) 세 분이 그 스승의 상에 공문(孔門)의 여러 제자들이 조복에 가마한 제도를 따라서, 혹은 심의에 관(冠)과 질(絰)를 더하고, 혹은 심의에 대(帶)와 질을 더하고 관에 사무(絲武)를 더하였으며, 혹은 백건(白巾)에 질을 더하

107 자사(子思)가……가마(加麻)한다 : 자세한 내용은 위의 주104 참조.

108 통전에……입는다 : 이 말은 《통전》 권102 〈개장복의(改葬服議)〉에 보인다.

109 석최(錫衰)……의최(疑衰) : 석(錫)자의 뜻은 석(緆)자와 통하고, 의(疑)자의 뜻은 의(擬)자와 통한다. 이 내용은 《주례》 〈춘관(春官) 사복(司服)〉에 "무릇 상에는 천왕을 위해서는 참최를 입고, 왕후를 위해서는 자최를 입는다. 왕이 삼공과 육경을 위해서는 석최를 입고, 제후를 위해서는 시최를 입고, 대부와 사를 위해서는 의최를 입는다. 수복(首服)은 모두 변질(弁絰)이다.〔凡喪爲天王斬衰, 爲王后齊衰. 王爲三公六卿錫衰, 爲諸侯緦衰, 爲大夫士疑衰, 其首服皆弁絰.〕"라고 보인다.

였는데 질은 시마와 같고 작은 대는 가는 모시베〔細苧〕와 같게 하였습니다.[110] 이것은 백건과 환질(環絰)을 옛날 조복에 해당시킨 것인데, 대를 말하기도 하고 대를 말하지 않기도 한 것은 아마도 소중히 여기는 바가 수질에 있기 때문에 수질을 자세하게 하고 대는 생략한 것일 것입니다.

《주례》의 '환질(環絰)'에 대한 주에 "크기가 시마와 같다."고 말하였으나 또한 대는 말하지 않았고, '붕우(朋友)에는 마(麻)를 한다.'는 주에 유독 "시마에 질과 대를 입는다."라고 말했으니, 그렇다면 조복의 환질에 또 대가 없는 것과는 똑같지 않음을 알 수 있습니다. 《예기》〈단궁(檀弓)〉의 '자유습구질대(子游襲裘絰帶)'에 대한 소(疏)에 "붕우이기 때문에 대를 더하였다."라고 하였으니, 붕우가 되면 질도 있고

110 송나라의……하였습니다 : 이 내용은 명나라의 학자 심암(深庵) 구준(丘濬, 1420~1495)이 지은 《대학연의보(大學衍義補)》에 "송유(宋儒) 황간(黃榦)이 그 스승인 주자(朱子)의 상을 당하자 조복에 가마했는데, 제도는 심의와 같고 관과 질을 사용하였다. 왕백(王柏)이 그 스승인 하기(何基)의 상을 당하자 심의를 입고 대와 질을 더하고, 관에 사무를 더하였다. 왕백이 죽자 그의 제자인 김이상(金履祥)이 상을 치르면서 백건에 질을 더했는데, 질은 시마와 같고 작은 대는 가는 모시베〔細苧布〕를 사용하였다. 황간·왕백·김이상 세 사람은 모두 주자 문하의 적전(嫡傳)이니, 그들이 입은 복식이 근거가 없지 않으리라. 후세에 스승에게 복을 입으려는 자는 의당 이에 준하여 법으로 삼아야 할 것이다.〔宋儒黃榦喪其師朱子, 弔服加麻, 制如深衣, 用冠絰. 王柏喪其師何基, 服深衣加帶絰, 冠加絲武. 柏卒, 其弟子金履祥喪之. 則加絰于白巾, 絰如緦麻, 而小帶用細苧布. 黃、王、金三子, 皆朱門之嫡傳, 其所制之服, 非無稽也. 後世欲服師者, 宜準之以爲法云.〕"라고 보인다. 《大學衍義補 卷51 治國平天下之要 明禮樂 家鄕之禮》 사무(絲武)는 생사(生絲)를 두른 관 아래의 테두리를 이른다. 《예기》〈상대기(喪大記)〉에 "무를 가하고 대와 질을 한다.〔加武帶絰.〕"라고 하였는데, 그 주에 "무(武)는 관의 아랫부분의 테두리를 두른 것이다.〔武, 冠下卷也.〕"라고 하였다.

대도 있으나, 일반인의 조복이면 질만 있고 대는 없는 것입니까?

〈단궁〉에서 '규질(繆絰)'에 대한 주에 "두 가닥이 서로 교차하니 오복(五服)의 수질이 모두 그러한데, 오직 조복의 환질은 한 가닥이다."라고 하였으니, 한 가닥으로 만드는 제도가 여기에서 시작되었습니다. 삼은 마땅히 익힌 삼베를 써야 하고 두건 또한 마전한 삼베를 써야 하니, 이것은 복을 입지 않는 복이기 때문에 시마의 제도와 다르게 하는 것입니다. 그러므로 "조복은 복이라고 칭할 수 없다."[111]라고 한 것입니다.

다시 살펴보건대 《예기》〈상대기(喪大記)〉에 "조문하는 자가 습구(襲裘)에 무(武)를 가하고 대(帶)와 질(絰)을 한다."라고 하였으니, 그렇다면 옛날 조복에도 대가 있었던 것입니다. 또 《가례(家禮)》에 '조문할 때에는 모두 소복을 입는다.'에 대한 주에도 "복두(幞頭)의 삼대(衫帶)를 모두 백생견(白生絹)으로 만든다."라고 하였는데, 다만 대의 제도가 어떤지는 알지 못하겠습니다.

이른바 '조복(弔服)'이라는 것은 일정한 제도가 없어서 때에 따라 달리하니, 머리에 한 가닥으로 만든 수질을 가하고 허리에 접어서 재봉

111 조복은……없다 : 이 내용은 《예기》〈단궁 상(檀弓上)〉에 "종모(從母)의 남편과 외삼촌의 아내, 이 두 사람이 서로를 위하여 복을 입는 것에 대해 군자가 말하지 않았는데, 혹자는 말하기를 '함께 한 집에서 밥을 지어 먹고 살았으면 시마복을 입는다.' 하였다.〔從母之夫、舅之妻, 二夫人相爲服, 君子未之言也, 或曰: 同爨, 緦.〕"라고 하였는데, 소(疏)에 "무릇 조복은 복이라고 칭할 수 없으므로 윗 장에서 '부자의 상에 아버지를 잃은 것과 같이 하되 복이 없게 하기를 청하노라.' 하였다.〔凡弔服不得稱服, 故上云: 請喪夫子, 若喪父而無服.〕"라고 보인다. 종모는 이모를 말한다.

한 대를 더하여 송나라 학자와 우리 조선조 제현(諸賢)의 견해를 따른다면, 거의 잘못이 적을 것입니다. 대에 포효(布絞)[112]를 사용하는 것은 끝내 시마복을 입는 데 가까울 듯하니, 접어서 재봉한 대에 두 귀를 내어 쌍 띠를 드리워서 평상시를 형상하는 것만 못합니다. 근세에 붕우를 위하여 마복(痲服)을 입는 자들도 이 대를 사용합니다.

살펴보건대 《의례》 〈상복(喪服)〉의 주(註)에 "개장(改葬)할 때 관을 꺼내면 전(奠)은 대렴(大斂) 때와 같이 한다."라고 하였으니, 대렴의 전은 술・과일・포(脯)・해(醢)일 뿐이요, 은사(殷事)[113]가 아닙니다. 〈사상기(士喪記)〉에 "초하루엔 하실(下室)에서 궤전(饋奠)하지 않는다."고 하였는데, 소(疏)에 이르기를

> "대렴과 소렴, 조석(朝夕)에 올리는 전에는 모두 서직(黍稷)이 없고, 오직 하실에서 올리는 전에는 살아있을 때와 똑같이 하여 서직이 있다. 지금 이 은전은 본래 서직이 있기 때문에 다시 하실에서 궤사(饋食 익힌 음식을 전으로 올리는 일)하지 않고, 대부(大夫)는 또 월반전(月半奠)이 있는데 이때에도 하실에서 궤사하지 않는다."[114]

라고 하였습니다.

양씨(楊氏)[115]가 또 말하기를 "삭전(朔奠)에 아버지가 주관한다는

112 포효(布絞) : 소렴할 때에 마지막으로 옷을 묶어 매는 베로 만든 대를 이른다.

113 은사(殷事) : 음식을 풍성하게 차린 제사로, 초하루나 보름의 전(奠)을 이른다.

114 사상기(士喪記)에……않는다 : 인용한 글은 《의례》 〈기석례(旣夕禮)〉의 내용으로 〈사상기(士喪記)〉라고 한 것은 전사의 오류로 보인다. 하실(下室)은 내당(內堂)이나 연침(燕寢)과 같은 의미로, 죽은 자가 살았을 적에 음식을 먹고 일을 보던 곳을 말하고, 월반전(月半奠)은 보름에 올리는 은전을 말한다.

것은 삭전은 은전(殷奠)이므로 존자(尊者)가 주관한다는 것이다."[116] 라고 하였으니, 여기에 근거하면 조석전은 은전이 아니고 삭망전(朔望奠)이 바로 은전입니다. 《상례비요》에 "조석의 상식(上食)에는 다만 채소·과일·포·해를 올리고, 삭망에는 어물·육류·면·미식(米食)·갱(羹)과 밥을 사용한다."라고 하였으니, 찬품(饌品)을 더하느냐 줄이느냐를 가지고 은전인지 은전이 아닌지를 분별하는 것입니다. 《상례비요》에 "채소·과일·갱과 밥을 진설하기를 평상시의 의식과 같이 한다."라고 한 것은 전(奠)과 상식(上食)을 합하여 말한 것으로 삭망의 은전(殷奠)과는 똑같지 않으니, 아래 글에 "다만 술과 과일은 남겨둔다."고 한 것을 가지고 이것이 상식을 겸한 것임을 알 수 있습니다.

계묘(啓墓)를 만약 초하루나 보름에 하게 되면 관을 꺼내는 즉시 채소·과일·포·해를 진설하여 대렴과 소렴, 조석의 전과 같이 하고, 뒤이어 은전을 진설하여-삭망전이 됩니다.- 상식을 겸하는 것이-은전이 장차 이르게 되면 앞에 올렸던 전을 치우고 은전이 끝나면 단지 술과 과일만 남겨 둡니다.- 옳습니다. 관을 꺼낼 때의 전이 은전이 아니라면 어찌 하루에 두 번 제사한다는 혐의가 있겠습니까. 관을 꺼내는 것으로 시작하고 삭망전으로 끝마치는 것은 각각 마땅한 의리가 있어서 자주하는 것이 아니니, 자주하지 않으면 번거롭지 않고 번거롭지 않으면 번독(煩瀆)하지 않습니다.

115 양씨(楊氏) : 송나라 학자 양복(楊復)으로, 자는 지인(志仁), 호는 신재(信齋)이다. 주자의 제자이고, 황간(黃榦)과 절친한 사이였다. 저술로 《제례(祭禮)》·《의례도해(儀禮圖解)》·《가례잡설부주(家禮雜說附註)》 등이 있다.

116 삭전(朔奠)에……것이다 : 이 말은 《성리대전(性理大全)》 권20 〈가례 3(家禮三) 상례(喪禮) 조석곡전(朝夕哭奠) 상식(上食)〉의 주에 보인다.

일식(日食)과 월식(月食) 때의 제사에 대해 공자와 증자께서 문답하실 적에 혹은 "신속하게 한다."라고 말씀하고 혹은 "그만둔다."라고 말씀하신 것[117]은 천자와 대부를 구별한 것이니, 엄릉 방씨(嚴陵方氏)[118]가 말한 "지위가 높으면 일로 인하여 예를 폐하는 경우가 적고, 지위가 낮으면 일로 인하여 예를 폐하는 경우가 많으니, 이는 경중의 구별이다."라고 한 것[119]이 맞습니다. 그런데 후현(後賢)들은 또한 일찍이

117 일식(日食)과……것 : 이 내용은 《예기》 〈증자문(曾子問)〉에 "증자가 묻기를 '제사지낼 때를 당하여 일식이 일어나거나 태묘(大廟)에 화재가 있으면, 그 제사를 어떻게 합니까?' 하니, 공자가 말씀하셨다. '신속하게 제사지낼 뿐이니, 만일 희생이 있으나 잡지 않았으면 제사를 그만둔다.'〔曾子問曰: 當祭而日食, 大廟火, 其祭也, 如之何? 孔子曰: 接祭而已矣, 如牲至未殺, 則廢.〕"라고 보인다.

118 엄릉 방씨(嚴陵方氏) : 송나라 학자 방각(方慤, ?~?)으로, 자는 성부(性夫)이다. 선화(宣和) 연간에 진사가 되고, 벼슬은 예부 시랑을 지냈다. 저서에 《예기집해(禮記集解)》가 있다.

119 지위가……것 : 《예기》 〈증자문〉에 "증자가 묻기를 '대부의 제사에 정조(鼎俎)를 이미 진설하고 변두(籩豆)를 이미 진설하고서 예를 이루지 못하여 폐하는 것은 몇 가지가 있습니까?' 하니, 공자가 대답하시기를 '아홉 가지이다.' 하셨다. 그 내용을 묻자 다음과 같이 대답하셨다. '천자가 죽은 경우이거나 후비의 상을 당하거나 제후가 죽거나 부인의 상을 당하거나 인군의 태묘(太廟)에 화재가 있거나 일식이 있거나 삼년상이 나거나 자최(齊衰)와 대공(大功)의 상에는 모두 폐하니, 집 밖에서 난 초상은 자최 이하부터는 제사를 행할 수 있다. 자최복으로서 제사지낼 때에는 시동이 자리에 들어가 세 번 밥을 먹고 더 이상 권하지 않으며 술로 입을 행구고 권하지 않고 그만두며, 대공복에는 권하기만 하고 그만두며 소공복과 시마복에는 방 안의 일만 하고 그만둔다. 사(士)가 대부와 다른 것은 사는 시마복에도 제사지내지 않으니, 제사지내는 대상이 죽은 자에게 복이 없으면 제사지낸다.'〔曾子問曰: 大夫之祭, 鼎俎既陳, 籩豆既設, 不得成禮, 廢者幾? 孔子曰: 九. 請問之, 曰: 天子崩, 后之喪, 君薨, 夫人之喪, 君之大廟火, 日食, 三年之喪, 齊衰, 大功, 皆廢, 外喪, 自齊衰以下行也. 其齊衰之祭也, 尸入三飯不侑, 酳不酢而已矣, 大功酢而已矣, 小功緦室中之事而已矣. 士之所以異者, 緦不祭, 所祭於死

일식과 월식 때문에 제사를 폐하지 않았으니, 이것은 고례(古禮)를 다 따르기가 어렵기 때문이 아니겠습니까.

만일 사시(四時)의 정제(正祭)라면 길일을 점치니, 이날을 피하여 다시 점을 치는 것도 괜찮습니다. 그러나 기제와 우제와 졸곡 등과 같은 제사는 본래 정한 시기가 있어서 날짜를 바꿀 수 없는 의의가 중하니, 어찌 그만둘 수 있겠습니까. 더구나 삭망의 작은 제사에 있어서이겠습니까. 다만 일식과 월식 때를 피하여 먼저 하거나 뒤에 하는 것이 옳을 것입니다.

고례(古禮)에 "대상을 지내도 그대로 신주가 정침(正寢)에 모셔져 있다."고 하였으니, 지금 비록 《가례》의 "대상 뒤에 부묘한다."는 것을 따르더라도, 지자(支子)라서 집을 달리하여 별도로 한 사당을 세우게 되면, 종가의 할아버지 사당에 받들어 부묘(祔廟)하기가 어렵습니다.

고위(考位)를 사당에 들이기 하루 전에 비위(妣位)에게 고하는 축문은 우암의 설을 따를 수 있으나, '장이현비부언(將以顯妣祔焉)'이라는 한 구는 삭제해도 되니, 이는 바로 합독(合櫝)하지 않고 또 장차 협제(祫祭)의 축문에 '배향(配享)'이라는 글이 있기 때문입니다. 지호(芝湖)[120]의 물음과 우암의 답변을 자세히 살펴보면 이는 필시 어머니 사당

者, 無服則祭.]"라고 한 데 대한 방씨의 해설이다.

120 지호(芝湖) : 이선(李選, 1632~1692)의 호로 자는 택지(擇之), 본관은 전주이다. 우의정 이후원(李厚源)의 아들이고 송시열(宋時烈)의 문인이다. 11664년(현종5) 춘당대 문과에 급제하여 여러 청요직을 역임하고 1675년(숙종1)에 형조 참의로 있다가, 송시열이 파직되고 남인이 득세하자 사직하였다. 1680년 경신대출척으로 서인이 집권하자 다시 중용되어 1686년에 이조 참판으로 승진하였으나, 1689년 기사환국으로 다시

만 받드는 자를 가리켜 말씀하신 것입니다. 새로 만든 신주를 다만 사당에 들이는 것만을 청한 것은 사당이 어느 곳이 되는지를 구분하지 않아서 그런 듯합니다. 그러나 종가와 집을 달리하기 때문에 할아버지 사당에 부묘하지 못한다는 것을 신도(神道)가 밝게 알고 있음은 과연 고명의 훌륭한 가르침과 같으니, 굳이 다시 다른 말을 보탤 필요가 없습니다.

서인이 숙청당하자 대간의 탄핵을 받고 기장(機張)에 유배되어 배소에서 별세하였다. 저서로는 《지호집(芝湖集)》이 있으며, 시호는 정간(正簡)이다.

박원득에게 줌 기사년[121] 4월

與朴元得 己巳四月

어제 보내주신 답장이 아직도 눈앞에 있는데, 오늘 편지가 또 손에 들어와 아침저녁으로 만나는 것처럼 소식이 오가니, 이것만으로도 곤궁함과 외로움을 위로할 수 있습니다. 더구나 한낮에 존체(尊體)가 평상시보다 더 건승하심을 살펴 알게 됨에 있어서이겠습니까.

일산(日傘)을 펼치는 한 가지 일은 진실로 음악을 연주하며 솔창(率倡)[122]하여 가는 것과는 크게 다른 줄 알지만, 그래도 가까이 하지 말기를 바라는 것은 설만(褻慢)할까 염려해서입니다. 일산이라는 것은 해를 가리는 도구입니다. 태수(太守)가 이것을 펼치는 것은 바로 의장(儀裝)이니, 묘소(墓所)를 영화롭게 하는 것과 무슨 상관이 있겠습니까.[123] 이 때문에 세워두고 멀리하시기를 바라는 것입니다. 과거에 급제한 자가 홍패(紅牌)와 백패(白牌)[124]를 진열하는 것을 준례로 삼아서

121 기사년(己巳年) : 1809년(순조9)으로, 매산의 나이 34세 되던 해이다.

122 솔창(率倡) : 원래 과거에 급제한 사람이 귀향할 때 악공들을 데리고 가는 일을 이르는데, 여기서는 과거 급제와 상관없이 광대를 앞세우고 피리를 불게 함을 이른 것이다.

123 태수(太守)가……있겠습니까 : 태수는 고을 수령을 이르는 말로, 박종여가 이해 3월에 연안 부사(延安府使)에 제수되어 선영에 소분(掃墳)하러 갔기 때문에 이렇게 말한 것으로 보인다.《承政院日記 純祖 9年 3月 2日》

124 홍패(紅牌)와 백패(白牌) : 홍패는 대과(大科) 급제자들에게 나누어 주던 증서로 붉은 종이에 썼기 때문에 붙여진 명칭이고, 백패는 소과(小科)에 합격한 자들에게 주는 증서로 흰 종이에 썼기 때문에 이렇게 불렀다.

는 안 될 것이니, 어떨지 모르겠습니다.

오랑캐의 사면령이 있은 뒤에 백관들에게 특별히 가자(加資)하는 일은 누추하니, 어찌 구태여 말할 것이 있겠습니까. 자신의 성명을 청나라 연호 아래에 쓰고 고신(告身)을 받들어 출사하는 것은 진실로 이미 수치스러워해야 할 일인데, 이 의리를 끌어와 자정(自靖)[125]하지 못한다면 무엇을 한들 수치가 아니겠습니까. 전대(專對)[126]하는 것과 오랑캐 사신을 맞이하고 전송하는 것과 청나라를 위해서 망궐례(望闕禮)를 하면서 만세를 부르는 것[127]이 어찌 예의를 지키는 몸으로 할 수 있는 일이겠습니까.

이 때문에 이사천(李槎川)은 "강남 지방은 칼이 없는 나라요 천하에는 모두 책 읽는 사람이네. 처자가 굶어죽는 것을 감내한다면 내일 아침 장차 관복인 두건을 찢겠네.〔江南無刃國, 天下讀書人. 妻子堪飢

125 자정(自靖) : 스스로 의리에 편안하여 벼슬하지 않고 지조를 지킴을 이른다. 자세한 내용은 195쪽 주60 참조.

126 전대(專對) : 사신(使臣)을 뜻하는 말이다. 외국에 나간 사신이 문제가 생기면 자신의 전권으로 대응하는 데서 온 말로, 《논어》 〈자로(子路)〉의 "《시경》 3백 편을 외우더라도 정치를 맡겨줌에 제대로 해내지 못하고 사방에 사신 감에 혼자서 처결하지 못한다면, 비록 많이 외운들 어디에 쓰겠는가.〔誦詩三百, 授之以政, 不達, 使於四方, 不能專對, 雖多, 亦奚以爲?〕"라는 구절에서 유래하였다.

127 망궐례(望闕禮)를……것 : 망궐례는 궁궐이 멀리 있어서 직접 궁궐에 나아가 배알하지 못할 때 멀리서 궁궐을 바라보고 행하는 예로, 여기서는 정월 초하루와 동지 등에 임금이 신하들을 거느리고 의정부에 나아가서 황제가 있는 쪽을 향하여 궐자패(闕字牌)를 모셔 놓고 절을 하는 의식을 말한다. 지방의 수령들도 명절에 서울에 있는 대궐을 바라보고 이 예를 행하였다. 원문의 '호숭(呼嵩)'은 천자를 찬양하여 만세를 부르며 즐거워함을 말하는바, 한(漢)나라 무제(武帝)가 숭산(崇山)에 올라가 제사를 지낼 때 곳곳에서 만세 소리가 들렸다는 고사(故事)에서 유래하였다.

死, 明朝且裂巾.〕"[128]라는 시를 지었고, 임운호(任雲湖)는 "입으로 성현의 책을 읽으면서 개와 양과 같은 오랑캐에게 허리를 굽힌다.〔口讀聖賢, 腰折犬羊.〕"는 한탄을 하였던 것입니다.[129]

그런데도 우리가 억지로 참고 힘쓰는 것은 바로 태왕(太王)이 훈육(獯鬻)을 섬긴 의리[130]가 아니겠습니까. 연안(延安)은 서쪽으로 가는 고을이니, 오랑캐 사신이 올 때를 당하면 집사께서 인수(印綬)를 던지

128 이사천(李槎川)은……찢겠네 : 이사천은 이병연(李秉淵, 1671~1751)으로 사천은 그의 호이고, 인용한 시는 《사천시초(槎川詩抄)》 권 하(下)에 실려 있는 〈영칙(迎勅)〉이라는 작품이다. 이병연은 자가 일원(一源), 본관이 한산(韓山)으로 삼연(三淵) 김창흡(金昌翕)의 문인이며, 벼슬은 음보(蔭補)로 부사(府使)를 지냈다. 시에 뛰어나 영조 대 최고의 시인으로 일컬어졌다. 그의 시에 "강남지방은 칼이 없는 나라"란 것은, 우리나라가 청나라에 복종하는 것을 옛날 송(宋)나라가 금나라에 밀려 강남 지방으로 천도(遷都)한 일을 빗대어 우리나라에 칼을 들고 적과 싸우는 자가 없음을 개탄한 것으로 보인다.

129 임운호(任雲湖)는……것입니다 : 임운호는 임정주(任靖周, 1727~1796)로 운호는 그의 호이다. 이 구절은 《매산집》 권7에 실린 〈상운호임장(上雲湖任丈)〉에 보인다. 임정주의 자는 치공(穉恭), 본관은 풍천(豊川)으로, 녹문(鹿門) 임성주(任聖周)의 아우이다. 1762년(영조38) 사마시에 합격하였고, 서연관(書筵官)으로 당시 세손(世孫)이었던 정조를 보필하며 학문을 강론하여 정조의 칭찬을 받았다. 정조가 즉위한 뒤 홍국영(洪國榮)의 모함을 받아 벼슬이 청산 현감(靑山縣監)에 그쳤다.

130 태왕(太王)이……의리 : 이 내용은 《맹자》 〈양혜왕 하(梁惠王下)〉에 "오직 지자(智者)만이 소국을 가지고 대국을 섬길 수 있습니다. 그러므로 태왕이 훈육(獯鬻)을 섬기시고, 구천이 오(吳)나라를 섬긴 것입니다.'〔惟智者, 爲能以小事大. 故大王事獯鬻, 句踐事吳.〕"라고 보인다. 태왕은 주나라의 군주로 이름이 고공단보(古公亶父)이며, 훈육은 흉노(匈奴)의 별칭이다. 고공단보는 원래 빈(邠) 땅에 터를 잡았다가, 훈육이 자주 침략하자 기주(岐周)로 천도하였는데, 아들 왕계(王季)와 손자 문왕(文王)을 거쳐 무왕(武王) 때에 천하를 통일하였다.

고 벼슬을 떠나시는 것이 가능하시겠습니까? 만일 이 일을 할 수 있다면 오늘 당장 관직을 버려서 저들이 말하는 '특별한 가자(加資)' 가운데에서 부끄러움을 무릅쓰지 않는 것이 옳을 것입니다. 만약 그렇게 하지 못하다면 저 연안(延安)의 아전들이 준례에 따라 받들어 행하는 대로 내버려둘 뿐이니, 다만 원통함을 머금고 참아서 절박하여 부득이해하는 뜻을 마음속에서 더욱 권면해야 할 것입니다.

우암께서 산(山)을 산 문권(文券)에도 오랑캐 연호를 썼으니, 이것은 시왕(時王)의 법[131]을 따를 수밖에 없었기 때문입니다. 옛날 우암의 손자 중에 죄에 걸린 자가 있었는데, 의금부에서 오랑캐의 사면령으로 인하여 참작하여 석방하자, 그 사람이 이것을 부끄러워해서 형벌을 받을 것을 굳이 청하였으니, 비록 청원을 이루지는 못하였으나 참으로 우암 어른의 손자가 됨에 부끄럽지 않습니다. 가친(家親)께서 고신첩(告身帖)을 빼앗기는 죄를 용서받으신 것은 지금 사면령에 가늠해 보면 저도 부끄럽게 여기는 일이나, 또한 어쩔 수가 없었습니다.

몇 해 전에 오랑캐의 사면령이 있었을 적에, 이조(吏曹)의 관원이 가친께서 자궁(資窮)에 있다고 하여 불초(不肖)에게 대가(代加)하고자 하였으나,[132] 저는 웃으며 응하지 않았습니다. 그런데 우리 어른의 오늘 일은 이와는 다르니, 단지 마땅히 한결같이 하는 대로 맡겨둘

131 시왕(時王)의 법 : 시왕은 당대의 왕이라는 뜻인바, 당시 조선이 청나라를 천자의 나라로 섬기고 있던 법을 말한다.

132 이조(吏曹)의……하였으나 : 자궁(資窮)은 당하관(堂下官)으로서 다시 더 올라갈 품계가 없는 것으로 당하관의 가장 높은 등급인 정3품 통훈대부(通訓大夫)가 됨을 이르고, 대가(代加)는 임금의 은전(恩典)으로 가자할 때 자궁에 해당하는 사람에 대하여는 아들·조카·사위·손자 등에게 대신 품계를 올려줌을 이른다.

뿐입니다. 어쩌시겠습니까.

천지간에는 본래 제일의 의리가 있으나, 사람마다 다하기를 바라기는 어렵습니다. 장자(張子)가 말씀하신 "보통사람으로 남에게 바라면 따르기가 쉽다."[133]는 것이 이것일 것입니다. 천한 이 몸은 집사께 제일의 의리를 권면하지 못하니, 충심으로 말해주고 잘 인도하였다고 말할 수가 없습니다. 다만 스스로 두렵고 부끄러울 뿐입니다.

영소(榮掃)의 제사[134]는 비록 성대하게 하지는 않으나, 산신(山神)에 올리는 제물은 마땅히 차이가 없어야 할 것입니다. 이것은 주자께서 말씀하신바 "어버이를 편안히 하고 신을 섬기는 뜻을 다한다."[135]는 뜻

133 보통사람으로……쉽다 : 이 말은《장자전서(張子全書)》권2〈정몽(正蒙) 대심(大心)〉에 "남을 꾸짖는 마음으로 자신을 꾸짖으면 도를 다하게 되니, 이른바 '군자의 도가 네 가지인데 나는 그 중에 한 가지도 능하지 못하다.'라고 한 것이다. 자신을 사랑하는 마음으로 남을 사랑하면 인을 지극히 하게 되니, 이른바 '자기에게 베풀기를 바라지 않는 것을 또한 남에게 베풀지 않는다.'라고 한 것이다. 보통사람으로 남에게 바라면 따르기가 쉽게 되니, 이른바 '사람의 도리로써 사람을 다스리다가 잘못을 고치면 그치는 것이다.'라고 한 것이다. 이것은 군자가 자신을 꾸짖고 남을 꾸짖고 남을 사랑하는 세 가지 방법이다.〔以責人之心責己, 則盡道, 所謂君子之道四, 丘未能一焉者也. 以愛己之心愛人, 則盡仁, 所謂施諸己而不願, 亦勿施於人者也. 以衆人望人, 則易從, 所謂以人治人改而止者也. 此君子所以責己、責人、愛人之三術也.〕"라고 보인다. 장자는 북송의 학자 횡거(橫渠) 장재(張載, 1020~1077)를 이른다.

134 영소(榮掃)의 제사 : 과거에 급제하거나 관직에 임명되는 등 영광스러운 일이 있을 때, 선조의 묘소에 가서 이를 고하고 제사 지내는 일을 말한다. 박종여는 이해 3월에 종4품의 충청도 대흥 군수(大興郡守)에 제수되었다가 얼마 되지 않아 종3품의 황해도 연안 부사(延安府使)로 승진되어 영소하였다. 영(榮)은 영광, 소는 소분(掃墳)의 뜻인데, 영분(榮墳)이라고도 한다.

이니, 풍성하게 하거나 줄여서 하는 일이 있어서는 안 됩니다.

지난번에 율곡 어른의 설을 말씀드렸던 것은 반드시 따르기를 바란 것은 아니었는데, 지금 "비록 단헌(單獻)을 하나, 묘소에 올리는 것과 똑같이 한다."라고 말씀하신 것은 진실로 저의 뜻에 부합하니, 다행입니다. 단헌의 예(禮)는 비록 제사를 이루지는 못하나 어찌 고유(告由)가 없을 수 있겠습니까. 무덤을 열 때와 장례할 때와 사초(莎草)를 다시 할 때에는 삼헌(三獻)을 하지 않더라도 고유가 있으니, 고유를 하고 고유를 하지 않는 것은 올리는 제수의 풍성하고 간략함과는 상관이 없을 듯합니다.

관혼상제(冠婚喪祭)의 네 가지 예(禮)가 어느 것인들 소중하지 않겠습니까마는 예가 관례(冠禮)에서 시작되기 때문에 성인(聖人)께서 더욱 마음을 쓰셨으니, 성인(成人)의 도리를 요구하면서 그 도리를 따르지 않는 것이 옳겠습니까. 이 때문에 돌아가신 선생께서 지으신 〈삼례편(三禮篇)〉에 "옛 사람은 포위된 성(城) 안에서도 아들에게 관례를 행하였는데, 지금은 평상시에도 폐하니, 어째서인가?"라고 하셨는바,

135 어버이를……다한다 : 이 내용은 《주자가례》 〈부록(附錄)〉에 "요사이 묘제를 지낼 때의 산신제를 보니 완전히 지리멸렬하여 매우 걱정이 된다. 이미 선친의 체백(體魄)을 산림에 맡겼는데 그 산림의 주인인 산신에게 제사 지내는 것이 어찌 이와 같을 수 있는가. 이후로는 묘소 앞에서와 똑같이 채소 · 과일 · 젓 · 포……밥 · 차 · 탕 각 한 그릇으로 어버이를 편안하게 하고 신을 섬기는 자신의 뜻을 다하여 차등이 있게 하지 말라.〔比見墓祭土神之禮, 全然滅裂, 吾甚懼焉. 旣爲先公託體山林, 而祀其主者, 豈可如此? 今後可與墓前一樣, 菜果鮓脯……飯茶湯各一器, 以盡吾寧親事神之意, 勿令少有隆殺.〕"라는 구절의 일부를 인용한 것이다.

옛사람은 윤곡(尹穀)을 가리킨 것입니다.[136] 윤곡의 일을 또한 기록하여 받들어 올리니 보시기 바랍니다. 이 일은 마땅히 천하와 만세의 법이 되어야 할 것입니다.

예의(禮義)는 사람이 태어날 때부터 함께 받아 태어나고 죽을 때에도 함께 간직하고 죽는 것이니, 한 숨이 아직 끊어지지 않았으면 이 뜻을 잊어서는 안 됩니다. 옛날 동춘당(同春堂 송준길(宋浚吉)) 어른께서 아들의 관례를 하고 말씀하시기를 "대충대충 하였다."라고 하시자, 우암 어른께서 답하시기를 "형이 대충대충 한다면 어느 곳에서 대충대충 하지 않는 것을 볼 수 있겠습니까."라고 하셨으니, 저 또한 노형께 이렇게 말합니다.

존현(尊賢)의 가문에서는 이미 시제(時祭)를 행하고 또 장차 관례를 행하려 하시니, 친영(親迎) 또한 안 할 수가 없습니다. 이렇게 한 뒤에야 삼례(三禮)를 모두 거행해서 선생의 가르침을 한결같이 따르는 것이 될 것이니, 부디 함께 도모해주시기 바랍니다.

예(禮)에는 경상(經常)적인 것이 있고 변통(變通)하는 것도 있으니,

136 삼례편(三禮篇)에……것입니다 : 〈삼례편〉은 《근재집(近齋集)》 권23에 실려 있는 〈삼례(三禮)〉로 관례(冠禮)·친영(親迎)·시제(時祭) 세 가지의 예를 설명한 글인데, 관례를 얘기할 적에 윤곡의 일화를 예로 들었다. 윤곡(尹穀)은 남송(南宋) 말기의 충신이자 지사로 자는 경수(耕叟), 호는 무실(務實)이며 벼슬은 지형주(知衡州)에 이르렀다. 송나라 공종(恭宗) 덕우(德祐) 2년(1276) 정월에 지키던 담주성(潭州城)이 원나라 군대에게 함락되자 온 가족과 함께 분사(焚死)하였다. 담주성이 함락되기 직전에 윤곡이 두 아들에게 관례를 행하였는데, 사람들이 이를 비난하자 윤곡이 "아이들로 하여금 관대(冠帶)를 하여 지하에서 선조를 뵙게 하려고 하는 것이다."라고 하였다. 《宋史 卷450 忠義列傳 尹穀》, 《資治通鑑後編 卷151 宋紀 孝恭懿聖皇帝》

변통하더라도 마땅함을 잃지 않으면 경상적인 것으로 보아도 무방합니다. 기일에 앞서 고유하는 것이 진실로 경상적인 것이나 미리 고유하는 것도 변고에 처하여 바름을 잃지 않는 것이니, 이른바 '마땅함을 따른다.'는 것입니다.

후세에는 관례와 혼례를 함께 거행해서 옛날에 20세에 관례하고 30세에 장가들어 아내를 두었던 것과는 똑같지 않으니, 그렇다면 일시에 미리 고유하는 것이 어찌 예의 뜻에 위배되겠습니까. 또 사세(事勢)에 급박하여 변통하는 것이 어찌 정성이 부족한 것이겠습니까. 이것으로 인해서 예를 따르지 않기보다는, 차라리 예를 이루는 것이 더 낫습니다. 선현이 탄식한바 "작은 것이 구비되지 못한 것에 구애되어 큰 것을 구비하지 못함으로 돌아간다."[137]는 것을 몰라서는 안 될 것입니다.

137 작은……돌아간다 : 이것은 주자가 〈발삼가예범(跋三家禮範)〉에서 "지금은 교만하고 방종함을 편안하게 여겨서 미리 예를 실천하는 것의 어려움을 꺼리고, 작은 것이 구비되지 않았다는 이유로 도리어 큰 것을 구비하지 못함에 나아가니, 어찌 잘못이 아니겠는가.〔今乃以安于驕佚而逆憚其難, 以小不備之故而反就于大不備, 豈不誤哉?〕"라고 한 말을 원용한 것이다.《朱子大全 卷83》

박원득에게 답함 경오년[138] 칠석
答朴元得 庚午七夕

관례하는 의식에 대해 반드시 집사께 예를 따르시기를 요구하는 이유는 예의(禮義)는 현자(賢者)로부터 나와서 온 세상 사람들이 뒤따르기 때문입니다. 지금 보내주신 편지를 받들어 보건대 서로 뜻이 맞지 않는 것이 거의 없어서 말한 저도 함께 영광스러우니, 하물며 선친의 가르침을 빛내고 효심에 만족하시어 세교(世教)에 크게 도움이 됨에 있어서이겠습니까.

옛날 심의(深衣)의 제도가 짧아도 피부가 드러나지 않고 길어도 땅에 끌리지 않게 한 것은 몸에 적절하게 하고자 한 것이었습니다. 《가례》에는 따로 준칙이 있으니, 비록 몸에 맞지 않더라도 《가례》를 따르는 것이 잘못을 줄이는 것이 될 것입니다.

장자(長者)도 이와 같은데 하물며 젊은 사람에 있어서이겠습니까. 다만 심수(深邃)한 뜻[139]을 취하는 것이 옳으니, 길고 짧고 넓고 좁은 것은 또한 세세히 견줄 필요가 없습니다. 선왕의 법복(法服) 중에 후세에 전하는 것은 오직 심의가 있을 뿐입니다. 그렇다면 몸에 맞지 않는다고 하여 입지 않을 수가 없으니, 다른 것으로 대용해서는 안 됨이

138 경오년(庚午年) : 1810년(순조10)으로, 매산의 나이 35세 되던 해이다.

139 심수(深邃)한 뜻 : 심수는 깊숙하고 그윽하다는 뜻인바, 심의는 저고리와 치마가 연결되었고, 치마 곁에 옷섶〔衽〕을 달아서 양쪽 옷자락〔襟〕이 겹쳐져 온 몸을 두루 감싸 조금도 틈이 없어 깊숙한 옷〔深邃之衣〕이라고 하므로 말한 것이다.

분명합니다. 새로 만들기가 어려우면 빌려 입는 것도 괜찮습니다.

윤 교부(尹敎傅)[140]가 만든 것이 고법에 가깝고 근거가 있으니, 빌려 입는 것이 좋을 듯합니다. 사규삼(四䙆衫)[141]은 서울 안의 사우(士友)들 집 곳곳에 있으나, 그 제도가 옛 법식에 어긋나지 않아 원래의 모양을 따라 이루어진 것인지는 알 수 없습니다. 고정(古亭) 김상공(金相公)[142]의 집안에서 만든 것이 가장 좋다고 하니, 빌릴 방도가 있으면 또한 굳이 대용(代用)할 필요가 없습니다.

이른바 '중치막(中赤莫)'[143]이라는 것은 옷 중에 가장 속된 것이니, 재가(再加)[144]할 때의 윗옷으로 삼을 수 없을 듯합니다. 무릇 예복을

140 윤 교부(尹敎傅) : 윤득관(尹得觀, 1710~?)으로 교부(敎傅) 벼슬을 지냈기 때문에 이렇게 칭한 것이다. 자는 사빈(士賓), 본관은 해평(海平)으로 1738년(영조 14) 식년 진사시에 합격하여 교부(敎傅) 벼슬을 지냈다. 기원(杞園) 어유봉(魚有鳳)에게 경전을 배웠고, 담옹(澹翁) 박창원(朴昌元)에게 시를 배웠다. 젊어서는 성균관에서 시로 이름을 날렸는데, 노년에는 경전에 몰두하였다.

141 사규삼(四䙆衫) : 사내아이의 평상복으로, 결과삼(缺胯衫)이라고도 한다. 《사례편람(四禮便覽)》에는 "남빛 비단이나 명주로 만든다. 깃을 맞대고, 둥근 소매에 옆과 뒤가 트였으며, 비단으로 깃과 소매 끝, 옷자락 양쪽 가와 아랫자락에 단을 친 것이다."라고 설명하였다. 《增補四禮便覽 卷1 冠禮》

142 고정(古亭) 김상공(金相公) : 영의정을 지낸 김치인(金致仁, 1716~1790)으로 고정은 그의 호이다. 자는 공서(公恕), 본관은 청풍(淸風), 시호는 헌숙(憲肅)으로 영의정 김재로(金在魯)의 아들이다. 《명의록(明義錄)》과 《대전통편》의 편찬을 주관하였다.

143 중치막(中赤莫) : 벼슬이 없는 선비가 소창옷 위에 덧입던 옷으로, 넓은 소매에 길이는 길고 앞은 두 자락, 뒤는 한 자락이며 옆은 무가 없이 터져 있다. 무는 윗옷의 양쪽 겨드랑이 아래에 대는 딴 폭을 이른다.

144 재가(再加) : 관례 때 세 번 관을 갈아 씌우는 의식인 삼가례(三加禮) 중에 두 번째 의식을 말한다. 삼가례는 초가(初加)·재가·삼가(三加)로 나뉘는데, 《주자가

남에게 빌리는 것은 제기(祭器)를 빌리지 않는 것과는 차이가 있으니, 굳이 혐의할 필요가 없을 듯합니다.

마지막에 가(加)할 때 반드시 초립과 도포를 사용하는 것은 정자(程子)가 평상시 착용한 가르침에 따르는 것이니, 저의 소견도 이것과 같습니다. 영서(潁西) 어른[145]은 예학(禮學)에 밝으셨는데, 아들의 관례를 치를 적에 반드시 고금을 참작해서 따를 만한 것이 있을 것입니다. 영서 어른께서 답하신 바가 어떤지 모르겠으나 진실로 법도가 정밀하고 절실하여 어긋나지 않을 것이라고 장담할 수 있으니, 바라건대 두 끝을 잡아서 그 중(中)을 쓰십시오.

의절(儀節)에 홀기(笏記)[146]를 갖추는 것 또한 급박한 사이에 할 수 있는 일이 아닙니다. 모름지기 영서 어른처럼 안목을 갖춘 분이라야 번거로운 것을 삭제하고 긴요한 것만을 취할 수 있으니, 바라건대 다시 물어보십시오. 근자에 오사경(吳士敬)[147]씨가 두 아들의 관례를 치렀

례》에 따르면 초가에는 심의(深衣)와 흑리(黑履) 차림에 치포관(緇布冠)을 씌우고, 재가에는 조삼(皁衫)과 가죽신〔鞋〕 차림에 사모(紗帽)를 씌우고, 삼가에는 공복(公服)과 가죽신〔靴〕 차림에 복두(幞頭)를 씌운다.

145 영서(潁西) 어른 : 영서는 임로(任魯, 1755~1828)의 호이다. 자는 득여(得汝), 본관은 풍천(豐川)으로 1777년(정조1)에 아버지인 종주(宗周)가 홍국영(洪國榮)에 의해 단천(端川)에 유배되었다가 별세하자 과거를 포기하고 학문에만 전력하였다. 학문이 높아지자 나라의 부름이 이어져서 1809년(순조9) 제용감 부봉사(濟用監副奉事)로 출사하고 외직으로 충원 현감(忠原縣監) 등을 지냈다. 임로는 전 해인 1811년(순조11)에 신령 현감(新寧縣監)에 제수되었다.

146 홀기(笏記) : 의식의 진행 순서를 적은 글을 말한다.

147 오사경(吳士敬) : 오희상(吳熙常, 1763~1833)으로 사경은 그의 자이다. 호는 노주(老洲), 본관은 해주(海州), 시호는 문원(文元)이다. 1800년(정조24) 천거로 세자

는데 또한 마땅히 예를 다했을 것이니, 나아가서 물어도 될 것입니다. 두 현자가 계시니, 제가 어찌 감히 말할 수 있겠습니까.

익위사 세마(世子翊衛司洗馬)에 제수되고, 황해도 도사 등을 지낸 뒤, 벼슬에서 물러나 광주(廣州)의 징악산(徵嶽山)에 은거하였다. 이후 찬선(贊善) 등 여러 관직에 제수되었으나 모두 사양하고 나아가지 않았다. 성리학에 조예가 깊어 명성이 높았다.

박원득에게 줌 임신년[148] 2월

與朴元得 壬申二月

제가 연전(年前)에 관직을 사양한 것은 다만 실정과 병세(病勢) 때문에 그러하였던 것이니, 벼슬하지 않은 것이 아니요 벼슬하지 못한 것입니다. 그런데 훌륭한 가르침을 받들어 보니, 의리를 말씀하신 것이 지극히 높고 격려하신 말씀이 너무 지나쳐서 '흰 칼날을 밟는 일'[149]에 견주셨는데, 저를 잘 아시는 집사께서도 이런 말씀을 하신단 말입니까. "세속의 일에 초연하여 홀로 도(道)와 함께 한다."는 말씀은 더더욱 천한 이 몸이 감히 들을 수 있는 바가 아닙니다.

스스로 생각하건대 실제가 전혀 없으면서 헛된 명예가 이렇게까지 높아졌으니, 크게 불길하지 않겠습니까. 반드시 재앙을 불러들일 것이 분명합니다. 옛날 선배 중에 재덕(才德)이 풍부한 분들도 오히려 높은 명성 아래에 있기 어려움을 염려하였는데, 더구나 천한 이 몸처럼 내실이 텅 비어있는 자야 오죽하겠습니까. 우리 어른께서 덕으로 저를 사랑한다는 것을 진실로 알고 있으니, 재앙과 허물이 더해지지 않도록 실정에 지나치고 넘치는 말씀을 하지 마시어, 저로 하여금 몸 둘 곳이 있게 해주시기를 간절히 바라는 것입니다.

우리 어른께서 "권면하시는 바는 바로 '불가능(不可能)' 한 구절에 있다."[150]라고 하셨는데, 이 일은 쉬운 듯하나 실제로는 어려우니, 의리

148 임신년(壬申年) : 1812년(순조12)으로, 매산의 나이 37세 되던 해이다.

149 흰……일 : 용기 있는 행위를 이르는 말로, 《중용》 제9장에 보인다.

가 정밀하고 인(仁)이 익숙한 자가 아니면 미치지 못합니다. 제가 비록 능히 이것을 행하지는 못하나 저의 소원은 여기에 있는데, 이제 또 우리 어른의 가르침을 들었으니, 감히 이것을 가슴속에 새기고 싫어하지 않아서 지극한 마음에 부응하지 않을 수 있겠습니까.

스스로 생각하건대 저의 지취(志趣)가 그다지 낮지는 않으나, 타고난 기질이 끝내 편벽하고 잡박하며 또한 백 배의 공력을 다하여 한 번 변하는 아름다움[151]을 구하지 못하니, 과연 자포자기하는 자와 무엇이 다르겠습니까. 이러하면서 어떻게 중정(中正)하고 순수한 경지에 나아가기를 바라겠습니까. 끝내 우리 어른의 훌륭한 가르침을 저버려서 영원히 성인의 말씀을 업신여기는 사람이 될까 근심되니, 이 때문에 더욱 두렵고 두렵습니다.

저옹(著翁)께서 갑자기 저세상 분이 되셨습니다.[152] 두 조정의 궁료(宮

150 권면하시는……있다 : 이 내용은 박종여의 《냉천유고(冷泉遺稿)》 권3 〈여홍백응(與洪伯應)〉에 "성인의 가르침에서 권면한 바는 바로 '불가능(不可能)' 한 구절에 있다.〔聖訓所勉, 正在於不可能一句.〕"라는 구절을 줄여 인용한 것으로 보인다. '불가능' 한 구절은 《중용》 제9장의 "천하와 국가를 균평히 다스릴 수 있으며, 작록을 사양할 수 있으며, 흰 칼날을 밟을 수 있어도, 중용은 능히 할 수 없다.〔中庸, 不可能也.〕"라는 구절의 마지막 구를 가리킨 것이다.

151 한 번……아름다움 : 이 내용은 《논어》 〈옹야(雍也)〉에 "제나라가 한 번 변하면 노나라에 이르고, 노나라가 한 번 변하면 선왕(先王)의 도에 이를 것이다.〔齊一變, 至於魯; 魯一變, 至於道.〕"라고 한 공자의 말씀을 원용한 것이다.

152 저옹(著翁)께서……되셨습니다 : 저옹은 유한준(兪漢雋, 1732~1811)으로 그의 호가 저암(著菴)이기 때문에 이렇게 칭한 것이다. 자가 만청(曼倩), 본관은 기계(杞溪)로, 1768년(영조44) 진사시에 합격하고 벼슬이 형조 참의에 이르렀다. 당대에 뛰어

僚)를 지내고[153] 팔순의 연세를 누리셨으니, 사람의 일이 이 정도면 또한 다시 무슨 유감이 있겠습니까. 다만 혈손이 이미 끊어져서 전형(典刑)이 전해지지 못하는 것[154]이 한스러울 뿐입니다.

평생 동안의 저술이 상자에 가득하니, 바로 그분의 정신이 집중되어 있는 것입니다. 항상 이것을 후세에 전하기를 간절히 원하셨는데, 누가 이분의 뜻을 받들어 후세에 길이 전한단 말입니까? 이분의 문장은 용문(龍門)에게서 기력을 얻고 창려(昌黎)에게서 법도를 찾아서,[155] 문장의 근량(斤兩 무게)과 광염(光焰 광채)은 옛날에도 보기 드문 것입니다. 활기가 없고 모방하는 근세의 습성을 말끔히 씻어 버렸으니 이것도

난 문장가로 손꼽혔으며 그림에 대한 관심도 높아 당시 화가들의 그림에 제발(題跋)을 많이 지었다. 유한준은 1년 전인 신미년 7월 28일에 향년 80세로 별세하였다.

153 두……지내고 : 궁료(宮僚)는 세자궁의 관료라는 뜻으로, 유한준이 정조 때에 세자익위사(世子翊衛司)의 사어(司禦)를 지냈고, 순조 때에 원자궁(元子宮) 보덕청(輔德廳)의 관료에 서용되었기 때문에 말한 것이다. 《承政院日記 正祖 24年, 純祖 11年》

154 혈손이……못하는 것 : 유한준의 외아들 유만주(兪晩柱)가 큰 형에게 양자로 갔다가 요절하였기 때문에 이렇게 말한 것이다. 《華泉集 卷13 參議著菴兪公墓表》 전형(典刑)은 전형(典型)과 같은 말로, 같은 부류 안에서 가장 일반적이고 본질적인 특성이나 또는 그런 특성을 가진 대상을 이르는데, 여기서는 외모와 품성이 조상을 빼닮은 자손을 가리켜 말하였다.

155 용문(龍門)에게서……찾아서 : 용문은 한(漢)나라의 문장가로 《사기(史記)》를 편찬한 사마천(司馬遷)을 가리키고, 창려(昌黎)는 당나라의 문장가인 한유(韓愈)를 가리킨다. 사마천이 용문 지방에서 태어났기 때문에 이렇게 칭하는바 《사기》를 흔히 '용문사(龍門史)'라 부르기도 하며, 한유는 창려백(昌黎伯)에 봉해졌기 때문에 이렇게 칭한다. 후대 학자들은 사마천을 진한(秦漢) 고문(古文)을 대표하는 문장가의 한 사람으로 일컬었고, 한유를 당송(唐宋) 고문을 대표하는 문장가의 한 사람으로 일컬었다.

이미 특별한 일인데, 말년에 학문을 좋아해서 매일 《대학》과 《중용》을 외웠는바 장구(章句)와 한 글자도 어긋나지 않았으니, 비록 경학(經學)하는 유생과 배우는 학생이라도 어찌 이보다 더할 수 있겠습니까. 이 때문에 그 글이 처음에는 기운을 위주로 하였지만 끝에는 이치를 중하게 여겼으니, 말년에 지으신 것은 순수하여 유덕자(有德者)의 말씀이었습니다.

무엇보다 훌륭하셨던 것은 평소 집안에서의 조행(操行)이 순정(純正)하게 완비되어서 보통사람들이 미치기가 어려운 것과, 악(惡)을 미워하는 강직한 기질이 연로해서도 쇠하지 않으셨던 것이니, 이것이 제가 공경하고 탄복하는 바입니다.

엎드려 생각하건대 우리 어른께서 덕을 상고하고 우러러 이루기를 바란 것이 오직 세호(世好 대대로의 좋은 교분)와 척의(戚誼 친척의 정의)의 밖에 있었으니, 애통하고 상심함이 어찌 다함이 있겠습니까. 저도 창애(蒼厓)[156]에 있을 때부터 3대 동안 교분을 맺었고 10년 동안 가까운 이웃에서 살았는데, 저옹께서는 제가 옛 친구의 어린 손자라하여 사랑하고 좋아해 마지않으셨습니다.

영광전(靈光殿)[157]이 허물어졌으니, 어느 곳을 바라보고 우러르겠습니까? 왕년에는 성태(城台)[158]의 상에 곡하였고, 지난해에는 저옹의

156 창애(蒼厓) : 유한준의 또 다른 호가 창애인바, 지명으로 보이나 분명하지 않다.

157 영광전(靈光殿) : 마지막 남은 원로 석학(碩學)이나 절의가 있는 사람을 뜻한다. 영광전은 한(漢)나라 경제(景帝)의 아들 노공왕(魯恭王)이 세운 궁전으로 산동(山東) 곡부현(曲阜縣) 동쪽에 있었는데, 한나라 중기에 도적떼에 의하여 수도 장안(長安)의 미앙궁(未央宮)과 건장궁(建章宮) 등은 다 불탔으나 영광전만은 그대로 보존되었던 데서 유래한 것이다.

상에 곡하였습니다. 두 분은 모두 우리 선생과 종유하여 덕을 아시는 것이 가장 깊었는데 모두 세상을 떠나셨으니, 가슴 저리도록 서글픔과 애석함이 더할 뿐입니다.

《가례》에 오직 정월 초하루와 동지, 초하루와 보름에만 "재숙(齋宿)[159] 한다."고 말하였습니다. 그러므로 비단 효재(嘐齋)[160]만이 이와 같이 행한 것은 아닙니다. 동춘(同春 송준길(宋浚吉))께서 일찍이 남의 초상에 조문하셨는데, 선생의 따님인 민여양(閔驪陽)[161]의 부인이 이때 나이가 어리셨습니다. 따님이 묻기를 "초하루의 참배〔朔參〕가 내일 있는데 어찌하여 초상집에 가셨습니까?" 하니, 선생이 다만 전날 밤만 재계(齋戒)하면 된다는 뜻을 설명해주셨는데, 이 일이 《가례집고(家禮

158 성태(城台) : 자가 성보(城甫)인 김종선(金宗善, 1766~1810)을 높여 칭한 것이다. 김종선은 호가 송재(松齋), 본관이 청풍(淸風)이며, 잠곡(潛谷) 김육(金堉)의 후손이다. 청원부원군(淸原府院君) 김시묵(金時默)의 손자로, 척신(戚臣)으로 등용되어 우윤(右尹) 벼슬을 지냈다.

159 재숙(齋宿) : 재소(齋所)에서 재계(齋戒)하면서 묵는 것을 이른다.

160 효재(嘐齋) : 조선 숙종(肅宗) 때의 학자인 김용겸(金用謙, 1702~1789)으로 효재는 그의 호 '효효재(嘐嘐齋)'를 줄여서 칭한 것이다. 자는 제대(濟大), 본관은 안동(安東)으로 영의정 김창집(金昌集)의 아들이다. 경서와 예문(禮文)에 밝았으며, 1745년(영조21)에 경행(經行)으로 천거되어 벼슬이 공조 판서에 이르렀다.

161 민여양(閔驪陽) : 여양부원군(驪陽府院君)에 봉해진 민유중(閔維重, 1630~1687)을 가리킨다. 민유중은 자가 지숙(持叔), 호가 둔촌(屯村), 본관이 여흥(驪興)이며, 인현왕후(仁顯王后)의 아버지이다. 1650년(효종1)에 증광 문과에 급제하여 출사하고 호조 판서·병조 판서 등을 거치면서 서인 정권의 핵심적 역할을 하였고, 1681년(숙종7) 국구(國舅)가 되자 영돈녕부사(領敦寧府事)로 여양부원군에 봉해졌다. 저서에 《민문정유집(閔文貞遺集)》이 있으며, 시호는 문정(文貞)이다.

集考)》[162] 가운데에 실려 있습니다.

이는 재숙(齋宿)의 '숙(宿)' 자를 중하게 본 것이니, 저도 오래전부터 이러한 소견을 갖고 있었습니다. 그런데 근래에 다시 생각해보건대 '전 하루〔前一日〕'라는 뜻이 중하니,[163] 하룻밤만 재계해서는 안 됩니다. 또 조상(弔喪)하지 않는 것은 재계 가운데의 한 가지 일이니, 비록 초상이 아니더라도 해서는 안 됩니다.

돌아가신 선생께서 일찍이 산고(産故 출산)에 제사를 행해야 하는가의 여부를 논하여 말씀하시기를 "만약 절일(節日)과 초하루와 보름이면 본래 하루만 재숙하면 되니, 해산한 지 7일 후에 하루 동안 재숙할 수 있으면 참배를 행할 수 있다."[164]라고 하셨습니다.-자주(自註)에 "해산한 지 7일 밤이 재숙을 하는 때이고, 그 다음 날이 참례(參禮)를 행하는 날이다."라고 하셨습니다.- 재숙하여 미리 재계하고서도 오히려 정결하지 못할까 두려워함이 산고에서도 이와 같다면 상례에서도 알 수 있으니, 효재가 행한 바를 따르지 않으셨을 것이 분명합니다. 지난번에 제가 불가할 것이 없다고 말했던 것은 잘못된 생각에서 나온 것임을 스스로 알겠으니, 이루 다 속죄할 수가 없습니다.

162 가례집고(家禮集考) : 본암(本庵) 김종후(金鍾厚, 1721~1780)가 엮은 책으로 8권 8책이다. 《가례》를 본문으로 삼고, 삼례(三禮)를 비롯한 유교 관계의 문헌에만 국한하지 않고 여러 분야의 자료까지 동원하여 사례(四禮)와 관계되는 것들을 추출해서 모아놓은 책이다.

163 재숙(齋宿)의……중하니 : 《가례》 권1 〈통례(通禮) 사당(祠堂)〉의 '정지삭망즉참(正至朔望則參)'에 대한 주에 "정월 초하루와 동지, 초하루와 보름 전 하루에 물 뿌리고 청소하며 재숙한다.〔正至朔望, 前一日灑掃齊宿.〕"라고 되어 있으므로 말한 것이다.

164 만약……있다 : 이 말은 《근재집(近齋集)》 권24 〈태재록(汰哉錄)〉에 보인다.

박원득에게 답함 계유년[165] 2월

答朴元得 癸酉二月

지난번에 "참례(參禮)하기 전에 온종일 재계해야 된다."라고 말씀하셨는데, 저의 소견이 크게 어긋나지 않았음을 삼가 다행으로 여깁니다. "재계할 때 조상(弔喪)하지 않고 문병하지 않는 것은 단지 주인뿐만 아니라 집안 식구들까지도 함께 그렇게 해야 한다."고 하신 것 또한 가르침을 잘 받았습니다.

조상하지 않는다는 글로 말하면 진실로 신(新)·구(舊)의 상(喪)을 구분하기 어렵습니다. 근래에 《예기》〈곡례(曲禮)〉를 고찰해 보니, "재계하는 자는 음악을 듣지 않고 조문하지 않는다."라고 하였는데, 주에 이르기를 "재계라는 것은 정명(精明)한 덕〔마음〕을 지극히 하는 것이니, 음악을 들으면 마음이 흩어지고 슬퍼하면 마음이 동하여 모두 재계에 방해가 된다."라고 하였습니다.

〈곡례〉에 또 이르기를 "제사에는 흉사를 말하지 않는다."라고 하였는데, 주에 이르기를 "길사와 흉사가 서로 침범하지 않는다."라고 하였으니, 이것을 근거해 보면 비록 이미 장례를 지낸 뒤라도 조상해서는 안 됨이 분명합니다. 또 상중에 조상하지 않는 것은 자기의 슬픔을 잊기 때문이니, 이러한 뜻을 미루어 보면 기제(忌祭)의 산재(散齋)[166]

165 계유년(癸酉年) : 1813년(순조13)으로, 매산의 나이 38세 되던 해이다.

166 산재(散齋) : 치재(致齋)와 상대되는 말로, 제사를 지내기 전에 술과 고기를 먹지 않고 음악을 연주하지 않으며 조문을 하지 않음으로써 행동을 조심하는 의식이다. 치재

하는 날에는 진실로 조상해서는 안 됩니다. 그리고 비록 사시(四時)의 성대한 제사라도 시절에 감동하여 추모하는 정성에서 나온 것이니, 어찌 범염(犯染)[167]이 아니라고 핑계하고서 조문할 수 있겠습니까.

제사에는 크고 작은 것에 관계없이 귀신을 접하는 뜻은 똑같으니, 정명(精明)한 덕을 전일하고 지극히 하지 않고서 신명과 사귈 수 있겠습니까. 그러므로 "큰 제사와 작은 제사를 따지지 말고 조문해서는 안 되고, 장례 이전과 장례 이후를 막론하고 조문해서는 안 된다."라고 말씀드리니, 이 말이 어떨지 모르겠습니다.

슬픈 일과 경사스러운 일을 같은 날에 해서는 안 됩니다. 상여(喪餘)[168]의 때에 합근(合巹)[169]의 예를 거행하는 것은 예의 대방(大防)[170]이 존재하니 이것은 논의할 것이 없고, 비록 재계하는 날이라도 혼례를 거행해서는 안 됩니다.

혼례는 사위를 맞이하느냐 며느리를 맞이하느냐를 막론하고 본래 허다한 의식과 절차가 있어서 자기의 마음과 힘을 한결같이 하지 않고서는 할 수 있는 것이 아닌데, 혼례를 거행하고서도 마음이 잠연(湛然)

는 산재한 다음 마음속으로 돌아가신 분을 지극히 생각함을 이른다.

167 범염(犯染) : 초상이나 제사 등에 참여하여 흉한 감정에 감염되어 재계를 해치는 일을 이르는데, 주로 초상이나 출산 등의 일을 가리킨다.

168 상여(喪餘) : 거상(居喪)을 마치고 난 나머지라는 뜻으로, 기제(忌祭)를 이른다.

169 합근(合巹) : 혼례에 작은 표주박을 갈라 두 개의 술잔을 만들어 신랑과 신부가 서로 주고받음을 이르는바, 부부가 한 몸이 됨을 의미하는 것으로 혼례를 지칭하는 말로 쓰인다.

170 대방(大防) : 법도의 원칙적이고 기본적인 한계를 말한다.

하고 순일(純一)해질 수 있겠습니까. 또한 어찌 마음을 전일하게 하여 제사 받는 분(조상)만을 마음속에 생각하는 의리이겠습니까. 비록 작은 일이라도 마음을 두 가지로 분산시켜서는 안 되는데, 더군다나 집안의 대사인 제사에 있어서이겠습니까.

혼례의 청기(請期)[171]는 마땅히 두 집안에 구애가 없는 날짜를 따르되, 각각 하는 일을 전일하게 하여 방해받거나 뜻을 빼앗기는 일이 없도록 하는 것이 옳을 것입니다.

길흉을 가지고 말하면 기제(忌祭)는 흉사가 되니, 흉례에 이미 재계하는데 혼례를 치를 수 있겠습니까. 크고 작은 것을 가지고 말하면 성제(盛祭)는 큰 것이 되니, 큰 제사로 재계에 들었는데 또한 혼례를 치를 수 있겠습니까.

재계에서 산재(散齋)와 치재(致齋)는 진실로 경중과 완급의 차이가 있으나 마음을 재계하는 것은 똑같으니, 어찌 느슨하고 또 가볍다고 하여 산재하는 기간에 혼례를 할 수 있겠습니까. 정성이 순수하지 않으면 제사를 지내도 제사를 지내지 않는 것과 같으니, 네 가지 중에서 구별하여 구애함이 있어서도 안 되고 구애함이 없어서도 안 될 것입니다.

"시마(緦麻)와 소공(小功)의 복에는 성복하기 전에는 제사를 폐지하

171 청기(請期) : 전통 혼례에서 행하는 여섯 가지 의식 가운데 하나로, 신랑 집에서 신부 집으로 예물을 보내고 나서 혼인날을 택하여 그 가부를 묻는 편지를 신부 집에 보내는 것을 이른다.

고 성복한 뒤에는 마땅히 평상시와 같이 제사를 지낸다."[172]라고 하는 율곡의 말씀은 예가(禮家)의 삼척(三尺)[173]이 되니, 감히 따르지 않을 수 없습니다. 처부모의 친척은 외상(外喪)인데, 상이 향촌에서 나서 범염(犯染 초상집에 출입함)하지 않았고 또 성복한 다음 날이라면 제사를 행할 수 없는 의리가 없을 듯합니다.

초상에 주부(主婦)가 곡하고 가슴을 치는 일을 스스로 구비하기가 어렵다면, 이는 진실로 《예기》 〈제통(祭統)〉의 "제사는 부부가 친히 지낸다."[174]는 글에 위배됩니다. 그러나 제사를 폐하는 것에 비교하면 소략한 예절이 되니, 다른 부녀(婦女)가 대신 제사를 주관하는 것이 옳습니다. 이 또한 예경(禮經)에 이른바 '연고가 있으면 사람을 시킨다.'[175]는 것입니다.

무릇 제사를 행해야 하는가 정지해야 하는가는 한결같이 제사를 주관하는 자의 행위를 보아야 하니, 주부는 상관이 없습니다. 다만 안과 바깥이 슬프고 정신이 없어 순일(純一)한 뜻이 부족하더라도, 오직 주부가 상주의 곁에 드나들지 않는다는 것과 이미 성복의 절차가 지났

172 시마(緦麻)와……지낸다 : 이 말은 《율곡전서》 권27 〈제의초(祭儀鈔) 상복중행제의(喪服中行祭儀)〉에 보인다.

173 삼척(三尺) : 나라의 법률을 이르는 말로, 옛날 석 자쯤 되는 대쪽에 법률을 기록하였기 때문에 이렇게 칭하게 되었다. 《사기》 권122 〈혹리열전(酷吏列傳) 두주(杜周)〉에 "세 자 죽간에 쓰여 있는 국법을 따르지 않는다.〔不循三尺法〕"라고 보인다.

174 예기(禮記)……지낸다 : 이 내용은 《예기》 〈제통(祭統)〉에 "제사는 반드시 부부가 친히 지내야 한다. 이는 바깥과 안의 직책을 구비하는 것이니, 직책이 구비되면 필요한 제물이 갖추어진다.〔夫祭也者, 必夫婦親之, 所以備外內之官也. 官備則具備.〕"라고 보인다.

175 연고가……시킨다 : 이 내용 또한 《예기》 〈제통〉에 보인다.

다는 것으로 결단해야 하니, 그렇다면 군이 치재를 전일하게 하느냐 전일하게 하지 못하느냐를 가지고 제사를 행하느냐 폐하느냐를 결정할 필요는 없을 듯합니다.

이미 범염하지 않았으면 진실로 "하루 전에 재숙(齋宿 미리 재계함)한다."는 글에 위배되지 않으니, 새벽에 시마(緦麻)의 상복을 입고 아침에 사당에 참례를 행하는 것이 마땅할 듯합니다. 이렇게 하면 진실로 길사와 흉사가 서로 뒤섞이는 혐의가 없습니다.

친척의 시마복의 상에 최복(衰服)을 만들어 입지 않는 것은 비록 가난해서 힘을 쓸 수 없기 때문이나, 상례의 기강이 무너진 것을 볼 수 있습니다. 상복에 따른 의상을 입지 않으면 바로 이것은 상복을 입지 않은 것이니, 지금 세속에서 단지 두건과 띠만을 사용하는 것은 누추하여 따를 수가 없습니다. 처부모의 복은 바로 《예기》 〈복문(服問)〉에 이른바 '중한 것을 따라 가벼워졌다.'[176]는 것으로 시마복 중에 중한 것이니, 어찌 세속을 따라 최복을 지어 입지 않을 수 있겠습니까.

《가례》 '조전(祖奠)'[177]의 주에 "온공(溫公 사마광(司馬光))이 말하기를

176 예기(禮記)……가벼워졌다 : 이 내용은 《예기》 〈복문(服問)〉에 "중한 복을 따라 가벼운 복을 입는 경우가 있으니, 아내의 부모를 위해서이다.〔有從重而輕, 爲妻之父母.〕"라고 보이는데, 그 주에 "아내가 시부모를 위하여 자최복을 입으니 이는 중한 것이고, 남편이 아내를 따라 복을 입으면서 마침내 시마복을 입으니 이는 중한 복을 따라 가벼운 복을 입는 것이다.〔妻爲其父母齊衰, 是重也, 夫從妻而服之, 乃緦麻, 是從重而輕也.〕"라고 하였다.

'영구가 다른 장소에서 돌아와 장례지내면 영구가 행차하는 날에는 다만 조전(朝奠)만을 진설하고 장례 때에 이르러 비로소 이 조전과 아래의 견전례(遣奠禮)를 갖춘다.' 하였다."라고 하였습니다. 이런 의리로 미루어 보면, 기일(期日)보다 먼저 발인하여 묘소 아래에 영구를 멈추고 있는 경우에는 장례 때에 조전과 견전례를 행해야 할 듯하나, 초상이 서울의 본댁에 있었다면 다른 장소가 아닙니다.

비록 먼저 계빈(啓殯)[178]을 하였더라도 이미 한 달이 넘고 철이 넘었으면 조전과 견전 두 전을 행하지 않을 수가 없고, 이미 이것을 행하였으면 병사(丙舍)[179]에서 지체한다고 하여 다시 행할 수가 없으니, 이것은 너무 번독함으로 돌아가기 때문입니다. "제사를 번독하게 하는 것은 불경(不敬)이다."[180]라고 하지 않았습니까. 우계(牛溪 성혼(成渾)), 신재(愼齋 김집(金集)), 도암(陶菴 이재(李縡)) 등 제현이 이미 다 말씀하셨으니, 진실로 믿어야 할 것입니다.

또 돌아가신 선생께서 어떤 사람의 물음에 답하시기를

"기일(期日) 전에 발인한 집에서 조전과 견전의 축(祝)에 '좋은 때가 머물지 아니하여〔靈辰不留〕'라고 하고, '묘소로 나아간다.……〔往卽幽宅云云〕'라고 한 것은 너무 앞당겨 한다는 혐의가 없을 듯하니,

177 조전(祖奠) : 발인(發靷)하기 하루 전의 저녁에 지내는 제사를 말한다.

178 계빈(啓殯) : 장례 절차에서 발인을 하기 위해 빈소(殯所)를 열어 영구(靈柩)를 꺼내는 의식이다.

179 병사(丙舍) : 산소 곁에 지어 놓은 재실(齋室)을 이른다.

180 제사를……불경(不敬)이다 : 이 내용은 《서경》 〈상서(商書) 열명 중(說命中)〉에 "제사를 번독하게 함을 공경하지 않는다고 하니, 예는 번거로우면 혼란하여 신을 섬기기 어렵기 때문이다.〔黷于祭祀, 時謂弗欽, 禮煩則亂, 事神則難.〕"라고 보인다.

어찌 고유하는 말을 첨가하여 넣을 필요가 있겠는가."

라고 하셨고, 또 말씀하시기를

"서울 집에서 이미 조전과 견전을 행하였으면 산 아래에서 영구를 멈추고 있는 것이 비록 여러 날이 걸린다 하더라도 장례 때에 임하여 굳이 다시 고유할 필요가 없다. 이는 이전에 이미 '묘소로 나아간다.〔往卽幽宅〕'라고 고유하였기 때문이니, 어찌 다시 고유하는 말이 있겠는가. 다시 고유하는 것도 번거로운 예에 해당되니, 해서는 안 될 듯하다."

라고 하셨습니다.[181] 이 말씀이 제현의 말씀에 비교하면 더욱 명백하고 정당하니, 감히 따르지 않을 수 없습니다.

181 돌아가신……하셨습니다 : 이 내용은 모두 《근재집(近齋集)》 권18 〈답혹인(答或人)〉에 보인다.

박원득에게 줌 갑술년[182] 3월

與朴元得 甲戌三月

소제(少弟)가 또다시 궁함(宮銜)의 새로운 명을 받으니,[183] 진실로 분수 밖의 일입니다. 이미 허리를 구푸리고 또 구푸려서 장차 삼명(三命)을 기다리지 않고 곧바로 담장을 따라 도망하고자 하였으나,[184] 성상의 친교(親敎)에 몰려 한 번 이광(离光 세자(世子))을 뵙는 행차를 하였는데, 이미 두서너 번 서연(書筵)에 올랐습니다.

세자의 옥도(玉度)와 용자(龍姿)가 참으로 천인(天人)이니,[185] 우리 국가의 억만년토록 무궁한 아름다움을 여기에서 점칠 수 있습니다. 참으로 조금이나마 잠시라도 목숨이 연장되어서 훌륭한 정치가 행해지

182 갑술년(甲戌年) : 1814년(순조14)으로, 매산의 나이 39세 되던 해이다.

183 소제(少弟)가……받으니 : 소제는 나이 적은 사람이 자신을 칭하는 말인바, 매산이 자신을 가리킨 것이다. 궁함(宮銜)은 세자궁(世子宮)의 직함으로, 이해 2월에 매산이 익위사 세마(翊衛司洗馬)에 제수된 것을 말한다. 《承政院日記 純祖 14年 2月 25日》

184 이미……하였으나 : 매산이 공자의 선조인 정고보(正考父)가 지은 정명(鼎銘)의 내용을 원용하여 높은 관직을 감당하기 어려워 끝까지 사양하려고 하였음을 말한 것이다. 《춘추좌씨전》 소공(昭公) 7년 조에 "첫 번째 명을 받고서는 몸을 숙이고, 두 번째 명을 받고서는 몸을 구푸리고, 세 번째 명을 받고서는 더욱 몸을 구푸려 담장을 따라 빠른 걸음으로 지나가니, 또한 나를 감히 업신여기지 못한다.〔一命而僂, 再命而傴, 三命而俯, 循牆而走, 亦莫余敢侮.〕"라고 보인다.

185 옥도(玉度)와……천인(天人)이니 : 옥도는 옥처럼 깨끗한 의도(儀度)이고, 용자(龍姿)는 용처럼 아름다운 모습이며, 천인은 천상에서 내려온 신선 같은 사람을 이른다.

는 것을 보고 싶은 간절한 소원[186]이 있었습니다. 이미 목을 길게 빼어 앙모(仰慕)하는 정성을 폈으니, 참으로 귀근(歸覲)하는 길이 급하여 지금 막 말미를 올려서 길을 떠나는 중입니다.

출처에 대해서는 비록 "차갑고 따뜻한 것은 자신이 안다."[187]고 말하더라도, 동시대의 사람 가운데에 우리 장자(長者)와 같이 어질고 통달한 분에게 여쭈어야 합니다. 그런데 길이 너무 멀어 찾아가서 바로잡을 방법이 없으니, 멀리서 사모하는 마음이 가슴에 맺히는 것은 단지 한 번의 만남을 이루지 못한 것 때문만이 아닙니다. 삼가 생각하건대 포의(布衣)의 천한 신분은 밤낮으로 수고하는 현자(賢者)들과 다르고, 몸의 지조를 지키는 의리는 공손히 달려가서 임금님의 명령을 받드는 것보다 큽니다.

또 세자에게 기대하는 마음과 세자를 사랑하고 떠받드는 정성은 출처(出處) 때문에 간격이 있지 않으니, 분의(分義)를 펴거나 펴지 못하는 것이 어찌 자신의 행장(行藏)[188]에 관계되겠습니까. 저와 같이 천한 사람은 진실로 출처와 행장에 대해 말할 만한 것이 없고 앞뒤가 크게

186 조금이나마……소원 : 원문의 '소수유무사지원(少須臾無死之願)'은 《한서(漢書)》〈가산전(賈山傳)〉의 "조금만 더 수명이 연장되어 죽지 않아서 덕화가 완성되는 것을 볼 수 있기를 바란다.〔願少須臾毋死, 思見德化之成也.〕"는 말을 원용한 것으로, 이에 의거하여 보충 번역하였다.

187 차갑고……안다 : 이 구절은 "사람이 물을 마시면 차갑고 따뜻함을 스스로 안다.〔如人飮水, 冷暖自知.〕"라고 하는 불가(佛家)의 말에서 인용한 것으로, 자신이 알아서 대처해야 함을 말한 것이다. 《景德傳燈錄 卷4》

188 행장(行藏) : 출처(出處)와 같은 말로, 도를 펼 만하면 나아가 벼슬하고 그렇지 않으면 초야에 은둔하는 것이다. 《논어》〈술이(述而)〉의 "쓰이게 되면 도를 행하고 버려지게 되면 은둔한다.〔用之則行, 舍之則藏.〕"는 공자의 말에서 유래하였다.

달라서[189] 언행이 일치하지 않는 사람이 될 수밖에 없으니, 제 자신에게 되물어보아도 슬프고 안타까워 스스로 몸 둘 곳이 없습니다.

저는 항상 스스로 "특별히 지킬 바의 의리가 존재한다."고 생각하였으니, 이는 진실로 우리 집사와 서로 강구한 것입니다. 그런데 이번에 문을 한 걸음 나가서 남김없이 다 무너뜨렸으니, 참으로 집사를 대할 면목이 없습니다. 단지 밀암(密菴)의 죄인[190]이 될 뿐만이 아닙니다.

189 크게 달라서 : 원문의 '경정(逕庭)'은 문밖의 작은 길과 정원이라는 뜻으로, 마당은 집 안에 있고 길거리는 집 밖에 있으므로 서로 차이가 크게 나는 것을 비유하는바, 《장자》 〈소요유(逍遙遊)〉의 "너무나도 현격하게 차이가 나서, 인지상정에 가깝지 않다.〔大有逕庭, 不近人情.〕"라는 말에서 유래하였다.

190 밀암(密菴)의 죄인 : 밀암은 김지행(金砥行, 1716~1774)의 호로, 일찍부터 과거에 대한 뜻을 버리고 공주(公州) 계실곡(溪室谷)에 은거하여 학문을 하며 안빈낙도하여, 안자(顏子)에 버금가는 인물로 칭송되었는바, 매산이 벼슬길에 나간 자신을 그의 죄인이라고 한 것이다.

김성보[191] 종선 에게 답함 계해년[192] 윤2월

答金城甫 宗善○癸亥閏二月

지난번에 아뢰었던 것은 제 스스로 삼가 절절시시(切切偲偲)하는 의리[193]를 따른 것이었는데, 비단 불가(不可)하다고 하시지 않았을 뿐만 아니라 말하는 즉시 받아들이고 말씀하신 뜻이 정중하시니, 대순(大舜)이 남에게서 취하여 선행을 한 것[194]과 중유(仲由)가 허물을 일러주면 기뻐한 것[195]을 지금 직접 보게 되었습니다. 세 번 반복하여 외워 공경히 음미하니, 저로 하여금 감탄하게 합니다. 참람하고 망령됨을 헤아리지 않고 남은 생각을 다 피력하니, 바라건대 천천히

191 김성보(金城甫) : 김종선(金宗善, 1766~1810)으로 성보는 그의 자이고, 호는 송재(松齋), 본관은 청풍(淸風)이다. 박윤원(朴胤源)의 문인으로 매산과 절친한 사이였다. 정조의 비인 효의왕후(孝懿王后)의 조카인데, 척신(戚臣)으로 기용되어 벼슬이 형조 참판에 이르렀다. 본집에 매산이 지은 김종선의 묘지명이 있다.

192 계해년(癸亥年) : 1803년(순조3)으로, 매산의 나이 28세 되던 해이다.

193 절절시시(切切偲偲)하는 의리 : 붕우 사이에 간절하고 자상히 권면하는 의리를 이른다. 공자의 제자 자로(子路)가 선비의 조건을 묻자, 공자가 "붕우 간에는 간절하고 자상하게 권면해야 한다.〔朋友切切偲偲.〕"라고 대답하였다. 《論語 子路》

194 대순(大舜)이……것 : 이 내용은 《맹자》 〈공손추 상(公孫丑上)〉에 "대순은 이보다도 더 위대함이 있었으니, 선을 남과 함께하시어, 자신을 버리고 남을 따르시며 남에게서 취하여 선을 행하기를 좋아하셨다.〔大舜有大焉, 善與人同, 舍己從人, 樂取於人, 以爲善.〕"라고 보인다.

195 중유(仲由)가……것 : 이 내용은 《맹자》 〈공손추 상〉에 "자로는 다른 사람이 자신의 허물을 말해 주면 기뻐하였다.〔子路, 人告之以有過則喜.〕"라고 보인다. 중유는 공자의 제자 자로의 자이다.

살펴보십시오.

범순부(范淳夫)가 말하기를 "요순(堯舜)을 본받고자 하신다면 마땅히 조종(祖宗)을 본받아야 합니다."라고 하였으니,[196] 어찌 제왕(帝王)만 그러하겠습니까. 서인(庶人)과 필부(匹夫)의 집안 또한 그렇지 않음이 없습니다.

엎드려 듣건대 "효정 대야(孝靖大爺)[197]께서 원융(元戎 훈련대장)이 되신 이래 30년 동안 저택을 조금도 넓히지 않아서 거주하는 집이 좁고 누추하자, 어떤 사람이 고쳐 지을 것을 권유하였으나 끝내 서까래 하나 바꾸지 않았다."라고 하였습니다. 효정 대야께서는 이 때문에 나라의 충신이 되어서 훌륭한 명성이 무궁하니, 이 어른이야말로 덕망이 높은 그대 가문의 요순으로, 집사께서 본받으실 만한 분입니다.

일찍이 듣건대 잠곡(潛谷)공[198]께서 종남산(終南山 남산)에 집을 지

196 범순부(范淳夫)가……하였으니 : 순부는 북송의 명신인 범조우(范祖禹, 1041~1098)의 자이고, 인용한 내용은 그가 편찬한 《제학(帝學)》 권6 〈인종(仁宗)〉에 "요순을 본받고자 한다면 오직 인종(仁宗)을 본받을 뿐이다.〔欲法堯、舜, 惟法仁宗.〕"라고 한 말을 원용한 것이다. 조종(祖宗)은 훌륭한 선조를 뜻한다. 《제학》은 고대의 태호복희씨(太昊伏羲氏)부터 송 신종(神宗)까지 중국 역대 제왕들이 학문을 숭상한 사적을 기록한 것인데, 전8권 중에 3~8권이 송나라 제왕이고, 또 이 가운데 5~7권이 인종에 대한 기록인바, 이로써 범조우가 말한 '인종(仁宗)'을 후대 사람들이 '조종'이라고 바꾼 이유를 추측할 수 있다. 본집 권12의 〈답김성보(答金城甫)〉에도 "범순부가 이르기를 '요순을 본받고자 한다면 마땅히 조종을 본받아야 한다.' 하였다.〔范淳夫言: 欲法堯、舜, 當法祖宗.〕"라고 원용한 것이 보인다.

197 효정 대야(孝靖大爺) : 김종선의 증조부인 김성응(金聖應, 1699~1764)으로 시호가 효정이므로 이렇게 칭한 것이다. 자는 군서(君瑞)로, 1736년(영조12) 훈련대장에 제수된 이래 군부의 요직을 두루 역임하였으며, 군권을 장악하여 군정(軍政)을 일신하는 등 국방의 강화에 기여하였다.

었는데, 바로 지금의 '청류헌(聽流軒)'입니다. 이것은 옛날 소상국(蕭相國)이 집을 궁벽한 곳에 둔 것[199]과 고금으로 똑같은 법도입니다. 지은 집이 견고하고 소박할 뿐 애당초 크고 넓은 모양이 아니었는데도, 청백리를 선발할 적에 끝내 이 집 때문에 청백리에 들지 못하셨습니다.

그러다가 식옹(息翁)[200]에 이르러서는 선비의 검소한 규모가 다소 부족하였습니다. 그러므로 우암이 편지를 보내어

"오직 성인(聖人)인 뒤에야 혐의를 피하지 않는 법입니다. 일찍이 교동(校洞)을 지나다가 길게 이어진 담장을 보고 물어보니, 관리하는 자가 아무개 댁과 같은 담장이라고 하였습니다. 이것은 혹 길가는 사람들에게 의심을 살 바가 아니겠습니까. 사소한 행실을 조심하지 않으면 끝내 대덕(大德)에 누가 된다고 하였습니다.……"

198 잠곡(潛谷)공 : 잠곡은 김종선의 선조인 김육(金堉, 1580~1658)의 호로, 자는 백후(伯厚), 시호는 문정(文貞)이다. 벼슬이 영의정에 이르렀는데, 대동법(大同法)을 시행하기 위해 평생 진력하였다.

199 소상국(蕭相國)이……것 : 소상국은 한(漢)나라 때의 승상(丞相) 소하(蕭何)를 이른다. 소하가 전택(田宅)을 궁벽한 곳에 마련하고 집을 지을 적에 담장도 두르지 않으면서 "후세에 어진 자손이 나오면 나의 검소함을 배울 것이요, 불초한 자라도 권세가에게 빼앗기는 일이 없을 것이다.〔後世賢, 師吾儉, 不賢, 毋爲勢家所奪.〕"라고 말한 고사가 전한다.《史記 卷53 蕭相國世家》

200 식옹(息翁) : 김석주(金錫胄, 1634~1684)로, 호가 식암(息菴)이므로 이렇게 칭한 것이다. 자가 사백(斯百), 시호가 문충(文忠)으로 병조 판서 김좌명(金佐明)의 아들이고, 영의정 김육(金堉)의 손자이다. 1662년(현종3) 증광 문과에 장원하고, 벼슬이 우의정에 이르렀으며 청성부원군(淸城府院君)에 봉해졌다. 1674년 갑인환국 때 남인의 허적(許積) 등과 결탁하여 서인을 축출하는 데 가담하였으나, 이후 남인 정권이 지나치게 강성하자 다시 서인과 제휴하여 경신대출척을 일으켜 남인 정권을 축출하였다.

라고 하셨으니,[201] 참으로 뜻깊은 말씀입니다. 의당 우암에게서 나올 만한 말씀입니다.

집사께서 일찍이 이 뜻을 강구(講究)하셨으니, 제가 번거롭게 말씀드릴 필요가 없습니다. 그러나 이것은 집사 집안의 일이어서 그 법도를 살핌에 있어 더욱 절실한 것이기 때문에 한 번 말씀드리는 것입니다. 집사의 친구들 중에는 반드시 집을 다시 지을 것을 권하면서 "무슨 혐의할 것이 있겠는가. 이것을 저지하는 것은 우활(迂闊)한 의논이다."라고 할 것이나, 이것은 사람을 사랑하기를 덕으로써 하는 뜻[202]이 아닙니다. 부디 자신의 소견으로 결단하고 이치와 의리로 참작하여 조금도 뜻을 굽히거나 빼앗기지 마시기를 구구히 바랍니다.

201 우암이……하셨으니 : 이 내용은 《송자대전(宋子大全)》 권76 〈답김사백(答金斯百)〉에 보인다. '사소한 행실을 조심하지 않으면 끝내 대덕에 누가 된다'는 내용은 《서경》 〈주서(周書) 여오(旅獒)〉에 보인다.

202 사람을……뜻 : 이 내용은 증자(曾子)가 임종할 적에 아들에게 훈계한 말로, 《예기》 〈단궁 상(檀弓上)〉에 "군자는 사람을 사랑하기를 덕으로써 하고, 소인은 사람을 사랑하기를 고식책(姑息策)으로써 한다.〔君子之愛人也, 以德; 細人之愛人也, 以姑息.〕"라고 보인다.

김성보에게 줌 병인년[203] 5월

與金城甫 丙寅五月

집사께서 서울을 떠나서 묘향산(妙香山)의 주인[204]이 되신 뒤로 이내 마음이 서쪽으로 달려가서 하루도 그리워하지 않은 적이 없었는데, 좋은 자리에 부임하신 데에 대한 소식을 받을 길이 없으니, 참으로 아득합니다. 엎드려 생각하건대 이 무덥고 비 오는 때에 기거(起居)가 깨끗하고 편안하십니까?

이 지역은 관서의 관새(關塞)에 접해있고 땅은 견고한 요새지[205]이니, 매번 철옹성(鐵甕城) 머리에 몸을 기대고서 청나라의 요동(遼東)과 계주(薊州)[206]를 바라볼 적에, 적의 예봉을 꺾고 적의 침략을 막을 지기(志氣)를 가지고 계시겠지요. 두원개(杜元凱)가 몸은 말에 올라타지도 못하고 활은 갑옷을 뚫지도 못했으나, 용병(用兵)하여 승리하는 것은 다른 장수들이 따라가지 못했으니,[207] 집사께서도 이렇게 하실

203 병인년(丙寅年) : 1806년(순조6)으로, 매산의 나이 31세 되던 해이다.

204 묘향산(妙香山)의 주인 : 김종선이 이해 4월에 평안도 영변 부사(寧邊府使)에 제수되었는바, 영변에 묘향산이 있기 때문에 이렇게 칭한 것이다.《承政院日記 純祖 6年 4月 1日》

205 견고한 요새지 : 원문의 '금탕(金湯)'은 쇠로 만든 성과 끓는 물이 흐르는 못이라는 뜻의 '금성탕지(金城湯池)'를 줄인 말로, 견고한 요새지를 이른다.

206 요동(遼東)과 계주(薊州) : 원문의 '요계(遼薊)'는 요동과 계주의 합칭인데, 계주는 지금의 하북성(河北省) 천진시(天津市)의 가장 북쪽에 있는 계현(薊縣) 지역으로 북경과 인접한 곳이다.

207 두원개(杜元凱)는……못했으니 : 원개는 진(晉)나라 두예(杜預, 222~284)의

수 있겠습니까? 군대의 일은 비록 배우지 않았더라도 변방의 관리가 된 몸이라면 유념하지 않을 수 없을 듯합니다.

띠를 느슨히 풀고 길게 휘파람 부는 여가에 다시 학문을 강습하는 즐거움이 있어서, 영재(英才)로 하여금 마음으로 교화되게 하고 훌륭한 선비로 하여금 바람에 쏠리듯이 따르게 한다면, 촉군(蜀郡)의 태수[208]가 유교(儒教)로 교화한 것을 삼가 오늘날에 다시 들을 것입니다. 이는 주자의 이른바 "우리 도의 다행이니, 어찌 다만 한 군의 복일 뿐이겠는가."[209]라고 하신 것이니, 바라건대 아울러 시험해 보십시오.

저는 항상 정치하는 것은 "도를 어겨서 백성들의 명예를 구하지 말고 백성들을 어겨서 자기의 욕망을 따르지 말라."[210]는 것에 불과할 뿐이라고 생각하였는데, 이것은 진실로 집사께서 늘 하신 말씀이니, 다시 받들어 아뢸 필요가 없습니다. 다만 정치를 함에는 방도가 있는데, 집에 있을 때와 나라에 있을 때나 그 방법이 똑같습니다.

자로, 이 내용은《진서(晉書)》권34〈두예전(杜預傳)〉에 "두예는 몸은 말에 올라타지도 못하고 활을 쏘면 갑옷을 뚫지도 못했으나, 매번 큰일에 임할 때마다 번번이 장수의 대열에 처하였다.〔預身不跨馬, 射不穿札, 而每任大事, 輒居將率之列.〕"라고 한 말을 원용한 것이다. 두예는 학식이 깊고 넓어 마치 무기 창고에 온갖 병장기들이 구비되어 있는 것과 같다고 하여 '두무고(杜武庫)'라고 불리었으며, 문신이면서도 용병술에 뛰어나 안서 군사(安西軍司)와 진남 대장군(鎭南大將軍) 등을 지냈다.

208 촉군(蜀郡)의 태수 : 서한(西漢) 경제(景帝) 때의 명신인 문옹(文翁, 기원전179~기원전101)을 이른다. 촉군의 태수로 있으면서 교화를 펼치고 학교를 세워 문풍(文風)을 크게 흥기시켰다.《漢書 卷89 循吏傳 文翁》

209 우리……뿐이겠는가 : 이 말은《주자대전》권31〈여장경부(與張敬夫)〉에 보인다.

210 도를……말라 : 이 말은《서경》〈우서(虞書) 대우모(大禹謨)〉에 보이는바, 백익(伯益)이 순(舜) 임금에게 아뢴 말이다.

요컨대 모름지기 엄격함과 온화함이 서로 이루어주고 너그러움과 엄정함이 마땅함을 얻은 뒤에야 비로소 중도에 처하여 한쪽으로 빠지지 않을 것입니다. 삼가 살펴보건대 집사께서는 평소 성품이 온화하고 자애로우면서 인(仁)을 구하는 데에도 겸하여 힘을 써서 거의 천덕(天德)을 통달하셨습니다. 이 마음을 미루어 넓혀서 조처하신다면, 거의 한 지아비도 제 살 곳을 얻지 못함이 없을 것입니다. 이는 구구한 제가 존경하고 감탄하는 바입니다.

다만 온화함이 지나쳐서 혹 발강(發强 분발하여 강함)이 부족하고 자애로움이 치우쳐서 혹 유약함에 이르게 되어, 남을 바로잡는 것이 자기를 바로잡는 것에 미치지 못하면, 장점이 도리어 병통이 될 것입니다. 헤아려 보건대 응당 자신의 몸에 돌이켜 살핀다면 이와 같이 하는 것이 병이 되고 이와 같이 하지 않는 것이 약이 됨을 아실 것입니다.

증자(曾子)가 말씀하기를 "선비는 마음이 넓고 뜻이 굳세지 않으면 안 되니, 책임이 무겁고 길이 멀기 때문이다."라고 하셨는데, 정 선생(程先生)이 이것을 해석하기를 "너그럽고 굳센 뒤에야 무거운 임무를 감당하고 먼 곳에 이를 수 있다."라고 하셨습니다.[211]

집사께서는 마음이 넓지 않음을 걱정할 것이 없고 오직 굳세지 못함을 걱정하셔야 합니다. 마음은 넓은데 굳세지 못하면 스스로 서기가 어렵습니다.[212] 바라건대 너그럽게 포용하는 도량을 가지고 강하고 과

211 증자(曾子)가……하셨습니다 : 증자의 말은《논어》〈태백(泰伯)〉 제7장에 보인다. 정 선생(程先生)은 이천(伊川) 정이(程頤)를 이르는데, 정이의 이 말은《논어집주》〈태백〉 제7장의 장하주(章下註)에 보인다.

212 마음은……어렵습니다 : 이 내용은 명도(明道) 정호(程顥)의 이 말로《근사록》〈위학(爲學)〉 편에 인용되어 있는데, 섭채(葉采)는《근사록집해(近思錄集解)》에서

단성 있게 시행하신다면, 제때에 덕을 진취시키고 공업(功業)을 세울 수 있을 것이니, 정사를 폄에 무슨 어려움이 있겠습니까. 부디 노력하고 노력하십시오.

이어서 받들어 아뢸 것이 있습니다. 군자가 젊었을 때의 경계[213]에 대해 능히 생각해야 하니, 정문(程門)에서 금수(禽獸)라고 한 훈계[214]는 더욱더 준엄하고 정대합니다. 이것이 있음을 모르는 자와는 참으로 더불어 의논할 것도 없지만, 스스로 정자의 말씀을 외고 본받는다고 말하면서도 쉽게 무너뜨려서 평생을 그르치는 자가 많습니다.

호담암(胡澹菴)은 기꺼이 여물과 콩깍지를 먹었으니,[215] 어찌 천고

"관대하기만 하고 굳세지 못하면 관대함은 유여하나 법도가 부족하므로 스스로 서지 못한다.〔弘而不毅, 則寬大有餘而規矩不足, 故不能自立.〕"라고 주하였다.

213 군자가……경계 : 젊을 때에는 혈기가 안정되지 않아서 여색을 경계해야 함을 이른다. 《논어》 〈계씨(季氏)〉에 "군자에게 세 가지 경계함이 있으니, 젊을 때에는 혈기가 정해지지 않았으므로 경계함이 여색에 있고, 장성해서는 혈기가 한창 강하므로 경계함이 싸움에 있고, 늙어서는 혈기가 쇠하므로 경계함이 얻음에 있다.'〔君子有三戒, 少之時, 血氣未定, 戒之在色; 及其壯也, 血氣方剛, 戒之在鬪; 及其老也, 血氣旣衰, 戒之在得.〕"라고 보인다.

214 정문(程門)에서……훈계 : 정문은 이천 정이의 문하를 이르며, '금수(禽獸)라고 한 훈계'는 정이가 문인인 주행기(周行己)에게 금수보다 못하다고 한 훈계를 이른다. 주행기가 술자리에서 기생과 정분을 통하고는 "의리에 해로울 것이 없다.〔不害義理.〕"라고 말했는데, 정이가 이 사실을 알고는 "이는 짐승만도 못하구나. 어찌 의리에 해롭지 않단 말인가.〔此禽獸不若也. 豈得不害義理?〕"라고 책망하였다. 《二程外書 卷12 傳聞雜記》

215 호담암(胡澹菴)은……먹었으니 : 이 내용은 주자의 시 〈숙매계호씨객관관벽간제시자경이절(宿梅溪胡氏客館觀壁間題詩自警二絶)〉에 보인다. 이 시는 목숨이 아까워 부끄러움도 잊고 여물과 콩깍지를 먹었던 호담암의 일화를 통해 평생의 수행이 한 번의 방심으로 무너질 수 있음을 경계한 작품인데, 우암 송시열은 《주자대전차의》에서

의 수치를 남긴 것이 아니겠습니까. 사욕을 이미 극복하였고 마음을 잡아 보존함이 이미 견고하다고 생각하지 마시고, 몸을 호랑이 꼬리와 봄의 얼음[216]에 맡겨서 '눈이 아직 사라지지 않았으나 풀이 이미 생겨났다.'[217]는 경계를 늘 마음에 보존하신다면, 거의 수치를 면할 수 있을 것입니다. 천만번 삼가시기 바랍니다.

집사께서는 선우돈암(鮮于遯菴)[218]이라는 분이 있는지를 아십니까?

"담암은 일찍이 여천(黎倩)과 사통한 적이 있는데, 그 남편이 잡아다가 여물과 콩깍지를 주면서 말처럼 먹게 하고는 '먹지 않으면 죽이겠다.'라고 하니, 담암이 마침내 그것을 먹었다.〔澹菴嘗通黎倩, 其夫執之, 賜莝豆馬食之曰: 否者殺之, 澹菴遂食之.〕"라고 설명하였다.《朱子大全箚疑 卷5 箚疑 十三板》호담암은 남송(南宋)의 강직한 신하였던 호전(胡銓, 1102~1180)으로, 담암은 그의 호이고 자는 방형(邦衡), 시호는 충간(忠簡)이다. 고종(高宗) 연간에 진사시에 급제하고 벼슬이 공부 시랑에 이르렀다. 추밀원 편수관(樞密院編修官)으로 있을 때 당시 금나라와의 주화(主和)를 주장한 왕륜(王倫), 진회(秦檜), 손근(孫近) 등을 참수(斬首)하라고 상소를 올려 진회의 노여움을 사서 유배되었다가 진회가 죽은 뒤에 풀려나와 복관(復官)되었다. 송시열이 말한 일화는 귀양에서 풀려나 돌아올 때에 매계(梅溪)에서 있었던 일이다.

216 호랑이……얼음 : 이 내용은《서경》〈주서(周書) 군아(君牙)〉에서 목왕(穆王)이 군아에게 명하는 말 가운데에 "호랑이 꼬리를 밟은 듯이 봄에 얼음판을 건너듯이 조심하라.〔若蹈虎尾, 涉于春氷.〕"라고 한 구절을 원용한 것이다.

217 눈이……생겨났다 : 몸과 마음을 단속하여 사욕이 거의 없어진 것 같지만 그 속에는 계속해서 사욕의 싹이 솟아나고 있음을 말한 것인데, 이 내용은 주자가 지은〈재답택지(再答擇之)〉시에 보인다.《朱子大全 卷5》

218 선우돈암(鮮于遯菴) : 돈암은 선우협(鮮于浹, 1588~1653)의 호로, 자는 중윤(仲潤), 본관은 태원(太原), 시호는 문간(文簡)이다. 학행으로 천거되어 장악원 주부, 성균관 사업 등에 제수되었으나 모두 사양하고 학문에 전념하여 심성이기(心性理氣)를 깊이 연구하였으며, 특히《주역》에 통달하여 세상 사람들이 '관서 부자(關西夫子)'라

은 태사(殷太師)[219]의 먼 후손으로 서쪽 지방에서 나와서 멀리 아득한 근원을 거슬러 올라가는데, 책을 읽고 몸을 삼가서 세상의 명유(名儒)가 되었으니, 바로 우리 동방의 관서 부자(關西夫子)[220]입니다. 그가 찬술한 여러 책들은 대부분 병란에 불타고 오직 문고(文稿)만 남아 있을 뿐인데, 이른바 《돈암전서(遯菴全書)》라는 것이 이것입니다. 우암께서 이 책에 서문을 쓰시면서 크게 칭찬하셨습니다.

그 후손 중에 이름이 각(恪)이라는 분이 있는데, 호가 용암(龍巖)이고 미호(渼湖 김원행(金元行))의 문하에서 공부하였습니다. 이분 또한 선우씨 집안의 훌륭한 자손으로 관서 지방의 훌륭한 선비인데, 유집(遺集)이 책상에 보관되어 있다고 합니다. 각(恪)의 당제(堂弟)인 심(愖)도 지사(志士)인데, 일찍이 낙사(洛社)[221]로 저를 찾아와 가학(家學)의 연원을 말해주어서 저로 하여금 지붕에 앉은 까마귀까지 사

칭하며 존경하였다. 평양의 용곡서원(龍谷書院)과 태천의 돈암서원(遯菴書院)에 제향되었다. 저서로 《돈암전서》가 있다.

219 은 태사(殷太師) : 은나라의 마지막 왕인 주왕(紂王)의 숙부로 태사(太師) 벼슬을 지낸 기자(箕子)를 이르는바, 은나라가 망한 뒤 주나라의 신복(臣僕)이 되지 않았으므로 사람들이 그를 '은태사'라고 칭하였다. 《書經 微子》 평양부에 그의 사당이 있었다.

220 관서 부자(關西夫子) : 관서 지방의 스승이란 뜻으로, 원래 후한(後漢) 안제(安帝) 때의 명신인 양진(楊震)을 칭한 말이다. 양진은 자가 백기(伯起)로 중국의 관서 지방 출신이었는데, 학문을 좋아하여 여러 분야를 두루 섭렵하였으며 경전에 특히 밝았으므로 당시의 선비들로부터 '관서 지방의 스승〔關西夫子〕'으로 불렸다. 《後漢書 卷54 楊震列傳》

221 낙사(洛社) : 원래 북송(北宋)의 문장가인 구양수(歐陽脩), 매요신(梅堯臣) 등이 낙양(洛陽)에서 조직한 시사(詩社)나, 문언박(文彦博), 부필(富弼), 사마광(司馬光) 등이 조직한 낙양기영회(洛陽耆英會)를 가리키는 말인데, 여기서는 매산이 참여하는 서울에 있는 시회를 가리킨 것으로 보인다.

랑하는 마음[222]을 갖게 하였습니다. 행차가 패강(浿江)[223] 가에 이르거든 그를 초청하여 마음속에 보존하고 있는 것을 물어보십시오.

평양 사람 강규(康逵)[224]는 한천(寒泉 이재(李縡)) 문하의 뛰어난 제자입니다. 정전(井田)[225] 가까이에 거주하기 때문에 배우는 자들이 '정전 선생'이라고 칭하였는데, 그의 저술이 10여 권이 됩니다. 천거로 침랑(寢郞)에 제수되었으나[226] 나아가지 않았는데, 정조 때에 그 원고를 찾아오게 하여 보시고는 장차 크게 등용하려 하였으나 나이가 80에 가까워 결행하지 못하였으니,[227] 애석합니다.

222 지붕에……마음 : 어떤 사람을 좋아하면 그 집 지붕에 앉아 있는 까마귀까지도 좋아하게 된다는 뜻인바, 돈암을 존경하여 그 후손인 선우심까지 좋아하게 되었다는 말이다. 《한시외전(韓詩外傳)》 권3에 강태공(姜太公)이 무왕(武王)에게 "사람을 사랑하는 자는 사랑이 그의 지붕에 있는 까마귀한테까지 미치고, 사람을 미워하는 자는 미움이 그의 마을 모퉁이의 벽에까지 미칩니다.〔愛其人, 及屋上烏; 惡其人者, 憎其胥餘.〕"라고 한 데에서 유래하였다.

223 패강(浿江) : 평양을 가로질러 흐르는 대동강(大同江)을 가리킨다.

224 강규(康逵) : 1714~1798. 자는 중홍(仲鴻), 본관은 곡산(谷山)이다. 도암(陶菴) 이재(李縡)의 문인이고, 미호(渼湖) 김원행(金元行) 등 도암 문하의 학자들과 주로 교유하였다. 도암의 손자인 화천(華泉) 이채(李采, 1745~1820)가 지은 묘갈명에 그의 행적이 기록되어 있다.

225 정전(井田) : 전설 상 기자(箕子)가 평양에 도읍을 정하고 정전제(井田制)를 시행한 유적이 있다는 지역의 이름이다. 《신증동국여지승람》 제51권 〈평안도 평양부〉에 "정전은 외성(外城) 안에 있다. 기자 때 구획한 정전인데, 유적이 지금도 완연하다."라고 보인다.

226 천거로 침랑(寢郞)에 제수되었으나 : 침랑은 종묘(宗廟)·능(陵)·원(園)의 영(令) 및 참봉을 가리키는 말로, 강규가 1747년(영조23)에 숭녕전 참봉(崇寧殿參奉)에 제수되었기 때문에 이렇게 칭한 것이다. 《承政院日記 英祖23年 6月 23日》

미호(渼湖)가 일찍이 패수 가를 유람하고 돌아와서 말씀하기를

"이번 걸음에 두 선비를 만나 보았으니, 바로 강규와 선우각(鮮于恪)이다."

라고 하였습니다. 그리고 근재(近齋)께서는 강규의 인품을 자세히 아셔서 매번 칭찬하시기를

"그의 자질이 뛰어나고 학문이 순정(純正)하며 경세(經世)의 재주를 겸하였는데, 불행히 서쪽 지방에서 늙어 죽어서 등용된 적이 없었으니, 이 사람은 바로 이른바 '호걸스러운 선비'이다."

라고 하셨습니다. 두 현자의 찬미가 어찌 공연한 것이겠습니까.

만약 이들의 본향에서 그 문고를 간행하여 한 도의 선비들로 하여금 집집마다 외고 읽게 한다면, 풍도(風度)를 듣고 진작되는 자가 없을 것이라고 어찌 장담하겠습니까.[228] 이것은 사문(斯文)을 홍기하는 일단(一端)에 관계되니, 바라건대 서쪽 지방의 식견이 있는 자에게 권하여 빨리 도모하게 하십시오. 관서 한 지역은 제일 먼저 인현(仁賢)의 교화를 입었으나,[229] 지금은 풍속이 피폐해지고 변하여 선비들이 자중

227 정조……못하였으니 : 이 일은 《승정원일기》 정조 15년 12월 29일 기사에 보이는데, 강규는 당시 78세였다.

228 풍도(風度)를……장담하겠습니까 : 이 내용은 《맹자》 〈만장 하(萬章下)〉의 "백이의 풍도를 들은 자는 완악한 지아비가 청렴해지고 나약한 지아비가 입지하게 되며, 유하혜의 풍도를 들은 자는 경박한 지아비가 돈후(敦厚)해지고 비루한 지아비가 너그러워진다. 백세의 위에서 분발하면 백세의 뒤에서 풍도를 들은 자가 홍기하지 않는 이가 없다.〔聞伯夷之風者, 頑夫廉, 懦夫有立志, 聞柳下惠之風者, 薄夫敦, 鄙夫寬. 奮乎百世之上, 百世之下, 聞者莫不興起也.〕"라는 구절을 원용한 것이다.

229 관서……입었으나 : 은나라 때의 세 인자(仁者) 중 한 사람인 기자가 우리나라에 와서 평양에 도읍하였다고 하므로 이렇게 말한 것이다.

(自重)하지 못해서 유자(儒者)의 학문이 있는 줄을 거의 알지 못하니, 서글픕니다.

집사와 같은 대아군자(大雅君子)[230]께서 이미 이 지방의 관리가 되셨으니, 어찌 크게 변화할 방법을 생각하지 않으시겠습니까. 만일 여기에 뜻이 있다면 먼저 정전(井田 강규)의 문집을 간행하여 백성들을 진작시켜 새롭게 하는 출발점으로 삼는 것이 옳을 것입니다.

230 대아군자(大雅君子) : 덕이 높고 큰 재주를 갖춘 인물을 이른다.

김성보에게 줌 무진년[231] 8월

與金城甫 戊辰八月

매우 좋은 시절에 성상의 어가(御駕)가 편안히 돌아오시니,[232] 백성들이 흔쾌히 기쁜 마음을 고함에, 노소(老少)를 막론하고 똑같은 심정입니다. 엎드려 생각하건대 어가(御駕)를 호종하느라 노독(路毒)에 지치셨을 텐데, 기체후 무탈하시며 밤낮으로 수고하는 일을 면할 방법은 있으십니까? 벼슬길에 나아갈 줄만 알고 물러날 줄을 알지 못하면 동함에 뉘우침이 있게 되지 않겠습니까.[233] 삼가 웃습니다.

얼핏 듣건대, "수진궁(壽進宮)[234]의 궁임(宮任)들 중에 완산(完山 전주)의 경계에 수로(水路)를 파고 봇도랑을 터서 백성들의 전지(田地)에 물을 관개하고 그 이익을 수진궁에 올리게 하는 계책을 세워 동조

231 무진년(戊辰年) : 1808년(순조8)으로, 매산의 나이 33세 되던 해이다.

232 성상의……돌아오시니 : 원문의 '취화(翠華)'는 왕의 의장 가운데 하나인 푸른 깃털로 장식한 깃발과 수레의 덮개를 이르는바, 왕이 타는 수레를 가리키기도 한다. 순조가 이해 8월 8일부터 11일까지 고양(高陽)과 파주(坡州) 일대를 거둥하였는데, 김종선이 좌부승지(左副承旨)로 수행하여 함께 다녀왔다. 《承政院日記 純祖 8年 8月 8日~11日》

233 동함에……않겠습니까 : 이 내용은 《주역》 〈건괘(乾卦) 문언전(文言傳)〉에 보인다.

234 수진궁(壽進宮) : 조선 예종의 둘째아들인 제안대군(齊安大君)의 저택이었는데, 조선 중기 이후로는 봉작(封爵)을 받기 전에 사망한 대군·왕자와 출가하기 전에 사망한 공주·옹주들을 합사(合祀)하는 사우(祠宇)로 사용하였다. 그런데 매산 당시에는 수진궁에 왕대비가 거처하였던 것으로 보인다.

(東朝 대비(大妃))에 올린 자가 있다."라고 하니, 참으로 이런 일이 있습니까? 이 일에 대해 훌륭하신 분의 생각은 어떠하십니까? 저는 불가하다고 여깁니다.

위로는 성상께서 천승(千乘)의 봉양을 바치시고 아래로는 두 궁-수진궁과 어의궁(於義宮)-에서 온갖 제사에 필요한 물품을 제공하여, 뜻을 봉양하는 바에 물건도 구비하니, 굳이 달리 구하지 않아도 충분합니다. 이 거조는 자전(慈殿)의 성스러운 뜻이 아니요 궁속들이 이것을 빙자해서 이익을 챙기고자 하는 것임을 분명히 알 수 있습니다.

사마천(司馬遷)이 말하기를 "천승의 임금과 만호(萬戶)의 제후와 백실(百室)의 군주도 오히려 가난함을 근심한다."라고 하였으니,[235] 말이 참으로 누추합니다. 옛날의 왕들은 재물을 절도 있게 쓰고 백성을 사랑하여 백성의 풍족함을 자기의 풍족함으로 삼으셨습니다. 이 때문에 덕을 근본으로 삼고 재물을 말단으로 여겨 근본을 안으로 하고 말단을 밖으로 하였으니, 이것이 재물을 생산하는 큰 방도입니다.[236]

그러므로 말하기를 "부고(府庫)의 재물이 그 군주의 재물 아닌 것이 없다."[237]라고 하였으니, 어찌 가난함을 걱정할 것이 있겠습니까. 사마

235 사마천(司馬遷)이……하였으니 : 이 내용은 《사기》 권129 〈화식열전(貨殖列傳)〉에 보인다.

236 덕을……방도입니다 : 이 내용은 《대학장구》 전(傳) 제10장에 "덕은 근본이고 재물은 말단이니, 근본을 밖으로 하고 말단을 안으로 하면 백성을 다투게 하고 빼앗음을 일삼게 한다. 그러므로 재물이 모이면 백성이 흩어지고 재물이 흩어지면 백성이 모이는 것이다.〔德者, 本也; 財者, 末也. 外本內末, 爭民施奪. 是故財聚則民散, 財散則民聚.〕"라고 한 말을 원용한 것이다.

237 부고(府庫)의……없다 : 이 내용도 《대학장구》 전 제10장에 "윗사람이 인(仁)을

천과 같은 사람은 군자의 도를 듣지 못하였고, 또 마음에 격동한 바가 있어 이렇게 말하였습니다. 그러므로 이익의 폐단을 말하여 천하 사람들을 희양(熙穰)[238]의 가운데로 돌아가게 하였으니, 어찌 말할 만한 것이 있겠습니까.

사기(史起)가 장수(漳水)를 터놓자 백성들이 성스러운 현령(縣令)이라고 칭찬하였고,[239] 소신신(召信臣)이 봇도랑을 개통하여 고을 사람들의 생활이 풍족해졌으며,[240] 갈대밭을 바꾸어 옥토로 만든 것은 최원(崔瑗)의 공이고,[241] 경수(涇水)를 끌어다가 논을 개척한 것은 정

좋아하고서 아랫사람들이 의(義)를 좋아하지 않는 경우는 있지 않으니, 아랫사람들이 의를 좋아하고서 윗사람의 일이 마무리되지 못하는 경우가 없으며, 부고(府庫)의 재물이 윗사람의 재물이 아닌 경우가 없는 것이다.〔未有上好仁而下不好義者也, 未有好義, 其事不終者也, 未有府庫財非其財者也.〕"라고 보인다.

238 희양(熙穰) : 사람들이 분주하게 이익을 좇아 오가는 모습을 형용한 말이다. 《사기》 권129 〈화식열전〉에 "천하가 희희(熙熙)함은 모두 이익을 위해 오는 것이요, 천하가 양양(壤壤)함은 모두 이익을 위해 가는 것이다."라고 하였다. '양(壤)'과 '양(穰)'은 통용된다.

239 사기(史起)가……칭찬하였고 : 사기는 전국(戰國) 시대 위(魏)나라 사람으로, 업현(鄴縣)의 현령이 되어 장수(漳水)를 끌어다가 현에 관개하여 위나라 하내(河內)가 크게 부흥하게 되니, 백성들이 이 업적을 노래하기를 "업현에 어진 현령이 있으니 사공(史公)이라네. 장수를 터서 업현에 물을 관개하였네. 오래도록 염분이 있던 땅에 벼와 기장이 자라네.〔鄴有賢令兮爲史公. 決漳水兮灌鄴旁. 終古潟鹵兮生稻粱.〕"라고 하였다. 《漢書 卷29 溝洫志》

240 소신신(召信臣)이……풍족해졌으며 : 소신신(?~기원전31)은 전한(前漢) 때 명신으로 자가 옹경(翁卿)이다. 남양 태수(南陽太守)가 되었을 적에, 고을 안의 강물과 샘물을 살펴 봇도랑을 개통하고 수십 곳에 수문과 제방을 만들어 관개시설을 확장하였으며, 농토를 크게 증가시켜 백성들의 생활을 풍족하게 하였다. 《漢書 卷89 循吏傳 召信臣》

혼(鄭渾)의 힘이었으니,[242] 백성과 나라에 보탬이 되었던 자들을 이루 다 말할 수 없습니다.

그러나 이것은 한 고을의 관리가 하는 일일 뿐이니, 어찌 궁가(宮家)가 관여할 수 있는 것이겠습니까. 지금의 내수사(內需司)[243]는 바로 주(周)나라의 소부(小府)이고 송(宋)나라의 내탕(內帑)인데, 선철(先哲)들이 한결같은 말씀으로 내수사를 혁파할 것을 청한 것은 왕자(王者)에게는 사사로운 것이 없기 때문입니다.

지금의 이른바 '사궁(四宮)'[244]은 사체(事體)가 또한 내사(內司 내수

241 갈대밭을……공이고 : 최원(崔瑗, 77~142)은 후한(後漢) 때의 인물로 자는 자옥(子玉)이다. 급현(汲縣)의 현령이 되었을 적에 봇도랑을 개통하여 논을 만들자 척박한 땅이 다시 옥토가 되었고 백성들이 그 이익을 얻으니, 장로(長老)들이 노래를 불러 칭송하였다.《後漢書 卷52 崔駰列傳 子瑗》,《太平御覽 卷268 職官部 良令長下》

242 경수(涇水)를……힘이었으니 : 정혼(鄭渾)은 중국 삼국 시대 위(魏)나라 사람으로 자는 문공(文公)이다. 양평(陽平)과 패군(沛郡)의 태수로 있을 적에 저수지를 만들고 논을 개간하여 백성들의 생활을 풍족하게 해주었다고 전하는데, 매산이 여기에서 '경수(涇水)'라고 말한 이유는 미상이다.《三國志 卷16 鄭渾傳》

243 내수사(內需司) : 저본에는 '내수사(內需寺)'로 되어있는데, 당시 관계(官階)와 법제(法制)에 근거하여 '내수사(內需司)'로 바로잡아 번역하였다. 내수사는 조선시대 왕실 재정의 관리를 위해 설치한 관서이다.

244 사궁(四宮) : 서울의 네 궁으로, 곧 명례궁(明禮宮)·수진궁(壽進宮)·어의궁(於義宮)·용동궁(龍洞宮)이다. 명례궁은 덕종(德宗)의 맏아들 월산대군(月山大君)의 사저(私邸)로, 선조(宣祖)가 임진왜란 뒤 환도(還都)하여 이곳에 머물면서 궁으로 사용하였다. 광해군 때 경운궁(慶運宮)으로, 인조(仁祖) 때 명례궁(明禮宮)으로, 순조(純祖) 때 덕수궁(德壽宮)으로 개칭하였다. 수진궁은 266쪽 주234 참조. 어의궁은 인조가 왕위에 오르기 전에 머물던 궁이자 효종(孝宗)이 태어난 궁이다. 용동궁은 명종(明宗)의 아들 순회세자(順懷世子)가 살았던 집으로, 세자가 죽은 뒤에는 명종의 비인 인순왕후(仁順王后)의 처소가 되었다.

사)와는 차이가 있으니, 수리(水利)를 일으켜서 별도로 토지를 점유할 수가 있겠습니까. 이미 절수(折受)[245]가 아니라면 이것은 사사로운 전장(田莊)이니, 어찌 왕가(王家)로서 사사로운 전장을 둔단 말입니까. 비록 이것이 '백성들의 바람'이라고 하더라도 따로 고을의 원과 도백(道伯)이 있으니, 어찌 궁가가 백성들의 바람을 따르단 말입니까.

우리 자전의 성스러운 덕과 지극한 선은 사람들이 능히 형용할 수가 없어서 비잠동식(飛潛動植)[246]이 모두 음덕(陰德)을 입고 있는데, 만약 궁속(宮屬)들이 작용(作俑)[247]하는 것을 그냥 놔둔다면 자전의 덕에 누를 끼칠까 두려우니, 영공께서는 어찌 한마디 말씀을 아뢰지 않습니까?

지난번에 좌의정이 경연에서 여러 궁의 궁임(宮任)을 단속할 것을 아뢸 적에 궁부일체(宮府一體)의 뜻을 깊이 알았으니,[248] 대신이 도로

245 절수(折受) : 나라에서 특정 사람에게 농지·산림·천택 등의 일부를 떼어주는 것으로, 일종의 토지 소유 증명서인 입안(立案)을 발급해 주거나 전조(田租)의 수조권(收租權)을 지급해 주는 것을 말한다.

246 비잠동식(飛潛動植) : 공중에 날아다니고 물속에 잠겨 사는 동물과 식물로, 세상의 모든 동식물을 가리킨다.

247 작용(作俑) : '용을 만들다'는 말로, 나쁜 폐단을 처음 시작함을 뜻한다. 《맹자》 〈양혜왕 상(梁惠王上)〉에 "중니께서 말씀하시기를 '처음으로 용을 만든 자는 아마도 후손이 없을 것이다.' 하셨으니, 이는 사람을 형상하여 장례에 사용하였기 때문이다.〔仲尼曰: 始作俑者, 其無後乎, 爲其象人而用之也.〕"라고 하였는데, 주자가 《맹자집주》에서 "용은 나무로 만든 인형으로 부장품의 하나이다. 옛날 장사지내는 자들은 풀단을 묶어 인형을 만들어서 상여를 호위하게 하고는 추령(芻靈)이라 일렀으니, 대략 사람의 모습과 같을 뿐이었다. 그러다가 중고에 용으로 바꾸니, 얼굴과 눈, 움직임이 있어서 사람과 매우 유사하였다. 그러므로 공자께서 그 불인(不仁)함을 미워하시어 이것을 처음 만든 자는 반드시 후손이 없을 것이라고 말씀하신 것이다."라고 주하였다.

써 군주를 섬기는 뜻이 진실로 이와 같아야 합니다.

지금 공께서는 책을 읽어 이치를 밝게 알아서 이러한 도리를 매우 자세히 알고 계시고 저도 자전의 교화 가운데에 있는 한 물건이니, 가슴속에 생각이 있으면 감히 숨길 수가 없습니다. 그러므로 이와 같이 말씀드린 것이니, 이 편지를 보시거든 즉시 불속에 넣어서, 좌상(座上)에 있는 사람들이 번거롭게 보는 일이 없게 하십시오.

그리고 이 말씀을 아뢸 적에 천신(賤臣)에게서 나온 것이라고 말씀하지 마십시오. 초야에 있는 하찮은 존재가 함부로 궁의 일을 논하였는데, 어찌 사사로운 분의(分義)에 감히 말할 수 있는 것이겠습니까. 영공이 아니라면 저는 이런 말을 하지 않으니, 바라건대 영공께서는 양찰하십시오.

248 지난번에……알았으니 : 이 내용은 좌의정 김재찬(金載瓚, 1746~1827)이 윤5월 25일에 희정당(熙政堂)에 입시(入侍)하였을 적에 임금께 아뢴 말에 보인다.《承政院日記 純祖 8年 閏5月 25日》'궁부일체(宮府一體)'는 궁중과 의정부가 일체가 되어야 한다는 말로, 제갈량(諸葛亮)의 〈전출사표(前出師表)〉에 "궁중과 의정부가 모두 일체가 되어야 하니, 선한 자를 올려주고 악한 자를 처벌할 적에 달리 대우해서는 안 됩니다.〔宮中府中, 俱爲一體, 陟罰臧否, 不宜異同.〕"라고 보인다.

이여홍[249] 재의 에게 답함 을축년[250] 정월

答李汝弘 載毅○乙丑正月

이번에 받은 편지에서는 말씀하신 뜻이 진중하고 아울러 저에게 선물하는 글도 주셨는데, 장편의 문장이 용용(舂容)[251]하며 지극한 뜻이 있는 곳에 지극한 이치가 절로 깊으니, 감히 이것을 간직해서 밤낮으로 돌아보지 않을 수 있겠습니까. 저는 일찍이 양백기(楊伯起)[252]의 가르침에 "나는 세 가지 혹하지 않는 것이 있다."[253]라고 한 말을 완미

249 이여홍(李汝弘) : 여홍은 이재의(李載毅, 1772~1839)의 자로, 호는 문산(文山), 본관은 전주(全州)이며 매산과 같이 근재 박윤원의 문하에서 수학하였다. 1801년(순조1) 증광 생원시에 합격하였으나 벼슬에 뜻을 두지 않고 학문에만 전념하였는데, 특히 《주역》과 시에 능하였으며, 매산과 평생 막역하게 지냈다. 저서로는 《문산집》이 있다.

250 을축년(乙丑年) : 1805년(순조5)으로, 매산의 나이 30세 되던 해이다.

251 용용(舂容) : 문장에서 한가로운 운치가 우러나고 전아(典雅)한 분위기가 풍기는 것을 말한다.

252 양백기(楊伯起) : 한(漢)나라 사람 양진(楊震)으로 백기(伯起)는 그의 자이다. 나이 50에 벼슬하여 외직으로 전전하다가 안제(安帝) 원초(元初) 연간에 조정으로 들어와 태복(太僕) 등을 거쳐 태위(太尉)가 되었다. 외척과 환관의 발호를 막기 위해 애쓰다가 오히려 참소를 받고 면직되자 음독 자살하였다. 《後漢書 卷54 楊震列傳》

253 나는……있다 : 이 내용은 양진의 아들 양병(楊秉)의 말인데, 양병의 전(傳)이 〈양진열전〉에 함께 실려 있어 매산이 착각한 것으로 보인다. 《후한서》 권54 〈양진열전〉에 "양병은 천성적으로 술을 마시지 않았다. 또 일찍 상처(喪妻)했는데도 끝까지 다시 장가들지 않았다. 그리고 가는 곳마다 청백하다는 칭찬을 받았다. 양병 자신도 언젠가 조용히 말하기를 '나는 세 가지 미혹되지 않는 것이 있으니, 술과 여색과 재물이다.〔我有三不惑, 酒、色、財也.〕'라고 하였다."라고 보인다.

(玩味)하였습니다. 술·여색·재물은 사람의 큰 경계인데, 자사(子舍)[254]에 거주하는 자는 더더욱 이것을 경계하지 않으면 안 됩니다.

이 때문에 저는 가친(家親)을 따라 몇 고을에 갔을 적에, 스스로 마음에 부끄러움이 없다고 생각하면서도 감히 자만하지 않아서 이 몸을 호랑이 꼬리를 잡고 봄 얼음판 위를 걷는 것[255]처럼 조심하였습니다. 그러나 눈이 사라지기 전에 풀이 이미 생겨난다면[256] 끝내 전후의 행실이 딴판인 사람이 되지 않을 줄을 어찌 장담하겠습니까.

이 때문에 조심하고 조심해서 감히 존양(存養)하고 성찰(省察)하는 공부[257]를 게을리하지 않았습니다. 그런데 인자(仁者)의 말씀을 받들어 보건대 이것을 제일의 의체(義諦)로 여기셨으니, 일에 앞선 염려요 증세에 맞는 약제라고 이를 만합니다. 노(魯)나라에 군자가 없었다면 어디에서 이것을 취하겠습니까.[258] 다만 제가 있는 고을은 본래 가난하고 눈앞에 기생이 없으며 저의 성품이 또 술을 좋아하지 않으니,

254 자사(子舍) : 고을 수령의 아들이 거주하는 집을 이른다.

255 호랑이……것 : 이 내용은 《서경》 〈주서(周書) 군아(君牙)〉에 보이는 말로, 자세한 내용은 261쪽 주216 참조.

256 눈이……생겨난다면 : 이 내용은 《주자대전》 권5 〈재답택지(再答擇之)〉에 보이는바, 자세한 내용은 261쪽 주217 참조.

257 존양(存養)하고……공부 : 존양은 감정이 발하기 전에 마음을 보존하여 본성을 기르는 것으로 정(靜)할 때의 공부에 해당하며, 성찰(省察)은 감정이 발하였을 때에 나쁜 생각이 없는가 살펴보는 것으로 동(動)할 때의 공부에 해당한다.

258 노(魯)나라에……취하겠습니까 : 이 내용은 《논어》 〈공야장(公冶長)〉의 "노나라에 군자가 없었다면 이 사람이 어디에서 이러한 덕을 취했겠는가.〔魯無君子者, 斯焉取斯?〕"라는 공자의 말씀을 인용한 것인데, 이는 자신에게 좋은 말을 해준 이재의를 군자라고 칭찬한 것이다.

이 때문에 양공(楊公)의 죄인이 됨에 이르지 않은 것입니다. 행여 밤낮으로 노력해서 길이 훌륭한 명예를 마친다면, 이것 또한 형의 은혜입니다.

또 형의 이번 길은 판여(板輿)를 모시고 함평(咸平)으로 따라가는 행차이니,[259] 저의 처지와는 크게 다릅니다. 바라건대 몸을 다스리기를 더욱 깨끗이 하고 엄격하게 해서 일호(一毫)라도 스스로 누를 끼치지 않게 하십시오. 사군자(士君子)가 몸을 세움에 한 번이라도 실패하면 만사가 와해되니, 어찌 경계하지 않을 수 있겠습니까.

저 자신은 미치지 못하면서 도리어 형을 위하여 도모하니, 남의 밭을 김매는 것에 가깝지 않겠습니까.[260]

사판(祠板 신주)을 옮겨 봉안할 때에는 마땅히 술과 과일을 진설하여 사유를 고해야 하고, 옮겨 봉안한 뒤에는 다만 술과 과일을 진설하여 편안히 할 것이요 고유하는 말은 굳이 할 것이 없습니다.

259 형의……행차이니 : 이재의의 아우 이재홍(李載弘, 1775~?)이 함평 현감(咸平縣監)에 제수되어 부모님을 모시고 부임지로 함께 가기 때문에 이렇게 말한 것이다. 《承政院日記 純祖 4年 11月 29日》 판여(板輿)는 자리에 부들방석을 깔아 푹신하게 만든 노인용 가마로, 흔히 효자가 늙은 어버이를 모시고 임지로 감을 이른다. 진(晉)나라 반악(潘岳)의 〈한거부(閑居賦)〉에 "모친을 판여에 모시고 가벼운 수레에 오르시게 한 뒤 멀리 궁성을 유람하고 가까이 집안 뜨락을 산보한다.〔太夫人乃御板輿, 升輕軒, 遠覽王畿, 近周家園.〕"라고 보인다.

260 남의……않겠습니까 : 이 내용은 《맹자》 〈진심 하(盡心下)〉에 "사람들의 병통은 자기 밭을 버려두고 남의 밭을 김매는 데에 있으니, 남에게 요구하는 것은 중하고 스스로 책임지는 것은 가볍다.〔人病, 舍其田而芸人之田, 所求於人者重, 而所以自任者輕.〕"라고 보인다.

이여홍에게 답함 을축년 9월

答李汝弘 乙丑菊月

시골에 살면 어느 것인들 어렵지 않겠습니까마는 오직 도살을 범하지 않는 것이 가장 큰 어려움이 됩니다. 국법에 소를 잡는 것을 금지하고 있으니, 이것을 범하면 정해진 형벌이 있습니다. 이 때문에 선현들은 모두 사사로이 도살한 고기를 드시지 않았습니다. 도살한 고기도 오히려 드시지 않았는데 하물며 도살을 범하였겠습니까. 또 더구나 사사로이 도살한 고기를 어버이를 받들고 선조에게 제사하는 데에 사용하였겠습니까.

소는 죽을힘을 다해 농사일을 하는데 사람들은 잡아먹는 것을 어려워하지 않으니, 불인(不仁)함이 심합니다. 이 때문에 율곡(栗谷)과 중봉(重峯 조헌(趙憲)) 두 선생께서는 비록 관청의 푸줏간에서 나온 고기라고 하더라도 먹지 않으셨습니다. 이 뜻은 매우 고상해서 보통 사람들에게 다 기대할 수 없습니다. 또 우리나라에서는 소가 생산되기 때문에 쇠고기 먹기를 다반사처럼 하니, 또한 갑자기 끊을 수가 없습니다.

서울에 사는 사람들은 반시(泮市)[261]에서 쇠고기를 사오고 시골에 거처하는 자들은 읍내 가게에서 사오면 괜찮은데, 지금은 나라에 금하는 법이 없어서 범하기가 용이하여 놀랍고 탄식할 만한 일들이 종종

261 반시(泮市) : 반(泮)은 국학(國學)인 성균관을 가리키는바, 반시는 성균관 부근에 있었던 시장으로 유생(儒生)들을 위해 개설된 것으로 보인다.

귀에 들립니다.

《예기》〈옥조(玉藻)〉에 "인군(人君)이 연고가 없으면 소를 잡지 않고, 대부가 연고가 없으면 양을 잡지 않고, 사(士)가 연고가 없으면 개와 돼지를 잡지 않는다."라고 하였는데, 주(註)에 "연고라는 것은 제사할 때와 빈객을 맞이할 때에 연향(宴饗)하고 음식을 대접하는 예이다."라고 하였습니다. 그렇다면 비록 제사할 때와 빈객을 맞이할 때에 연향하고 음식을 대접하는 예가 있더라도, 대부는 소를 잡을 수 없고 사는 양을 잡을 수 없고 서인은 개와 돼지를 잡을 수 없는 것입니다. 그런데 지금 사람들은 이 가르침을 변모(弁髦)[262]로 여긴 지가 오래되었으니, 이것을 말하면 가슴이 아픕니다.

비록 국가에서 금지하는 법과 예법이 없다 하더라도, 큰 짐승 죽이기를 파리와 개미를 죽이는 것처럼 쉽게 하는 것이 어찌 복(福)을 소중히 여기는 뜻이겠습니까. 스스로 많은 복을 구하려 하는 것은 보통 사람들의 심정에 필연적인 것인데 여기에 막혀서 통하지 못하니, 이것은 알 수 없는 일입니다. 형은 이 의리를 평소 늘 강론하셔서 반드시 이웃 마을 사람들과 함께할 것이니, 옛날 정이천(程伊川)이 낙양(洛陽)에서 이루었던 감화(感化)[263]를 바라지 않을 수 없습니다.

262 변모(弁髦) : 변(弁)은 치포관(緇布冠)으로 관례(冠禮)를 행하기 전에 잠시 쓰는 갓이고 모(髦)는 총각의 더펄머리인바, 관례가 끝나면 모두 소용이 없어 버리기 때문에 폐기하여 사용하지 않는 물건을 비유한다.

263 정이천(程伊川)이……감화(感化) : 이 내용은 《근사록》 권9 〈논치법(論治法)〉에 "정숙(正叔)이 말씀하였다. '내 집에서 상사를 치름에 불교의 법을 쓰지 않았는데, 낙양에 있을 적에 또한 한두 집안이 이에 교화되었다.〔正叔云: 某家治喪, 不用浮圖, 在洛, 亦有一二人家化之.〕'"라고 보인다. 정숙은 이천 정이의 자이다.

가공언(賈公彥)의 소(疏)에 이르기를

"중상(中殤)은 상(上)을 따르기도 하고 혹은 하(下)를 따르기도 한다. 이것은 상(殤)에는 세 등급이 있으나 복(服)은 오직 두 등급이 있다는 것이니, 대공(大功)의-성인(成人)으로 말함- 하상(下殤)에 복이 있게 하고자 해서이다. 만약 상상(殤喪)의 복에 세 등급을 두어 상상과 중상, 하상에 모두 강등을 하면 대공의 하상에는 복이 없게 된다."

라고 하였습니다.[264]

제가 살펴보건대, '상(殤)에는 세 등급이 있다.'는 것은 장상(長殤)과 중상(中殤)과 하상(下殤)을 이른 것이고, '복에는 두 등급이 있다.'는 것은 중상은 별도로 한 등급을 차지하지 않고 위〔상상〕를 따르거나 아래〔하상〕를 따라 복을 입는 것을 말하니, 위를 따르거나 아래를 따라서 별도로 한 등급을 차지하지 않는 것은 대공복의 하상에 복을 입게 하고자 해서입니다.

대공-성인으로 말함-의 상(殤)은 바로 종부(從父)의 곤제(昆弟 종형제)·자매(姊妹 종자매)와 서손(庶孫)으로서 본래 대공복을 입어야 할 자들입니다. 이들은 장상에 한 등급을 낮추어서 소공복(小功服)을 입으니, 중상에 만약 두 등급을 낮추어서 시마복을 입는다면 하상은 복이 없게 됩니다.[265]

264 가공언(賈公彥)의……하였습니다 : 이 내용은 《의례(儀禮)》〈상복(喪服) 상대공구월칠월(殤大功九月七月)〉의 '딸과 아들의 장상과 중상〔子女子子之長殤中殤〕'에 대한 가공언의 소(疏)에 보인다. 《儀禮注疏 卷11 喪服》

265 대공의……됩니다 : 종형제와 종자매, 그리고 서손이 성인이 되어 죽었을 경우 대공복을 입는데, 만일 장상으로 죽었을 경우에는 한 등급을 낮추어 소공복을 입는바, 이것을 기준으로 하면 중상은 다시 한 등급을 낮추어 시마복을 입어야 한다. 이렇게

대공-성인으로 말함-은 복 중에 중한 것이어서 하상이라고 하여 복을 입지 않으면 안 되니, 이 때문에 상에는 세 등급이 있으나 복에는 두 등급이 있는 것입니다. 무릇 상복을 입는 방도는 친한 사람은 위로 붙이고 소원한 사람은 아래로 붙입니다. 그러므로 대공의 상(殤)에 중상은 위를 따르는 것입니다.

자최(齊衰 기년(朞年))-성인으로 말함-는 대공보다 중하기 때문에 또한 중상은 위를 따르는 것입니다. 이 때문에 특별히 7개월의 복을 창제해서 자최-성인으로 말함-의 중상에 대처하니, 이는 성인(聖人)께서 인륜의 의리를 다한 것입니다.

《예기》에는 칠월의 복이 없으나 오직 자최의 중상에는 칠월의 복이 있습니다. 장상은 한 등급을 낮추고 하상은 두 등급을 낮추는데, 중상은 일정한 위치가 없어서 자최복(기년복)을 입어야 할 사람-성인으로 말함-이 낮추어 대공복-상복(殤服)-을 입으면 중상은 위를 따라서 한 등급을 낮추어 대공복을 입고, 대공복을 입어야 할 사람-성인으로 말함-이 낮추어 소공복-상복-을 입으면 중상은 위를 따라 한 등급을 낮추어 소공복을 입고, 소공복을 입어야 할 사람-성인으로 말함-이 낮추어 시마복-상복-을 입으면 중상은 아래를 따라 두 등급을 낮추게 되니,[266] 두 등급을 낮추는

할 경우 하상은 또다시 한 등급을 낮추어야 하는데 상복(喪服)은 시마복이 끝이어서 이렇게 되면 복을 입을 수가 없으므로 '하상은 복이 없게 된다.'라고 한 것이다. 이를 막기 위해 복상 제도에 중상은 별도로 복제(服制)를 두지 않고 위로 올려 대공복을 입거나 아래로 내려 시마복을 입고, 하상은 대공복에서 세 등급을 낮추지 않고 두 등급만 낮추어 시마복을 입게 한 것이다.

266 소공복을……되니 : 상복을 입는 방도는 친한 사람은 위로 붙이고 소원한 사람은 아래로 붙이는바, 소공복은 소원한 사람에 해당되므로 아래로 하상에 붙여 두 등급을

것은 진실로 복이 없는 하상과 똑같게 됩니다.

자최의 중상에 한 등급을 낮추는 경우는 곧바로 장상의 대공과 똑같을 수가 없으니, 이 때문에 대공 가운데에 별도로 칠월을 만들어서 대처한 것입니다. 똑같이 대공복-성인으로 말함-인데 혹은 위를 따르고 혹은 아래를 따르는 것은, 장부(丈夫)가 종부의 곤제・자매와 서손에게 있어서는 정복(正服)[267]을 입기 때문입니다. 그러므로 차마 그 하상에게 복이 없게 할 수가 없어서 중상을 소공복-상복-으로 입어주고 부인은 남편의 숙부에 대해서 의복(義服)[268]을 입기 때문에 중상을 시마복으로 입어주니, 이것은 친소(親疏)에 따라 위로 붙이고 아래로 붙이는 것입니다.

보내주신 편지에 이른바 '은혜의 경중에 따라 후한 쪽을 따르기도 하고 박한 쪽을 따르기도 한다.'는 것이 맞으니, 모든 중상이 위를 따르고 아래를 따른다는 것을 유추하여 알 수 있습니다.

《의례(儀禮)》에 상・중・하의 삼상(三殤)을 가지고 본복(本服)의 기준으로 삼아 두 등급으로 나누어 강복한 것은 당연합니다. 그런데 우리 국제(國制 《국조오례의》)에서 삼상을 나누지 않고 모두 두 등급을 낮추어서 혹 차등이 없게 한 것은 의의(意義)가 없을 듯하니, 비록 당대 왕의 제도라도 따를 수가 없습니다. 외숙(外叔)의 장상과 종조고(從祖姑)의 장상의 경우에는 마땅히 본복인 시마복을 입어야 합니다.

낮춘다는 말이다.

267 정복(正服) : 직계 존비속(尊卑屬)에 대한 올바른 상복(喪服)으로, 오복(五服)의 정규 복식을 입는 것을 말한다.

268 의복(義服) : 본래 직계 존비속이 아닌 사람에 대해 의리로 입는 복을 말한다.

본복이 소공이기 때문이니, 〈상복(喪服)〉에 보이지 않는 것은 궐문(闕文)입니다.

적장(嫡長)인 증손(曾孫)·현손(玄孫)과 또 형제의 자녀는 본복이 기년복이니, 장상과 중상은 한 등급을 강등하여 대공복을 입고 하상은 두 등급을 강등하여 소공복을 입습니다. 서손인 증손과 현손은 본래 시마복을 입으므로 장상은 강등하여 복이 없으니, 〈상복〉에 기재되지 않은 것은 또한 궐문입니다.

종조부(從祖父)는 본래 소공복을 입으니 장상은 마땅히 한 등급을 낮추어 시마복을 입어야 하나, 《의례》와 황조(皇朝)의 제도와 우리 국제(國制)에 모두 보이지 않습니다. 그러므로 사계(沙溪 김장생(金長生))께서 단지 "마땅히 시마복을 입어야 한다."고만 말씀하시고 감히 이것을 도식(圖式)[269]에 기재하지 않은 것은, 독단한다는 혐의에 관계되기 때문이었습니다. 비록 도식에 기재하지 않았으나 마땅히 복을 입어야 합니다.

주공(周公)이 예경(禮經)을 지을 적에 위를 들어 아래를 밝히기도 하고 혹은 아래를 들어 위를 밝히기도 하였으니,[270] 보이지 않는 것은

269 도식(圖式) : 사계 김장생이 지은 《상례비요(喪禮備要)》의 〈상복도(喪服圖)〉를 가리킨다.

270 주공(周公)이……하였으니 : 이 내용은 《의례》 〈상복(喪服) 시마삼월복(緦麻三月服)〉의 "종형제의 아들인 당질(堂姪)의 장상과 형제의 손자인 종손(從孫)의 장상을 위하여 입고, 남편의 종형제의 처를 위하여 입는다.〔從父昆弟之子之長殤, 昆弟之孫之長殤, 爲夫之從父昆弟之妻.〕"는 글에 대한 가공언의 소에 "'대공의 상복(殤服)을 입어야 하는 자가 중상인 경우에는 아래를 따르니 소공의 상복을 입어야 하는 자도 중상인 경우에는 아래를 따른다.'는 것은 위를 들어 아래를 밝힌 것이다. '상상 소공(上殤小功)'의 주에 '대공의 상복을 입어야 하는 자가 중상인 경우에는 위를 따르니 자최(齊衰)의

이것을 가지고 찾아보면 알 수 있습니다.

예(禮)는 주(周)나라를 종주로 하기 때문에 비록 황명(皇明)의 《집례(集禮)》[271]와 본조의 《경국대전(經國大典)》이라도 주나라 제도와 위배되면 버리고 주나라를 따라야 하는데, 오직 《의례》에 빠진 부분을 보충하여 《예기》를 기준해서 마땅히 복을 입어야 하면 복을 입되 후함을 따라야 합니다. 《상례비요(喪禮備要)》에 이른바 '금제(今制)'라는 것은 황조(皇朝)의 제도이고, '국제(國制)'라는 것은 본조의 제도입니다.

고례에는 대부(大夫)와 사(士)의 차별이 있었으나 우리나라는 차별이 없어서 복을 입는 것이 똑같으니, 비록 예를 좋아하는 사람이라도 달리할 수가 없습니다. 의(義)로써 새롭게 만들 수 있는 것[272]으로 말하면 성덕(盛德)을 간직한 자가 아니면 할 수 없습니다.

상에도 중상의 경우에는 위를 따른다.'고 하였으니, 이 주는 아래를 들어 위를 밝힌 것이다. 모두 글을 줄여 쓰는 의리이므로 하나를 말하여 두 가지를 포괄하였다.〔大功之殤, 中從下, 則小功之殤, 亦中從下者, 此擧上以明下. 上殤小功注云: 大功之殤, 中從上, 則齊衰之殤, 亦中從上, 彼注, 擧下以明上. 皆是省文之義, 故言一以包二也.〕"라고 한 말을 원용한 것이다. 《儀禮注疏 卷11 喪服》

271 황명(皇明)의 집례(集禮) : 명나라의 서일기(徐一夔) 등이 고황제(高皇帝)의 명에 의하여 홍무(洪武) 3년(1370)에 완성한 《대명집례(大明集禮)》를 가리킨다. 길례(吉禮), 흉례(凶禮), 군례(軍禮), 빈례(賓禮), 가례(嘉禮) 등 오례(五禮)를 강(綱)으로 하고 그 아래 26조목으로 나누어 기술하였는바, 모두 53권으로 되어 있다.

272 의(義)로써……것 : 의에 맞도록 예를 새롭게 만드는 것을 이르는바, 《예기》 〈예운(禮運)〉에 "예라는 것은 의(義)의 실질이니, 의에 견주어 보아 합당하면 예는 비록 선왕 때에 없던 것일지라도 의로써 새롭게 만들 수 있다.〔禮也者, 義之實也, 協諸義而協, 則禮雖先王未之有, 可以義起也.〕"라고 보인다.

조부모의 복상(服喪) 중에 과거에 응시해서는 안 되는 것은 정(程)선생의 분명한 교훈이 있으니,[273] 어겨서는 안 됩니다. 정통의 기년복은 바로 이른바 '지극히 높은 분'의 복이니, 슬픔을 지극히 하는 도리가 친상(親喪)에 버금갑니다. 이 때문에 그 복이 자기 몸에 있을 때에는 남모르는 일은 할 수가 없고[274] 또한 과거에 응시해서도 안 되니, 어찌하여 윤군(胤君 상대방의 자제)으로 하여금 이 의리를 알게 하지 않으십니까?

비록 복이 끝난 뒤라도 대과에 응시하라고 권해서는 안 될 듯하고, 반드시 재능을 풍부히 갖추고서 30세를 기다려 응시하게 하더라도 기회를 놓치지 않을 것입니다. 설령 지금 당장 과거에 응시해서 급제한다 하더라도 어찌 첫 번째 불행[275]이 아니겠습니까.

273 조부모의……있으니 : 이 내용은 이천 정이의 〈삼학간상문(三學看詳文)〉에 보이는바, 이천이 이 글에서 조상을 높이 받드는 의리는 인도(人道)의 근본이므로 만약 상중(喪中)에 과거에 응시하는 것을 허락하면 의리를 크게 해치게 된다는 논리를 가지고 법령을 개정하도록 건의하였다. 《二程全書 卷61 伊川先生文3》

274 남모르는……없고 : 원문의 '복암(服闇)'은 어두운 데에서 일한다는 뜻으로, 남이 보지 못하여 자기만 알 수 있는 일을 함을 이른다. 《예기》 〈곡례 상(曲禮上)〉에 "효자가 어두운 데에서 일하지 않으며 위태로운 곳에 오르지 않음은 어버이를 욕되게 할까 두려워해서이다.〔孝子不服闇, 不登危, 懼辱親也.〕"라고 하였는데, 그 소(疏)에 "어두운 데에서 일하지 않는다는 것은 어두운 가운데에서 일을 행하지 않는 것이니, 첫째는 갑자기 비상한 일이 있을까 해서이고, 둘째는 남의 혐의를 받을까 염려해서이다. 그러므로 효자가 경계하는 것이다.〔不服闇者, 不行事於暗中, 一則爲卒有非常, 二則主物嫌. 故孝子戒之.〕"라고 하였다. '남의 혐의를 받을까 염려한다.'는 것은 주로 부부간의 교접을 지칭한 것인바, 옛날 상주는 부부 관계를 가장 죄악으로 여겼으므로 후세에는 '복암'을 주로 부부 관계를 가리키는 뜻으로 해석하였다.

275 첫 번째 불행 : 이천 정이가 한 말로, 소년이 높은 성적으로 과거에 합격하는

고인(故人 친구)의 자제는 바로 나의 아들이니, 어찌 마땅히 말을 하여야 하는데 말하지 않아서 충심의 우호를 저버릴 수 있겠습니까. 형이 득의양양하는 기색이 없으신 것을 알기 때문에 제가 감히 이렇게 다 말씀드리는 것이니, 생각하건대 형께서도 응당 마음속으로 이해하실 것입니다.

것을 이른다. 이 말은《소학》〈가언(嘉言)〉에 인용되어 있는바, "사람에게는 세 가지 불행이 있다. 소년이 높은 과거인 대과에 급제하는 것이 첫째 불행이요, 부형의 권세를 빌려 좋은 벼슬을 하는 것이 둘째 불행이요, 높은 재주가 있어 문장을 잘하는 것이 셋째 불행이다.〔人有三不幸. 少年登高科, 一不幸; 席父兄之勢爲美官, 二不幸; 有高才能文章, 三不幸也.〕"라고 하였는데, 그 주에 "소년으로 높은 과거에 급제하는 자는 학문이 넉넉하지 못하고 세력을 빌려 좋은 벼슬을 하는 자는 인품이 걸맞지 못하고 높은 재주가 있어 문장을 잘하는 자는 항상 덕(德)으로 이어가지 못하니, 이 세 가지는 모두 원대함을 이룰 수 없다. 그러므로 이것을 불행이라고 한 것이다."라고 하였다.

이여홍에게 답함
答李汝弘

국상의 연제(練祭 소상(小祥)) 뒤에 갑자기 완전한 길복을 입을 수 없다는 저의 소견이 공의 고견과 부합되니, 참으로 다행입니다.

서울[276] 소식을 들으니, 남쪽 기슭과 북쪽 언덕에서 서로 짝지어 꽃구경을 하고 간간이 생황(笙簧)을 불고 노래하며 질탕하게 놀고, 과거에 급제한 자들도 창기(倡妓)를 거느리고 풍악을 울려서 다시는 예를 지키지 않는다고 합니다. 사람이 무례한 것이 어찌 이처럼 지극한 지경에 이르렀단 말입니까.

대상(大喪)과 내상(內喪)[277]은 비록 삼년과 기년의 구별이 있으나, 신하들이 슬픔을 지극히 하는 도리는 마땅히 아버지와 어머니의 상을 당한 것과 같이 할 뿐이니, 사람이 부모의 상에 대해 어찌 둘로 보는 경우가 있겠습니까. 병신년(丙申年)과 경신년(庚申年)[278]에 감히 하지 못했던 것을 지금 갑자기 복이 끝났다고 하여 한단 말입니까. 상사(喪事)의 기강이 크게 무너져서 장차 오랑캐와 금수로 돌아가게 되었으니, 이것을 말하면 고통스럽습니다.

276 서울 : 원문의 '일하(日下)'는 제왕을 태양에 비유한 것에서 연유하여 임금이 사는 서울을 뜻한다. 《世說新語 排調》

277 대상(大喪)과 내상(內喪) : 대상은 국왕의 상을, 내상은 대비나 왕비 등의 상을 가리킨다.

278 병신년(丙申年)과 경신년(庚申年) : 병신년은 영조(1694~1776)가 승하한 해이고, 경신년은 정조(1752~1800)가 승하한 해이다.

지난번에 "중인(衆人)은 미발(未發)의 중(中)이 없다."라고 말씀드린 것은 "근원적인 미발이 없다."고 말한 것이 아니요, "공력을 쓴 뒤의 미발이 없다."고 말한 것입니다.

무엇을 '근원적인 미발'이라고 하겠습니까? 사람은 천지의 중(中 진리)을 받고 태어나는데, 요(堯) 임금이라고 해서 더 풍부하게 받지도 않고 걸왕(桀王)이라고 해서 더 적게 받지도 않습니다. 이 중을 받아서 똑같이 이 성(性)을 얻고, 이 성을 얻어서 똑같이 이 중을 소유하고 있습니다.

이 때문에 어떤 사람이 주자에게 묻기를

"중인의 미발은 성인과 다를 듯합니다."

라고 하자, 주자가 대답하시기를

"미발은 다만 미발이라고 불러야하니, 그렇지 않으면 대본(大本)이 없어서 도리가 끊어진다."

라고 하셨고, 또

"만약 근원적인 미발을 논한다면 모두 똑같다."

라고 하셨습니다.[279]

무엇을 '공력을 쓴 뒤의 미발'이라고 하겠습니까? 자사(子思)가 《중용》에서 중(中)을 계구(戒懼)와 근독(謹獨)의 뒤에서 말씀한 것은,

279 어떤……하셨습니다 : 이 내용은 모두 《주자어류》에 보이는바, 《중용》 제1장의 "기뻐하고 노하고 슬퍼하고 즐거워하는 정이 발하지 않은 것을 중이라 이르고, 발하여 모두 절도에 맞는 것을 화라 이르니, 중이라는 것은 천하의 큰 근본이요 화라는 것은 천하의 공통된 도이다.〔喜怒哀樂之未發, 謂之中; 發而皆中節, 謂之和. 中也者, 天下之大本也; 和也者, 天下之達道也.〕"라는 내용을 가지고 문답한 부분에 실려 있다. 《朱子語類 卷62》

군자가 정(靜)할 때에 존양(存養)을 하고 동(動)할 때에 성찰(省察)을 하여 천명(天命)의 성(性)을 따르므로 칠정(七情)이 아직 작용하기 전에는 편벽되고 치우친 바가 없으니, 이것을 '미발의 중'이라고 합니다.

이 때문에 주자가 말씀하기를

"만약 공부(工夫)가 없으면 동할 때에는 참으로 동하고 정할 때에는 비록 정하고자 하나 정할 수가 없어서 정(靜)함 또한 동(動)함이 된다."

라고 하셨고,[280] 또 말씀하기를

"미발에 대한 장흠부(張欽夫)의 설은 비록 분별을 너무 심하게 한 듯하나, 그가 말한 '없다〔無〕'는 것은 '본래 이 이치가 없음'을 말한 것이 아니요 물욕에 이끌려가서 다시는 마음이 맑고 고요한 때가 없음을 말한 것이다. 이는 품부 받은 것이 똑같지 않아서 성품이 고요한 자는 혹 마음이 맑고 고요한 때가 있을 수 있다. 다만 경(敬)으로써 주장하지 않으면 마음이 어두워지고 심란하고 잡박해져서 스스로 지각하지 못하여 결국에는 반드시 잃고 말 뿐이다."

라고 하셨습니다.[281]

제가 삼가 생각하건대 성품이 고요한 자는 혹 사물에 이끌려가지 않기도 하나 이는 단지 타고난 자질이 아름답기 때문입니다. 애당초

280 주자가……하셨고 : 이 내용은 《주자어류》 권12 〈학(學) 지수(持守)〉에 보인다.

281 또……하셨습니다 : 이 내용은 《주자대전》 권42 〈답호광중(答胡廣仲)〉에 보인다. 흠부(欽夫)는 장식(張栻, 1133~1180)의 자인데, 뒤에 흠종(欽宗)의 묘호(廟號)를 피하여 경부(敬夫)로 고쳤으며, 호는 남헌(南軒)이다. 이학(理學)에 뜻을 두어 호굉(胡宏)에게 배웠고 주자와 친하였다. 저서로 《남헌집》이 있다.

존양과 성찰의 공력이 없다면 어찌 능히 적연(寂然)히 동하지 않고 형연(炯然)히 어둡지 않아서 천하의 대본을 세울 수 있겠습니까. '혹유(或有)'라는 것은 반드시 그렇지는 않다는 말입니다.

성품이 고요한 자도 오히려 이러한데 하물며 마음이 들떠있는 사람이 어찌 잠시인들 안정되고 고요할 때가 있겠습니까. 미발이면 중이고 중이면 본체가 확립되고 본체가 확립되면 용(用)이 화(和)해져서 자연히 모두 절도에 맞아 천하의 달도(達道)가 됩니다. 이것은 서로 연관되는 형세인데, 능한 사람이 적은 것은 어째서입니까? 계신(戒愼)하고 공구(恐懼)하는 공부가 없기 때문입니다.

이러한 공부가 없다면, 어찌 사물과 아직 접하지 않아 심지(心地)가 편안한 것을 미발이라고 부를 수 있겠습니까. 미발이면서 중(中)이 아닌 경우는 있지 않으니, 중과 미발은 두 가지 일이 아닙니다. 타인에 있어서는 감히 알지 못하겠습니다. 그러나 내 몸에 징험해보건대, 사물과 접하지 않았을 때에는 이 마음이 다소 고요하나, 이른바 '고요하다.'는 것은 정신이 혼미하고 잠에 빠지는 것일 뿐이니, 이것을 미발의 광경(光景)으로 인식하는 것이 옳겠습니까.

마음을 불러 깨우는 순간 마음이 이미 다른 곳으로 도망가 버리니, 이것을 "못에 빠지고 하늘로 날아가며 얼음처럼 얼고 불처럼 타오른다."[282]라고 하는 것입니다. 이것은 본체가 확립되지 않았기 때문에 용

282 못에……타오른다 : 이 내용은 《주자대전》 권4에 실린 〈재거감흥(齋居感興)〉시 제3수에 "인심의 오묘함은 예측할 수 없어, 드나들 때에 기기를 타고 나오네. 얼음처럼 얼었다가 불처럼 타오르며, 연못에 빠졌다가 다시 하늘로 날아오르네.〔人心妙不測, 出入乘氣機. 凝冰亦焦火, 淵淪復天飛.〕"라고 보인다.

(用)이 적절하게 행해지지 못한 것입니다. 이는 마치 "낮에 하는 일이 야기(夜氣)를 상실하여, 야기가 보존되지 않는다."[283]라는 것과 같으니, 어찌 나의 마음이 성인의 마음과 똑같지 않겠습니까. 이 또한 오직 수양하느냐 수양하지 않느냐에 달려있을 뿐입니다. 그러므로 "중인(衆人)은 비록 근원적인 미발이 있으나 수양을 잃었기 때문에 미발의 중(中)이 없다."라고 하는 것입니다.

일찍이 굴자(屈子 굴원(屈原))의 〈원유부(遠遊賦)〉를 읽어보니, 여기에 이르기를

도는 받을 수는 있으나 전할 수가 없으니 道可受兮而不可傳
작은 것은 안이 없고 큰 것은 끝이 없네 其小無內兮其大無垠
너의 혼을 어지럽히지 않으면 저 심신이 장차 자연스럽게 될 것이니 毋滑而魂兮彼將自然
한 기운이 매우 신묘하여 한밤중에 보존되네 壹氣孔神兮於中夜存
마음을 비우고 기다리니 무위(無爲)가 제일 먼저라오 虛以待之兮無爲之先
여러 일이 이로써 이루어지니 이것이 덕에 들어가는 문이네 庶類以成兮此德之門

283 낮에……않는다 : 이 내용은 《맹자》 〈고자 상(告子上)〉의 "낮 동안에 저지르는 행위가 양심을 해쳐 상실되게 하니, 이러한 행위가 반복되면 야기(夜氣)가 보존되지 못하고 야기가 보존되지 못하면 금수와 거리가 멀지 않게 된다.〔旦晝之所爲, 有梏亡之矣, 梏之反覆, 則其夜氣不足以存. 夜氣不足以存, 則其違禽獸不遠矣.〕"라는 구절을 원용한 것이다. 야기는 사람이 잠을 자고 새벽에 일어났을 때에 물욕과 사귀지 아니하여 깨끗한 상태의 심기(心氣)를 이른다.

라고 하였는데, 주자가 이것을 해석하기를 "이것은 도의 묘함이 이와 같음을 말한 것이다."라고 하셨습니다.[284]

제가 생각하건대 이것은 비록 신선이 되는 요결(要訣)을 말한 것이나, 또한 우리 유자들이 도에 나아가는 법으로 끌어와 비유해야 할 것입니다. 그중에서도 '한 기운이 매우 신묘하여 한밤중에 보존된다.'는 한 구절이 가장 좋으니, 맹자 뒤로는 감히 이와 같이 말한 사람이 없습니다.

굴자가 《맹자》의 〈우산장(牛山章)〉이 있는 줄을 알았는지 모르겠으나, 이 한 구절을 보면 견식이 매우 높아서 제자(諸子)가 미칠 바가 아님을 알 수 있습니다. 사람이 능히 자신의 혼을 어지럽히지 않은 이후에 마음과 정신이 자연스럽게 되고, 신묘한 기운도 절로 한밤중에 보존되니, 허명(虛明)하고 고요한 때가 오래되면 단지 한밤중뿐만 아니라 아침과 낮에도 보존됩니다. 그런 뒤에야 비로소 "청명(淸明)한 기운이 몸에 있어서 지기(志氣)가 신(神)과 같다."[285]고 말할 수 있는 것입니다.

중인(衆人)은 모두 혼을 어지럽히는 자들이니, 비록 매우 신묘한 기운이 있더라도 어떻게 한밤중에 이 기를 보존할 수 있겠습니까. 또한 오직 잘 기르는 데에 달려있을 뿐입니다.

284 일찍이……하셨습니다 : 이 내용은 굴원의 〈원유부(遠遊賦)〉에 대한 주자의 주석에 보인다.

285 청명(淸明)한……같다 : 이 내용은 《예기》 〈공자한거(孔子閒居)〉에 보이는데, 진호(陳澔, 1261~1341)의 《예기집설(禮記集說)》에 "이것은 바로 '지극히 성실한 자는 미리 안다.〔至誠前知〕'는 것이다." 하였다. '신과 같다'는 것은 신과 같이 예견함을 말한 것이다.

형은 타고난 자질이 침착하고 중후하기 때문에 이와 같은 때가 있는 것이니, 이것을 계속하고 끊이지 않게 한다면 미발의 중이 여기에 있을 것입니다.

이른바 '미발의 때'라는 것은 생기(生氣)가 없는 마른 나무처럼 괴연(塊然)히 무감각한 것이 아닙니다. 지극히 고요한 가운데에 사념(思念)이 아직 싹트지 않았으면서도 허령하고 어둡지 않은 것입니다. 이것은 《중용혹문(中庸或問)》에 이른바 '능히 지각함이 있을 뿐이고 지각하는 바가 있지는 않다.'는 것입니다.

나예장(羅豫章)과 이연평(李延平) 두 선생이 희로애락이 미발일 때의 기상(氣象)에 대해서 '관찰한다〔觀〕', '징험한다〔驗〕', '체인한다〔體認〕'라고 말씀한 것[286]은 모두 공력을 쓴 것을 말씀한 것이 아니고 바로 가볍게 말씀한 것입니다. 이와 같이 본다면 이발(已發)에 속할 수가 없는 것입니다. 비록 보고 듣지 않는 때라도 마음의 본체는 본래 살아 있어서 자연적으로 보고 듣는 것이 있으니, 이른바 '관찰한다'는 것과 '징험한다'는 것과 '체인한다'는 것은 바로 이러한 상태입니다.

또 마음이 보존되어 주장함이 있으면, 보려고 하지 않아도 볼 수 있고 징험하려고 하지 않아도 징험되고 체인하려고 하지 않아도 체인되는 것이니, 이는 본디 미발에 있습니다. 잘 보면 병통이 없습니다.

286 나예장(羅豫章)……것 : 원문의 '나이(羅李)'는 나종언(羅從彦, 1072~1135)과 이통(李侗, 1093~1163)을 가리키고, 이들의 말은 청(淸)나라 학자 이청복(李淸馥)이 지은 《민중이학연원고(閩中理學淵源考)》에 보인다. 《閩中理學淵源考 卷4 文質羅豫章先生從彦學派, 卷5 文靖李延平先生侗學派》 나종언은 자가 중소(仲素), 호가 예장, 시호가 문질(文質)로, 이천 정이와 구산(龜山) 양시(楊時)를 사사하였고, 이통은 자가 원중(愿中), 호가 연평(延平), 시호가 문정(文靖)으로, 나종언을 사사하였는데, 이 두 사람의 학문은 주자에게 전해졌다.

이여홍에게 답함 병인년[287] 7월

答李汝弘 丙寅七月

언젠가 《사기》의 〈백이전(伯夷傳)〉을 읽었는데, 또한 감동되는 점이 있었습니다. 이 전(傳)은 백이와 숙제(叔齊)의 전을 쓴 것이 아니고 바로 사마천 자신의 전을 쓴 것이니, 백이와 숙제의 행실을 글로 드러내어 자신의 마음을 말한 것입니다. 그러나 의도는 이름이 후세에 전해지게 하려는 데에 비중을 둔 것입니다. 비록 허유(許由)와 무광(務光)이 천하를 사양한 것이 참으로 그의 말과 같다[288]하더라도, 이분들은 스스로 지극히 높은 의리를 이루었으니, 어찌 후세에 이름이 전해지는 것을 마음에 두었겠습니까.

그렇다면 허유와 무광의 이름이 세상에 드러나지 않은 것과 백이와 숙제의 이름이 더욱 드러난 것이 당사자에게 있어 무슨 상관이 있기에 이와 같이 구차하게 말한단 말입니까. 그리고 끝에 가서는 암혈(巖穴)

287 병인년(丙寅年) : 1806년(순조6)으로, 매산의 나이 31세 되던 해이다.

288 허유(許由)와……같다 : 허유와 무광(務光)은 고대의 은사(隱士)들인바, 이 내용은《사기》 권61 〈백이열전〉에 "내가 기산(箕山)에 올라가니 그 위에 허유의 무덤이라는 것이 있었다. 공자께서 오나라 태백(太伯)이나 백이와 같은 고대의 성현을 차례대로 말씀한 것이 자세하다. 나는 허유나 무광의 의리가 지극히 높다고 들었는데, 그들에 관한 글은 조그마한 것도 본 적이 없으니, 이것은 어찌된 일인가?"라고 보인다. 허유는 요(堯) 임금이 천자의 지위를 물려주려고 하자 이를 거절하고 기산 아래 영수(潁水)의 북쪽에 숨어서 농사지으며 살았다고 하며, 무광은 탕왕(湯王)이 하(夏)나라를 멸망시킨 뒤에 왕위를 그에게 양보하였으나 인의(仁義)에 합당한 일이 못 된다고 질책하면서 여수(廬水)에 투신 자결하였다고 한다. 《莊子 逍遙遊》, 《莊子 讓王》

의 선비들의 이름이 매몰되어 일컬어지지 않는 것을 슬퍼하였는데,[289] 이것은 비루합니다.

사람이 선을 행하는 것은 다만 천리(天理)의 당연함을 따르는 것이니, 행실을 갈고 닦으면서 이름을 세우기를 바란다면 이른바 '스스로 힘쓴다.'는 것이 무슨 일입니까? 청운(青雲)의 선비에게 의지하여 후세에 이름이 널리 알려지는 것이 어찌 선인(善人)이 바라는 바이겠습니까. 백이와 숙제가 인(仁)을 쌓고 훌륭한 행실을 많이 한 것과 안연(顔淵)이 술지게미와 겨도 배불리 먹지 못한 것은 모두 다 의도한 바가 없이 그렇게 한 것이니, 어찌 사후의 이름을 위해서였겠습니까.

태사공(太史公)은 신체가 훼손된 것을 애통히 여기고[290] 좋은 시운을 만나지 못한 것을 슬퍼해서 애오라지 자신의 번뇌와 원통함을 드러내고자 하여, 자기 말이 이치에 맞지 않음을 알지 못한 것입니다. 태사공이 이와 같이 높은 재주를 가지고 일찍 군자의 대도(大道)를 들었더라면, 탁월한 식견이 어찌 공문(孔門)의 제자(諸子) 보다 못했겠습니까. 그러나 끝내 전국 시대 협사(俠士)의 기습(氣習)을 벗어나지 못했으니, 애석합니다.

289 끝에……슬퍼하였으니 : 이 내용은 〈백이열전〉에 보이는바, 사마천이 이 글 말미에서 백이와 숙제가 공자를 통하여 그 이름이 더욱 드러나고 안연(顔淵)이 공자에게 의지하여 그 행실이 더욱 드러난 반면에, 암혈(巖穴)의 선비들은 대체로 그 이름이 매몰되어 일컬어지지 않고 여항(閭巷)의 사람으로서 행실을 닦고 이름을 세우고자 하는 이는 청운(青雲)의 선비에 의지하지 않으면 후세에 전해질 수 없음을 한탄하였다. 《史記 卷61》

290 태사공(太史公)은……여기고 : 태사공은 사마천을 이르고, 신체가 훼손된 것은 사마천이 흉노와 싸워 패전하여 항복한 장수 이릉(李陵)을 변호하다가 무제(武帝)의 노여움을 사서 궁형(宮刑)을 받은 것을 이른다. 《漢書 卷62 司馬遷傳》

아버지가 죽었는데 장례를 지내지 않고 신주를 싣고 주왕(紂王)을 정벌한 것[291]이 성인(聖人)이 할 짓이 아닌 것은 성인을 기다리지 않고도 알 수 있는데, 태사공은 도리어 주(周)나라 말기의 문사들의 견강부회(牽强附會)한 말을 믿고서 이와 같이 책에 기재한단 말입니까. 또 〈채미가(採薇歌)〉는 결코 백이와 숙제가 지은 글이 아닙니다. 여기에 '포악함으로써 포악함을 바꾼다.〔以暴易暴〕'라고 한 것이 어찌 청성(淸聖)의 말투이겠습니까.[292]

이분들이 굶어 죽은 것은 의리를 따라 주나라 녹봉을 먹지 않음으로 해서 천하의 큰 법을 세운 것이니, 명(命)을 알지 못하여 그렇게 한 것이 아니요, 또한 구하는 것이 있어서도 아닙니다. 공자께서 '인(仁)을 구하여 인을 얻었으니, 또 어찌 원망하였겠는가.'[293]라고 하신 말씀

291 아버지가……것 : 이 내용은 《사기》 〈백이열전〉에 "서백(西伯)인 문왕(文王)이 별세하자, 무왕이 나무로 만든 신주를 수레에 싣고서 문왕이라고 호칭하고 동쪽으로 가서 주왕을 정벌하였다.〔西伯卒, 武王載木主, 號爲文王, 東伐紂.〕"라고 보인다.

292 채미가(採薇歌)는……말투이겠습니까 : 〈채미가〉는 백이와 숙제가 수양산에 은거하여 고사리를 캐먹으면서 지어 부른 노래이고, 청성(淸聖)은 백이와 숙제를 가리킨다. 〈채미가〉는 《사기》 〈백이열전〉에 "저 서산에 올라, 그 고사리를 캐도다. 포악함으로써 포악함을 바꾸면서, 그 그름을 알지 못하도다. 신농씨와 우(虞)나라와 하(夏)나라가 갑자기 사라지니, 나는 어디로 갈 것인가? 아! 슬프도다. 천명이 쇠하였구나.〔登彼西山兮, 采其薇矣. 以暴易暴兮, 不知其非矣. 神農、虞、夏忽焉沒兮, 我安適歸矣? 於嗟徂兮, 命之衰矣!〕"라고 보이고, 청성은 《맹자》 〈만장 하(萬章下)〉에 "백이는 성인 가운데 깨끗한 분이다.〔伯夷, 聖之淸者也.〕"라고 한 데서 유래하였다.

293 인(仁)을……원망하였겠는가 : 이 내용은 《논어》 〈술이(述而)〉에 "자공이 들어와서 '백이와 숙제는 어떠한 사람입니까?'라고 묻자, 공자께서 '옛날의 현인이시다.' 하셨다. '후회하였습니까?'라고 묻자, '인을 구하여 인을 얻었으니, 다시 어찌 후회하였겠는가.'라고 대답하셨다.〔子貢入曰: 伯夷、叔齊, 何人也? 曰: 古之賢人也. 曰: 怨乎?

으로 본다면, '어디로 돌아가겠는가? 천명이 쇠하였다.'는 탄식을 어찌 하여 하였겠습니까. 여기에서 의심의 여지없이 위작(僞作)임을 알 수 있는 것인데 아울러 이것을 썼으니, 이것은 의심스러운 것을 전하는 뜻[294]에서 나온 것입니까? 이는 알 수 없는 것입니다.

태사공은 백이와 숙제도 제대로 알지 못했으니, 무왕(武王)을 알지 못한 것은 당연합니다. 훌륭한 견해는 어떠하신지 궁금합니다. 부디 가르쳐 주시기를 바랍니다.

曰: 求仁而得仁, 又何怨?〕"라고 보인다.

294 의심스러운……뜻 : 원문의 '전의(傳疑)'는 의심스러운 것은 의심스러운 대로 전해 준다는 뜻이다. 《춘추》 환공(桓公) 5년에 "봄 정월 갑술·기축에 진후 포가 죽었다.〔春正月, 甲戌、己丑, 陳侯鮑卒.〕"라고 하였는데, 《춘추곡량전(春秋穀梁傳)》에 "어찌하여 죽은 날짜를 두 개나 기록하여 죽었다고 하였는가? 《춘추》의 의리는 사건이 확실한 것은 확실한 것 그대로 전하고 의심스러운 것은 의심스러운 것 그대로 전하기 때문이다.〔卒何爲以二日卒之? 春秋之義, 信以傳信, 疑以傳疑.〕"라고 하였다.

이여홍에게 답함
答李汝弘

쌍분(雙墳)은 비록 묘혈(墓穴)을 함께한 묘소가 아니더라도 묘역(墓域)이 같고 석물(石物)이 같고 세시(歲時)에 제사하는 것 또한 같습니다. 그래서 합봉(合封)한 것과 똑같지 않은 것이 별로 없으니, 하필 묘혈을 함께한 뒤여야만 되겠습니까.

공자께서 비록 노(魯)나라의 부장(祔葬)이 합장임을 좋게 여기셨으나, 또한 "위(衛)나라 사람의 부장은 떼어 놓는다."라고 말씀하지 않았습니까.[295] 비록 떼어 놓더라도 부장입니다. 만일 면례(緬禮)[296]를 하지 않아도 된다면 면례를 하지 않는 것이 마땅할 듯하니, 이는 다른 연고가 없이 천장(遷葬)하는 것이 어렵기 때문입니다. 만일 부득이하다면 또한 어찌하겠습니까.

새 무덤과 옛 무덤과의 거리가 몇 걸음이 되지 않는다면, 토지신(土地神)에게 제사할 적에 굳이 각각 제찬(祭饌)을 진설할 필요가 없을 듯합니다만, 옛 무덤을 열고 새 무덤을 파는 것을 일시에 하는 것이 아니라면 어찌 각각 그 사유를 고하지 않을 수 있겠습니까. 이것이 두 가지 일이라는 것을 분명히 알 수 있습니다.

295 공자께서……않았습니까 : 이 내용은 《예기》 〈단궁(檀弓)〉에 "공자께서 말씀하셨다. '위나라 사람들의 부장은 떼어 놓는데, 노나라 사람들의 부장은 합장하니, 이것이 좋구나.'〔孔子曰: 衛人之祔也離之, 魯人之祔也合之, 善夫!〕"라고 보인다. '떼어 놓는다'는 것은 쌍분을 말한 것이다.

296 면례(緬禮) : 무덤을 옮겨 다시 장례를 지내는 일로, 곧 이장(移葬)을 말한다.

개장(改葬)에 우제(虞祭)를 지낸다는 말은 왕숙(王肅)으로부터 나왔는데, 부순(傅純)이 이것을 논박하여 "개장하는 신(神)은 사당에 오래 있었는데 어찌 신주를 물려서 우제를 지낼 수 있단 말인가."라고 하였습니다. 부순의 견해가 탁월하니, 그가 주자에게 인정받은 것이 당연합니다.[297] 그러나 체백(體魄)이 진동(震動)되고 놀라서 또한 위안하

297 개장(改葬)에……당연합니다 : 왕숙(王肅, 195~256)의 설을 부순(傅純, ?~?)이 논박한 기록은 《통전(通典)》 권102 〈개장반우의(改葬反虞議)〉에 "진(晉)나라 상서(尙書)가 개장할 때에 우제의 여부에 대해 하문하였다. 살펴보건대 왕숙의 〈상복기〉에 이르기를 '개장할 때 시마복을 입고 우제를 지내고 나면 복을 벗는다.'라고 하였는데, 부순이 논박하기를 '무릇 장사는 형체를 숨기기 위한 것이고 사당은 신을 편안히 모시기 위한 곳이니, 개장의 신이 사당에 오래 있었다면 어찌 신주를 침전(寢殿)으로 물려서 우제를 지낼 수 있단 말인가.〔晉尙書下問改葬應虞與不. 按王肅喪服記云: 改葬緦旣虞而除之. 傅純難曰: 夫葬以藏形, 廟以安神, 改葬之神, 在廟久矣, 安得退之於寢而虞之乎?〕' 하였다."라고 보인다. 주자가 부순의 논박을 인정한 것은 《주자어류》 권85 〈의례(儀禮) 상복경전(喪服經傳)〉에 보이는바, 그 내용은 다음과 같다. "혹자가 '개장시(改葬緦)'에 대해 '정현은 「시마복을 마치고 몇 개월이 지나 복을 벗는다.」라고 하였고, 왕숙은 「개장을 마쳤으면 바로 복을 벗는다.」라고 하였는데, 어떻습니까?'라고 묻자, 주자가 답하기를 '이와 같은 것은 고찰할 수가 없으나 예는 마땅히 후함을 따라야 하니, 정씨의 설과 같이하여야 한다.'라고 하였고, 또 '왕숙이 「이미 우제를 지냈으면 복을 벗는다.」라고 하였는데, 이와 같이 개장하더라도 신이 오랫동안 사당에 있었으니, 어떻게 우제를 지낼 수 있습니까?'라고 묻자, 주자가 대답하기를 '곧 이와 같이 되어있으나 지금은 모두 고찰할 수가 없다. 살펴보건대 또한 사당에 반곡해야 한다.'라고 하였다. 〔問: 改葬緦, 鄭玄以爲終緦之月數而除服, 王肅以爲葬畢便除, 如何? 曰: 如今不可考. 禮宜從厚, 當如鄭氏. 問: 王肅以爲旣虞而除之. 若是改葬, 神已在廟久矣, 何得虞乎? 曰: 便是如此, 而今都不可考. 看來也須當反哭於廟.〕" 왕숙은 위(魏)나라의 학자로 자는 자옹(子雍)이며 산기상시(散騎常侍) 벼슬을 하였다. 저서에 《성증론(聖證論)》·《공자가어(孔子家語)》·《고문상서공굉국전(古文尙書孔宏國傳)》 등이 있다. 부순은 진(晉)나라 원제(元帝) 초기(317)에 태상박사(太常博士) 벼슬을 지낸 인물이다.

지 않을 수 없으니, 이 때문에 장사를 마친 다음 전(奠)이 있게 된 것입니다. 전은 다만 체백을 편안히 하기 위한 것이니, 신을 편안히 하는 제사와는 체제가 똑같지 않습니다.

우제는 삼헌(三獻)에 축문이 있지만 전(奠)은 제수를 진설하여 그 일을 끝마칠 뿐이니, 만약 전을 우제로 인식한다면 옳지 않을 것입니다. 면례를 하게 되면 사당에 고유(告由)하고 장례를 지내고, 장례가 끝나면 사당에 고유하여야 합니다. 그런데 지금 사람들은 정밀한 의리가 사당에 고유함에 있음을 알지 못하고 묘소에 지내는 우제를 소중하게 여기니, 탄식할 만합니다.

《상례비요(喪禮備要)》는 《가례의절(家禮儀節)》을 그대로 따랐고 《가례의절》은 《개원례(開元禮)》[298]를 그대로 인습하였고 《개원례》의 의논은 왕숙에 근본하였는데, 저는 다만 주자의 설을 따를 뿐입니다.

사서(四書)에서 《시경》을 인용한 곳에 번번이 '운(云)' 자를 놓고 또 '왈(曰)' 자를 놓기도 하였는데, '운(云)' 자가 비교적 많고 이외 다른 글과 타인의 말을 인용할 때에는 모두 '왈(曰)' 자를 놓았습니다. '왈(曰)'과 '운(云)'은 똑같이 누가 이른다는 뜻이지만, 세세히 나누면 경중의 구별이 있는 듯합니다.

298 개원례(開元禮) : 당나라 현종(玄宗) 개원 연간에 칙명에 의해 서견(徐堅, 660~729), 소숭(蕭嵩, ?~749) 등이 150권으로 편찬한 《대당개원례(大唐開元禮)》를 말한다. 길례(吉禮), 빈례(賓禮), 가례(嘉禮), 군례(軍禮), 흉례(凶禮)의 다섯 가지로 분류되었다. 이 내용이 두우(杜佑, 735~812)의 《통전(通典)》에 일부 편입되었고, 《신당서(新唐書)》 〈예문지(藝文志)〉와 《구당서(舊唐書)》 〈예문지〉의 바탕이 되었다. 개원 20년(732)에 반사(頒賜)되었다.

'불(不)' 자에 대해 운서(韻書)에서 '없는 것이다.'라고 하였고, '불(弗)' 자는 '없앨 수 없는 것이다.'라고 하였으니, 경전에서 사용한 것이 구별이 있는 듯합니다. 그러나 《중용》의 '오불조(五弗措)'장에서 아래 다섯 개의 '불(弗)' 자는 '하지 말라'는 뜻이니 '불(弗)' 자를 놓는 것이 마땅하지만, 위에 있는 다섯 개의 '불(弗)' 자는 바로 '미치지 못한다'는 뜻인데도 '불(弗)' 자를 놓았으니, 이것은 통용한 것입니다.[299]

《춘추공양전(春秋公羊傳)》의 주에 "불(弗)은 아닌 것이 심한 것이다.〔弗者, 不之深者也.〕"라고 하였는데,[300] 이 해석을 또한 취할 만합니다. '후(後)'와 '후(后)'는 똑같은 가운데에 다른 점이 있습니다. 예컨대 《대학》에 '정이후(定而后)'와 '물격이후(物格而后)' 등에는 '후(后)' 자를 놓았고, '지소선후(知所先後)'와 '소오어후(所惡於後)' 등에는 '후(後)' 자를 놓았으니, '이와 같이 한 이후에 저와 같이 한다.'고 말할

299 중용(中庸)의……것입니다 : '오불조(五弗措)장'은 "배우지 않음이 있을지언정 배울진댄 능하지 못하거든 놓지 말며, 묻지 않음이 있을지언정 물을진댄 알지 못하거든 놓지 말며, 생각하지 않음이 있을지언정 생각할진댄 알지 못하거든 놓지 말며, 분변하지 않음이 있을지언정 분변할진댄 분명하지 못하거든 놓지 말며, 행하지 않음이 있을지언정 행할진댄 독실하지 못하거든 놓지 말아, 남이 한 번에 능하거든 나는 백 번을 하며, 남이 열 번에 능하거든 나는 천 번을 하여야 한다.〔有弗學, 學之弗能弗措也; 有弗問, 問之弗知弗措也; 有弗思, 思之弗得弗措也; 有弗辨, 辨之弗明弗措也; 有弗行, 行之弗篤弗措也. 人一能之, 己百之; 人十能之, 己千之.〕"라고 한 《중용장구(中庸章句)》 제20장을 이르는바, '아래 다섯 개의 불자'는 다섯 번 보이는 '弗措'의 '弗' 자를 가리키고, '위에 있는 다섯 개의 불자'는 '弗能'·'弗知'·'弗得'·'弗明'·'弗篤'의 '弗' 자를 가리킨다.

300 춘추공양전(春秋公羊傳)의……하였는데 : 이 내용은 《춘추공양전주소(春秋公羊傳注疏)》 권12 희공(僖公) 26년에서 "齊人侵我西鄙, 公追齊師至酅, 弗及."의 '弗' 자에 대한 주석에 보인다.

때에는 '후(后)'를 사용하였고, '선후(先後)'와 '전후(前後)'를 말할 때에는 '후(後)' 자를 사용하였으니, 이것이 구별되는 이유입니다.

'시고(是故)'와 '고(故)'의 구분의 경우에는 위아래 글이 연접되는 곳이 비교적 긴밀하면 '시고(是故)' 두 글자를 놓고 다소 느슨하면 '고(故)' 자 하나만 놓았으며, 또한 구절의 길고 짧음을 가지고 가감하였을 뿐입니다. 모든 글자의 훈의(訓義)를 세세히 분별하면 이와 같으나 또한 모두 다 그렇지 않은 경우가 있으니, 한 가지 준례로 말할 수가 없습니다. 부디 다시 가르쳐 주시기 바랍니다.

주자가 "사당에 고유하고 곡한 뒤에 일을 끝내고, 고유할 때에는 신주를 정침(正寢)으로 내온다."라고 말씀한 것은 다만 개장(改葬)하는 해당 신위에만 고유할 뿐이기 때문입니다. 비록 어머니를 선고의 묘에 부장(祔葬)하더라도 선고의 묘의 시신이 있는 관을 드러내지 않고 또 개장의 일이 비위(妣位)에만 있다면, 고위(考位)의 신주에 아울러 고유하는 것은 마땅하지 않을 듯하니, 또한 높은 분을 끌어온다는 혐의[301]가 있기 때문입니다.

다만 빈 독(櫝)을 사용하여 해당되는 신주를 정침으로 받들어 내와서 제사를 행하는 것이 옳을 것입니다. 비록 선고를 천장(遷葬)하여

301 높은……혐의 : 이 내용은 《예기》 〈잡기(雜記)〉의 "아들을 조고(祖考)에게 부제(祔祭)할 때에는 조모(祖母)를 함께 제사하지만, 딸을 왕모에 부제할 때에는 함께 제사하지 않는다.〔男子附於王父則配, 女子附於王母則不配.〕"라는 말에 대한 주에 "높은 사람에게 제사가 있으면 낮은 사람에게까지 미치지만, 낮은 사람에게 제사가 있으면 감히 높은 사람을 끌어오지 못한다.〔有事於尊者, 可以及卑, 有事於卑者, 不敢援尊也.〕"라고 보인다.

선비의 묘소에 합장한다 하더라도 마땅히 이와 같이 해야 할 것이니, 도암(陶菴 이재(李縡))의 말씀은 다시 살펴보아야 할 듯합니다.

일이 있으면 고유하는 것은 사당과 궤연(几筵)이 마땅히 똑같아야 합니다. 더구나 존조비(尊祖妣)를 천장(遷葬)하여 부장하는 것이 바로 선친[302]이 남기신 뜻임에 있어서이겠습니까. 계묘(啓墓)하기 전에 상식(上食)을 인하여 고유하는 것은 편지에서 말씀하신 것이 맞는 듯합니다.

302 선친(先親) : 이재의의 선고인 이응오(李應五, 1754~1805)를 가리킨다.

이여홍에게 답함 병인년 9월

答李汝弘 丙寅九月

편지에서 말씀하신 '중(中)' 자의 뜻은, 미루어 부연하여 설명해서 발명함이 극진하여 저를 깨닫게 해준 것이 참으로 많으니, 매우 좋고 매우 좋습니다. 중은 바로 평상(平常)의 이치이니, 중 밖에 별도로 이른바 '용(庸)'이라는 것이 있는 것이 아닙니다.

중은 어느 때라도 있지 않는 때가 없습니다. 그러므로 '중용(中庸)'이라 하였으니, 중과 용이 두 가지가 아닙니다. 중은 비록 과(過)함과 불급(不及)함이 없는 것으로 이름을 붙였으나, 모름지기 미발(未發)의 중이 있어야 하니, 그런 뒤에야 마땅히 시중(時中)의 중이 될 수 있습니다.[303] 이 때문에 먼저 중화(中和)의 중을 말한 뒤에 중용을 말한 것입니다.[304]

303 모름지기……합니다 : 이 내용은 《주자어류》에 "제목을 중용이라 붙인 이유는 본래 시중의 중에서 따온 것이다. 그러나 능히 시중할 수 있는 것은 미발의 중이 있기 때문이다. 이 때문에 먼저 미발의 중을 열어 설명한 뒤에 군자의 시중을 설명하였다.〔他所以名篇者, 本是取時中之中. 然所以能時中者, 蓋有那未發之中在, 所以先開說未發之中, 然後又說君子之時中.〕"라고 한 말을 원용한 것이다. 《朱子語類 卷62 中庸 7條》

304 먼저……것입니다 : 《중용장구》의 절을 순차적으로 나누어보았을 때 먼저 중화를 말하고 뒤에 중용을 말하였다는 것이다. 《중용장구》의 〈독중용법(讀中庸法)〉에 "《중용》은 마땅히 여섯 개의 큰 절(節)로 나누어 보아야 하니, 수장(首章)이 1절이니 중화(中和)를 말하였고, '군자중용(君子中庸)'으로부터 이하 열 장이 1절이니 중용(中庸)을 말하였고, '군자지도비이은(君子之道費而隱)' 이하 여덟 장이 1절이니 비은(費隱)을 말하였고, '애공문정(哀公問政)' 이하 일곱 장이 1절이니 성(誠)을 말하였고,

주자 또한 말씀하기를 "체(體)가 확립된 이후에 용(用)이 행해질 수 있다."라고 하셨으니, 만약 대본(大本)이 없다면 어찌 달도(達道)가 있겠습니까.[305] 이 때문에 동(動)이 정(靜)에게 도움을 받는 점이 있는 것입니다. 저와 같은 사람은 체가 확립되지 못했기 때문에 일상생활에 나타나는 것이 어긋나고 잘못되어서 한 가지 일도 절도에 맞는 것이 없습니다. 잠시 동안은 비록 마음이 안정되고 고요한 듯하나 전광석화(電光石火)와 같이 일어났다가 즉시 없어져서 끝내 능히 유구(悠久)하게 유지하지 못하는데, 이는 다른 이유가 아니라 성(誠)이 보존되지 않아서입니다. 모름지기 지극히 성실하고 쉼이 없게 된 연후에 오랫동안 지속되고 징험이 나타날 수 있는 것이니,[306] 보내주신 편지에 "중

'대재성인지도(大哉聖人之道)' 이하 여섯 장이 1절이니 대덕(大德)·소덕(小德)을 말하였고, 마지막장이 1절이니 다시 수장(首章)의 뜻을 거듭 말하였다."라고 보인다.

305 주자……있겠습니까 : 주자의 말씀은 《중용장구》 제1장의 "중과 화를 극진하게 하면 천지가 제대로 자리를 잡고, 만물이 제대로 생육될 것이다.〔致中和, 天地位焉, 萬物育焉.〕"는 말에 대한 주석에 보인다. 대본(大本)은 큰 근본이라는 뜻으로 성(性)을 가리키고, 달도(達道)는 누구나 공통적으로 행하는 도로 《중용장구》 제1장에 "희로애락의 감정이 아직 발하지 않은 것을 중이라 하고, 발하여 모두 절도에 맞는 것을 화라고 하니, 중이라는 것은 천하의 큰 근본이요, 화라는 것은 천하의 공통된 도이다.〔喜怒哀樂之未發謂之中, 發而皆中節謂之和. 中也者, 天下之大本也; 和也者, 天下之達道也.〕"라고 보이는바, 이에 대해 주자는 "대본은 하늘이 명하신 성으로 천하의 이치가 모두 이로 말미암아 나오니 도의 체요, 달도는 성을 따름을 이른 것으로 천하와 고금에 함께 행하는 것이니 도의 용이다.〔大本者, 天命之性, 天下之理, 皆由此出, 道之體也. 達道者, 循性之謂, 天下古今之所共由, 道之用也.〕"라고 주하였다.

306 모름지기……것이니 : 이 내용은 《중용장구》 제26장에 "지극히 성실함은 쉼이 없으니, 쉬지 않으면 오래고 오래면 징험이 드러난다. 징험이 드러나면 여유 있고 오래하며 여유 있고 오래하면 넓고 두터워지며 넓고 두터워지면 높고 밝아진다.〔至誠無息,

(中)은 성(誠)이 아니면 확립되지 못한다."라고 하신 것은 참으로 옳습니다. 스스로 생각하건대 알면서도 하지 않으니, 더욱 애처롭습니다.

쇠기름은 분부대로 사서 올립니다. 다만 악실(堊室)[307]에서 사용하기에 마땅하지 않을 듯하니, 기름이 고기에서 나왔고 또 화려함에 가깝기 때문입니다.

기억하건대 옛날 제가 거상(居喪)할 적에도 이 쇠기름을 사용하여 낮을 이어 밤을 지새웠으나,[308] 돌이켜 생각하면 후회가 많으니, 감히 다 말씀드리지 않을 수가 없습니다.

不息則久, 久則徵. 徵則悠遠, 悠遠則博厚, 博厚則高明.〕"라고 보인다.

307 악실(堊室) : 사방의 벽에 흰 흙을 바른 집으로 상주가 거처하는 여막(廬幕)을 이른다. 《예기》 〈상대기(喪大記)〉에 "상주가 소상(小祥)이 끝나면 악실에서 지내는데, 남과 함께 거처하지 않는다.〔既練, 居堊室, 不與人居.〕"라고 보인다.

308 쇠기름을……지새웠으나 : 원문의 '계구(繼晷)'는 한유(韓愈)의 〈진학해(進學解)〉에 "등잔불을 밝혀 낮을 이으면서 항상 우뚝이 앉아 독서하여 세월을 보내곤 하였다.〔焚膏油以繼晷, 恒兀兀以窮年.〕"라고 보인다. 이때 보내준 쇠기름은 촛불의 대용으로 보인다.

이여홍에게 줌 정묘년[309] 2월

與李汝弘 丁卯二月

근래 어떤 사람이 묻기를

"《논어》의 '아버지와 군주를 시해하는 것은 또한 따르지 않는다.〔弑父與君亦不從〕'는 장(章)의 주에 윤씨(尹氏)가 말하기를 '이 두 사람은 거의 이것을 면할 수 있었다.'라고 하였으니,[310] '면할 수 있었다.'라고 한 것은 계씨(季氏)가 시해하고 반역함을 따르지 않음을 말한 것입니까? 계씨의 하는 바를 따르지 않는 것을 말한 것입니까?"

라고 하기에, 제가 대답하기를

309 정묘년(丁卯年) : 1807년(순조7)으로, 매산의 나이 32세 되던 해이다.

310 논어(論語)에……하였으니 : 인용한 《논어》의 장(章)은 〈선진(先進)〉에 보이고, 윤씨(尹氏)의 말은 그 장하주(章下註)에 "계씨가 권력을 독단하고 참람하였는데 중유(仲由)와 염구(冉求) 두 사람이 그 집에서 벼슬하면서 이것을 바로잡지 못하였고, 불가함을 알면서도 벼슬을 그만두지 못했으니, 숫자만 채운 신하라고 이를 만하다. 이때에 계씨가 이미 군주를 무시하는 마음이 있었으므로 인재(人才)를 얻음을 스스로 자랑하였고, 자기를 따르게 할 수 있다고 생각하였다. 그러므로 공자가 '아버지와 군주를 시해하는 것은 또한 따르지 않을 것이다.'라고 말씀하신 것이니, 이 두 사람은 거의 이것을 면할 수 있었다.'〔季氏專權僭竊, 二子仕其家而不能正也, 知其不可而不能止也, 可謂具臣矣. 是時季氏已有無君之心, 故自多其得人, 意其可使從己也. 故曰: 弑父與君, 亦不從也, 其庶乎二子可免矣.〕"라고 보인다. 윤씨는 북송의 학자인 윤돈(尹焞, 1072~1142)이고, '두 사람'은 공자의 제자인 중유(仲由)와 염구(冉求)이다. 윤돈의 자는 언명(彥明) 또는 덕충(德充), 호는 화정(和靖)으로 이천 정이의 제자이다. 벼슬은 숭정전설서(崇政殿說書), 권예부시랑 겸 시강(權禮部侍郎兼侍講)을 지냈다. 저서에 《논어해(論語解)》, 《문인문답(門人問答)》, 《화정집(和靖集)》 등이 있다.

"이미 '시해하고 반역함은 또한 따르지 않는다.'고 말씀하셨으면, 이른바 '면할 수 있다.'는 것은 시해하고 반역함을 면하는 것이 아니요 따름을 면할 수 있음을 말한 것이니, 이와 같이 보면 말의 뜻이 깊어 말한 자의 뜻을 거의 알 수 있을 것이다."

라고 하였습니다.

또 묻기를

"증자(曾子)가 수족(手足)을 열어 보여주실 적에 제자들로 하여금 발을 먼저 하고 손을 나중에 한 것[311]은 어째서입니까?"

라고 하기에, 제가 대답하기를

"'구용'(九容)[312]에서 발이 손보다 앞에 있는 것은 발은 한 몸을 싣고 있기 때문에 손보다 중하니, 이것이 먼저 한 이유이다. 그러나 여기서는 이와 달라서 촛불을 잡은 동자(童子)가 아래에 있기 때문에 동자로 하여금 먼저 발을 열어보이게 한 것이니, 《예기》의 본문[313]을

311 증자(曾子)가……것 : 이 내용은 《논어》 〈태백(泰伯)〉에 "증자가 병이 위중하자 제자들을 불러 말씀하기를 '이불을 걷어 나의 발과 손을 보아라. 《시경》에 이르기를 「전전하고 긍긍하여 깊은 못에 임한 듯하고 엷은 얼음을 밟는 듯하라.」 하였으니, 이제야 나는 이 걱정에서 면함을 알겠구나, 소자들아!' 하였다.〔曾子有疾, 召門弟子曰: 啓予足, 啓予手. 詩云: 戰戰兢兢, 如臨深淵, 如履薄氷, 而今而後, 吾知免夫, 小子.〕"라고 보인다.

312 구용(九容) : 군자의 아홉 가지 용모로, 발 모양은 무거운 것〔足容重〕· 손 모양은 공손한 것〔手容恭〕· 눈 모습은 단정한 것〔目容端〕· 입모양은 그치는 것〔口容止〕· 소리는 조용한 것〔聲容靜〕· 머리 모양은 곧은 것〔頭容直〕· 숨 쉬는 모양은 엄숙한 것〔氣容肅〕· 서 있는 모습은 덕스러운 것〔立容德〕· 얼굴 모습은 장엄한 것〔色容莊〕을 말한다. 《禮記 玉藻》

313 예기(禮記)의 본문 : 《예기》 〈단궁 상(檀弓上)〉에 "증자가 병이 위독하자 악정자

살펴보면 알 수 있다."

라고 하였습니다.

또 묻기를

"'대답하다.〔對〕'는 것은 임금을 높이는 말인데, 이것을 계강자(季康子)에게 사용한 것[314]은 어째서입니까?"

라고 하기에, 제가 답하기를

"공자가 계강자와 문답하신 것이 여섯 번인데, '대(對)'를 쓴 것이 넷이고 쓰지 않은 것이 둘이니,[315] 〈옹야(雍也)〉와 〈헌문(憲問)〉에서는 쓰지 않았고, 〈선진(先進)〉과 〈안연(顔淵)〉에서는 '대'를 썼다. 짐작하건대 '대'라고 쓴 것은 중유(仲由)와 염구(冉求)처럼 계씨(季氏)의 가신(家臣)이 된 자의 손에서 나온 것이고, 쓰지 않은 것은 원헌(原憲)과 민자건(閔子騫) 등 제공(諸公)이 기록한 것이다. 《논어》는 여러 제자들이 기록한 바를 합하여 하나로 만들었기 때문

춘은 침상 아래에 앉았고, 증자의 아들인 증원과 증신은 증자의 발이 있는 곳에 앉았고, 동자는 한쪽 구석에 앉아 촛불을 잡고 있었다.〔曾子寢疾病, 樂正子春坐於牀下, 曾元、曾申坐於足, 童子隅坐而執燭.〕"라고 보인다.

314 대답하다〔對〕는……것 : 계강자(季康子)는 노(魯)나라 대부(大夫) 계손씨(季孫氏)로 이름은 비(肥)인데, 공자가 그의 물음에 답할 적에 임금에게 답할 때 쓰는 '대(對)' 자를 붙인 것을 이른다. 예컨대 《논어》〈선진(先進)〉에 "계강자가 묻기를 '제자 중에 누가 학문을 좋아합니까?' 하자, 공자께서 대답하셨다. '안회라는 자가 학문을 좋아했었는데 불행히도 명이 짧아 죽었다. 지금은 없다.'〔季康子問: 弟子孰爲好學? 孔子對曰: 有顔回者好學, 不幸短命死矣. 今也則亡.〕"라고 한 말에 보이는 '대(對)' 자이다.

315 공자가……둘이니 : 계강자의 물음에 공자가 대답한 글에 '대(對)' 자를 쓴 곳은 〈선진〉 제6장, 〈안연(顔淵)〉 제17·18·19장이고, '대' 자를 쓰지 않은 곳은 〈위정(爲政)〉제20장, 〈옹야(雍也)〉 제6장이다.

이다."

라고 하였습니다.

이 세 가지에 대해서 고견은 어떠하신지 궁금합니다. 부디 저에게 밝게 가르쳐 주십시오.

이여홍에게 답함 신미년[316] 윤월

答李汝弘 辛未閏月

연전에 김성보(金城甫 김종선(金宗善)) 대감에게서 이른바 '《갈암집(葛菴集)》'[317]이라는 것을 얻어 보았는데, 갈암은 바로 이현일(李玄逸)의 호(號)인바, 초고(草稿)가 십여 권이 됩니다. 대략 펼쳐 보았는데, 그가 만일 주흘령(主屹嶺)[318]에서 한 걸음을 넘어오지 않았더라면 스스로 수행하는 선비가 됨에 무방했을 것이요, 비록 발을 내딛었다고 하더라도 여덟 글자의 흉악한 말[319]이 있지 않았다면 어찌 명교(名教

316 신미년(辛未年) : 1811년(순조11)으로, 매산의 나이 36세 되던 해이다.

317 갈암집(葛菴集) : 이현일(李玄逸, 1627~1704)의 시문집으로 40권 21책이다. 이현일은 자가 익승(翼升), 호가 갈암, 본관이 재령(載寧)이다. 퇴계 이황의 학통을 계승한 영남학파의 거두로, 대사헌과 이조 참판, 이조 판서를 역임하였다. 1694년(숙종20)에 남인들이 축출되고 서인들이 다시 집권하게 되는 갑술환국(甲戌換局)이 있은 후 삭직되고 유배되었다. 유문(遺文)을 권두경(權斗經, 1654~1725)과 이광정(李光庭, 1674~1756)이 교정하여 정리해 두었으나 곧바로 간행하지 못하고, 1810(순조10)년경 후손에 의하여 20권으로 간행되었는데, 이 초간본은 압수되어 훼판분서(毁板焚書)되었다. 순종 3년(1909)에 다시 증보를 거쳐 중간되었는데, 원집 29권에 별집 6권과 부록 5권으로 간행되었다.

318 주흘령(主屹嶺) : 경상도 문경에 있는 주흘산(主屹山)으로 영남과 기호(畿湖)·서울을 잇는 교통의 요지인바, 이현일이 고향이 있는 영남에서 서울로 갈 때 주로 이용한 길이다.

319 여덟……말 : 이현일이 기사년(1689)에 인현왕후(仁顯王后)를 사저(私邸)로 보내지 말고 별궁(別宮)에 거하게 할 것을 청할 적에 "중궁의 도리를 지키지 않아 전하에게 버림받는 것을 자초하였다.〔不循壼彝, 自絶于天.〕"라고 했던 여덟 글자의 말을 가리

유교(儒敎))의 죄인이 되는 데까지 이르렀겠습니까. 비록 그를 용서해 주고자 하나, 바로 이 여덟 자가 스스로 결안(結案)을 바침[320]에 어찌 겠습니까. 영해(寧海) 사람들이 그의 문집을 간행하였으니, 또한 기탄함이 없다고 이를 만합니다.

주자가 조조(曹操)의 필법(筆法)을 취한 뜻으로 그의 간행본을 보려고 했더니,[321] 이미 불속에 들어갔습니다. 이현일의 시대에도 번번이 명의(名義)를 붙들고 문을 닫고 스스로 지조를 지킨 이동표(李東標)[322]

킨다.《葛菴集 卷3 因災異言事疏》이 구절은 불손(不遜)하고 패역(悖逆)하다는 이유로 이후 계속해서 노론의 탄핵을 받게 되는 빌미가 되었다.

320 결안(結案)을 바침 : 어떤 사건을 판결하거나 최종 처리함을 이르는바, 여기서는 자신의 죄를 적어 바침을 말한 것으로 보인다.

321 주자가……했더니 : 이는 주자가 조조(曹操)의 인물됨에 개의치 않고 그의 필체를 취하여 배우고자 한 뜻을 따라, 매산 또한 이현일의 사상이 불온하다고 해도 그의 학문에서 취할 것이 있다고 여겨 문집을 구해보고자 하였다는 말이다. 주자가 조조의 글씨를 배웠다는 기록은 〈제조조첩(題曹操帖)〉에 "내가 젊었을 때 이 표문(表文)의 글씨를 배운 적이 있다. 그때 유공보(劉共父)가 안진경(顔眞卿)이 쓴 〈녹포첩(鹿脯帖)〉을 배우기에 나는 자획이 고금의 차이가 있다는 것으로 나무랐는데, 공보가 나에게 말하기를 '내가 배우고 있는 것은 당나라 충신의 글씨요, 공이 배우고 있는 것은 한나라 찬적(簒賊)의 글씨이다.' 하였다. 이에 내가 입을 다물고 아무 대답도 하지 못하였는데, 지금 이 표문에서 '천도(天道)는 음탕한 자에게 화를 내려 그 명(命)을 다 마치지 못하게 한다.'라고 한 말을 보고서 공보의 말에 더욱 감탄하였다.〔余少時曾學此表. 時劉共父方學顔書鹿脯帖, 余以字畫古今誚之. 共父謂予: 我所學者唐之忠臣, 公所學者漢之簒賊耳. 時予默然亡以應. 今觀此謂天道禍淫不終厥命者, 益有感於共父之言云.〕"라고 보인다.《朱子大全 卷82》

322 이동표(李東標) : 1644~1700. 자는 군칙(君則)·자강(子剛), 호는 나은(懶隱), 본관은 진보(眞寶)이다. 1683년 증광 문과에 을과로 급제하였으며, 영의정 권대운(權大運)의 수천(首薦)으로 발탁되어 성균관 전적과 홍문관 부수찬에 제수되었다. 기

가 있었고, 직언(直言)으로 극간(極諫)하여 기휘(忌諱)하지 않은 정시한(丁時翰)[323]이 있었으니, 이 두 사람은 모두 이현일의 당류(黨類)입니다. 이현일은 초야에 은둔해서는 이동표가 되지 못하고 벼슬길에 나와서는 정시한이 되지 못하여 끝내 두 사람의 죄인이 됨을 면치 못했으니, 성현의 책을 읽고서 배운 것이 무슨 일이란 말입니까? 비록 '배웠다.'라고 하더라도, 저는 반드시 '배우지 않았다.'고 말하겠습니다.

사환국 때 인현왕후의 폐위를 반대하여 죄를 입은 박태보(朴泰輔)·오두인(吳斗寅) 등을 신구(伸救)하다가 양양 현감으로 좌천당하였다. 그 뒤 여러 요직에 제수되었으나 그때마다 사직하고 귀향하였으므로 사람들은 소퇴계(小退溪)라 일컬었다. 이조 판서에 추증되었고, 시호는 충간(忠簡)이다.

323 정시한(丁時翰) : 1625~1707. 자는 군익(君翊), 호는 우담(愚潭), 본관은 나주(羅州)이다. 원주(原州)에 은거하여 후진을 양성하였고, 유일(遺逸)로 천거되었으나 모두 사퇴하였다. 진선(進善)에 올라 기사환국 때 인현왕후를 폐위시킨 것은 잘못이라고 상소하여 삭직(削職)당하였다가 다음 해 다시 기용되었고, 당파와는 관계없이 자신의 뜻을 기탄없이 피력하였다. 독학으로 성리학을 연구하였고, 그의 학문은 이익(李瀷), 정약용(丁若鏞) 등 실학자들에게 많은 영향을 주었다. 원주의 광암사(廣巖祠)에 제향되었다.

이여홍에게 답함 을해년[324] 7월

答李汝弘 乙亥七月

오랫동안 계속하신 《상서(尙書)》의 공부는 근래 이미 마치셨습니까? 옛 주소(註疏)들을 참고하여 보셨습니까? 금문(今文)과 고문(古文)을 구별하기 어려움[325]은 과연 하교하신 바와 같습니다.

주자가 여러 경(經)을 주석할 적에 유감이 없으셨으나, 유독 《상서》만은 그렇지 못하셨습니다. 매번 말씀하기를 "죽간이 끊어지고 글이

324 을해년(乙亥年) : 1815년(순조15)으로, 매산의 나이 40세 되던 해이다.

325 금문(今文)과……어려움 : 금문과 고문(古文)은 각각 《금문상서(今文尙書)》와 《고문상서(古文尙書)》를 가리킨다. 《금문상서》는 한(漢)나라 문제(文帝) 때에 진(秦)나라의 박사였던 복생(伏生)의 구술을 받아 당시의 문자인 예서(隸書)로 기록한 것이며, 《고문상서》는 과두문자(蝌蚪文字)로 기록된 원래의 《상서》로 한(漢)나라 무제(武帝) 때 노(魯)나라 공왕(恭王)이 공자의 구택(舊宅)을 헐다가 벽 속에서 이를 찾아내었다. 이에 공안국(孔安國)이 칙명으로 《고문상서전(古文尙書傳)》을 지었으나 무고(巫蠱)의 옥사를 만나 학관(學官)에 서지 못하여 유실되었다. 오늘날까지 전해진 58편의 상서는 동진(東晉)의 매색(梅賾)이라는 학자가 조정에 바쳤다는 《매씨상서(梅氏尙書)》이다. 《매씨상서》에는 《금문상서》와 《고문상서》가 전부 수록되어 있으나, 〈순전〉의 앞부분이 빠져있었는데 남조의 제(齊)나라 때 요방흥(姚方興)이란 사람이 배다리에서 얻은 공안국의 《고문상서전》에 이 내용이 있어 보충하였다고 한다. 《매씨상서》 58편 중 25편에 대해서는 위작이라는 설이 유력하다. 이를 최초로 고증한 것은 청(淸)나라 초기의 고증학자인 염약거(閻若璩, 1638~1704)이다. 그는 〈상서고문소증(尙書古文疏證)〉이라는 논문을 통해 동진의 매색이 조정에 진상한 《상서》 58편 중 《고문상서》 25편은 마융(馬融), 정현(鄭玄) 등이 주석을 단 공벽고문상서(孔壁古文尙書)와 편수(編數)나 편명(編名)이 일치하지 않고 또 내용 상 위작으로 볼 근거가 많다는 것을 조목조목 논증하였다.

빠진 곳은 억지로 통하게 할 수 없다."[326] 하셨고, 말년에 이전(二典〈요전(堯典)〉과 〈순전(舜典)〉)과 〈대우모(大禹謨)〉를 주해하셨으나 또한 완성된 글이 못되었으니,[327] 이것은 고문과 금문의 진위(眞僞)가 서로 뒤섞인 때문이 아니겠습니까.

이른바 '고문'에 대해서, 혹자는 "공자의 집 벽〔孔壁〕에서 나왔다."고 하고 혹자는 "복생(伏生)의 집 벽에서 나왔다."고 하여 말들이 똑같지 않습니다. 공안국(孔安國)은 금문의 문자로 《고문상서(古文尙書)》를 읽었는데, 이 책이 바로 지금 유행하는 58편의 《상서》입니까? 비록 "무고의 옥사를 만나서 학관(學官)에 서지 못하였다."고는 하나, 어찌 양한(兩漢)과 위(魏)·진(晉) 시대를 지나서 소제(蕭齊)에 이른 뒤에야 비로소 배다리 앞에서 얻었단 말입니까. 그 진면모가 어지럽혀지지 않았다고 장담할 수 없습니다.[328]

또 금문은 내용이 간결하고 심오하여 읽기가 어렵고 고문은 평이하여 체제가 똑같지 않으니, 완전히 위작이라고 인식하는 것도 감히 하

326 죽간이……없다 : 관련 내용들은 《주자어류》 권78 〈상서(尙書)〉에 보인다.

327 말년에……못되었으니 : 주자가 작고하기 2년 전(1198)에 《상서》의 전(傳)을 수집하는 일에 착수하여 이전(二典)과 대우모(大禹謨) 등의 집전(集傳)을 지었으나, 모두 완성하지 못하고 이듬해에 제자인 채침(蔡沈)에게 남은 작업을 부탁하였기 때문에 이렇게 말한 것이다. 《朱子年譜》, 《書經集傳 書經集傳序》

328 어찌……없습니다 : 한나라 무제 때 공안국이 무고의 옥사를 당하여 그가 정리한 《고문상서》가 유실되었는데, 500여 년이 지나 남조(南朝) 시대 제(齊)나라의 요방흥(姚方興)이 배다리에서 발견하였다고 하니, 《고문상서》의 진면모가 또다시 그 사이에 변형이 되지 않았으리라고 장담하기 어렵다는 말이다. 관련 내용은 《수서(隋書)》 권32 〈경적지(經籍志) 경(經)〉에 보인다. 소제(蕭齊)는 남조 시대의 제(齊)나라로, 남제를 세운 태조의 이름이 소도성(蕭道成)이므로 이렇게 칭한 것이다.

지 못할 바이고 완전히 진짜라고 인식하는 것도 불가한 바가 있어서 저로 하여금 의심과 현혹이 더욱더 생겨서 결론을 하나로 정할 수 없게 합니다. 그러나 정자와 주자가 간파하지 못한 것을 우리들이 어찌 그 사이에 한마디라도 더할 수가 있겠습니까. 의심스러운 것을 제쳐놓고 불안한 것을 제쳐놓는 것[329]으로 대처하는 것이 허물을 적게 하는 방도입니다.

예(禮)에 따르면 오직 대종(大宗)으로 자식이 없어야만 양자를 세울 수 있습니다. 그러나 아우가 있는 자는 은(殷)나라의 형망제급(兄亡弟及)의 예(禮)[330]를 따랐으니, 《의례》〈상복(喪服)〉의 '장자(長子)'에 대한 소(疏)에 "서자가 후사가 된다."는 것과 《예기》〈상복소기(喪服小記)〉의 '적부(適婦)가 시아버지의 후사를 잇지 못한 경우'에 대한 주에 "남편이 죽고 자식이 없어서 전중(傳重)을 받지 못하는 경우이다."[331]라고 한 것에서 이것을 볼 수 있습니다.

329 의심스러운……것 : 《논어》〈위정(爲政)〉에 "많이 듣고서 의심나는 것을 제쳐놓고 그 나머지 자신할 수 있는 것을 삼가서 말하면 허물이 적게 되고, 많이 보고서 불안한 것을 제쳐놓고 나머지 불안하지 않은 것을 삼가서 행하면 뉘우침이 적게 된다.〔多聞闕疑, 愼信其餘則寡尤; 多見闕殆, 愼行其餘則寡悔.〕"라고 한 공자의 말을 인용한 것인데, 여기서는 '의심스러운 것을 제쳐놓음'에 주안점을 둔 것이다.

330 은(殷)나라의……예(禮) : 형이 죽으면 아우가 형을 대신해서 종통(宗統)을 잇는 예인데, 주로 은나라의 왕실에서 이 예를 따랐기 때문에 이렇게 말한 것이다. 《書經集傳 金縢》

331 남편이……경우이다 : 이 내용은 《예기》〈상복소기〉의 "적부가 시부모의 후계가 되지 못한 경우에는 시어머니가 적부를 위해서 소공복을 입는다.〔適婦不爲舅姑後者, 則姑爲之小功.〕"라는 구절의 주에 "남편이 폐질이나 다른 연고가 있어 죽었는데 아들이

비단 고례(古禮)만 그런 것이 아니요 우리 국전(國典)도 그러한데, 우암은 "형의 아내가 살아있는데 양자를 세우고자 한다면, 그 아우가 주인의 일을 행하기 어렵다."[332]라고 훈계하였고, 또 말씀하기를 "근세에 종법(宗法)이 지극히 엄격해서, 장자의 아내가 있으면 양자를 세워 정통을 계승하여야 하니. 감히 형망제급의 글을 따를 수 없다."[333]라고 하였으니, 저는 항상 우암의 말씀을 정당한 것으로 여깁니다.

형의 아내의 생존 여부를 따지지 말고 형의 후사를 세워서 할아버지의 중함을 전해야 할 것인데, 어찌 아우가 제멋대로 승중(承重)[334]하고서 적자를 빼앗는 혐의를 근심하지 않는단 말입니까. 만약 아버지와 할아버지의 명령이 있어서 장자와 장손을 위하여 양자를 세우지 않게 하고 서자와 서손에게 중(重)함을 전하였다면 이것을 '종(宗)을 옮겼다.'고 하는 것이니, 바로 정자(程子)가 이른바 '곁가지가 올바른 줄기

없어서 전중(傳重)을 받지 못한 경우이다.〔夫有廢疾他故, 若死而無子, 不受重者.〕"라고 한 것을 가리킨 것이다. '전중'은 상제(喪祭)나 종묘(宗廟)의 중한 책임을 적장(嫡長)에게 전함을 이른다. 옛날에는 종법(宗法)에 있어서 적서(嫡庶)의 구별이 아주 엄하여 적자(嫡子)가 죽었을 경우 다른 서자에게 종통을 전하지 않고 바로 손자에게 전하였는데, 이를 할아버지의 입장에서는 '전중'이라 하고, 손자의 입장에서는 '승중(承重)'이라고 한다.

332 형의……어렵다 : 이 내용은 《송자대전》 권99 〈답이군회(答李君晦)〉에 보인다.

333 근세에……없다 : 이 내용은 《송자대전》 권99 〈답김문중(答金文仲)〉에 "근세에 종법이 지극히 엄격해서 장자의 아내가 있으면 양자를 세워 정통을 계승할 때를 기다려야 하니, 감히 대번에 형망제급의 글을 따를 수 없다.〔近世宗法至嚴, 有長子妻, 則待其立後承宗, 而不敢遽從兄亡弟及之文矣.〕"라는 내용을 줄여 쓴 것이다.

334 승중(承重) : 종중의 제사나 상제(喪祭)의 중임을 계승함을 이른다. 자신과 부친이 모두 적장자일 경우, 아버지가 먼저 죽고 조부모가 별세하게 되면 자신을 승중손(承重孫)이라 칭하고 부모와 똑같이 삼년복을 입는다.

가 된다.'[335]는 것입니다.

치명(治命)[336]이 없는데 아우가 스스로 승중하여 삼년복을 입는다면, 이것은 이른바 "막내아들이 어찌 감히 적자를 빼앗는가."[337]라는 것이니, 어찌 옳겠습니까. 죽은 형의 후사를 빨리 잇고 그 양자의 이름으로 신주를 쓰는 것이 제일의 의리가 됩니다. 만일 양자로 세울 만한 사람이 없으면 서손(庶孫)이 본복인 기년복으로 상을 주관하고 신주의 옆에다가 쓸 적에 다만 '효(孝)' 자를 제거하면 됩니다.[338] 상에는 무후(無后)의 상은 있으나 주관하는 자가 없는 상은 없습니다. 주관할 만한

335 곁가지가……된다 : 이 내용은 《이정유서》 권18 〈이천선생어(伊川先生語)〉의 "종자법을 세우는 것이 또한 천리이다. 비유하건대 나무가 반드시 뿌리로부터 곧바로 올라간 한 줄기가 있고 또 반드시 곁가지가 있는 것과 같으며, 또 물이 비록 멀리 흘러가나 반드시 바른 근원이 있고 또한 반드시 갈라진 물줄기가 있는 것과 같으니, 이는 자연스러운 형세이다. 그러나 또 곁가지가 발달하여 줄기가 된 것이 있다.〔立宗子法, 亦是天理. 譬如木, 必從根直上一榦, 亦必有旁枝. 又如水, 雖遠必有正源, 亦必有分派處, 自然之勢也. 然而又有旁枝達而爲幹者.〕"라는 구절을 가리켜 말한 것이다.

336 치명(治命) : 사람이 죽기 전에 정신이 깨끗할 때 내린 유언을 이른다. 반대로 정신이 혼미한 상태에서 내린 유언을 난명(亂命)이라고 한다.

337 막내아들이……빼앗는가 : 이 내용은 《송자대전》 권45 〈답홍군서(答洪君敍)〉의 "《가례》에서 이른바 '전중'이라고 한 것은 정체(正體)가 아니니, 막내아들이 어찌 감히 스스로 순서에 있어 체가 된다고 하여 원래의 곧은 줄기를 꺾고 이미 전중한 것을 탈취할 수 있겠는가. 천부당만부당하다.〔家禮所謂傳重, 非正體者也, 季子何敢自謂於序爲體, 而折其已直之幹, 奪其已傳之重乎? 千不是萬不是.〕"라는 구절을 가리켜 말한 것이다. 정체는 종통(宗統)을 계승하는 적장자를 이른다.

338 신주의……됩니다 : 원문의 '방제(旁題)'는 신주의 옆에다가 신주를 받들어 제사하는 자의 이름을 쓰는 것으로, 큰아들이나 적장손이면 효자(孝子), 효손(孝孫)이라고 쓰는데, 만일 차자나 서손이 제사를 받들 경우에는 '효' 자를 제거함을 이른다. 여기서의 '효'는 '맏'이라는 뜻이다.

자가 없으면 이윤(里尹)으로 하여금 주관하게까지 하였으니,[339] 반드시 삼년복을 입은 연후에 비로소 상을 주관할 수 있는 것은 아닙니다.

예법에 대공(大功)의 친족이 없어야 비로소 부인이 상을 주관하는 것을 허락하였으니, 서손이 있는 자가 어찌 손부(孫婦)로 하여금 신주의 옆에다 이름을 쓰게 할 수 있습니까.

《의례》의 〈상복(喪服)〉은 혹 중한 것을 들어서 가벼운 것을 추측하고 혹 친한 것을 들어서 소원한 것을 다 포함하니, 경문(經文)에 보이는 것으로 인하여 경문에 보이지 않는 것을 알 수 있는 것은 경문의 예(例)가 그러한 것입니다. 이 때문에 남의 양자가 된 자가 본생조부모(本生祖父母)와 백숙부모〔世叔父母〕와 남에게 시집간 고모〔姑適人〕를 위해서 복을 입는 것이 모두 경문에 나와 있지 않은데도 대공복과 소공복을 입는 것은, 바로 소(疏)에서 "본종(本宗)을 위하여 한 등급을 낮춘다."고 설명한 글을 따른 것입니다.

소에서 곤제(昆弟 형제)를 위하여 대공복을 입는다고만 하고 백숙부모를 들지 않고, 자매를 위해서 소공복을 입는다고만 하고 고모를 들지 않은 것으로 말하면 진실로 의심할 만합니다. 그러나 '곤제'의 소에 이르기를 "곤제에게 한 등급을 낮추기 때문에 대공이요, 본종의 나머지 친족에게도 모두 한 등급을 낮춘다."[340]라고 하였으니, 그렇다면 곤제

339 상에는……하였으니 : '무후(無后)의 상은 있으나 주관하는 자가 없는 상은 없다.〔喪有無后, 無無主.〕'는 내용은 《예기》 〈잡기 하(雜記下)〉에 보이고, '주관할 만한 자가 없으면 이윤(里尹)으로 하여금 주관하게 한다.〔無主, 則至令里尹主之.〕'는 내용은 《예기》 〈상대기(喪大記)〉에 보인다. 이윤은 주(周)나라 때 향관(鄕官)으로 한 마을의 장(長)인 이재(里宰)를 가리킨다.

를 인하여 백숙부모를 다 포함한 것입니다.

그리고 '자매'의 주에 "고모를 말하지 않은 것에서 친한 자를 들면 가벼운 자가 강등됨을 알 수 있다."라고 하였으니,[341] 그렇다면 자매를 인해서 그 고모를 포함한 것입니다. 고모를 말하지 않은 것을 가지고 고모를 강등하지 않은 것을 밝혔다고 한 마융(馬融)의 설은 통하지 않으니, 따르기 어려울 듯합니다. 남의 양자가 되어 강복(降服)하는 것은 위로는 고조와 증조, 조고와 부친으로부터 다 그러하니, "곤제로부터 이하〔自昆季以下〕"라고 말한 것은 혹 설명이 생각에 미치지 못한 것이 아니겠습니까.

〈상복〉의 경문에는 남의 양자가 된 자가 본친인 생부모를 위해서와 본친 중에 남에게 시집간 자에 대해서 모두 곤제와 자매로 예를 보였습니다. 조고와 증조의 경우는 또 마땅히 부모를 가지고 유추할 수 있으니, 유추하면 그 나머지를 다 알 수 있습니다. 그렇다면 경전에 보이지 않는 것은 정밀한 뜻이 있어서 그런 것이 아닙니다.

340 곤제에……낮춘다 : 이 내용은 《의례》 〈상복(喪服)〉 경문의 "남의 양자가 된 자가 그의 곤제를 위하여〔爲人後者爲其昆弟〕"라는 구절의 소(疏)에 "아래의 기록을 살펴보면 '남의 양자가 된 자는 곤제에 대해 한 등급을 낮춘다.'고 하였기 때문에 대공복을 입는 것이다. 만약 그렇다면 본종의 나머지 친족에 대해 모두 한 등급을 낮추는 것이다.〔案下記云: 爲人後者, 於昆弟降一等者, 故大功也. 若然, 於本宗餘親, 皆降一等也.〕"라고 보인다. 원래 형제는 기년복인데 남에게 양자 간 자는 한 등급을 낮추기 때문에 대공복을 입는 것이다.

341 자매의……하였으니 : 이 내용은 《의례》 〈상복〉 경문의 "남의 양자가 된 자가 그의 출가한 자매를 위하여〔爲人後者, 爲其姊妹適人者.〕"라는 구절의 주에 "고모를 말하지 않은 것은 그 친한 자를 들면 은혜가 가벼운 자가 강등됨을 알 수 있다.〔不言姑者, 擧其親者, 而恩輕者降可知.〕"라고 보인다.

이여홍에게 답함 정축년[342] 7월

答李汝弘 丁丑七月

뱃놀이하자는 말씀은 삼가 잘 알았습니다. 적벽강(赤壁江)의 유람이 칠월 기망(旣望)에 있었는데,[343] 또한 우연일 뿐입니다. 우리들이 이미 임술년(壬戌年) 이달의 이날에 자첨(子瞻 소식(蘇軾))의 옛 뱃놀이를 이었으면 이미 충분한데, 굳이 해마다 할 필요가 있겠습니까.

"만일 노란 국화와 백주(白酒)만 있다면 9월의 어느 날인들 중양절이 아니겠는가.〔苟有黃花兼白酒, 九秋何日不重陽?〕"라고 하였으니, 정북창(鄭北窓)의 시 뜻이 매우 좋습니다.[344] 그의 아우도 "시원한 바람과

342 정축년(丁丑年) : 1817년(순조17)으로, 매산의 나이 42세 되던 해이다.

343 적벽강(赤壁江)의……있었는데 : 기망(旣望)은 16일인바, 동파(東坡) 소식(蘇軾)이 벗들과 적벽강에서 뱃놀이한 날이 임술년(1082) 7월 16일이었기 때문에 이렇게 말한 것이다. 〈적벽부〉의 첫머리에 "임술년 가을 7월 기망에〔壬戌之秋七月旣望〕"라고 보인다. 《古文眞寶 後集 卷8 前赤壁賦》 적벽강은 황주(黃州)에 있는 장강의 이름이다.

344 만일……좋습니다 : 인용한 시를 매산은 북창(北窓) 정렴(鄭𥖝, 1506~1549)의 시라고 하였으나, 곽열(郭說, 1548~1630)의 《서포집(西浦集)》과 김유(金楺, 1653~1719)의 《검재집(儉齋集)》에는 정렴의 아우인 고옥(古玉) 정작(鄭碏, 1533~1603)의 시라고 하였는바, 어느 것이 맞는지는 미상이다. 《西浦集 卷7 西浦日錄 詩話》, 《儉齋集 卷30 丙丁瑣錄 丙辰丁巳》 정염의 자는 사결(士潔), 본관은 온양(溫陽), 시호는 장혜(章惠)로 을사사화의 원흉인 좌의정 정순봉(鄭順朋)의 아들이다. 1530년(중종25) 사마시(司馬試)에 합격하였는데, 음률(音律)에 밝고, 천문(天文)·의술(醫術)에도 조예가 깊었다. 유교·도교·불교는 물론 복서(卜筮)·한어(漢語)·시문·산수화(山水畵)에도 솜씨가 뛰어났다. 항상 아버지의 불의 때문에 괴로워하였으며 벼슬에도 연연하지 않았다 한다. 정작은 자가 군경(君敬)으로 아버지가 을사사화의 원흉으로 관작이 삭탈

밝은 달만 있다면 맑은 강 어느 곳인들 이 놀이가 아니겠는가.〔苟有淸風與明月, 澄江何夜不玆遊?〕"라고 하였으니, 고아한 견해는 어떠신지 모르겠습니다.

듣건대 옹방강(翁方綱)이라는 자가 스스로 소식(蘇軾)의 학문을 창도(唱導)해서 천하 사람들을 고무하여 따르게 하니,[345] 여파(餘波)가 끝없이 퍼져서 우리 동방에까지 이르러서 우리 동방의 젊은이들이 옹방강의 책을 집에 높이 모셔두고 그의 학 술을 크게 믿으며, 심지어는 화상을 그려서 생사당(生祠堂)을 지은 자가 있다고 하니, 형도 혹 들으셨습니까?

이 일은 비록 하찮은 것이나 반드시 폐해가 확산되어 화가 미치게 될 것이니, 조짐이 드러나는 데에 그치지는 않을 것입니다. 바른 학문이 밝아지지 못하고 부정한 학설이 그치지 않아서 끝내는 큰 근본을 혼미하게 하고 권모술수를 숭상하며 방종을 좋아하고 구검(拘檢 자신을

되었으므로 벼슬에 뜻을 두지 않다가 선조 때 이조 좌랑을 지냈다. 학문에 정진하면서도 술을 즐겨 주선(酒仙)이라 일컬어졌다. 시명(詩名)이 높았고 초서와 예서를 잘 썼으며, 의학에도 조예가 깊어 1596년(선조29)《동의보감》편찬에 참여하였다. 본문의 뒤에 보이는 아우는 바로 정작을 가리킨 것이다.

345 옹방강(翁方綱)이라는……하니 : 옹방강(1733~1818)은 자가 정삼(正三), 호가 담계(覃溪)로, 청대(淸代)의 서예가이자 고증학자이며 장서가(藏書家)로도 유명한 인물인데, 36세(1768) 때 소식의《숭양첩(嵩陽帖)》과 송(宋)나라 가정(嘉定) 6년(1213)에 간행된《시고주소시(施顧注蘇詩)》를 소장하게 되자 자신의 장서루를 '보소재(寶蘇齋)'라고 이름하고, 소식의 생일이 되면 수많은 명사(名士)들을 초청하여 이 책에 함께 제사를 지내고 글을 짓게 하고는 모임을 '제소회(祭蘇會)'라고 칭하는 등 소식의 글씨와 문장을 높이는 데 앞장섰다. 추사(秋史) 김정희(金正喜)도 일찍이 옹방강을 사사하였다.

단속함)을 싫어하게 될 것입니다. 그래서 천리를 해치고 인심을 어지럽히며 도학(道學)을 해치고 풍교를 무너뜨리는 것을 학문이라고 말하며 후생(後生)을 그르치고서야 그만두게 될 것입니다.

만일 뿌리를 뽑고 근원을 막고자 한다면 마땅히 먼저 소씨(蘇氏)를 공격해야 할 것이니, 이것은 주자가 왕성석(汪聖錫)과 정윤부(程允夫)에게 답한 편지가 남아 있어서 굳이 췌언할 필요가 없습니다.[346] 뱃놀이가 비록 노는 일이지만 굳이 소씨를 배울 필요가 없을 듯합니다. 이것이 시의(時宜)에 맞게 조처하는 것입니다.

본생친인 생부모의 상을 한결같이 기년복으로 결단하였다면 기년복을 입는 중에 어찌 자기 양부모의 담제(禫祭)와 협제(祫祭)를 행하지 않는 의리가 있겠습니까. 율곡께서 "기년복과 대공복에는 장사를 치른 뒤에 평상시와 같이 제사를 지내고 다만 수조(受胙)를 하지 않는다."[347]라고 하였으니, 이 말씀을 근거하면 길제를 마땅히 예법에 근거하여 행해야 할 것이요 다만 수조를 하지 않음으로써 변고를 보일 뿐입니다.

이미 마땅히 행할 것으로 결단한다면 기년복과 심상(心喪)의 구분이

346 만일……없습니다 : 성석(聖錫)은 왕응신(汪應辰, 1118~1176)의 자이고 윤부(允夫)는 주자의 처남이자 제자인 정순(程洵)의 자이다. 주자가 소식(蘇軾)에 대해 구체적으로 비판하며 그의 학문을 추종하는 사람을 등용하지 말것을 당부한 내용이 《주자대전》 권24 〈여왕상서서(與汪尙書書)〉에 보이고, 소철(蘇轍)에 대해 구체적으로 비판하며 그의 학문을 가까이 하지 말 것을 당부한 내용이 《주자대전》 권41 〈답정윤부(答程允夫)〉에 보인다.

347 기년복과……않는다 : 수조(受胙)는 제사를 지낸 뒤에 제관(祭官)이 제사에 쓰고 난 고기를 나누어 받는 것을 이르는바, 이 내용은 《율곡전서》 권27 〈제의초(祭儀鈔) 상복중행제의(喪服中行祭儀)〉에 보인다.

없으니, 거행해야 할 달에 담제와 협제를 거행하는 것이 마땅할 듯합니다. 또 담제는 때가 지나면 제사하지 않으니, 27개월의 기한을 넘으면 담제가 없습니다.[348] 사친(私親)의 상복 때문에 전중(傳重)의 담제를 폐하는 것이 옳겠습니까.

3년 동안 제사를 폐한 뒤에는 정제(正祭)[349]가 시급하고, 또 체천(遞遷)하여 신주를 다시 쓰는 많은 절목이 있으니, 어찌 자기마음대로 뒤로 물릴 수가 있겠습니까. 달수의 오래됨과 가까움은 굳이 논할 필요가 없을 듯합니다.

가령 본생친의 연제(練祭)가 십 수개월 뒤에 있다면 또한 길제(吉祭)도 물려서 행해야 한단 말입니까? 어찌 복색(服色)에 구애되어 거행해야 할 제사를 거행하지 아니하여, 자기 정(情)으로써 예(禮)에 대처하고 은혜로써 의(義)를 빼앗기를 이와 같이 할 수 있겠습니까.

도암(陶菴)께서 "중정(中丁)에 담제를 지나쳤다."[350]라고 말씀하신

348 담제는……없습니다 : 이 내용은 《예기》 〈증자문(曾子問)〉에 "증자가 묻기를 '대부와 사(士)가 사사로운 상(喪)이 있어 복을 벗게 되었는데 군주의 상이 있어 상복을 벗지 못했을 경우 부모의 상복을 벗지 않을 수 있습니까?'라고 묻자, 공자가 '선왕이 제정한 예법에는 때가 지나면 거행하지 않는 것이 예이다. 상복을 벗지 못하여 벗지 못하는 것이 아니요 선왕이 만든 예법을 어길까 걱정되기 때문이다. 따라서 군자는 때가 지나면 제사하지 않으니, 이것이 예이다.'라고 하였다.〔先王制禮, 過時弗擧, 禮也. 非弗能勿除也, 患其過於制也, 故君子, 過時不祭, 禮也.〕"라고 보인다.

349 정제(正祭) : 중월(仲月) 즉 사계절의 가운데 달인 음력 2월, 5월, 8월, 11월에 고조(高祖) 이하의 조상에게 드리는 제사로, '사시제(四時祭)'라고 한다. 《家禮 卷5 祭禮》

350 중정(中丁)에……지나쳤다 : 이 내용은 《도암집》 권9 〈답윤계형(答尹季亨)〉에 보인다. 중정은 중정일(中丁日)로, 음력으로 그달의 중순에 드는 정일(丁日)을 이르는

것은 심상에는 담제를 행하나 기년복에는 행할 수 없다고 말씀한 것이 아니요, 다만 본생친의 연제가 열흘 전에 있었기 때문에 이렇게 말씀한 것입니다.

도암이 이민곤(李敏坤) 공에게 답한 편지에서 '본생친의 복 가운데에 양부의 상제와 담제를 폐할 수 없는 의리'를 강력히 말씀하였고, "정에 구애되어서 예를 폐할 것인가? 공을 펴고 사를 굽힐 것인가?"라고 하신 것이 진정(眞正)한 말씀이니,[351] 다른 의논을 용납하지 않을 듯합니다.

예는 궁하면 변하고 변하면 통하니, 변통하여 권도에 이르는 것은 성인이 아니면 하지 못합니다. 하물며 이 예는 애당초 궁하여 변할 수 있는 것이 아니니, 더 말할 것이 있겠습니까.

바, 묘제(墓祭)·연제(練祭)·담제(禫祭) 따위의 제사를 대개 이날에 지낸다.

351 이민곤(李敏坤) 공에게……말씀이니 : 인용한 내용은 모두 《도암집》 권12 〈답이후이(答李厚而)〉에 보인다. 후이(厚而)는 이민곤(1695~1756)의 자로, 호는 임은(林隱), 본관은 전주(全州)이다. 도암 이재와 여호(黎湖) 박필주(朴弼周, 1665~1748)의 문인이다.

이여홍에게 줌 신사년[352] 섣달

與李汝弘 辛巳臘月

편지에서 말씀하시기를 "가루(家累 가솔)들을 다 떨쳐버리고 쓰러져가는 오두막에 누워서 마음 가는 대로 아침과 저녁 두 끼를 먹고 인간세상이 어떠한지를 알지 못한다."고 하셨습니다. 이 말씀을 듣고서 몸과 정신이 초월해지니, 곧바로 배낭을 메고 책 상자를 짊어지고서 따르고 싶지만 이렇게 할 수가 없습니다.

옛날 이동은(李峒隱)이 일찍이 말씀하기를 "깊은 산중에 오두막을 짓고서 시내를 따라 울타리를 세우고 눈이 쌓인 뒤에 온갖 길이 모두 끊겨 문을 닫고 편히 누우면, 이것이 지극한 즐거움이다."라고 하였습니다.[353] 이 속의 광경을 상상하다 보면 저로 하여금 온갖 인연을 모두 끊고 다만 문을 걸어 닫고 편히 누워서 일삼는 바가 없게 하는데, 이와 같은 것을 '유세독립(遺世獨立)'이라고 말하는 것은 괜찮지만 '정중유물(靜中有物)'이라고 말하는 것은 불가합니다.[354]

352 신사년(辛巳年) : 1821년(순조21)으로, 매산의 나이 46세 되던 해이다.

353 옛날……하였습니다 : 동은(峒隱)은 이의건(李義健, 1533~1621)의 호이고, 인용한 글은 청음(淸陰) 김상헌(金尙憲, 1570~1652)이 지은 이의건의 묘지명에 보인다. 《峒隱先生稿 附錄 墓誌銘》

354 이와……불가합니다 : '유세독립(遺世獨立)'은 세속을 벗어나서 홀로 유유자적한다는 뜻으로, 동파 소식이 지은 〈적벽부〉에 "표연하게 속세를 벗어나 홀로 서서 날개를 달고 신선이 된 것 같다.〔飄飄乎如遺世獨立, 羽化而登仙.〕"라고 보인다. 《古文眞寶後集 卷8》 '정중유물(靜中有物)'은 마음을 성찰하여 희로애락(喜怒哀樂)이 마음에서

지금 우리 형이 나물 뿌리를 먹고 옛 책을 보고 있으니,[355] 또한 고적(孤寂)에 빠지지 않았음을 알 수 있습니다. 예부터 성현들은 모두 심지(心地)를 근본으로 삼았습니다. 이 때문에 마음이 안정되지 못하고서 능히 학문을 진전시킨 자는 있지 않습니다. 요컨대 주정(主靜) 공부[356]

발하기 전 고요한 가운데에서 깨닫는 것이 있어야 한다는 뜻으로, 여기의 물(物)은 마음을 주재하는 경(敬)을 이른다. 《이정유서》 권18 〈이천선생어(伊川先生語)〉에 "혹자가 '선생은 희로애락이 발하기 전을 동(動)이라고 합니까? 정(靜)이라고 합니까?'라고 묻자, '정(靜)이라고 이르는 것이 옳다. 그러나 정한 가운데에 반드시 물(物)이 있어야 비로소 되니, 이것이 가장 어려운 곳이다. 배우는 자들은 먼저 경(敬)을 이해하는 것이 가장 좋으니, 능히 경(敬)하면 절로 이것을 알 수 있다.'라고 대답하였다.〔或曰: 先生於喜怒哀樂未發之前下動字, 下靜字? 曰: 謂之靜則可. 然靜中須有物始得, 這裏最是難處. 學者莫若且先理會得敬, 能敬則自知此矣.〕"라고 보인다.

355 우리……있으니 : 이 내용은 《주자대전》 권28 〈답진동보서(答陳同父書)〉의 "한가히 산중에 남아있는 사람이 되어 풀뿌리 씹으며 세상일에서 벗어나 남은 책이나 마저 읽으며 마을의 수재들과 글을 읽으니, 이 또한 하나의 일거리이다.〔留取閑漢在山裏咬菜根, 與人無相干涉, 了却幾卷殘書, 與村秀才子尋行數墨, 亦是一事.〕"라는 구절을 원용한 것이다.

356 주정(主靜) 공부 : '주정'은 유학자들의 수양 방법으로 마음을 고요한 상태로 유지하여 외물에 의해 동요되지 않게 함을 이르는바, 염계(濂溪) 주돈이(周敦頤)의 〈태극도설(太極圖說)〉에 "성인이 중(中)·정(正)·인(仁)·의(義)로써 정하되 정(靜)을 주장하여 사람의 법칙을 세웠다.〔聖人定之以中正仁義, 而主靜立人極焉.〕"라고 한 데서 온 말이다. 이에 대해 주자는 "'성인이 중·정·인·의로써 정하되 정을 주장하였다.'는 것은 바로 사람들로 하여금 그 마음을 고요히 안정시켜서 스스로 주재가 되게 한 것이다. 정자(程子)는 또 정(靜)하려고만 해서 마침내 사물과 교섭하지 않게 될까 염려하셨으므로 이 경(敬)을 말씀하여 '공경하면 저절로 마음이 허정해진다.'라고 말씀한 것이다.〔聖人定之以中正仁義而主靜, 正是要人靜定其心, 自作主宰. 程子又恐只管靜去, 遂與事物不相交涉, 却說箇敬, 云: 敬則自虛靜.〕"라고 설명하였다. 《朱子語類 卷94 周子之書 太極圖》

를 해서 정신을 수렴(收斂)하여 항상 몸속에 둔 뒤에야 《중용》의 '오불조(五不措)'[357]의 공부를 시행할 수가 있습니다. 그런데 도성 안의 저잣거리에서는 정(靜)한 때가 없어서 심지가 안정되지 못하여 도리가 머물 곳이 없으니, 미혹됨을 마음에 달게 여겨서 낮고 구차하고 천한 지경에 빠지지 않는 자가 거의 없습니다.

저는 평소 이 폐단을 통렬히 징계하여, 홀로 가서 마음을 평안하게 가라앉히고 스스로 지조를 지켜서 남들과 서로 간섭하지 않고 남은 책 몇 권을 다 볼 것을 오랫동안 생각하였습니다. 그러나 노친의 연세가 이미 많으시고 가산(家産)이 고갈되어서 비록 시골에 산을 사서 돌아가 은둔하고자 하나 어떻게 해볼 계책이 없습니다.

우리 형이 장차 송추(松楸)[358]에서 목숨을 마치려고 함은 '이에 내 살 곳을 얻었다.'[359]고 이를 만하니, 저는 몹시 부러운 마음을 이기지 못하겠습니다. 진(秦)나라 때의 사람들은 도원(桃源)으로 들어갔고 송(宋)나라 때의 선비는 순창(順昌)에서 은둔하였습니다.[360] 우리 형

357 중용(中庸)의 오불조(五不措) : '오불조'는 《중용장구(中庸章句)》 제20장의 오불조(五弗措)를 가리키는바, 자세한 내용은 298쪽 주299 참조.

358 송추(松楸) : 소나무와 가래나무를 심어 놓은 곳으로, 선산 또는 고향을 가리킨다.

359 이에……얻었다 : 이 내용은 《시경》 〈석서(碩鼠)〉에 "큰 쥐야, 큰 쥐야. 내 기장을 먹지 말지어다. 3년 동안 너와 알고 지냈거늘 나를 즐겨 돌아보지 않는구나. 나는 떠나가서 장차 너를 버리고 저 낙토로 가리라. 낙토여, 낙토여. 이에 내 살 곳을 얻으리라.〔碩鼠碩鼠, 無食我黍. 三歲貫女, 莫我肯顧. 逝將去女, 適彼樂土. 樂土樂土, 爰得我所.〕"라고 보이는바, 은둔하기 좋은 곳을 얻었다는 말이다.

360 진(秦)나라……은둔하였습니다 : 도원(桃源)은 무릉도원(武陵桃源)의 약칭으로 진나라 사람들이 난리를 피해 처자를 거느리고 들어와 대대로 살았던 곳이고, 순창(順昌)은 송(宋)나라 인종(仁宗) 때 어떤 사람이 난을 피해 들어가서 대대로 복거(卜

은 선철(先哲)을 뒤따름에 거의 부끄럽지 않을 것이지만, 저는 석두(石竇)[361]에서 한 걸음도 떠날 수가 없으니, 이를 어찌한단 말입니까? 이를 어찌한단 말입니까?

비록 서울에서 늙어 죽더라도 만일 전심(專心)으로 책을 읽어서 의리의 지취(志趣)를 넓힐 수만 있다면, 응접함에 여유가 있고 마음도 밖으로 달아나지 않을 것입니다. 저와 같은 사람은 종신토록 우환과 질병으로 한 가지 일도 끝마치지 못하고 한 해를 마치도록 잡된 일에 쫓겨 한 글자도 읽지 못하니, 자나 깨나 한 구역의 깊은 산속에서 지내

居)한 곳이다. 무릉도원에 대한 고사는 《도연명집(陶淵明集)》 권6 〈도화원기(桃花源記)〉에, 동진(東晉) 태원(太元) 연간에 무릉의 한 어부가 시내를 따라 올라가다가 갑자기 도화림(桃花林)이 찬란한 선경을 만나 그곳에 들어가서, 일찍이 진(秦)나라 때부터 난리를 피해 들어와 대대로 살고 있다는 그곳 사람들로부터 극진한 대접을 받고 되돌아왔는데, 그 후로는 다시 그 도화림을 찾을 수가 없었다고 하였다. 순창에 대한 고사는 《송사(宋史)》 권458 〈은일열전(隱逸列傳) 순창산인(順昌山人)〉에 보이는바 내용은 다음과 같다. "정강(靖康) 말기(1126)에 순창 산속으로 피난한 사람들이 있었는데, 깊이 들어가서 초가집을 발견하였다. 주인의 풍모가 엄정하여 다가가서 말해보니 사군자였다. 주인이 괴이하게 여기며 '여러분들은 무슨 일로 처자와 아녀자를 데리고 이곳까지 오게 되었습니까?'라고 묻기에 그 까닭을 말하였다. 주인이 '난이 무엇 때문에 일어났습니까?'라고 묻자 여러 사람들이 앞 다투어 말해주었다. 주인이 한참동안 탄식하며 슬퍼하고는 '우리 아버지는 인종 때 사람입니다. 가우 말 때부터 여기에 복거하여 다시는 나가지 않았습니다. 제가 들은 바로는 단지 희녕 때의 기년이 있는 줄만 알고 또한 지금이 몇 년인지는 알지 못합니다.'라고 하였다.〔靖康末有避亂於順昌山中者, 深入得茅舍, 主人風裁甚整. 卽之語, 士君子也. 怪而問, 曰: 諸君, 何事挈妻孥能至是耶? 因語之故, 主人曰: 亂何自而起耶? 衆爭爲言, 主人嗟惻. 久之曰: 我父爲仁宗朝人也. 自嘉祐末卜居于此, 因不復出. 以我所聞, 但知有熙寧紀年, 亦不知于今幾何年矣.〕"

361 석두(石竇) : 돌구멍이라는 뜻으로 일반적으로 샘이 솟는 돌구멍을 가리키는데, 여기서는 매산이 자신의 협소한 거처를 비유하기 위해 쓴 겸사로 보인다.

고자 생각하는 것은 거의 이 때문입니다. 어느 곳에서 몸을 편안히 하고 명(命)을 세울지 모르겠습니다. 화산(華山) 반쪽을 나누어 주셔서[362] 제가 말년에 은둔하게 해주시겠습니까?

'춘왕정월(春王正月)'[363] 한 절(節)은 일찍이 어떻게 보셨습니까? 주자의 이른바 "춘(春)을 건자(建子)의 달에 가한다.〔加春於建子之月〕"는 것이 바른 뜻을 얻은 듯합니다. 그리고 "하나라의 책력을 행하는 뜻이 또한 이 가운데 들어있다.〔行夏時之意, 亦在其中〕"는 것은 미루어 넓혀서 말씀한 듯합니다.[364]

왕백안(王伯安)은 곧바로 "철을 고치고 달을 바꿨다.〔改時改月〕"고 단정하였는데, 이는 《춘추》의 경문을 근거하여 말한 것입니다. 또 《서경》 〈태서(泰誓)〉의 '십삼년 봄〔十有三年春〕'이라는 것과 《예기》 〈명당위(明堂位)〉의 '맹춘에 상제(上帝)를 교(郊)에서 제사 지낸다.〔孟春

362 화산(華山)……주셔서 : 이 내용은 북송(北宋) 진종(眞宗) 때의 명신인 장영(張詠 946~1015)이 젊었을 때 화산에 은거하고 있던 진단(陳摶)을 찾아가 만나보고 화산에 은거하고 싶어 하자, 진단이 "다른 사람은 몰라도 공이라면 화산의 절반을 나누어주겠다."라고 한 고사를 원용한 것이다. 《夢溪筆談 卷20》

363 춘왕정월(春王正月) : 춘추 시대 주(周)나라 천자의 책력으로 정월이라는 뜻인 바, 대일통(大一統) 즉 정통성을 갖춘 왕조를 중요하게 여긴다는 뜻이다. 《춘추》 경문의 매년 모두(冒頭)에 이 표현이 보이는데, 대(大)는 중요하게 여긴다는 뜻이고, 일통(一統)은 천하의 여러 제후가 모두 주나라의 천자에게 통솔됨을 뜻한다.

364 주자가……듯합니다 : 인용한 주자의 해설은 《주자대전》 권31 〈여장경부 【4월1일】 (與張敬夫 【四月一日】)〉에 보인다. 건자(建子)는 북두칠성의 자루가 초저녁에 정북방(正北方)인 자(子)의 방향을 가리킬 때를 말하는 것으로, 음력으로 11월인데 주(周)나라는 이 달을 정월로 삼았다.

祀帝于郊〕'는 것과 《예기》〈잡기(雜記)〉의 '정월 일지(日至)에 상제에게 제사를 지낸다.〔正月日至有事于上帝〕'는 것을 가지고 증명한 것[365]이 명백하고 통쾌하여 더 이상 미진한 것이 없어서, '춘(春)' 자를 정월에 가하였다는 논의에 저절로 부합됩니다. 훌륭하신 지도를 받기 원합니다.

《춘추》를 볼 것 같으면, 노(魯)나라는 군주가 모두 열두 명인데 군주가 즉위한 것을 쓰기도 하고 쓰지 않기도 하였으니, 이에는 각각의 의의(意義)가 있습니다. 문공(文公)·성공(成公)·양공(襄公)·소공(昭公)·애공(哀公)은 비록 천자에게 명을 받지는 않았으나 그 선군(先君)의 명으로 대를 이은 자이기 때문에 즉위한 것을 썼고, 은공(隱公)·장공(莊公)·민공(閔公)·희공(僖公)은 천자의 명을 받지도 않았고 또 선군의 명도 받지 않았기 때문에 쓰지 않았습니다. 쓴 것은 시작을 바로잡았기 때문이요, 쓰지 않은 것은 시작을 바로잡지 못하였기 때문입니다.

그런데 환공(桓公)·선공(宣公)·정공(定公)은 시작을 바로잡지 않았는데도 즉위를 썼습니다. 환공은 군주를 시해하고 즉위한 자이고 선공은 바로 군주를 시해한 역적이 세운 것을 받은 자이고 정공은 군주를 축출한 자에게 옹립을 받은 자이니,[366] 이 때문에 지위를 찬탈하여

365 왕백안(王伯安)은……증명한 것 : 백안은 명나라 학자 왕수인(王守仁, 1472~1529)의 자로, 호는 양명(陽明)인데, 그가 '춘왕정월(春王正月)'에 대해 증명한 내용들은 모두 《왕문성전서(王文成全書)》 권24 〈논원년춘왕정월(論元年春王正月)〉에 보인다.

366 환공(桓公)은……자이니 : '환공이 군주를 시해하고 즉위했다는 것'은 우보(羽父)가 자객을 보내어 은공을 시해하고 환공을 세운 것을 가리키고, 《春秋左氏傳 隱公

스스로 군주의 자리에 오른 죄를 드러내어서 군신과 부자의 윤리를 바로잡은 것입니다.

정공의 즉위를 6월에 쓴 것으로 말하면, 소공의 상(喪 영구)이 돌아온 것이 6월이었는데 관을 바르게 안치하고서 즉위하였기 때문에, 또한 즉위가 6월에 있었던 것입니다. 이것은 실제를 근거하여 써서 계씨(季氏)의 악함을 드러낸 것입니다.

소공의 죽음이 전년의 12월에 있었으니, 정공의 즉위는 마땅히 이듬해 정월에 있어야 합니다. 그런데 6월에 즉위한 것은, 정공이 강한 신하에게 제재를 받아서 자기 마음대로 할 수 없었기 때문입니다. 계씨는 소공으로 하여금 그 죽음을 바르게 하지 못하도록 하고 정공으로 하여금 그 시작을 바르게 하지 못하도록 하였으니, 그의 죄는 죽음으로도 용서받지 못합니다. 그런데도 정공은 계씨를 성토하여 군부(君父)의 원수를 보복할 줄을 모르고, 즉위의 더디고 빠름과 자리의 나아가고 물러나는 것에 대해 오직 계씨의 뜻을 이와 같이 따랐으니, 다만 정월에 즉위하지 않은 것이 시작을 바로잡지 않은 것이 될 뿐만이 아닙니다.

11年》'선공은 바로 시해한 역적이 세운 것을 받은 자'라는 것은 양중(襄仲)이 태자인 악(惡)과 악의 아우 시(視)를 시해하고 문공의 이비(二妃)의 소생인 선공을 왕으로 세운 것을 이르고,《春秋左氏傳 文公 18年》'정공은 군주를 축출한 자에게 옹립을 받은 자'라는 것은 노나라 소공이 계손씨를 정벌하다가 이른바 삼가(三家)인 맹손씨(孟孫氏), 숙손씨(叔孫氏), 계손씨의 협공을 당해 간후(乾侯)로 달아났다가 그곳에서 죽자, 삼가가 소공의 아우 정공(定公)을 옹립한 것을 이른다.《春秋左氏傳 昭公 25年～定公 元年》

이여홍에게 줌 을유년[367] 11월 그믐

與李汝弘 乙酉復晦

형은《매월당집(梅月堂集)》[368]의 전말을 들으셨습니까? 선조(宣祖)조 임오년(1582)에 운관(芸館 교서관(校書館))에 명해서 인쇄하여 간행하게 했었는데, 중간에 용사(龍蛇)의 전역(戰役)[369]을 만나서 끝내 전해지지 못하였습니다.

예안 김씨(禮安金氏) 집안에 옛날부터 보관해온 인쇄본이 있으니, 이것은 노공왕(魯恭王)이 세운 영광전(靈光殿)[370]이 홀로 보존된 것과 같았는데, 지수재(知守齋) 유공(兪公)[371]이 영남의 도백(道伯)으로 있

367 을유년(乙酉年) : 1825년(순조25)으로, 매산의 나이 50세 되던 해이다.

368 매월당집(梅月堂集) : 매월당 김시습(金時習, 1435~1493)의 시문집이다.

369 용사(龍蛇)의 전역(戰役) : 임진왜란을 가리킨다. '용사'는 용의 해인 임진(壬辰)년과 뱀의 해인 이듬해 계사(癸巳)년을 합칭한 것으로, 간지(干支) 상 진(辰)은 용(龍), 사(巳)는 뱀〔蛇〕에 해당된다.

370 영광전(靈光殿) : 전각의 이름인데, 마지막으로 남은 석학(碩學)이나 유현(儒賢) 또는 그들이 남긴 저술을 비유한다. 영광전은 한(漢)나라 경제(景帝)의 아들 노공왕(魯恭王)이 세운 궁전으로 산동(山東) 곡부현(曲阜縣) 동쪽에 있었는데, 한나라 중기에 도적떼에 의하여 수도 장안(長安)의 미앙궁(未央宮)과 건장궁(建章宮) 등은 다 불탔으나 영광전만은 그대로 보존되었던 데서 유래하였다.《文選 卷11 魯靈光殿賦》

371 지수재(知守齋) 유공(兪公) : 지수재는 유척기(兪拓基, 1691~1767)의 호로, 자는 전보(展甫), 본관은 기계(杞溪), 시호는 문익(文翼)이다. 김창즙(金昌緝)의 문인이며, 노론 준론(峻論)의 대표적 인물로 영의정을 지냈고, 노론 사대신인 김창집(金昌集)과 이이명(李頤命)에 대해 복관(復官)을 건의하여 신원시켰으며, 임인옥사(壬寅獄事)의 신설(伸雪)을 청하였다.

으면서 한 본(本)을 전사(傳寫)하셨습니다. 이것은 천지간에 몇 개밖에 남지 않은 귀중한 문자이기 때문에 병화(兵火)의 뒤에 특별히 전해졌습니다. 이것은 매우 기이한데, 세상에 이 일을 아는 자가 없어서 능히 판각하여 전해지기를 도모하지 못해서 또다시 장차 인멸될 판이니, 어찌 애석할 만하지 않습니까.

영윤(令胤)이 현재 곤임(閫任)에 있어서[372] 힘쓰기가 매우 쉬우니, 두 본을 등사해서 우리 두 집안에 나누어 보관하게 할 수 있겠습니까? 우리 동방은 무식해서 문헌이 귀하다는 것을 알지 못하여, 비록 도학(道學)과 절의(節義), 훈업(勳業)과 문장(文章)이 찬란하여 잊혀서는 안 되는 유명한 학자와 큰 현자일지라도 한 대가 바뀌기 전에 문헌이 인멸되어 이미 증거가 없는 기(杞)나라와 송(宋)나라로 돌아가는데,[373] 더구나 매월당과 같이 몸과 세상 두 가지를 다 잊은 분에 있어서이겠습니까.

이 어른은 형해(形骸)의 밖에서 방랑하여 세상을 버리고 홀로 섰으니, 어찌 후세에 이름을 남기기를 바랐겠습니까. 그러나 우리들의 세교

372 영윤(令胤)이……있어서 : 곤임(閫任)은 병사(兵使)와 수사(水使)의 직임을 통틀어 이르던 말인바, 이때 이재의의 장남인 이종영(李鍾英, 1791~?)이 전라 병사(全羅兵使)의 직임을 맡고 있었다. 《承政院日記 純祖 25年 11月》

373 증거가……돌아가는데 : 후세에 증거할 만한 문헌이 없게 됨을 이른다. 《논어》 〈팔일(八佾)〉에 "하(夏)나라의 예법을 내가 말할 수 있으나 그 후손의 나라인 기(杞)나라에서 충분한 증거를 대지 못하며, 은(殷)나라의 예법을 내가 말할 수 있으나 그 후손의 나라인 송(宋)나라에서 충분한 증거를 대지 못함은 문헌이 부족하기 때문이다. 문헌만 충분하다면 내가 내 말을 증거댈 수 있을 것이다.〔子曰: 夏禮, 吾能言之, 杞不足徵也, 殷禮, 吾能言之, 宋不足徵也, 文獻不足故也, 足則吾能徵之矣.〕"라고 한 데서 원용한 말이다.

를 부식(扶植)하는 정성에 있어서 이 어른을 표창할 계책을 생각하지 않을 수 있겠습니까. 이런 책이 전해지지 않는다면 공자와 같은 성인을 만나더라도 어찌 후세에 이름을 드러낼 수 있겠습니까. 만일 기꺼이 하교를 내려 주신다면 마땅히 즉시 빌려 올릴 것입니다. 밝은 가르침을 받아서 처리할 수 있기를 원합니다.

매산집

제13권

書서

서書

서 상주[1] 간수 에게 답함 병진년[2] 10월

答徐尙州 簡修○丙辰十月

후제(厚齋)[3]가 묻기를

"숙질(叔姪)간이 동서(同壻)가 되어서, 조카는 언니에게 장가들고 숙부는 여동생에게 장가들었는데, 조카의 나이가 숙부보다 어리고 숙부는 대종(大宗)입니다. 숙부가 자식이 없는데 또 양자를 들일 만한 곳이 없어서, 대종의 봉사(奉祀)가 장차 끊어지게 되었으므로, 조카를 데려다가 뒤를 잇게 하였습니다. 지금 숙부와 조카의 입장에서 살펴보면 조카가 숙부의 뒤를 잇는 것은 예에 맞으나, 숙부와

1 서 상주(徐尙州) : 서간수(徐簡修. 1734~?)로 상주 목사를 지냈기 때문에 이렇게 칭한 것이다. 자는 성가(聖可), 본관은 대구(大邱)이다. 1762년(영조38) 식년 진사시에 합격하고 선혜청 낭청(宣惠廳郎廳), 상주 목사(尙州牧使) 등의 벼슬을 지냈다.

2 병진년(丙辰年) : 1796년(정조20)으로, 매산의 나이 21세 되던 해이다.

3 후제(厚齋) : 김간(金榦, 1646~1732)의 호로 자는 직경(直卿), 본관은 청풍(淸風), 시호는 문경(文敬)이며, 남계 박세채, 우암 송시열의 문인이다. 학행으로 천거되어 벼슬이 우참찬에 이르렀다. 예학(禮學)에 조예가 깊어 선인들의 문집 가운데 예설을 뽑아 정리한 《동유예설(東儒禮說)》을 편찬하였으며, 많은 저서를 남겼다.

조카의 아내의 입장에서 살펴보면 여동생이 시어머니가 되고 언니가 며느리가 되어서 언니가 여동생에게 며느리의 도를 행하는 것이 편안하지가 않습니다."

라고 하였습니다. 남계(南溪 박세채(朴世采))가 대답하기를

"여동생이 시어머니가 되고 언니가 며느리가 되는 것은, 과연 인륜(人倫)이 뒤바뀌는 혐의가 있다. 그러나 대종의 봉사가 끊어지는 것은 일이 더욱 중대하니, 이것과 저것을 비교해보면 경중(輕重)에 차별이 있다. 부인은 예(禮)에 마땅히 남편을 따라야 하니, 조카가 이미 숙부를 아버지라고 칭한다면 언니 또한 마땅히 여동생을 시어머니라고 칭해야 한다."

라고 하였습니다.

언니가 며느리가 되고 여동생이 시어머니가 되는 것은 인륜이 크게 뒤바뀌는 것이니, 남계의 말씀을 따를 수 없을 듯합니다. 그러나 언니가 시어머니가 되고 여동생이 며느리가 되는 경우에는 그 순서가 매우 순(順)하니, 어찌 소목(昭穆)을 논할 것이 있겠습니까.[4] 나이가 비록 한두 살의 차이가 난다 하더라도 장애가 되지 않을 듯합니다. 더구나 이 종중(宗中)에 달리 양자를 들일 곳이 없음에 있어서이겠습니까. 예의 뜻으로 헤아려 보고 인정으로 기준해 보건대 조금도 서로 어그러

4 소목(昭穆)을……있겠습니까 : 소목은 종묘(宗廟) 또는 사당(祠堂)에 조상의 신주를 차례로 모시는 예로, 왼쪽 줄을 소(昭)라 하고 오른쪽 줄을 목(穆)이라 하는데, 천자(天子)는 7묘(廟)로 태조를 가운데 모시고 2세(世)·4세·6세는 왼쪽인 소에 모시며, 3세·5세·7세는 오른쪽인 목에 모셔 3소·3목이 된다. 같은 항렬이었던 자매간이 고부간이 되어 세(世)를 달리하게 되므로 이렇게 말한 것이다.

짐이 없으니, 다시 무엇을 의심하겠습니까.

남계의 설 외에는 달리 분명하게 검증할 만한 것이 없으나 천한 저의 소견은 이러하니, 다시 권도(權道)에 통달한 군자에게 묻습니다.

서 상주에게 답함 경신년[5] 3월

答徐尙州 庚申三月

하문하신 의심나는 절목은 엎드려 다 살펴보았습니다. 삼가 수옹(遂翁 수암(遂菴) 권상하(權尙夏))의 논(論)을 살펴보건대 여기에 이르기를 "나이가 장상(長殤)[6]이 넘었으면 비록 시집가고 장가가지 않았더라도, 친척들이 그를 위해 복을 입기를 모두 성인(成人)과 같이 하여야 한다."라고 하셨으니, 이것에 근거하면 만일 나이가 장상을 넘은 외손녀가 미처 계례(笄禮)[7]하기 전에 요절한 경우에는 시마복(緦麻服)을 입는 것이 의심할 것이 없을 듯합니다.

삼상(三殤)에 아직 관례(冠禮)하고 계례하지 않았으면 그 나이를 계산해서 세 등급으로 나누어 해당 복을 입어야 하고, 이미 관례를 하고 계례를 하였으면 비록 상의 나이에 죽었더라도 상복(殤服)으로 복을 입지 않습니다. 예의 뜻이 이와 같으니, 어떨지 모르겠습니다.

5 경신년(庚申年) : 1800년(정조24)으로, 매산의 나이 25세 되던 해이다.

6 장상(長殤) : 성년(成年)이 되기 전에 일찍 죽는 것을 상(殤)이라 하는데, 삼상(三殤)으로 나뉘어 16세부터 19세 사이에 죽은 경우를 장상(長殤), 12세부터 15세 사이에 죽은 경우를 중상(中殤), 8세부터 11세 사이에 죽은 경우를 하상(下殤)이라고 한다. 등급에 따라서 상복을 낮춰 입고 장례 의식도 강등되며, 8세 이전에 죽은 사람에 대해서는 복을 입지 않는다.

7 계례(笄禮) : 남자의 관례(冠禮)에 해당하는 여자의 성인식을 이르는 말로, 계는 비녀이다. 옛날에는 여자가 15세가 되면 출가를 허락하고 계례를 행하고 동시에 자(字)를 지어 주었다. 《朱子家禮 卷2 冠禮 笄》

이 금천[8] 백 에게 올림 을해년[9] 3월

上李金川 湘○乙亥三月

직필(直弼)은 아룁니다. 불의의 흉변(凶變)으로 현숙하신 숙인(淑人)[10]께서 갑자기 세상을 떠나시니, 부부간의 의리가 중함을 헤아려보건대 몹시 슬프고 침통하실 것입니다. 삼가 생각하건대, 생존하셨던 날에 아침과 저녁 식사가 이어지지 못하였고 또 이치에 거스르는 슬픔을 심하게 겪어서 사람의 도리로 참을 수 있는 바가 아니니, 지금 우러러 슬픔을 달래드리고자 하나 할 말이 없습니다. 부디 지나간 세월은 길고 이승에서 살 연수는 짧을 것[11]을 가지고 스스로 위안하는 자료로 삼기 바랍니다.

봄이 깊어가는 요즈음 거상(居喪)하시면서도 몸을 잘 조섭(調攝)하시어 철따라 깨끗하고 편안하시기를 엎드려 바라면서, 구구하게나마 흠모(欽慕)하는 정을 폅니다. 재방(在邦)의 무덤을 덮은 풀이 벌써 두 번째로 무성해졌습니다.[12] 이 사람은 지극한 효도와 우애가 천성에

8 이 금천(李金川) : 1812년(순조12)에 금천 군수(金川郡守)를 지낸 이백(李湘)을 이른 것인데 기타의 인적 내용은 미상이나, 이 편지로 보건대 매산의 처숙(妻叔)이나 처종숙(妻從叔)으로 보인다.

9 을해년(乙亥年) : 1815년(순조15)으로, 매산의 나이 30세 되던 해이다.

10 숙인(淑人) : 조선조 때 정3품의 당하관(堂下官) 및 종3품의 종친(宗親)과 문무관(文武官)의 아내에게 내리던 품계로, 여기서는 상대방의 부인을 가리킨 것이다.

11 지나간……것 : 이 구절은 진(晉)나라의 시인 반악(潘岳)이 지은 〈애영서문(哀永逝文)〉에 보인다.

서 나오고, 교결(皎潔)한 지조가 자신에 대한 자랑에서 나온 것이 아니며, 뜻이 정해진 바가 있어서 시퍼런 칼날도 이를 바꾸지 못하고, 이치에 의탁한 바가 있어서 치수(淄水)와 민수(澠水)를 절로 분변(分辨)하였습니다.[13] 시초(蓍草)와 거북과 같은 지혜[14]가 있으나 말하지 않아서 어리석은 듯하였고, 보불(黼黻)의 화려한 문장(文章)[15]이 있으나 거두어 숨겨서 없는 듯하였으며, 벼슬길에 나아가면 좋은 때를 만들 수 있고 은둔하면 몸의 지조를 지킬 수 있었는데도, 애석하게 이것을 거두어 돌아가서 조금도 세상에 드러내지 않았습니다.

비유하면 지초와 난초, 기린과 봉황이 나오면 세상에 상서(祥瑞)가

12 재방(在邦)의……무성해졌습니다 : 재방은 매산의 처남인 이승달(李承達, 1780~1814)의 자인바, 이 편지가 쓰인 1815년의 한 해 전인 1814년에 별세하였으므로 이렇게 말한 것이다. 호는 수우(守愚), 본관은 전주(全州)이다. 형조 판서 이계(李洎)의 아들이며, 종숙인 이송(李淞)의 문하에서 수학하였다. 1803년(순조3) 증광시 문과에 급제하고, 벼슬이 지평에 이르렀다. 본집 39권에 매산이 쓴 묘지명이 있다.

13 치수(淄水)와……분변(分辨)하였습니다 : 이치의 미묘한 차이를 절로 분변한다고 말한 것이다. 치수와 민수(澠水)는 모두 중국 산동성(山東省)에 있는 강의 이름으로 그 물맛이 서로 다르지만 섞어 놓으면 판별하기 어려운데, 맛을 잘 아는 역아(易牙)는 이를 분별해 내었다고 한다. 《여씨춘추(呂氏春秋)》 권18 〈정유(精諭)〉에 "백공(白公)이 공자(孔子)에게 묻기를, '만약 물에다 물을 타면 어떻게 됩니까?' 하니, 공자께서 '치수와 민수를 섞어 놓더라도 역아(易牙)는 맛을 보아 이를 알 수 있다.' 하셨다.〔白公曰: 若以水投水奚若? 孔子曰: 淄澠之合者, 易牙嘗而知之.〕"라고 보인다.

14 시초(蓍草)와……지혜 : 시초는 주역점을 칠 때 쓰이고, 거북은 거북의 등껍질로 나라에 큰일이 있을 때 치는 거북점에 쓰이는바, 의심나는 것을 상고하고 결단해 줄 수 있는 지혜를 말한 것이다.

15 보불(黼黻)의 화려한 문장(文章) : 보불은 임금의 대례복(大禮服)에 놓은 수(繡)로, 보는 도끼 모양의 흑백색, 불은 아(亞)자 모양의 흑청색으로 수를 놓은 것인데, 흔히 아름답고 격조 높은 문장(文章)을 비유한다.

되지만, 이들이 제때가 아닌데 나오면 죽임을 당하는 것이 당연한 것과 같습니다. 이 사람이 석갈(釋褐)[16]한 지 십수 년에 임금의 얼굴을 알지 못하고 깊은 산중에서 끝내 고사(枯死)하였으니, 이 사람처럼 사람의 일을 깨끗이 처리한 경우는 거의 살아서는 천리에 순응하고 죽어서는 편안하다는 것입니다.[17]

천한 이 몸은 독신(獨身)으로 친한 형제가 없으니, 서로 의지하여 살아가는 것을 이 사람에 의지할 뿐이었습니다. 그런데 하루아침에 갑자기 불행을 당한 것을 보니, 정신이 아득히 사라지고 풍도(風度)가 더욱 실추되어서, 비단 도끼를 버리고 거문고 줄을 끊어버려서[18] 종신

16 석갈(釋褐) : 신분이 낮은 사람이 입는 옷인 갈옷을 벗고 관복을 입는다는 뜻으로 벼슬에 처음 입사(入仕)함을 이르는 말이었는데, 후대에는 문과에 급제한 자들에게 모두 새 옷을 입혀 유가(遊街)를 시켰으므로 문과에 급제함을 이르는 말로도 사용하였다.

17 살아서는……것입니다 : 원문의 '존순몰영(存順沒寧)'은 북송의 학자 장재(張載)가 지은 〈서명(西銘)〉의 "살아서는 내 천리에 순응하고 죽어서는 내 편안하다.〔存吾順事, 沒吾寧也.〕"라는 마지막 구절을 줄여서 쓴 것이다.

18 도끼를……끊어버려서 : 원문의 '폐근(廢斤)'과 '철현(輟絃)'은 모두 자신을 알아주는 절친한 지기(知己)를 잃은 것을 비유하는 말이다. '폐근'의 고사는 《장자》 〈서무귀(徐無鬼)〉에 보이는바, 장자가 평소 절친했던 혜자(惠子)의 묘 앞을 지나면서 제자들에게 "영(郢) 땅 사람 중에 자기의 코끝에다가 백토를 파리 날개처럼 얇게 바르고 장석(匠石)에게 그것을 깎아내게 하자, 장석이 바람 소리가 날 정도로 도끼를 재빠르게 휘둘러 백토를 깎아내었는데, 백토는 모두 깎였지만 코는 다치지 않았고 영 땅 사람도 똑바로 서서 모습을 조금도 흩트리지 않았다. 송(宋)나라 원군(元君)이 이 이야기를 듣고 장석을 불러 '어디 시험 삼아 나를 위해 그대로 한 번 해보게나.' 하자, 장석은 사양하면서, '제가 이전에는 그렇게 할 수 있었지만 이 기술을 쓸 수 있었던 바탕(상대)이 죽은 지 오래되었습니다.' 하였는데, 지금 나도 혜자가 죽은 뒤로 장석처럼 나를 알아주는 상대가 없어져서 더불어 이야기할 사람이 없어졌다.〔郢人, 堊慢其鼻端, 若蠅翼, 使匠石斲之, 匠石運斤成風, 聽而斲之, 盡堊而鼻不傷, 郢人立不失容. 宋元君聞之,

(終身)의 한(恨)이 될 뿐만이 아닙니다.

엎드려 생각하건대, 존장(尊丈)께서는 이 사람에 대한 친애(親愛)의 정이 돈독하여 보통 사람들의 숙질 사이와 달라서 그 원통함이 뼈에 사무쳐 스스로 참을 수가 없으실 터이니, 어찌 비경(丕卿)[19]의 슬픔보다 덜하겠습니까.

지금 겨우 병을 무릅쓰고 사람을 불러 대신 쓰면서 이 일에 언급하자니, 더욱 계속 몸이 다시 떨려서 거의 진정할 수가 없습니다. 나머지는 찾아뵈올 때를 기다리며 우선 다 말씀드리지 않습니다.

召匠石曰: 嘗試爲寡人爲之. 匠石曰: 臣則嘗能斲之, 雖然臣之質死久矣. 自夫子之死也, 吾無以爲質矣, 吾無與言之矣.]"라고 하였다. '철현(輟絃)'은 거문고 타기를 그만둔다는 말로, 춘추 시대 거문고의 명인이던 백아(伯牙)가 지음(知音)의 벗인 종자기(鍾子期)가 죽자 거문고 소리를 들을 사람이 없다 하여 줄을 모두 끊고 다시는 타지 않았다는 고사에서 유래하였다. 《列子 湯問》

19 비경(丕卿) : 이승조(李承祖)로, 본관은 전주(全州)이며, 비경은 그의 자이다. 효정전 참봉(孝正殿參奉), 부사과(副司果) 등을 지냈다.

이구암[20] 원배 에게 줌 임술년[21] 5월

與李龜巖 元培○壬戌五月

저 직필은 일찍이 선왕(先王)께서 하집사(下執事)에게 내리신 은혜로운 윤음(綸音)을 읽어보았습니다. '십삼경(十三經)을 조목조목 대답한 것이 명백하고 모두 조리가 잘 통한다.'는 말씀이 화곤(華袞)처럼 정중하셨으며,[22] '북방의 많은 선비들을 분교(分敎)하여 저들에게 의

20 이구암(李龜巖) : 정조 때의 학자인 이원배(李元培, 1745~1802)로, 구암은 그의 호이고, 자는 여달(汝達), 본관은 공주(公州)이며 송암(松巖) 이재형(李載亨)의 문인이다. 함경도 경성 사람으로 1798년(정조22) 정조가 전국의 숨은 선비를 찾을 때 함경감사의 추천으로 서울에 왔으며, 정조가 구경(九經)에 대하여 60여 조로 질문하자 이에 거침없이 대답하여 포상을 받았다. 병으로 벼슬길에 나아가지 못하였지만, 지방의 선비들을 가르쳤으며, 이러한 공로로 조정으로부터 경학 서적과 주자학 관계 서적을 하사받았다. 뒤에 벼슬이 내려졌으나 나아가지 않고, 학문과 제자 양성에 전념하였다.

21 임술년(壬戌年) : 1802년(순조2)으로, 매산의 나이 27세 되던 해이다.

22 선왕(先王)께서……하셨으며 : 선왕은 정조(正祖)를 이른다. 하집사(下執事)는 본래 측근에서 신변의 일을 처리하는 사람을 이르는데, 옛날에는 상대방을 직접 호칭하는 것을 결례로 생각하여 상대방을 '하집사' 또는 '좌우(左右)'라고 써서 공경하는 뜻을 표시하였다. 원문의 '발(綍)'은 윤음(綸音)을 이르는바, 《예기》 〈치의(緇衣)〉에 "왕의 말은 처음에는 굵은 실과 같다가도, 나갈 때에는 동아줄처럼 커진다.〔王言如綸, 其出如綍.〕"라는 구절에서 온 것이다. 이 내용은 《정조실록》 22년(1798) 8월 8일의 기사 '경학에 밝은 함경도 유생 이원배를 불러오게 하다.'에 보인다. '화곤(華袞)처럼 정중하셨다'는 것은 임금이 내린 칭찬이 매우 영광스럽고 정중함을 말한 것이다. 화곤은 본래 고대 왕공(王公)과 귀족의 복장인데, 지극한 칭찬을 뜻하는 말로 쓰인다. 진(晉)나라 범녕(范寧)의 〈춘추곡량전 서(春秋穀梁傳序)〉에 "한 글자의 포장(褒獎)이 화곤을 받는 것보다도 영광스럽고, 한마디의 폄하가 시장에서 맞는 회초리보다도 욕스럽다.〔一字之褒

귀(依歸)할 곳이 있게 하여 취향을 잃지 않도록 하게 하라.'고 명하기까지 하셨으니,[23] 삼가 생각하기를 '이분은 반드시 경서(經書)를 궁구하고 스스로 지조를 지키는 선비일 것이다. 그렇지 않다면 우리 정조(正祖) 임금께서 은혜를 내리심에 있어, 반드시 허명(虛名)일 뿐인데도 그의 풍도(風度)를 향하고 그 의리를 좇기를 다만 마치 술에 취한 것처럼 수고롭게 하지 않으셨을 것이다.'라고 여겼습니다.

이때 또 집사께서 박명벽(朴命壁)[24]에게 답한 편지를 얻어 읽어보니, 주자(朱子)의 말씀을 인용하여 이르시기를

"옛날 군자가 학문에 급급하였던 것은, 끝내 남과 다르게 되려고 부지런히 한 것이 아니기 때문에 또한 끝내 남과 다름이 없다고 하여 마음이 해이해지지 않았고, 자신의 이름을 떨치려고 권면한 것이 아니기 때문에 또한 그 이름을 떨치지 못했다고 하여 뜻이 저상(沮喪)되지 않았고, 이로움을 찾으려고 학문을 한 것이 아니기 때문에 또한 그 이로움이 없다고 하여 학문을 그만두지 않았다. 이러한 마음가짐은 한결같이 의도적으로 목적하는 바가 없고 오직 천리(天理)에 당연한 것이기 때문에 자신이 이렇게 하지 않을 수 없는 것이다."

라고 하였고, 끝에 맺기를

寵逾華袞之贈, 一言之貶, 辱過市朝之撻.〕"라는 구절에서 유래하였다.

23 북방의……하셨으니 : 분교(分教)라고 말한 것은 정조가 이원배를 북관(北關)의 겸분교관(兼分教官)에 차임하도록 명하였으므로 이렇게 말한 것이다. 이 내용은 《정조실록》 24년(1800) 윤4월 3일의 기사 '경성 유학 이원배에게 서책을 하사하고 겸분교관의 벼슬을 주다.'에 보인다.

24 박명벽(朴命壁) : 1773~?. 자는 계립(季立), 본관은 영해(寧海)이다. 1803년(순조3년) 증광 진사시에 합격하고 인의(引儀) 벼슬을 지냈다.

"천하 만물이 나의 한 터럭조차도 동요시킬 수가 없다."

라고 하셨으니, 여기에서 집사의 참된 즐거움이 어디에 있는지를 볼 수 있습니다. 집사께서는 공사(公私)와 의리(義利)의 분별과 내외(內外)와 경중(輕重)의 분별에 있어, 마치 흑과 백을 분별하듯이 가장 근본적인 것을 간파하였다고 이를 만합니다.

무릇 오늘날 높은 관을 쓰고 넓은 띠를 두르고서 고비(皐比)의 자리[25]에 높이 앉은 자가 누군들 주자를 배운다고 말하지 않겠습니까마는, 이 의리를 강론하는 자가 좀처럼 세상에 알려진 것이 없는데, 하물며 이(利)와 선(善) 사이에서 능히 일도양단(一刀兩段)하듯 할 수 있겠습니까.

오직 집사께서 이를 제일의 의체(義諦)로 삼아서 스스로 힘쓰고 남을 권면하며 간곡히 여러 번 뜻을 펴셨으니, 제가 편지를 잡고 몇 번이나 읽어 종이가 거의 닳을 지경인데도 여전히 놓지 못하는 것은 바로 이 때문입니다. 진실로 헛되이 얻는 명성은 없으니, 우리 선왕(先王)께서 예를 갖추어 사람을 보내 초빙해서 서울로 부르시고자 하신 것이 이유가 있었습니다. 저는 공과 한 세상을 같이 살고 있으나 상 아래에서 배알하여 아름다운 가르침을 받들 길이 없으니, 부질없이 꿈속에서 공을 그리워할 뿐입니다.

근세에 호(湖)와 낙(洛)의 여러 유자들의 논변(論辨)[26]은 조목(條

25 고비(皐比)의 자리 : 고비는 호랑이 가죽으로, 스승의 자리를 이른다. 북송(北宋)의 학자 횡거(橫渠) 장재(張載)가 항상 호랑이 가죽을 깔고 앉아서 《주역》을 강론하였으므로, 전하여 스승이 강학(講學)하는 자리나 스승을 이르게 되었다.

26 호(湖)와……논변(論辨) : 조선 후기, 심(心)과 성(性)에 대한 이해(理解)의 문제로 성리학자들이 대립하여 진행된 호락논쟁(湖洛論爭)을 이른다. 낙론(洛論)은 미발

目)마다 분분(紛紛)한데, 그중에 큰 강령(綱領)이 세 가지가 있으니, 인(人)과 물(物)의 성(性)이 같은가 다른가와, 마음의 체(體)는 본래 선한가 아니면 선악(善惡)이 있는가와, 명덕(明德)에 분수(分數)가 있는가 없는가의 여부입니다.

인과 물의 성이 같음을 주장하는 자들은 《중용》의 천명지성(天命之性)에 대한 장구(章句)의 말씀[27]을 따라 이르기를 "물 또한 오상(五常)의 이치를 받았다. 그러나 기질(氣質)의 제한을 받기 때문에 그 성(性)을 온전히 하지 못한다."라고 하고, 인과 물의 성이 다름을 주장하는 자들은 《맹자》의 개와 소와 사람의 세 가지 성이 똑같지 않다는 말씀[28]을 따라서 이르기를 "물은 기(氣)를 편벽되게 받았기 때문에 받은 바의

은 마음의 본체로 순선(純善)하여 선악이 없고 사람과 물건의 성은 본연지성으로 이(理)와 같으므로 같을 수밖에 없다고 주장하였고, 호론(湖論)은 미발한 마음의 체에도 기질의 선악이 있으며 현실에 드러나는 본연지성은 기질의 맥락 속에 있을 수밖에 없으므로 사람과 물건의 성은 다르다고 주장하였다. 이 논쟁에 있어 주로 서울·경기 지역에 거주한 농암 김창협, 삼연 김창흡, 외암(巍巖) 이간(李柬) 등이 한 파를 이루어 이를 낙론 또는 낙파라 하였으며, 충청 지역에 사는 남당(南塘) 한원진(韓元震) 등이 또 한 파를 이루어 이를 호론 또는 호파라 하였다.

27 중용의……말씀 : 《중용장구》 제1장(성도교장(性道敎章))의 "하늘이 음양과 오행으로 만물을 화생할 적에 기(氣)로써 형체를 이루고 이(理) 또한 부여하니 명령함과 같다. 이에 사람과 물건이 태어남에 각각 부여받은 바의 이(理)를 얻음으로 인하여 건순과 오상의 덕을 삼으니, 이른바 성(性)이라는 것이다.〔天以陰陽五行, 化生萬物, 氣以成形而理亦賦焉, 猶命令也. 於是, 人物之生, 因各得其所賦之理, 以爲健順五常之德, 所謂性也.〕"라는 구절을 이른다.

28 맹자의……말씀 : 《맹자》 〈고자 상(告子上)〉의 "그렇다면 개의 성이 소의 성과 같으며, 소의 성이 사람의 성과 같은가.〔然則犬之性, 猶牛之性, 牛之性, 猶人之性與?〕"라는 구절을 이른다.

이(理) 또한 편벽되어서 태어날 때부터 이미 다르다."라고 합니다.

마음이 본래 선함을 주장하는 자들은 정자(程子)의 설을 따라 "기(氣)의 정하고 깨끗한 것이 마음이 되니, 마음의 체(體)에 어찌 불선(不善)이 있겠는가. 이 체(體)가 사려(思慮)에 발하면 선함이 있고 불선함이 있다."라고 하고, 마음에 선과 악이 있는 것을 주장하는 자들은 이르기를 "마음은 바로 기질이니, 기질에는 청(淸)과 탁(濁)의 고르지 않음이 있기 때문에, 마음 또한 선과 악이 있다."라고 합니다.

명덕에 분수(分數)가 있다는 논을 주장하는 자들은 이르기를 "'명덕은 본심이고 마음은 기(氣)이니, 기는 고르지 않기 때문에 명덕에도 분수가 있다."라고 하고, 분수가 없다는 논을 주장하는 자들은 이르기를 "사람의 허령(虛靈)함은 품부 받는 바에 구애되지 않는다. 허령은 명덕의 체이니, 어찌 품부 받은 기질의 다름 때문에 분수가 있다고 하겠는가."라고 하였습니다.

제가(諸家)들이 주장을 세움에 있어 각각 주자를 증거로 삼아서 장차 백 년 동안 해결하지 못할 사안(事案)이 되었습니다. 집사께서는 이에 대하여 반드시 선입견을 주장하지 아니하여 공정한 안목으로 잘 보실 수 있지 않겠습니까. 부디 통절(痛切)하게 이해하시고 풍편(風便)을 통하여 자세히 보여주시는 것이 어떻겠습니까?

김 판서[29] 기후 에게 답함 계유년[30] 정월

答金判書 基厚○癸酉正月

제사를 주관할 남자가 없어서, 부인(婦人)이 제사를 받들고 신주(神主)를 쓰는 것은 만부득이한 권의(權宜)의 방도에서 나온 것입니다. 후사(後嗣)가 없는 상(喪)이라도 대공복(大功服)을 입는 친척이 있으면 부인이 상주(喪主)가 될 수 없지만, 영감(令監)[31]의 서종가(庶從家)와 같은 경우는 이미 대공복을 입을 사람이 없고 또 대를 이을 희망이 없으니, 현벽(顯辟)과 망자(亡子)로 신주를 개제(改題)하는 것[32] 외에는 다른 방도가 없을 듯합니다.

그 아들에게 처(妻)가 있으니 또한 망자 대신 현벽으로 신주를 개제

29 김 판서(金判書) : 김기후(金基厚, 1747~1830)로 공조 판서를 지냈기 때문에 이렇게 칭한 것이다. 이 편지가 쓰인 해는 1813년이고 김기후가 공조 판서에 제수 된 것은 1823년(순조23)인데, 이 명칭은 문집을 편찬하는 후일에 바뀐 것으로 보인다. 김기후는 자가 사중(士重), 본관이 청풍(淸風), 시호가 효헌(孝憲)이며, 정조의 비인 효의왕후(孝懿王后)의 사촌 오라비이다. 1774년(영조50) 생원시에 합격하고, 음보(蔭補)로 출사하여 벼슬이 공조 판서에 이르렀다. 왕실의 인척으로 항상 언행을 삼가 순조의 신임이 두터웠다. 1826년 노령으로 정헌대부(正憲大夫)에 승진되었다가, 서만수(徐萬修)의 무고를 받아 외진 고을에 유폐된 지 수년 만에 별세하였다.

30 계유년(癸酉年) : 1813년(순조13)으로, 매산의 나이 38세 되던 해이다.

31 영감(令監) : 정3품과 종2품의 관직에 대한 존칭이다. 이 편지가 쓰인 해에 김기후는 종2품 무관 벼슬인 총융사(摠戎使)로 있었다.

32 현벽(顯辟)과……것 : 현벽과 망자(亡子)는 신주(神主)나 축문(祝文)에서 이르는 말로, 현벽은 아내가 죽은 남편을, 망자는 부모가 죽은 아들을 이르는 말이다. 개제(改題)는 신주를 고쳐 쓰는 것을 이른다.

할 수 있을 듯하나, 어머니가 계시면 마땅히 높은 분에게 통할(統轄)되기 때문에 이렇게 할 수 없습니다. 남편의 신위(神位)에 고하는 개제고사(改題告辭)는

"모년 모월 모일에, 주부(主婦) 모씨는 현벽 모관(某官) 부군(府君)에게 고합니다. 사자(嗣子) 모가 자식이 없이 죽었는데 후사(後嗣)를 세울 길이 없고 또 대공(大功)의 친척으로 제사를 주관할 만한 사람이 없기에, 삼가 예경(禮經)의 글을 따라 장차 현벽으로 개제하려 함에 애통한 마음을 이기지 못하여, 삼가 술과 과일을 진설하고 정성을 펴서 삼가 경건히 고합니다."

라고 합니다.

자식의 신위에 고하는 고사는

"모년 모월 모일에, 어미는 죽은 자식 모관에게 고하노라. 당초 신주를 쓸 때에 종자(宗子 큰 아들) 모관이 망종제(亡從弟)라고 썼었는데, 지금 종자의 상기(喪期)가 이미 다하여 제사를 주관할 사람이 없고 양자를 세워 대를 잇는 것 또한 그 희망이 끊겼으므로, 권의의 도를 따라 장차 망자(亡子)로 개제하려 하니, 슬프고 아픈 마음을 이길 수 없다. 이에 술과 과일을 진설하고 사유를 고하여 이에 고한다."

라고 하면 됩니다.

김 판서에게 답함 을해년[33] 정월

答金判書 乙亥元月

돌아가신 처사(處士) 이귀상(李龜祥)[34] 공은 남쪽 지방의 고사(高士)입니다. 일찍이 늑천(櫟泉)[35]의 문하에 들어가 성(性)과 도(道)의 가르침에 참여하여 들었는데, 불행히도 명이 짧아 심량(心量 마음의 국량)의 지극한 바를 채우지 못하였으니, 사우(士友)들이 서글퍼하고 애석하게 여긴 지가 오래입니다.

경전의 뜻에 대해 차술(箚述 차기(箚記))한 것은 매우 미세한 부분까지 털끝처럼 자세하게 분석하였는바, 미처 책으로 만들어지지는 못했으나 자신의 분수에 있어서는 그래도 길이 남길 만한데, 세상에 그를 위하여 주선하는 자가 없으니, 장차 상자 속에 영원히 남겨지고 말뿐이란 말입니까? 〈만약 책으로 만든다면〉 한 조각의 금과 길광(吉光)의 터럭 하나[36]도 인멸(湮滅)되어 사람들에게 일컬어지지 않음을 면할 수

33 을해년(乙亥年) : 1815년(순조15)으로, 매산의 나이 40세 되던 해이다.

34 이귀상(李龜祥) : 1725~?. 자는 군범(君範), 본관은 연안(延安)으로 1754년(영조30) 증광 생원시에 차석으로 합격하였다.

35 늑천(櫟泉) : 송명흠(宋明欽, 1705~1768)의 호로 자는 회가(晦可), 본관은 은진(恩津), 시호는 문원(文元)이며, 동춘당(同春堂) 송준길(宋浚吉)의 현손(玄孫)이고 도암(陶菴) 이재(李縡)의 문인이다. 과거에 응시하지 않았는데 학행으로 천거되어 장령 등의 벼슬에 제수되었으나 나아가지 않았으며, 모친의 뜻으로 1755년 옥과 현감(玉果縣監)이 되었으나 모친께서 별세하자 바로 사직하였다. 말년에 정국이 다소 안정되자 찬선(贊善)으로 경연관이 되었는데 영조의 비위에 거슬리는 발언을 하여 파직되었다.

36 한……하나 : 시(詩)나 문장(文章) 중의 뛰어난 소품(小品)을 이르는 말이다. 원

있을 것입니다.

이분은 또한 일찍이 하집사(下執事)의 글방 스승이셨으니, 하집사께서 비록 미처 학업을 마치지는 못했으나 덕을 아는 것은 깊습니다. 이미 경전을 잡고 북향하여 제자의 예를 갖췄다면, 어찌 그 지위를 논할 수 있겠습니까.

사계(沙溪)와 수몽(守夢)이 구봉(龜峯)[37]에 대하여 경애(敬愛)하고 존모(尊慕)한 것은 또한 지극하다고 하겠으며, 죽서(竹西) 심종직(沈宗直)[38] 공이 구봉의 유집(遺集)[39]을 간행한 것으로 말하면 또한 사계와

문의 '편우(片羽)'는 '길광편우(吉光片羽)'를 줄여 쓴 것인데, 길광은 고대 전설 속의 신수(神獸)로 일설에는 신마(神馬)라고도 한다.

37 사계(沙溪)와 수몽(守夢)이 구봉(龜峯) : 사계는 김장생(金長生, 1548~1631)의 호로, 자는 희원(希元), 본관은 광주(光州), 시호는 문원(文元)이며, 율곡 이이와 구봉(龜峰) 송익필(宋翼弼)의 문인이다. 유일(遺逸)로 천거되어 여러 벼슬에 제수되었으나, 대부분 사양하고 고향에 은둔하면서 학문과 후진 양성에 몰두하였다. 수몽은 정엽(鄭曄, 1563~1625)의 호로 자는 시회(時晦), 본관은 초계(草溪), 시호는 문숙(文肅)이며, 구봉 송익필의 문인이다. 1583년(선조16) 별시 문과에 급제하고 벼슬이 우참찬에 이르렀다. 도승지로 있을 때 광해군에게 경연을 소홀히 한다고 직언할 정도로 강직하였고, 이괄(李适)의 난 때 공주 파천의 안을 과감히 제안하는 등 지모(智謀)에도 뛰어났다. 구봉은 송익필(1534~1599)의 호로, 자는 운장(雲長), 본관은 여산(礪山), 시호는 문경(文敬)이다. 아버지 송사련(宋祀連)은 천민(賤民) 출신으로 남곤(南袞)과 심정(沈貞)을 도와 안당(安瑭)을 무함하여 역모를 꾸민다고 고변하여, 이 공로로 정3품의 관직에까지 올랐으나, 송사련 사후에 안당의 역모가 조작임이 밝혀져 자신과 집안사람들이 다시 안씨 집안의 노비의 신분이 되자, 도피하는 등 불우한 일생을 보냈다. 재주가 비상하여 일찍이 문명을 떨쳤으나 과거를 볼 수 없게 되자 학문에 전념하여 높은 경지에 올라 이이(李珥)·성혼(成渾)과 종유하였다. 특히 예학(禮學)에 밝았으며 정치에도 깊은 식견이 있어 서인 세력의 막후실력자가 되기도 하였다.

38 죽서(竹西) 심종직(沈宗直) : 1557~?. 죽서는 호이고 자는 사경(士敬), 본관은

수몽 두 분의 지극한 뜻을 받든 것입니다. 부디 이러한 의리를 따라 이 처사(李處士)의 문고(文稿)[40]를 취해서 산삭(刪削)하여 한두 권을 만들어서 활자를 사용하여 인쇄한다면 사자(師資 스승)의 은혜를 갚을 수 있을 것이니, 실로 성덕(盛德)의 광채가 되어 비단 영원히 서거(逝去)하신 분의 영혼을 위로할 뿐만이 아닐 것입니다. 부디 문하(門下)께서는 이 일을 도모하십시오. 일이 하찮은 것 같으나, 또한 충분히 세교(世教)를 부식(扶植 도와서 바로 서게 함)하는 한 단서가 되니, 그만두어서는 안 될 듯합니다. 높으신 뜻은 어떠신지 모르겠습니다.

예(禮)에 두 아들이 각각 남의 양자가 되는 경우 복(服)의 등급을 두 번 낮추지 않고, 두 딸이 각각 출가하는 경우 또한 복의 등급을 두 번 낮추지 않습니다. 《의례》〈상복(喪服)〉에 "남의 양자가 된 자는 시집간 자매를 위하여 소공복(小功服)을 입는다." 하였는데, 마융(馬融)이 말하기를 "대종(大宗)의 양자가 되어 소원해져서 두 등급을 낮추기 때문에 소공을 입는다."라고 하였습니다.[41] 남의 양자가 되어 한

청송(青松)으로, 구봉 송익필의 문인이다. 1591년(선조24) 식년시 진사시에 합격하고 음보(蔭補)로 출사하여 벼슬이 공조 참의에 이르렀다. 행정 업무에 능하였으며 시문에 이름이 있었는데, 홍산 군수(鴻山郡守)로 있으면서 스승인 구봉의 유집을 간행하였다.

39 구봉의 유집(遺集) : 《비선구봉선생시집(批選龜峯先生詩集)》을 이른다. 1622년(광해군14) 홍산 군수로 있던 제자 심종직이 구봉의 시를 모아 책을 만들고 수몽 정엽의 서문과 상촌(象村) 신흠(申欽)·사계 김장생의 발문을 붙여 간행하였다.

40 이 처사(李處士)의 문고(文稿) : 이귀상(李龜祥)의 필사본 문집이 《이거유고(頤居遺稿)》란 제목으로 8책으로 전해지고 있다. 그러나 서문과 발문이 모두 없어 이 책의 편자나 편집 경위에 대한 사실을 확인할 수 없다.

41 마융(馬融)이……하였습니다 : 마융의 이 말은 《독례통고(讀禮通考)》 권13 〈상

등급을 낮추고 또 남에게 시집감으로 인해서 한 등급을 낮추었으니, 이 때문에 소공이 된 것입니다.

무릇 복의 등급을 낮추는 것은 각각 명의(名義 명분과 의리)가 있는데, 각각 남의 양자가 된 자는 출계(出繼)한 명의가 있을 뿐이고 각각 출가한 자는 출가한 명의가 있을 뿐이니, 이 때문에 두 번 등급을 낮추지 않는 것입니다. 오직 출계하고 출가한 뒤에야 두 번 등급을 낮추니, 이는 명의가 각기 다르기 때문입니다. 그렇다면 양자로 온 자제 분이 본생(本生)의 출가한 매씨(妹氏)에 대해서 소공을 입는 것에 대해서는 의심의 여지가 없을 듯합니다.

종손(從孫)이 종조(從祖)의 양자가 되어 뒤를 이으면 소목(昭穆)이 차례를 잃고 윤리가 이루어지지 못합니다. 옛날 백낙천(白樂天)이 질손(姪孫 종손(從孫))을 취하여 양자로 삼자,[42] 선유(先儒)들이 바른 예(禮)가 아니라고 비판하였으니, 예가 아닌 예는 예가(禮家)에서 말하지 않는 것입니다.

우리 동방에는 시양(侍養)[43]이라는 명칭이 있어서 노가재(老稼齋) 김공(金公)이 재종조(再從祖)의 시양손이 되어 제사를 주관하였습니다.[44] 비록 제사를 주관하였다고는 하나 양자로 뒤를 이은 것은 아닙니

기13(喪期十三)〉에 보인다.

42 백낙천(白樂天)이……삼자 : 이 내용은 《고금사문유취(古今事文類聚)》 후집(後集) 권7 〈인륜부(人倫部)〉에 보인다.

43 시양(侍養) : 양자로 삼아 후사(後嗣)를 이을 목적이 아니면서, 동성·이성을 가리지 않고 아이를 거두어 기르던 일을 이른다. 수양(收養)은 자식이 없는 경우이다.

44 노가재(老稼齋)……주관하였습니다 : 이 내용은 미호(渼湖) 김원행(金元行)이 지은 〈종조노가재공행장(從祖老稼齋公行狀)〉에 "문정공(文正公)의 아우의 아드님인

다. 그러나 또한 올바른 예가 아니니, 숙부에게 후사가 없으면 마땅히 숙부의 신주를 할아버지 사당에 부(祔)하여 제사하고 그 아들 대에만 제사를 지내는 것이 예의 바름을 얻게 되는 것이니, 이렇게 하지 않고 그 차자(次子)를 숙부의 시양자가 되게 하는 것이 어찌 옳겠습니까.

세교(世敎)가 쇠퇴하여 예를 폐하고 자기 마음대로 하는 것이 이처럼 지극한 지경에 이르렀으니, 소소한 근심이 아닙니다. 이른바 '시양' 이란 원래 군주에게 고한 것이 아니요 또 예사(禮斜)[45]를 발급 받지 않은 것이니, 그렇다면 뒤를 이은 손자가 아닌데, 뒤를 이은 손자가 아니면서 사당을 세우고 제사를 받든다면 구차하지 않겠습니까. 매번 이 일을 들을 적마다 가슴이 답답하여 숨이 막힙니다.

군수 휘 광식(光烒)이 후사가 없었는데, 그 후취(後娶)인 조씨(趙氏)가 나라의 풍속에 따라 공을 취해 시양손(侍養孫)으로 삼아 그 제사를 받들게 하였다."라고 보인다. 문정공은 청음(淸陰) 김상헌(金尙憲)을 이르고 그 아우는 형조 참의를 지낸 김상복(金尙宓)이며, 김광식은 한산 군수(韓山郡守)를 지냈다. 노가재는 김창업(金昌業, 1658~1721)의 호로 자는 대유(大有), 본관은 안동(安東)이다. 영의정 김수항(金壽恒)의 넷째 아들로 어려서부터 김창협(金昌協), 김창흡(金昌翕) 등 형들과 함께 학문을 익혔다. 1681년(숙종7) 진사시에 합격하였으나 벼슬하지 않고 은거하며 세상일을 멀리하였고, 내시교관(內侍敎官)에 제수되었으나 나아가지 않았다. 시와 그림에 남다른 재주를 지니고 있었으며, 조선 후기에 유행한 실경산수화(實景山水畵)에 크게 영향을 미쳤다.

45 예사(禮斜) : 예조에서 양자(養子)로 세우는 것을 허가하는 입양 허가 문서이다.

김 판서에게 올림 병술년[46] 2월

上金判書 丙戌二月

봄추위가 한겨울과 다름이 없는데, 귀하신 몸을 철따라 잘 조섭하시어 강녕(康寧)하시기를 엎드려 바랍니다. 삼가 듣건대 황발(黃髮)[47]로 병이 없고 정신이 쇠하지 않았다고 하니, 구구한 이 몸은 경하(慶賀)해 마지않습니다. 학과 거북의 수명(壽命)으로 흰 눈썹에 복어(鰒魚)의 등이 되어서 궁하지도 병들지도 않고 초췌한 안색이 없이 고명하고 명랑하게 인도하고 도와주어서,[48] 마치 소나무와 측백나무가 날씨가 추워도 더욱 무성하고 시초(蓍草)와 큰 거북껍질이 세대가 오래될수록 더욱 신령스러운 것처럼 되시기를, 저는 지극히 바랍니다.

하문(下問)하신 사규삼(四褑衫)의 제도는 예경(禮經)에 보이지 않습니다. 〈거복지(車服志)〉에 이르기를 "규(褑)는 옷자락을 나눈 것이다." 하였고, 《통감집람(通鑑集覽)》에는 "마주(馬周)가 의논을 올리기

46 병술년(丙戌年) : 1826년(순조26)으로, 매산의 나이 51세 되던 해이다.

47 황발(黃髮) : 노인의 머리카락이 백색에서 황색으로 바뀐 것으로 장수(長壽)의 징표(徵標)이다. 《시경》 〈노송(魯頌) 비궁(閟宮)〉에 "황색 머리털과 등에 복어의 얼룩무늬가 있는 사람은 장수하여 서로 더불어 쓰인다.〔黃髮台背, 壽胥與試.〕" 하였는데, 정현(鄭玄)의 전(箋)에 "황색 머리털과 등에 복어의 얼룩무늬가 있는 것은 모두 장수의 징표이다.〔黃髮台背, 皆壽徵也.〕"라고 하였다.

48 인도하고 도와주어서 : 원문은 '이인이익(以引以翼)'으로, 《시경》 〈대아(大雅) 행위(行葦)〉에 "황구(黃耇)에 복어 등을 한 노인이, 인도하고 도와주어 장수(長壽)로 길하여 큰 복을 크게 하도다.〔黃耇台背, 以引以翼, 壽考維祺, 以介景福.〕"라고 보인다.

를 '난삼(襴衫)에 선을 둘러 사인(士人)의 웃옷으로 삼고 허리춤을 터 놓은 것은 결과삼(缺骻衫)이라 이름 하니, 서인(庶人)이 입게 하소서.' 하였으니, 바로 지금의 사규삼(四䙆衫)이다."라고 하였고, 《사물기원(事物記原)》의 주(註)에도 "결과삼(缺骻衫)이 있는데 서인이 입으니, 지금의 사과삼(四骻衫)이다." 하였습니다.[49]

《가례》에는 사규삼을 장관자(將冠者 관례(冠禮)를 치르는 자)의 옷이라 하니, 지금 세상에 예를 좋아하는 집안에서 준용(遵用)하고 있습니다. 그 제도는 상고할 수가 없고 다만 네 폭을 합하여 꿰매지 않았기 때문에 '사규'라고 한 것이니, 그 넓고 좁음과 길고 짧음은 또한 마땅히 몸에 맞춰야 할 것입니다. 검은 동정은 심의(深衣)의 동정을 형상하여 겉과 속이 각각 2촌(寸)이고 그 나머지는 겉과 속이 각각 1촌 반인데, 길이는 지척(指尺)[50]을 사용하는 것이 마땅할 듯합니다.

혹 마름질하여 만드는 방법을 모르실까 염려하여 원래의 옷을 빌려

49 거복지(車服志)에……하였습니다 : 〈거복지〉와 《통감집람(通鑑集覽)》에 인용된 내용이 바뀌어져 있는바, 전사의 오류로 보인다. '규(䙆)는 옷자락을 나눈 것이다〔衣裾分也〕'라는 구절은 《어비무대통감집람(御批歷代通鑑輯覽)》 권63 시월제사환구(十月帝祀圜丘)의 계(䙆)의 주석에 보이며, 그 아래의 인용문은 《신당서(新唐書)》 권24 〈거복지〉에 보인다. 마주(馬周, 601~648)는 당나라 태종 때의 명신으로 자가 빈왕(賓王)이다. 어려서 고아가 되었으나, 학문을 좋아하여 《시경》 및 《춘추(春秋)》에 조예가 깊었다. 상하(常何)를 대신하여 시무(時務) 20여 조목에 대해 황제에게 진술하였다가 발탁되어 감찰어사(監察御史) 등의 벼슬을 지냈다. 《新唐書 卷98》 《사물기원(事物記原)》은 송(宋)나라 고승(高丞)이 찬한 유서(類書)로, 10권으로 이루어져 있는데 각종 사물의 시원(始原)과 유래(由來)에 대해서 설명한 책이다.

50 지척(指尺) : 자신의 가운데 손가락의 가운데 마디를 한 치로 기준하여 만든 자를 말한다.

보내오니, 이 옷의 모양을 따라 지어 만드시기 바랍니다. 삼가 들으니, 이 옷을 사용하여 영정(影幀)을 그려서 문정공(文貞公)[51]의 고사(故事)를 따르려 한다고 하는데 이 또한 계술(繼述)하는 한 가지 일이니, 찬미하고 감탄하는 바입니다.

다만 이 제도는 옛날에는 서인의 복장이었고 예경에 있어서는 관례를 치르는 자의 복장이었습니다. 복장이란 존비(尊卑)와 장유(長幼)를 표시하는 것이니, 신분이 낮고 어린 사람의 옷은 연세가 많고 지위가 높은 분에게는 걸맞지 않을 듯합니다. 영정(影幀)의 복색(服色)은 심의에 대대(大帶)를 사용하는 것이 올바르니, 사규삼(四䙆衫)을 쓰는 것은 이만 못할 듯합니다.

오직 삼년복(三年服)을 입는 자만이 개장(改葬)할 때에 시마복(緦麻服)을 입는 것이니, 아내를 위해 입는 장기(杖朞)는 비록 삼년복의 체(體)를 갖추었다고 하나 응당 삼년복을 입어야 하는 경우가 아닙니다. 이 때문에 시마복을 입지 않고 다만 조복(弔服)에 가마(加麻)할 뿐입니다. 아버지가 살아계신데 어머니가 돌아가신 경우〔父在母喪〕는 비록 똑같이 장기이나 본래 복이 삼년이기 때문에 예에 기준하여 시마복을 입습니다. 아내의 면례(緬禮 개장)에는 복이 없으니, 자식이 있어 시마복을 입는 것과는 관계가 없고 또한 복이 없다고 하여 상주(喪主)가 되지 않는 것은 아닙니다.

51 문정공(文貞公) : 김기후의 선조인 잠곡(潛谷) 김육(金堉, 1580~1658)을 가리킨 것으로 보인다. 자는 백후(伯厚), 시호는 문정(文貞)이다.

장례를 마치고 돌아와서 신주(神主)를 정침(正寢)에 내놓고 곡하고 고유하는 것이 예인데, 사당에서 하지 않고 정침에서 하는 것은 곡하기 위해서입니다. 일이 제체(齊體)[52]에 있어서 거애(擧哀 곡을 하며 슬픔을 표하는 절차)하고 싶지 않으시면 굳이 신주를 꺼내올 필요가 없을 듯하고, 처음의 예와 같이 사당 안에서 행하는 것이 마땅할 듯합니다. 고사(告辭)는 마땅히

"유세차 운운(維歲次云云). 남편 모(某)는, 지금 망실(亡室) 증 정부인(贈貞夫人) 모씨(某氏)의 유택(幽宅)을 새로 옮기는 예사(禮事)를 이미 끝내니, 옛날을 추념(追念)함에 새로운 감회가 일어 쓰라리고 서글픈 마음을 이길 수 없습니다. 이에 술과 과일을 진설하고 고유하는 의식을 펴서 이에 고합니다."

라고 해야 합니다. 《상례비요(喪禮備要)》의 고사가 너무 간략하므로 이와 같이 고쳤으니, 취사선택(取捨選擇)하시기 바랍니다.

3개월에 복을 벗고 마땅히 허위(虛位)[53]를 진설하고 곡하되 만약 아버지가 살아계시어 정침에서 곡하는 것이 꺼려져서 자신의 사사로운 정을 펼 수 없으면, 묘소에 가서 곡하고 상복을 벗는 것도 마땅할 듯합니다.

52 제체(齊體) : 아내를 가리킨다. 반고(班固)의 《백호통(白虎通)》 〈가취(嫁娶)〉에 "아내는 똑같다는 뜻이니, 남편과 체가 같은 것이다.〔妻者, 齊也, 與夫齊體.〕"라고 한 데서 나온 말이다.

53 허위(虛位) : 임시로 차린 신주가 없는 신위를 이른다. 신주가 다른 곳에 있어 모셔올 수 없는 경우 허위를 차린다.

박군여[54] 주수 에게 줌 경오년[55] 5월

與朴君與 周壽○庚午五月

간절하게 그리워하던 차[56]에 각별한 관심을 거듭 입어서 지극한 뜻을 우러러 받으니, 비단 누추한 초가집의 영광이 될 뿐만이 아닙니다. 요즈음 벼슬하시는 체후가 천만 편안하십니까?

존형(尊兄)은 젊은 나이에 벼슬길에 오르셔서[57] 장도(壯途)를 앞에 두고 있으니, 진실로 아무리 먼 곳이라도 이르지 못할 곳이 없을 것입니다. 그런데 지금 각함(閣銜)[58]을 사양하셨으니, 이로써 평소 벼슬길에 나아가는 것을 어렵게 여기고 물러나는 것을 쉽게 여기시는 절개를 알 수 있습니다. 이 때문에 사람들이 어진 부형(父兄)이 있음을 즐거워

54 벅군여(朴君與) : 박주수(朴周壽, 1787~1836)로 군여는 자이다. 본관은 반남(潘南)으로 순조의 생모인 수빈 박씨(綏嬪朴氏)의 조카이다. 1807년(순조7)에 정시 문과에 급제하고 도당록(都堂錄)에 선발되고 규장각 직각(奎章閣直閣)이 되었으며 벼슬이 예조 판서에 이르렀다.

55 경오년(庚午年) : 1810년(순조10)으로, 매산의 나이 35세 되던 해이다.

56 간절하게 그리워하던 차 : 원문의 '원언(願言)'은 간절하게 생각한다는 뜻이다. 《시경》〈위풍(衛風) 백혜(伯兮)〉에 "간절하게 백(伯)을 그리워하는지라 두통(頭痛)을 마음에 달게 여기노라.〔願言思伯, 甘心首疾.〕"라고 보인다.

57 벼슬길에 오르셔서 : 원문의 '통적(通籍)'은 본디 궁문(宮門)의 출입을 허가받은 사람의 성명·연령 등을 적은 명패(名牌)로, 전하여 처음 벼슬아치가 된 것을 의미한다.

58 각함(閣銜) : 고려 시대의 청연각(淸燕閣), 고려 시대와 조선 초의 보문각(寶文閣), 조선 후기의 규장각(奎章閣) 등에 소속된 관직을 이르는 말이다. 박주수는 규장각 직각을 지냈다.

하는 것이며,[59] 또한 평소 스스로 수립한 것이 이렇게 만든 것입니다. 그렇지 않다면 어찌 성상의 엄중한 명령이 내렸는데, 이처럼 시퍼런 칼날을 밟는 것과 같은 일을 해낼 수 있겠습니까? 마음속으로 찬탄하고 기뻐하는 바입니다.

바라건대 이 일에 만족하여 작은 성취에 편안해 하지 마시고, 제1등의 최고의 도리를 가지고 스스로에게 기약하여, 안목(眼目)을 높이고 흉금(胸襟)을 키우며 자신이 처한 경지를 넓히고 공부를 자세히 하여, 인을 구하고〔求仁〕 자신의 인격을 위한 학문을 하는 것〔爲己之學〕을 구경(究竟)의 법으로 삼으십시오.

저는 언제나 유창(劉蒼)이 "집에 있을 때에 선(善)을 행하는 것이 가장 즐겁습니다."라고 한 말[60]을 좋아하니, 이 뜻이 매우 좋으므로 형을 위하여 외는 것입니다. 그러나 선(善)과 불선(不善)을 알고자 하면 또한 모름지기 책을 읽고 이치를 깊이 연구하여 길을 인도하는 횃불로 삼아야 비로소 사방으로 비추어서 무궁할 것이니, 부디 날마다 의리(義理)의 문자를 취해서 연찬(研鑽)하고 체인(體認)해서 이로써 마음을 열고 눈을 밝게 하는 자료로 삼으십시오.

59 사람들이……것이며 : 이 내용은《맹자》〈이루 하(離婁下)〉에 "도(道)에 맞는 자가 도에 맞지 않는 자를 길러주며, 재주 있는 자가 재주 없는 자를 길러준다. 그러므로 사람들이 어진 부형이 있음을 좋아하는 것이다.〔中也養不中, 才也養不才, 故人樂有賢父兄也.〕"라고 보인다.

60 유창(劉蒼)이……말 : 유창은 후한(後漢) 광무제(光武帝)의 여덟 째 아들인 동평헌왕(東平憲王)의 이름이다. 명제(明帝)가 유창(劉蒼)에게 집에 있을 적에 무엇이 가장 즐거우냐고 묻자, 유창이 "선(善)을 행하는 것이 가장 즐겁습니다.〔爲善最樂〕"라고 대답한 고사를 원용한 것이다.《後漢書 卷42 東平憲王列傳》

지금 사람들은 석갈(釋褐)[61]하고 나면 곧바로 경전(經典)을 보기를 통발과 올무[62]처럼 여기니, 장차 무엇을 손에 들고 군주를 섬기겠습니까? 오직 존형께서는 힘쓰시기를 바랍니다. 저를 인정해 주시는 후의(厚意)를 입었기에 망령되이 가슴속에 있는 진심을 다 털어놓는 것이니, 천한 유생(儒生)의 진부한 말이라 하여 소홀히 여기시지 않는다면, 구구한 이 몸도 함께 영화로울 것입니다.

예의상 마땅히 일찍 직접 찾아뵙고, 존형께서 베풀어 주신 뜻에 사례하여야 할 것이나, 스스로 졸렬한 분수를 생각하여 예거(曳裾)[63]를 계획하지 못하므로, 삼가 편지를 올려 저의 성의를 대신 펴면서 이만 줄입니다.

61 석갈(釋褐) : 문과에 급제함을 이르는 말로, 자세한 내용은 341쪽 주16 참조.

62 통발과 올무 : 원문의 '전(筌)'은 물고기를 잡는 통발이고 '제(蹄)'는 토끼를 잡는 올무인데, 물고기와 토끼를 잡은 뒤에는 창애와 올무를 잊어버리므로 쓸모없는 물건을 비유하는 말로 쓰인다. 《장자(莊子)》 〈외물(外物)〉에 "물고기를 얻은 다음에는 통발을 잊어버리고, 토끼를 얻은 다음에는 창애를 잊어버린다.〔得魚而忘筌, 得兎而忘蹄.〕"라고 하였다.

63 예거(曳裾) : 옷자락을 끌고 다닌다는 뜻으로, 왕족이나 권세가의 집에 출입하며 빌붙어서 출세하는 것을 말한다. 한(漢)나라 추양(鄒陽)이 오왕(吳王)에게 보낸 글 가운데 "내가 고루한 나의 마음을 꾸미려고만 들었다면, 어떤 왕의 궁문인들 나의 긴 옷자락을 끌고 다닐 수가 없었겠습니까.〔飾固陋之心, 則何王之門, 不可曳長裾乎?〕"라는 구절에서 유래하였다. 《漢書 卷51 鄒陽傳》

박봉래 기수 에게 답함 을사년[64]

答朴鳳來 岐壽○乙巳

차양(次養)[65]은 옛일에 상고할 곳이 없고, 인평도위(寅平都尉)[66]로부터 시작되었으니, 사대부의 집에서 왕왕 원용(援用)하여 준례로 삼습니다. 그러나 올바른 예(禮)는 아닙니다.

이번 심유지(沈裕之) 씨의 집안에서 능순(能順)을 취하여 양자로 삼고 또 능격(能格)을 취하여 양자로 삼았으니, 능격은 바로 이른바 '차양'이라는 것입니다. 차양이라는 것은 바로 한때에 제사를 대신하는 자에 불과하니, 마땅히 그 형을 위하여 양자를 세워 전중(傳重)을 해야 할 터인데, 능격이 이렇게 하지 않고 형이 죽으면 아우에게 미치는 예를 사용한 것은 이미 정경(正經)에 어긋나며, 신주를 쓰면서 효라고 칭하지 않았으니, 그렇다면 오히려 종(宗統)을 범하는 혐의가 남아 있는 것입니다.

64 을사년(乙巳年) : 1845년(헌종11)으로, 매산의 나이 70세 되던 해이다.

65 차양(次養) : 맏아들이 죽었는데 그의 양자로 삼을 만한 사람이 없을 경우에, 일단 맏아들과 같은 항렬의 사람을 양자로 삼되 그가 아들을 낳으면 바로 죽은 맏아들의 양자로 삼아 종통을 이어가는 일을 이른다.

66 인평도위(寅平都尉) : 정제현(鄭齊賢, 1642~1662)으로, 본관은 영일(迎日)이며 우의정 정유성(鄭維城)의 손자이다. 1653년(효종4) 12월 효종의 넷째 딸 숙휘공주(淑徽公主, 1642~1696)와 혼인하여 효종의 부마로 인평위에 올랐다. 약관 21세의 나이로 요절하였고 그의 아들 정태일(鄭台一, 1661~1685) 또한 모친보다 먼저 별세하였는바, 이때 차양을 들인 듯하나, 자세하지 않다.

능격이 이미 죽었는데, 능격의 아들이 된 자가 아버지의 명(命) 없이 백부에게 출후(出后)하는 것은 정(情)과 예(禮)로 헤아려 보건대 모두 불가한 바가 있으니, 문중의 장로(長老)인 자가 능순의 후사(後嗣)를 다시 세워서 그 종사(宗事)를 주관하게 하고 능격은 심유지의 개자(介子 차자(次子))가 되어서 스스로 별종(別宗)이 되어야 하니, 이와 같이 한 뒤에야 종통이 바름을 얻고 죽은 자가 모두 유감이 없을 것입니다.

옛날 포은(圃隱) 선생의 종손(宗孫)인 도제(道濟)가 후사 없이 죽었는데, 그 아우 하제(夏濟)가 다음으로 대를 이었다가 또 아들 없이 죽자, 도암(陶菴) 선생이 결단하여 말씀하기를

"종자(宗子)를 세우고자 한다면 이 기회를 이용하여 그 잘못을 바로잡지 않으면 안 되니, 이제 마땅히 도제의 양자를 세워서 선조의 제사를 주관하게 하여야 한다."

하였습니다. 혹자가 이것을 논박(論駁)하기를

"차계자(次繼子)인 하제가 이미 본생부모를 위하여 기년복을 입었고 또 승중(承重)하여 조모(祖母)를 위하여 삼년복을 입었으니 이 사람이 종자(宗子)입니다. 도제는 비록 10년 동안 제사를 주관하였으나 이러한 두 가지 일이 없고 또 파양(罷養)한 지가 이미 오래이니, 만약 종자인 하제를 버리고 다시 이미 파양한 자를 위하여 후사를 세운다면, 어찌 이러한 이치가 있겠습니까?"

라고 하였습니다. 도암이 이를 배척하여 말씀하기를

"하제가 그 형을 대신한 것은 바로 이른바 '세워서는 안 되는데 세웠다'는 것이다. 중요한 일이 이미 옳지 못하니, 중간의 두 가지 일을 어찌 논할 것이 있겠는가. 도제는 이른바 '폐해서는 안 되는데 폐했다'는 것이니, 이미 그 잘못을 알았으면 이것을 고쳐 바로잡지 않을

수 있겠는가."

하였습니다. 능순은 본래 파양된 일이 없는데, 그를 위해 양자를 세워서 전중(傳重)하지 않는다면 이는 죄가 없이 쫓겨남을 당하는 것이니, 어찌 옳겠습니까.

무릇 후사를 잇는 것을 임금에게 고하지 않았으면 부자(父子)가 될 수 없으니, 능순이 만약 예사(禮斜)를 받은 양자가 아니라면 유지의 자식이 될 수 없고, 만약 능순과 능격이 모두 예사를 받았다면 능순이 유지의 적자가 되니, 마땅히 그 후사를 세워야 할 것입니다. 능격이 이미 죽어서 양자를 주고받을 자가 모두 죽었으면 이 내용을 나라에 보고해야 하나, 또한 마땅히 능순에게 양자로 보내서는 안 되니, 마땅히 그 족자(族子)를 취하여 능순의 양자로 삼아서 유지의 제사를 받들게 하여야 하고, 능격은 유지의 지자(支子)가 될 뿐입니다.

형이 죽으면 종통이 아우에게 미치는 것은 은(殷)나라의 예(禮)이고, 자식을 버리고 손자를 세우는 것은 주(周)나라의 예인데, 공자께서는 은나라 사람이시니[67] 진실로 당연히 은나라를 좋게 여기실 것이나, 그런데도 손자를 세우는 것을 바름으로 여기셨으니, 이것은 만대에 걸쳐 분수가 아니면서 자리를 넘보는 조짐을 끊으시려는 것입니다. 어찌 구차히 이렇게 하셨겠습니까.

바라건대 《도암집(陶菴集)》의 〈포은입종의(圃隱立宗議)〉 편을 취

67 공자께서는 은나라 사람이시니 : 주공(周公)이 무왕(武王)을 도와 은나라를 멸망시키고 주(周)나라를 개국한 다음, 은나라 주왕(紂王)의 형인 미자계(微子啓)를 송(宋)나라에 봉하여 은나라를 잇게 하였는데, 공자의 조상은 송나라의 후손이므로 이렇게 말한 것이다.

하여 보십시오. 그렇게 하신다면, 응당 조처함에 혼미해지지 않으실 것입니다.

이자전[68] 용수 에게 답함 신미년[69] 4월

答李子田 龍秀○辛未四月

용도각(龍圖閣)의 옛 지위와 봉각(鳳閣)의 새로운 영화(榮華)가 일시에 몸에 이르러[70] 모두 면할 수 없으나 조심하고 두려워하는 마음이 지극하여 침식(寢食)이 달지 않다고 하시니, 그렇다면 가득한 지위에 있으면서도 빈 것처럼 여기고 은총을 받음에 놀라 경계하듯이 함[71]을 우러러 알 수 있습니다. 이 마음을 미루어 간다면 거의 영달(榮達)하

68 이자전 : 이용수(李龍秀, 1776~?)로 자전(子田)은 자이고, 본관은 연안(延安), 시호는 효간(孝簡)이며, 매산과 절친하던 대은(大隱) 이봉수(李鳳秀)의 종형(從兄)이다. 1809년(순조9년) 증광 문과에 급제하고 벼슬이 형조 판서에 이르렀다.

69 신미년(辛未年) : 1811년(순조11)으로, 매산의 나이 36세 되던 해이다.

70 용도각(龍圖閣)의……이르러 : 용도각은 본래 송(宋)나라 진종(眞宗) 때 건립하여 태종(太宗)의 어서(御書), 어제(御製), 문집(文集), 전적(典籍) 등을 보관했던 관사(官司)로, 여기서는 규장각(奎章閣)을 이른 것이다. 봉각(鳳閣)은 원래 중서성(中書省)을 가리키는 말인데, 여기서는 홍문관(弘文館)을 가리킨 것으로 보인다. 이해에 이용수가 규장각의 대교(待敎)에 다시 제수되고 아울러 홍문관 정자에 제수되어 기사관을 겸하였기 때문에 이렇게 말한 것이다. 《承政院日記 純祖 11年 閏3月 8日》

71 가득한……함 : '가득한 지위에 올라서도 빈 것처럼 여긴다'는 것은 증자(曾子)가 안연(顔淵)의 겸허한 덕성(德性)을 칭찬하여 "있어도 없는 것처럼 여기며, 가득해도 빈 것처럼 여긴다.〔有若無, 實若虛.〕"라고 평한 《논어》 〈태백(泰伯)〉의 구절을 원용한 것이고, '은총을 받음에 놀라 경계하듯이 한다'는 것은 《도덕경(道德經)》 제13장에 "'은총과 치욕에 놀란 듯이 한다'는 말은 무엇을 가리키는가? 은총은 낮은 것이므로 그것을 얻어도 놀란 듯이 하고 잃어도 놀란 듯이 하는 것이다.〔何謂寵辱若驚? 寵爲下, 得之若驚, 失之若驚.〕"라고 한 구절을 원용한 것이다.

여도 도(道)를 떠나지 않고 현재의 위치에 따라 행하여 스스로 만족할 것이니,[72] 비록 몸이 장상(將相)을 겸하고 이십사고(二十四考)의 중서령(中書令)[73]이 되더라도, 어찌 너무 가득해서 덜어 낼 것[74]을 염려하겠습니까.

다만 아침에 벼슬에 제수(除授)되고 저녁에 승진하며 순서에 따라 직위가 오르는 관례(慣例)에 안주하여 이를 당연하다고 여기면, 조심하고 두려워하는 마음이 해이해져서 침식(寢食)이 스스로 편안해질 것이요, 이로부터 나아갈 줄만 알고 물러날 줄을 몰라서 한 번 가면 다시 돌아오지 않게 될 것이니, 이렇게 되면 높은 관직과 많은 녹봉이 자신의 영화가 될 수 없고 다만 종족(宗族)과 교유(交遊)들의 영광이 될 뿐입니다. 저의 이 말이 일에 앞서서 경계가 되지 않겠습니까.

항상 물러날 퇴(退)자를 마음에 새기고 이마에 써 붙여서, 바쁘고 위급한 상황에도 반드시 이렇게 한다면[75] 마땅히 거취(去就)의 분별을

72 영달(榮達)하여도……것이니 : '영달하여도 도(道)를 떠나지 않는다〔達不離道〕'는 것은 《맹자》 〈진심 상(盡心上)〉에 그대로 보이며, '현재의 위치에 따라 행여 스스로 만족한다'는 것은 《중용》 제 14장의 "군자는 현재의 위치에 따라 행하고 그 밖의 것은 원하지 않는다.……들어가는 곳마다 스스로 만족하지 않음이 없다.〔君子素其位而行, 不願乎其外.……無入而不自得焉.〕"라는 구절을 원용한 것이다.

73 이십사고(二十四考)의 중서령(中書令) : 당(唐)나라 숙종(肅宗), 대종(代宗) 때의 명신인 곽자의(郭子儀, 697~781)가 중서령을 매우 오랫동안 맡아서 관리들의 근무 성적을 고과(考課)한 것이 무려 스물네 번에 이르렀던 데서 온 말이다.

74 너무……것 : 원문의 '초손(招損)'은 《서경》 〈대우모(大禹謨)〉에 "가득하면 덜어냄을 부르고 겸손하면 더함을 받는 것이 바로 천도(天道)입니다.〔滿招損, 謙受益, 時乃天道.〕"라는 구절을 줄여 원용한 것이다.

75 바쁘고……한다면 : 이 내용은 《논어》 〈이인(里仁)〉의 "군자는 밥을 다 먹는 동안

알아서 참된 선비가 될 것이니, 오늘의 너무 빠른 승진을 어찌 근심할 것이 있겠습니까.

근자(近者)에 성상께서 날마다 경연(經筵)을 열고 밤까지 계속하시니, 의논하고 사색(思索)하며 계옥(啓沃)하는 자리[76]에 처한 자는 마땅히 한마음으로 봉직(奉職)하기를 힘써서, 자리를 비우고 기다리시는[77] 성상의 지극한 뜻에 우러러 부응해야 할 것입니다. 바로 이러한 때에, 날마다 법연(法筵 경연)에 나아가서 붓을 잡고 경서(經書)를 펼쳐놓고 계시어 영광이 무궁할 것임을 우러러 상상할 수 있으니, 또한 미리 재계(齋戒)하여 마음을 침잠(沈潛)시키고 정성을 보존하여 법연에서 거의 성상의 마음을 감동시킨 것이 있습니까?

자기 몸을 굽히면 남을 곧게 펴지 못하고,[78] 자신의 몸에 선(善)이

에도 인(仁)을 떠남이 없으니, 바쁜 중에도 반드시 이 인에 있으며, 위급한 상황에도 반드시 이 인에 있어야 하는 것이다.〔君子, 無終食之間違仁, 造次必於是, 顚沛必於是.〕"라는 구절을 원용한 것이다.

76 의논하고……자리 : 홍문관(弘文館) 관원의 자리를 말한 것이다. 원문의 '논사(論思)'는 의논하고 사색한다는 뜻으로 임금이 근신(近臣)들과 학문을 토론함을 가리킨다. 전한(前漢) 반고(班固)의 〈양도부 서(兩都賦序)〉에 "아침과 저녁으로 논사하고 날과 달로 충언(忠言)을 올린다.〔朝夕論思, 日月獻納.〕"라고 보인다. 계옥(啓沃)은 온 마음을 기울여 임금을 인도하여 올바르게 보좌하는 것으로, 은(殷)나라 고종(高宗)이 재상 부열(傅說)에게 "네 마음을 열어 내 마음에 물을 대도록 하라.〔啓乃心, 沃朕心.〕"라고 한 말에서 유래하였다. 《書經 說命上》

77 자리를 비우고 기다리시는 : 원문의 '허저(虛佇)'는 임금이 허심탄회하게 어진 신하의 말을 듣는 것을 비유한다. '저(佇)'는 저(宁)와 같은 말로 정당(正堂) 앞의 정중(庭中)에 있는데 천자가 정사(政事)를 들을 때 서는 곳인바, 허저란 이곳에서 마음을 비우고 어진 신하를 기다린다는 뜻이다.

78 자기……못하고 : 이 내용은 《맹자》 〈등문공 하(滕文公下)〉의 "자기 몸을 굽힌

있어야 남에게 선을 요구할 수 있는 것이니,[79] 이것은 지위가 대등한 사람 이하라도 모두 그러한데 하물며 높으신 군부(君父)에 있어서이겠습니까. 지금 사람들은 이러한 의리를 알지 못하여 자신을 하찮게 여기고 군주에게 하기 어려운 일을 요구하니, 어떻게 서로 투합(投合)할 수 있겠습니까.

이 때문에 주자(朱子)가 말씀하기를 "먼저 내 몸이 좋아야 우리 군주가 좋아지고 천하와 국가 또한 좋아진다."라고 하였으니,[80] 스스로 좋아지는 방도가 어찌 다른 것이 있겠습니까. 오직 책을 읽어서 이치를 밝힐 뿐입니다. 이치와 의(義)가 밝아지면 지식과 국량이 스스로 진전되니, 이른바 '지극히 무거운 것을 책임지고 어려운 것에 처한다'는 것 또한 여기서부터 나아갈 뿐입니다.

석거각(石渠閣)과 목천서(木天署)[81]에는 금궤(金櫃)와 옥판(玉板)[82]

자가 남을 곧게 펴는 자는 있지 않다.〔枉己者, 未有能直人者也.〕"라는 구절을 원용한 것이다.

79 자신의……것이니 : 이 내용은 《대학장구(大學章句)》 제9장의 "군자는 자신의 몸에 선이 있은 뒤에 남에게 선을 요구한다.〔有諸己而後, 求諸人.〕"라는 구절을 원용한 것이다.

80 주자(朱子)가……하였으니 : 주자가 진동보(陳同甫)에게 답한 편지에 나오는 구절인데, 원작과 약간 차이가 있다. 원작은 아래와 같다. "모름지기 먼저 나 자신이 좋아야 당류 또한 좋아지고, 비로소 우리 군주가 좋아지고 천하 국가가 좋아질 수 있다.〔須是先得吾身好, 黨類亦好, 方能得吾君好, 天下國家好.〕" 《晦菴集 卷36 書》

81 석거각(石渠閣)과 목천서(木天署) : 석거각은 한(漢)나라 때의 장서각(藏書閣)의 이름으로 여기에서는 규장각을 가리킨 것이며, 목천서는 당나라 때의 비서각(秘書閣)을 가리키는데 훗날 한림원의 별칭이 되었는바, 여기서는 홍문관을 가리켰다. 이용수가 규장각의 대교와 홍문관 정자에 제수되었기 때문에 이렇게 말한 것이다.

82 금궤(金櫃)와 옥판(玉板) : 모두 진귀한 전적(典籍)을 가리키는 말이다. 금궤는

과 도적(圖籍)이 가득 채워져 있고, 비부(秘府)는 매우 깨끗하고 한가로우니, 여기에서 책을 꺼내어 읽어서 그 훈의(訓義)를 깊이 연구하고 그 명리(名理)를 익숙하게 사용한다면, 비단 금화(金華)[83]의 고문(顧問)에 대비할 뿐만이 아니라 사공(事功)도 발휘할 수 있을 것입니다.

물건을 평소에 갖추지 않으면 갑자기 대응할 수가 없으니, 바라건대 집사께서는 노력하십시오. 부귀는 얻기가 쉽고 명절(名節)은 보전하기 어려우니, 이 말이 진부한 것 같으나 진실한 이치가 여기에 있습니다. 다시 집사를 위해서 외는 바입니다.

국가에서 귀중한 서적들을 간직해 두던 서궤(書匱)로 한(漢)나라 태사령(太史令) 사마천(司馬遷)이 일찍이 석실 금궤(石室金匱)의 서적들을 모두 참고하여 《사기(史記)》를 편찬했다고 한다. 옥판은 글자를 새기는 데 쓰는 옥 판자를 이른다.

83 금화(金華) : 경연(經筵)이나 서연(書筵)을 뜻한다. 원래 한나라 때 미앙궁(未央宮) 안에 있던 궁전의 이름인데, 성제(成帝)가 이곳에서 《상서(尙書)》와 《논어》 등을 강론하였으므로 후세에 경연이나 서연을 뜻하는 말로 쓰이게 되었다

이자전에게 줌 무자년[84] 4월

與李子田 戊子四月

예로부터 세상의 화(禍)를 입고 횡역(橫逆)에 걸린 현자와 호걸들은 대부분 마음을 분발시키고 성질을 참고 자신이 능하지 못한 바를 증익(增益)하여,[85] 그 덕업(德業)을 이루었습니다. 그러므로 말하기를 "환란(患難)에 처해서는 환란대로 행하니, 들어가는 곳마다 스스로 만족하지 않음이 없다."[86]라고 하였습니다.

농암(農巖 김창협(金昌協))과 삼연(三淵 김창흡(金昌翕)) 두 선생은 황파(黃巴) 이후로 번민과 원통함이 절박하여 마치 살고 싶지 않은 듯하였지만,[87] 오히려 이로 인해 능히 제때에 덕(德)을 진전시키고 업(業)을

84 무자년(戊子年) : 1828년(순조28)으로, 매산의 나이 53세 되던 해이다.

85 세상의……증익(增益)하여 : 이 내용은 《맹자》 〈고자 하(告子下)〉의 "그러므로 하늘이 장차 큰 임무를 이 사람에게 내리려 하실 적에는, 반드시 먼저 그 심지를 괴롭게 하며 그 근골을 수고롭게 하며 그 몸과 피부를 굶주리게 하며 그 몸을 빈궁하게 하여 행함에 그 하는 바를 불란(拂亂)시키니, 이것은 마음을 분발시키고 성질을 참게 하여 그 능하지 못한 바를 증익(增益)하게 하려는 것이다.〔故天將降大任於是人也, 必先苦其心志, 勞其筋骨, 餓其體膚, 空乏其身, 行拂亂其所爲, 所以動心忍性, 曾益其所不能.〕"라는 구절을 원용하여 말한 것인데, 원문의 '동인증익(動忍增益)'은 '동심인성증익기소불능(動心忍性曾益其所不能)'을 줄여 쓴 것이다.

86 환란(患難)에……없다 : 이 내용은 《중용장구》 제14장에 그대로 보인다.

87 황파(黃巴)……듯하였지만 : 황파는 황사(黃蛇)란 뜻으로 기사년(己巳年)을 가리킨다. 1689년(숙종15) 기사년에 당시 후궁인 소의 장씨(昭儀張氏) 소생을 원자로 정호(定號)하는 문제로 기사환국(己巳換局)이 일어나 노론이 축출되고 남인이 정국(政局)을 장악하였는데, 이때 농암과 삼연의 부친인 문곡(文谷) 김수항(金壽恒)이 진

닦아서,[88] 독실하게 덕과 업을 향상시켜 훌륭하게 한 시대의 종사(宗師)가 되었으니, 문곡(文谷)께서 스스로 수립한 업적이 진실로 높기도 하지만, 그의 이름이 드날려 영원히 전해지게 된 것은 두 아드님의 훌륭함 때문이었습니다.

존문(尊門)의 오늘의 일[89]은 비록 농암과 삼연의 처지와는 같지 않으나, 걱정과 시름이 사람을 옥(玉)처럼 갈고 연마하여 완성시키는 것[90]은 마땅히 농암과 삼연을 준칙으로 삼아야 할 것입니다. 너무 고원(高遠)하여 미치기 어렵다고 여길 것이 있겠습니까. 순(舜) 임금처럼 되려고 노력하는 자는 또한 순 임금같이 될 것이니,[91] 하필 도를 바라보면

도(珍島)에 유배되었다가 사사(賜死)되었으며, 백부인 퇴우당(退憂堂) 김수흥(金壽興)이 장기(長鬐)에 유배되었다가 배소에서 별세하였으므로 이렇게 말한 것이다.

88 덕(德)을……닦아서 : 원문의 '진수(進修)'는 '진덕수업(進德修業)'을 줄여 쓴 것으로, 《주역》 〈건괘(乾卦) 문언전(文言傳) 구삼(九三)〉에 보인다.

89 존문(尊門)의 오늘의 일 : 이용수(李龍秀)의 종제인 이학수(李鶴秀)가 이 편지가 쓰인 무자년의 전 해인 1827년(순조27)에 경상도 관찰사로 있다가 9월에 삭출(削黜)되었는바, 이 일이나 이와 관련된 일을 이른 것으로 보인다. 《순조실록》 8월 24일 기사에 "경상 도사 노광두(盧光斗)가, 감사 이학수(李鶴秀)의 정세(情勢)가 점점 더욱 절박하여 길을 떠나 서울로 올라갔다고 급히 보고하니, 하명하기를, '정세는 정세이고 사체는 사체이다. 그리고 뒤의 폐단을 염려하지 않을 수 없으니, 전 경상 감사 이학수의 관직을 삭탈하고 도성 밖으로 내쫓는 법을 시행하라.' 하였다."라고 보인다.

90 걱정과……것 : 원문의 '우척옥성(憂戚玉成)'은 하늘이 사람에게 걱정과 시름〔憂戚〕을 겪는 시련을 내려 완전한 사람이 되게 함을, 옥의 원석을 좋은 옥으로 만들기 위해 숫돌로 갈고 연마하는 것으로 비유한 것이다. 북송의 학자 횡거(橫渠) 장재(張載)가 지은 〈서명(西銘)〉의 "빈천(貧賤)과 우척은 그대를 옥처럼 갈고 연마하여 완성시키는 것이다.〔貧賤憂戚, 庸玉汝於成也.〕"라고 한 데서 유래하였다. 《古文眞寶後集 卷10》

91 순(舜) 임금처럼……것이니 : 이 내용은 《맹자》 〈등문공 상(滕文公上)〉에 "순 임금은 어떤 사람이며 나는 어떤 사람인가? 순 임금이 되려고 노력하는 자는 또한 순

서 스스로 저상(沮喪)될 것이 있겠습니까. 무릇 비근(卑近)함을 편안히 여겨서 끝내 스스로 극복하지 못하는 것은, 위에 있는 한 관문을 통과하지 못하기 때문입니다. 진실로 큰 근본에서 보게 된다면, 자연 마음속이 활짝 열려서 세간의 일이 모두 자질구레하여 말할 것이 못됨을 알 것입니다.

《화양전서(華陽全書)》[92]를 댁에 소중하게 보관하고 계신 것을 제가 평소 알고 있으니, 형께서는 이 책을 끊임없이 완미(玩味)하고 탐구하시어 도에 나아가고 일을 시행하는 실제에 부합하고 계십니까? 경서(經書)는 너무 무미건조하고 사서(史書)는 너무 번잡하고 어수선하니, 뒤늦게 배우는 생도가 곧바로 환하게 이해하지 못하는 것은 당연합니다. 간이(簡易)하여 알기 쉽고 따르기 쉬운 것은《논어》만한 것이 없으니, 비록 과정으로 삼아 재촉할 수는 없으나, 하루에 한두 장을 읽는 것이 불가하지는 않습니다.

진실로 정밀하고 간절하게 체인(體認)할 수 있다면 분량이 적을수록 더욱 참되게 공부할 수 있으니, 또한 어찌 많이 할 필요가 있겠습니까. 이 책은 포함하지 않는 것이 없지만 사람에게 보여주는 것이 모두 마음을 보존하고 함양하는 요점이니, 마음에 곤궁하고 생각이 어려움에 걸린[93] 자리에 효력을 얻기가 더욱 좋을 것입니다. 종신의 가계(家計)[94]

임금과 같이 될 것이다.〔舜何人也, 予何人也? 有爲者亦若是.〕"라고 보인다.

92 화양전서(華陽全書) : 우암 송시열의 문집인《송자대전(宋子大全)》을 이른다. 화양은 우암을 가리키는바, 우암이 충북 괴산(槐山)의 화양동(華陽洞)에서 강학하였으므로 이렇게 칭한 것이다.

93 마음에……걸린 : 원문의 '곤심횡려(困心橫慮)'는 '곤어심횡어려(困於心橫於慮)'를 줄여 쓴 것으로,《맹자》〈고자 하(告子下)〉에 "사람은 항상 과실이 있은 뒤에 능히

로 삼는다면 스스로 응당 얼마든지 거두어 사용할 수 있을 것이니, 생소한 것이라서 익숙해지기 어렵다고 생각하지 마시고 한 번 긴절(緊切)한 공부를 해보시는 것이 어떻겠습니까?

고치니, 마음에 곤궁하고 생각이 어려움에 걸린 뒤에야 분발한다.〔人恒過然後, 能改, 困於心, 横於慮而後, 作.〕"라고 보인다.

94 가계(家計) : 공부를 이른 말이다. 주자가 여백공(呂伯恭)에게 답한 편지에 "사서는 혼잡하고 경서는 냉담하니, 후생들은 마음과 뜻이 아직 안정되지 않아서 외면으로 향하지 않는 이가 적다.〔史書鬧熱, 經書冷淡, 後生心志未定, 少有不偏向外去者.〕"라고 하였는데, 퇴계 이황이 말하기를 "배우는 사람은 먼저 모름지기 심신을 수렴하여 냉담한 가계로써 고되고 힘든 공부를 해야 한다. 이에 연찬하고 되씹되 오래도록 그만두지 않아야 바야흐로 그 맛이 좋은 줄을 참으로 알아 힘을 얻게 될 것이다.〔惟學者, 先須收斂身心, 以冷淡家計, 作辛苦工夫, 於此鑽研咀嚼, 久久不輟, 方始眞知其味之可悅, 而得其力也.〕"라고 하였다. 《朱子大全 卷33 答呂伯恭》, 《退溪集 卷19 答黃仲擧 別紙》

이자야[95] 기수 에게 답함 을축년[96] 12월

答李子野 驥秀○乙丑十二月

지난번에 성균관(成均館)에 오르신 것에 대해 측백나무가 기뻐하는 마음이 어찌 다함이 있겠습니까.[97] 그러나 이는 우리 형에게 있어 중(重)한 일이 되기에 부족하니, 여러 달이 지나도록 편지를 보내어 축하하지 않은 까닭은 제가 감히 태만해서가 아니고, 또한 처음에 불가(不可)하다고 생각하였기에 끝까지 하지 않은 것입니다. 그러나 끝내 경하(慶賀)하는 말을 하게 되었으니, 이는 제가 세속의 구덩이에 앉아 벗어나지 못했기 때문입니까? 아니면 제가 형을 아는 것이 천박(淺薄)하기 때문입니까?

그러나 제가 경하하는 것은 과거에 합격하신 것 때문이 아닙니다.

95 이자야(李子野) : 이기수(李驥秀, 1783~1816)로, 자야는 그의 자이며, 호는 원천(原泉), 본관은 연안이다. 1812(순조12)년에 증광 문과에 급제하여 벼슬이 문학(文學)에 이르렀다. 세도(世道)가 쇠퇴해지자 벼슬을 버리고 고향에 돌아가서 성리학을 연구하면서 후진 양성에 힘쓰는 한편, 산수를 찾아 소요하며 여생을 보냈다.

96 을축년(乙丑年) : 1805년(순조5)으로, 매산의 나이 30세 되던 해이다.

97 지난번에……있겠습니까 : 이기수가 1805년(순조5) 증광 진사시에 합격하고 성균관 유생이 되었으므로 이를 축하하여 이렇게 말한 것이다. 원문의 '백열(柏悅)'은 '송장백열(松長柏悅)'을 줄여 쓴 것으로, 소나무가 무성하게 자라면 소나무와 비슷한 상록수인 측백나무가 기뻐한다는 뜻인데, 동류(同類)의 행운을 같이 기뻐함을 말한다. 진(晉)나라 육기(陸機)의 〈탄서부(歎逝賦)〉에 "참으로 소나무가 무성하면 측백나무가 기뻐하고, 아, 지초가 불에 타면 혜초가 탄식한다네.〔信松茂而栢悅, 嗟芝焚而蕙歎.〕"라는 구절에서 유래하였다.

우리 형이 이 한 가지 일을 끝마쳤으니, 자연히 화려한 것을 거두고 실질(實質)에 나아가서 참으로 마음을 쓸 수 있기 때문입니다. 인재를 얻기 어려움은 예로부터 그러하였으니, 하물며 후세에 있어서이며, 하물며 우리 동방에 있어서이겠습니까. 비록 인재가 있더라도 조전(雕篆)의 업(業)과 공령(功令)의 일[98]을 함에 불과하여 종신토록 돌아올 줄을 몰라서 이보다 더 큰 것이 있음을 아는 자가 적습니다.

우리 형의 아름다운 재주는 진실로 한 세상에 빼어난 것입니다. 이와 같이 풍성한 재주를 가지셨으니, 무엇인들 하고자 하면 이루지 못할 것이 없는데, 어찌 차마 자신을 한 문사(文士)로 여기신단 말입니까? 우리 형의 문장은 참으로 뛰어납니다. 저는 문장을 잘 아는 자가 아니나, 형이 지으신 시를 읽을 때마다, '이는 고문(古文)이다. 근세의 작자 중에 우리 형과 더불어 견줄 사람이 드무니, 사륜(絲綸)[99]의 아름다움을 관장하고 보불(黼黻)[100]의 다스림을 도울 수 있다.'라고 생각하였습

98 조전(雕篆)의……일 : 조전은 '조충전각(雕蟲篆刻)'의 줄임말로, 벌레 모양이나 전서(篆書)를 새기는 것처럼 미사여구(美辭麗句)로 문장을 꾸미기나 하는 작은 기예라는 뜻이다. 한(漢)나라 양웅(揚雄)의 《법언(法言)》 권2 〈오자(吾子)〉에, "부(賦)라는 것은 동자 시절에나 했던 조충전각과 같은 일로서, 장부가 되어서는 하지 않았다.〔賦者, 童子雕蟲篆刻, 壯夫不爲也.〕"라고 보인다. 공령(功令)은 과거에 사용하는 여러 가지 문체를 이르는 말인데, 직접 과거를 이르기도 한다.

99 사륜(絲綸) : 사(絲)는 가는 실이고 윤(綸)은 두 가닥 이상의 실을 모아 만든 굵은 실로, 제왕의 말씀이나 조칙(詔勅)을 가리키는바, 《예기》 〈치의(緇衣)〉에 "왕의 말씀은 실처럼 가늘지만 나오면 굵은 실처럼 커진다.〔王言如絲, 其出如綸.〕"라고 한 공자(孔子)의 말씀에서 연유하였다.

100 보불(黼黻) : 임금의 대례복(大禮服)에 놓은 수(繡)로, 보는 도끼 모양의 흑백색, 불은 아(亞)자 모양의 흑청색으로 수를 놓은 것이다. 흔히 아름답고 격조 높은

니다. 그러나 우리 형에 있어서 이것은 능사가 될 수 없습니다.

문장과 도는 원래 두 가지 일이 아닙니다. 그러므로 말하기를 "문장은 도를 싣는 기구이다."라고 한 것입니다. 그러나 도를 싣지 않으면 문장은 바로 한 기예(技藝)일 뿐입니다. 이 때문에 옛날 군자들은 문인이 되는 것을 부끄러워했습니다.

옛말에 이르기를 "덕행을 이룬 사람은 윗자리에 앉고 기예를 익힌 사람은 아랫자리에 앉는다."[101]라고 하였는데, 문장은 기예의 부류입니다. 그러므로 공자의 문하에 사과(四科)를 설정할 적에 자유(子游)와 자하(子夏)의 문학(文學)을 맨 끝에 놓았으니,[102] 이것은 성인의 문장이 아닙니다. 육경(六經)과 사자(四子)[103]는 바로 성인의 문장으로 모두 선왕(先王)의 도를 밝히고 성명(性命)의 심오한 이치를 다한 것이니, 뜻이 문장에 있지 않아도 문장이 저절로 따라 옵니다. 이것은 이른바 '천문(天文)을 관찰하여 사시(四時)의 변화를 살피며, 인문(人文)

문장(文章)이나 임금을 보좌하는 재능을 비유하는데, 여기서는 바로 임금을 가리켰다.

101 덕행을……앉는다 : 이 내용은 《예기(禮記)》 〈악기(樂記)〉에 보인다.

102 공자의 ……놓았으니 : 사과(四科)는 공자 문하의 뛰어난 제자들을 그 장점 별로 나눈 네 가지 분야로, 덕행(德行), 언어(言語), 정사(政事), 문학(文學)을 말한다. 《논어》 〈선진(先進)〉에 "덕행에는 안연(顔淵)·민자건(閔子騫)·염백우(冉伯牛)·중궁(仲弓)이요, 언어에는 재아(宰我)·자공(子貢)이요, 정사에는 염유(冉有)·계로(季路)요, 문학에는 자유(子游)·자하(子夏)이다.〔德行, 顔淵·閔子騫·冉伯牛·仲弓, 言語, 宰我·子貢, 政事, 冉有·季路, 文學, 子游·子夏.〕"라고 하여, 문학을 맨 뒤에 놓았으므로, 이렇게 말한 것이다.

103 육경(六經)과 사자(四子) : 육경은 유가의 여섯 가지 경전인 《시경》, 《서경》, 《역경》, 《예기》, 《악경》, 《춘추》를 말하고, 사자는 사서(四書)로 《대학》, 《중용》, 《논어》, 《맹자》를 말한다.

을 관찰하여 천하를 교화하여 이룬다.'[104]는 것이니, 또한 어찌 붓을 잡고서 사장(詞章)을 짓는 것을 배우겠습니까.

세상에 문장을 짓는 자들은, 문장을 구차히 현란하게 해서 아름답게 꾸미기에 힘쓰고 성음(聲音)을 과장하는 것을 능함으로 삼으니, 이는 바로 배우(俳優)이지 제가 말하는 '문장'이 아닙니다. 어찌 더불어 도를 말할 수 있겠습니까.

바라건대 우리 형께서는 세속의 문장을 버리고 성현(聖賢)의 문장을 구하십시오. 이렇게 하면 절로 문장을 통하여 도를 깨닫고 박문(博文)으로부터 약례(約禮)로 돌아와서,[105] 그 문장이 하늘과 사람에 합할 것입니다. 또 지사재(志事齋)[106]에서 이루어져 지켜온 법이 틀리지 않고 벽음루(碧蔭樓)[107]위에 참된 전함이 있으니, 이것을 계술(繼述)하고 이것을 본받는다면 문장이 여기에 있지 않겠습니까.

부디 우리 형께서는 나이와 힘이 젊고 강한 지금 진실한 마음으로 참된 공부를 해서 안목을 높이고 자신의 경지를 넓히시길 바랍니다.

104 천문(天文)을……이룬다 : 이 내용은 《주역》 〈비괘(賁卦) 단(彖)〉에 보인다.

105 박문(博文)으로부터 약례(約禮)로 돌아와서 : 박문은 문(文)을 널리 배움이고 약례는 예(禮)로써 요약함을 이른다. 《논어》 〈옹야(雍也)〉 "문(文)을 널리 배우고 예(禮)로써 요약한다.〔博學於文, 約之以禮.〕"라고 보인다.

106 지사재(志事齋) : 이 편지의 주인공인 이기수(李驥秀)의 5대조 간암(艮菴) 이희조(李喜朝, 1655~1724)의 서재(書齋) 이름이다. 자는 동보(同甫), 시호는 문간(文簡)이며 우암 송시열의 문인으로 1680년(숙종6) 유일(遺逸)로 천거되어 출사하고 벼슬이 이조 참판에 이르렀다. 간암이 20세 때인 1675년(숙종1)에 우암을 비롯한 노론의 주요 인물들이 몰락하자, 고향인 경기도 양주(楊州縣)로 가족과 함께 이거하여 은둔하였는데, 이때 지사재(志事齋)를 지었다.

107 벽음루(碧蔭樓) : 이기수의 선조(先祖)와 관련된 누대로 보이나 자세하지 않다.

책은 반드시 주공(周公)과 공자의 것을 읽고, 행실은 반드시 법도를 지켜서 순수하게 참되고 바른 법문(法門)[108]으로 스스로를 단속하신다면, 우리 형의 영특(英特)한 재주로 무슨 소견(所見)인들 환히 꿰뚫지 못하며 무슨 일인들 이루지 못하며 아무리 먼 곳인들 도달하지 못하겠습니까? 저와 같이 완악하고 우둔한 자 또한 남은 영광을 빌려서 참여하여 대도(大道)를 들을 수 있을 것이니, 천하고 누추한 자에 있어서 어찌 큰 다행이 아니겠습니까. 부디 우리 형께서는 도모하시기 바랍니다.

저옹(著翁)[109]은 늙어서도 학문을 좋아하여 부지런히 힘써서 거의 연수(年數)가 부족함을 알지 못했으니,[110] 사람으로 하여금 감탄하게 합니다. 만일 이 노인이 젊은 시절에 마음을 돌렸더라면 그 성취한 바가 어찌 여기에 그쳤겠습니까. 또한 우리 형이 마땅히 감계(鑑戒

108 법문(法門) : 원래 불교 용어로 부처의 교법(敎法)을 중생(衆生)을 열반(涅槃)에 들게 하는 문이라고 비유하는 말인데, 여기서는 성인(聖人)의 법에 들어가는 문을 가리켰다.

109 저옹(著翁) : 유한준(兪漢雋, 1732~1811)으로, 그의 호가 저암(著菴)이기 때문에 이렇게 칭한 것이다. 자는 만청(曼倩), 본관은 기계(杞溪)이다. 1768년(영조44) 진사시에 합격하고 벼슬이 형조 참의에 이르렀다. 뇌연(雷淵) 남유용(南有容)의 제자로 송시열(宋時烈)을 추숭하여 《송자대전(宋子大全)》을 손에서 놓지 않았다고 한다. 당대에 뛰어난 문장가로 손꼽혔다.

110 연수(年數)가……못했으니 : 연수는 햇수를 이른다. 이 내용은 《시경》 〈거할(車舝)〉의 "높은 산을 우러러보고, 큰길을 걸어가도다.〔高山仰止, 景行行止.〕"라는 구절에 대해, 공자가 "도(道)를 향하여 가다가 중도에 쓰러질지언정 몸이 늙음도 잊고 햇수가 부족함도 알지 못하여 열심히 날마다 부지런히 힘써서 죽은 뒤에야 그만둔다.〔鄕道而行, 中道而廢, 忘身之老也, 不知年數之不足也, 俛焉日有孶孶, 斃而後已.〕"라고 한 말씀에 보인다. 《禮記 表記》

교훈이 될 만한 본보기)로 삼아야 할 것입니다.

왕개보(王介甫)[111]의 시에 이르기를 "분분하게 백 년 인생 다하기 쉬우니, 온 세상에 어느 사람이 참된 도를 아는가? 진부한 말 세속에 자랑하는 것을 힘써 버려라. 보탬이 없고 정신만 피폐해지는 것이 가련하네." 하였으니, 반산(半山 왕안석)은 도를 아는 자가 아닌데도 그 말이 오히려 이와 같았는데, 하물며 참으로 도를 아는 자에 있어서이겠습니까. 이 때문에 형을 위하여 이 시를 외는 것입니다.

111 왕개보(王介甫) : 왕안석(王安石, 1021~1086)으로, 개보(介甫)는 자이고, 호는 반산(半山)이다. 송(宋)나라 인종 경력(慶曆) 2년(1042) 진사시에 급제하고, 벼슬이 재상에 이르렀다. 신종(神宗)의 전폭적인 지지 아래 신법(新法)에 의한 정치개혁을 도모하였으나 실패하고 정치 일선에서 물러났다. 문장에 뛰어나 당송팔대가(唐宋八大家)에 꼽혔는데, 시는 맑고 전아하며 산문은 웅건, 간결하고 힘이 있어서 명성이 높았다.

이자야에게 답함

答李子野

하문(下問)하신 심상(心喪)에 대한 한 가지 조항은 삼가 모두 잘 보았습니다. 존 종숙부(尊從叔父)께서 우리 형을 양육하고 길러주신 은혜가 천지의 조화에 참여되니, 상복을 벗은 뒤에 심상을 펴는 것이 당연합니다.

굽혀서 그 복을 입을 수 없는 뒤에야 심상의 예(禮)를 행하는 것입니다. 지금 형에게 해당되는 복이 기년복(朞年服)인데 강복되어 9개월(대공복(大功服))의 복을 입는다면 9개월 이후에 심상을 펴서 강복한 달 수를 다하는 것이 옳을 것입니다. 만약 이것을 3년까지 끌고 간다면, 현자과지(賢者過之)[112]에 가깝지 않겠습니까.

옛날에 조모(祖母)에게 거두어 양육된 자가 심상 3년을 펴고자 하자, 천옹(泉翁)[113]께서 허락하지 않으며 말씀하기를

112 현자과지(賢者過之) : 어진 자는 지나치다는 뜻으로, 《중용장구》 제4장에 "도(道)가 밝아지지 못하는 이유를 내 아노니, 어진 자는 과(過)하고 어질지 못한 자는 불급(不及)하기 때문이다.〔道之不明也, 我知之矣, 賢者過之, 不肖者不及也.〕"라는 공자의 말씀에 보인다.

113 천옹(泉翁) : 이재(李縡, 1680~1746)로 그의 호가 한천(寒泉)이기 때문에 이렇게 높인 것이다. 자는 희경(熙卿), 또 다른 호는 도암(陶菴), 본관은 우봉(牛峰), 시호는 문정(文正)이며, 농암(農巖) 김창협(金昌協)의 문인이다. 1702년(숙종28) 알성 문과에 급제하여 출사하였으나 1721년(경종1) 도승지로 재임 중 소론의 집권으로 삭직되고, 1722년 임인옥사가 발발하자 강원도 인제(麟蹄)에 들어가서 성리학 연구에 전념하였다. 1725년 영조가 즉위한 뒤 복직되어 대제학·이조 참판을 지냈으나, 1727년 정미

"거두어 길러준 은혜는 타인(他人)에게는 논할 수 있지만 조모에게는 논할 수가 없으니, 본복(本服) 외에 별도로 심상을 펴서는 안 된다. 어려서 길러준 은혜는 천륜(天倫)으로 맺어진 관계에 비하면 가벼운 것이니, 만약 별도로 본복 외에 심상을 편다면 두터이 하려다가 도리어 박해지는 것이다."

라고 하였으니, 이 말씀이 정밀한 의리를 얻어서 바꿀 수가 없습니다.

조부모에게 베풀 수 없는 것을 어찌 백숙부모(伯叔父母)에게 베풀 수 있겠습니까. 등수(鄧綏)와 문문애(門文愛)가 세부(世父 백부(伯父))를 위해 삼년복을 입었는데,[114] 정(情)으로 보면 옳으나 예(禮)로 보면 지나칩니다.

형제의 자식으로서 백숙부모에게 길러지는 것은 천리(天理)에 당연한 것이니, 부족한 것을 가지고 유여(有餘)하다고 한 것이 아닙니다. 선왕(先王)께서 예를 만들 적에 만일 감정대로 하였다면 어찌 다시 한계를 두었겠습니까.

환국 때 문외출송되자 용인(龍仁)의 한천(寒泉)에 은거하면서 많은 학자를 길러냈다.

114 등수(鄧綏)와……입었는데 : 등수는 진(晉)나라 때 우복야(右僕射)를 지낸 등유(鄧攸)의 조카이다. 영가(永嘉) 말년에 등유가 석륵(石勒)의 난을 피해 도망가다가 도적을 만나 소와 말을 빼앗기고 그의 아들과 죽은 아우의 아들인 등수를 등에 업고 걸어서 도망하였으나 두 아이를 모두 안전하게 지킬 수 없다고 판단되자, 죽은 아우의 후사(後嗣)를 끊을 수 없다고 여겨 마침내 자신의 자식을 버리고 떠났는데, 끝내 그에게 후사가 없었다. 이에 등수가 등유를 위해 삼년복을 입었다. 《晉書 卷90 鄧攸列傳》 문문애(門文愛)는 남북조 시대 위(魏)나라의 급군(汲郡) 사람으로 어려서 부모를 잃고 백부모에게 길러졌는데, 백부가 별세하자 삼년상을 치르고 있는데 상중에 백모가 별세하자 백모를 위해 연이어 삼년상을 치렀다. 《北史 卷85 節義傳》

정청부[115] 의 에게 답함 갑자년[116] 정월

答鄭淸夫 漪○甲子正月

요즘 날씨가 쾌청하고 따뜻한데, 조석전(朝夕奠)을 올리면서 거처하시는 체후가 건승(健勝)하십니까? 상주(喪主)께서는 본래 대대로 검소한 선비의 집안이었는데 위로 천인(天姻)을 맺었으니,[117] 화려하고 아름다운 봉양을 누리지 않을 수가 없습니다. 그러나 상주께서는 이것을 부끄러워해서 항상 금련(禁臠)[118]의 기미(氣味)를 한번 바꾸고자 하셨으니, 구구한 저는 이를 흠모하여 감복하고 이로 말미암아 어리석은 심정을 고하는 것입니다.

115 정청부(鄭淸夫) : 정의(鄭漪, 1782~1832)로 청부는 자이다. 본관은 연일(延日), 초명은 진명(鎭命)이며, 어머니는 장헌세자(莊獻世子)의 딸 청선옹주(淸璿翁主)이다. 음보(蔭補)로 출사하여 벼슬이 형조 참판에 이르렀다. 시문과 서화에 뛰어났으며 전고(典故)에 밝았다.

116 갑자년(甲子年) : 1804년(순조4)으로, 매산의 나이 29세 되던 해이다.

117 천인(天姻)을 맺었으니 : 왕가와 혼인하여 인척이 됨을 이른다. 정의의 아버지인 정재화(鄭在和)가 장헌세자의 따님인 청선옹주에게 장가들어 흥은부위(興恩副尉)에 봉해졌다.

118 금련(禁臠) : 임금의 사위를 가리킨다. 금련은 본디 돼지의 목덜미 살로, 다른 사람은 건드릴 수 없는 물건을 말한다. 《진서(晉書)》 권79 〈사혼열전(謝混列傳)〉에 "동진(東晉)의 효무제(孝武帝)가 사혼을 부마(駙馬)로 삼으려다가 얼마 안 되어 붕어한 뒤에 원숭(袁崧)이 다시 그를 사위로 삼으려 하자, 왕순(王珣)이 원숭에게 '금련을 가까이하지 말라.'고 농담하였는데, 금련이란 원래 진나라 원제(元帝)가 강남으로 천도하였을 때, 재정이 궁핍하여 돼지가 들어오면 그 목덜미의 고기는 원제에게만 드린 데서 생긴 용어이다." 하였다.

선귀주(先貴主)[119]께서 별세하신 뒤에 공의 집안은 바로 일반 백성의 집안입니다. 예전 옹주의 집안 모양과는 크게 달라진 뒤에야 자신의 청백한 가법(家法)으로 돌아올 수 있는데, 그중에도 궁중의 계집종을 석방하는 것이 가장 급선무가 됩니다.

옛날 당태종(唐太宗) 때에 가뭄이 들자, 이백약(李百藥)[120]이 "쓸데없는 궁녀(宮女)들이 아직도 많아 음기(陰氣)가 가득 쌓였으니, 또한 가뭄을 일으킬 수 있습니다."라고 하자, 태종이 3천여 명을 내보내도록 명하였습니다. 백거이(白居易)는 이 일을 시를 지어서 찬술하였고,[121] 송(宋)나라 때 이방(李昉)은 이 일을 들어서 군주를 경계하였습니다.[122] 만승(萬乘)의 나라도 오히려 이러하였는데, 하물며 상주의 집안

119 선귀주(先貴主) : 정의의 모친인 청선옹주가 별세하였기 때문에 이렇게 칭한 것이다.

120 이백약(李百藥) : 565~648. 당나라 태종이 중용한 인물로, 수(隋)나라 때 태자사인 겸 동궁학사(太子舍人兼東宮學士)를 지내다가 당나라에 귀순하였다. 태종 때 중서사인(中書舍人)에 제수되어 《북제서(北齊書)》를 편찬하고 벼슬이 종정경(宗正卿)까지 올랐다.

121 백거이(白居易)는……찬술하였고 : 이 내용은 백거이(772~846)가 당 태종(唐太宗)이 난세를 평정한 업적을 찬미하여 지은 〈칠덕무(七德舞)〉에 "원망하는 궁녀 3천 명을 궁궐에서 내보내고, 사형수 4백 명이 자진해서 옥으로 돌아왔다오.〔怨女三千放出宮, 死囚四百來歸獄.〕"라고 하였으므로 말한 것이다. 《白樂天詩集 卷3》 백거이는 중당(中唐)의 대시인으로 자는 낙천(樂天), 호는 향산거사(香山居士)이다. 800년(덕종 정원16)에 진사시에 급제하고 벼슬이 형부 상서(刑部尙書)에 이르렀다. 일생 동안 유려(流麗)하고 평이(平易)한 시를 지어, 〈장한가(長恨歌)〉와 〈비파행(琵琶行)〉 같은 명작을 남겼다.

122 송(宋)나라……경계하였습니다 : 이 내용은 《송사기사본말(宋史紀事本末)》 권3 〈태종치치(太宗致治)〉에 "황제가 일찍이 시종신(侍從臣)들에게 이르기를, '짐이 어

과 같은 경우에 있어서이겠습니까. '3년을 아버지의 도(道)에 고침이 없어야 한다.'[123]는 의리로 헤아려보면 지금은 차마 할 수가 없으니, 대상(大祥)과 담제(禫祭)를 기다려서 재량하여 처리하십시오.

계집종 중에 40세 이상의 늙은 나이에 아직 시집가지 못한 자와 돌아갈 곳이 없는 자는 그대로 집에 두지 않을 수가 없지마는, 40세 이하는 친속(親屬)이 있고 없고를 논하지 말고 모두 출가하는 것을 허락해서, 위로 하늘의 화기(和氣)를 범하지 않게 하는 것이 어떻겠습니까?

찌 당 태종만 하겠는가.' 하니, 참지정사 이방이 백거이의 〈칠덕무(七德舞)〉 사(詞)의 '원망하는 궁녀 3천 명을 궁궐에서 내보내고, 사형수 4백 명이 자진해서 옥으로 돌아왔다오.'라는 구절을 조용히 읊었다. 황제가 이를 듣고 갑자기 일어나더니 '짐이 그에게 미치지 못한다. 짐이 미치지 못한다. 경의 말은 짐을 놀라게 하는구나.' 하였다.〔帝嘗語侍臣曰：朕何如唐太宗？參知政事李昉，微誦白居易七德舞詞曰：怨女三千放出宮，死囚四百來歸獄．帝聞之，遽起曰：朕不及，朕不及．卿言警朕矣．〕"라고 보인다. 이방(李昉, 925~996)은 송(宋)나라 태종 때의 명상(名相)으로 자가 명원(明遠)이다. 후주(後周)에서 벼슬하다가, 송나라에 귀순하고 태종 때에 참지정사(參知政事), 우복야(右僕射) 등의 벼슬을 역임하였다.

123 3년을……한다 : 이 내용은 《논어》 〈학이(學而)〉에 "상대방의 아버지가 살아 있을 때에는 아들의 뜻을 관찰하고 아버지가 죽었을 때에는 아들의 행동을 관찰할 수 있으나, 3년을 아버지의 도에 고침이 없어야 효라고 이를 수 있다.〔父在觀其志，父沒觀其行，三年無改於父之道，可謂孝矣．〕"라고 보인다.

이육예 교신 에게 줌 을해년[124] 8월

與李六藝 教信○乙亥八月

형제의 항렬을 서열하여 몇째라고 부르는 것은 중국의 미풍양속이나 우리 동방은 그렇지 않으니, 또한 누추함을 드러낼 뿐입니다. 살아서 이러한 호칭이 없었는데 죽어서 어찌 이렇게 말할 수 있겠습니까. 그만두는 것이 옳을 듯합니다.

죽으면 체백(體魄)이 땅으로 돌아가고 혼기(魂氣)가 흩어집니다. 그러므로 초우(初虞)는 장례하는 날을 벗어나지 않게 하고 재우(再虞)는 반드시 날짜에 맞춰서 집으로 돌아오는 도중(途中)이나 또는 머무르는 관사에서 지내는 것이니, 이는 차마 하루라도 영혼을 떨어지게 해서 돌아갈 곳이 없게 할 수 없기 때문입니다. 초우와 재우로 두 번 제사하여 영혼을 편안하게 하는 것이니, 집으로 반곡(返哭)하기를 기다리지 않고 지내는 것은 본래 정밀한 뜻이 여기에 있습니다. 반곡한 뒤에 재우를 행하는 것은 편의를 도모하려는 유속(流俗)에서 나온 것이니, 어찌 예를 버리고 세속을 따르겠습니까.

우제(虞祭)를 지낼 날짜가 만약 삭망(朔望 초하루와 보름)이라면 삭망전(朔望奠)은 마땅히 폐해야 하니, 이는 하루에 두 번 제사하지 않는 의리 때문입니다.

현훈(玄纁)[125]의 위치는 《가례》에 '관의 곁〔柩傍〕'이라고 하였는데, 이

124 을해년(乙亥年) : 1815년(순조15)으로, 매산의 나이 40세 되던 해이다.

'방(傍)' 자가 관(棺)과 곽(槨)의 사이라고 말한 것으로 볼 수 없습니다. 관 위의 동쪽에 올린다면 거의 《의례》와 《가례》의 글에 부합할 듯한데, 어떨지 모르겠습니다. 우암의 설을 따라서 현훈을 관의 곁의 좌·우로 나누어 올리는 것도 진실로 이치에 해롭지 않으나, 관과 곽의 사이는 폐백을 올릴 만한 곳이 아니고 또 내력(來歷)이 없으니, 감히 믿을 수 없는 것은 바로 이 때문입니다.

"반곡할 때 묘소에 하직을 고하지 않는 것은 신주(神主)에 뜻을 다하기 위해서이다."라는 말은 사계(沙溪)의 말씀으로 참으로 예의 뜻에 맞습니다. 도암(陶菴)께서 감탄한 것이 당연하니, 마땅히 이를 따를 뿐입니다. 어찌 예를 버리고 세속을 따르겠습니까.

현훈을 올리고 재배(再拜)하는 것은 하직을 고하는 것이 아니고 폐백을 올렸기 때문입니다. 그러므로 오직 상주만이 절할 뿐입니다. 남계(南溪) 박세채(朴世采)가 "각각 그 마땅함에 합당하게 하여 일찍이 인정(人情)에 중함을 돌리지 않았다."라고 말씀한 것은 곡해하여 하신 말씀인 듯합니다.

"현훈을 올리고 재배하는 것은 바로 후토(后土)에게 폐백을 올리면서 지신(地神)에게 예배(禮拜)하는 것이다."라고 말씀하신 것은 반드시 내력이 있을 것입니다. 그러나 저는 상고할 곳이 없으니, 이것이 어느 책에 나와 있는지 모르겠습니다.

《예기》〈잡기(雜記)〉에 "노나라 사람이 현훈을 올렸다." 하였는데,

125 현훈(玄纁) : 매장할 때 올리는 폐백으로, 광중(壙中)에 넣는 검은 비단과 붉은 비단을 말한다.

소(疏)에 이르기를 “증(贈)이라는 것은 물건을 가지고 망자(亡者)를 곽(郭) 가운데서 전송하는 것이다.”라고 하였으니, 그렇다면 폐백을 올리는 것은 망자를 위한 것이고 절하는 것은 폐백을 바치기 때문이니, 이 예는 후토의 신과는 상관이 없을 듯합니다. 보내주신 편지에 “인정에 편안한 것은 바로 천리(天理)의 절문(節文)이니, 나누어서 달리 할 수 없다.”고 하신 것은 참으로 옳은 말씀입니다.

무릇 차마 할 수 없는 지경에 이르렀는데, 예에 분명한 글이 없으면 이것이 정밀한 뜻이 됩니다. “묘소에 곡하고 하직하지 않는 것은 관에 곡하고 하직하지 않는 것과 같다.”고 하신 말씀과 같은 것은, 보신 것이 진실하고 말씀한 것이 바르니, 만일 마음과 이치가 진실로 하나가 된 분이 아니라면 그 누가 이렇게 말할 수 있겠습니까. 흠모하고 심복합니다.

조 참봉[126] 유헌 에게 답함 계해년[127] 7월

答趙參奉 有憲○癸亥七月

본래 높으신 명성을 듣고 마음속에 간직하였습니다. 평소 서책 속의 성현처럼 우러러보기만 하고 하루의 정성도 바치지 못한 것을 한으로 여겨 일찍이 문후(問候)를 올려서 소문(掃門)[128]의 소원을 대체하려고 하였습니다. 그러나 또한 직접 찾아뵙지 않은 채 먼저 편지를 올리는 것을 꺼려한 것은 당돌(唐突)한 일로 여겨질까 염려해서였습니다. 그런데 특별히 사람을 보내시어 손수 쓰신 편지를 받아봄에 위문하심이 정중하시니, 감사와 부끄러운 마음이 겸하여 지극합니다. 마침 감기를 앓고 있어서 즉시 사례하는 답장을 올리지 못하여 완악하고 우둔한 자가 예를 폐함이 또 이에 이르렀습니다. 너그러운 아량으로 용서하시어 부디 양찰해주시기 바랍니다.

여독(旅毒)을 무릅쓰신 체후(體候)는 탈이 없으시며 근간에 미호

126 조 참봉(趙參奉) : 조유헌(趙有憲, 1736~1815)으로 자는 계무(季武), 호는 지산(芝山), 본관은 직산(稷山)이며, 미호(渼湖) 김원행(金元行)의 문인이다. 벼슬길에 나아가지 않고 학문과 후진 양성에 전념하였는데, 1796년(정조20) 개성 유수가 중앙에 천거하고 1801년(순조1) 현릉 참봉(顯陵參奉)에 제수되었으나, 나아가지 않았다.

127 계해년(癸亥年) : 1803년(순조3)으로, 매산의 나이 28세 되던 해이다.

128 소문(掃門) : 존귀한 사람을 찾아뵙고 인사드리는 일을 말한다. 전한(前漢)의 위발(魏勃)이 어릴 때 제(齊)나라 상국(相國)으로 있던 조참(曹參)을 만나고 싶었으나 가난한 처지라 만날 길이 없었는데, 조참의 사인(舍人)의 집 문 앞을 청소하여 사인의 주선으로 조참을 만난 고사에서 유래하였다. 《史記 卷52 齊悼惠王世家》

(渼湖)[129]에서 서울로 돌아오셨습니까? 우러러 생각하건대 강산의 고택(古宅)에 경물(景物)은 의구하나 풍류(風流)가 적막하여 아득히 따라잡기가 어려울 것입니다. 굽어보고 우러러봄에 감격하여 눈물을 흘리실 터이니, 마음을 어떻게 가누십니까?

존선생(尊先生 미호(渼湖) 김원행(金元行))께서는 종신토록 스스로 벼슬길을 끊으시어 도를 간직하고 쓰지 아니하여 자신의 천덕(天德)과 왕도(王道)를 세상에 조금도 드러내지 않으셨으니, 진실로 지사(志士)들이 한스럽게 여기는 바입니다. 어진 아드님이 집안을 잘 계승해서 시례(詩禮)[130]가 전해지고, 문하(門下)에 있는 선비들이 또 빈빈(彬彬)[131]하여 칭술(稱述)할 만한 분이 많아서, 사문(斯文 유학(儒學))의

129 미호(渼湖) : 지금의 구리시 한강변 일대로 미수(渼水), 미음(渼陰)이라고도 하는데, 여기에 선원(仙源) 김상용(金尙容)과 청음(淸陰) 김상헌(金尙憲) 형제의 무덤과 이들의 위패를 봉안한 석실서원(石室書院)이 있었다. 조유헌의 스승인 김원행의 호는 이곳의 이름을 쓴 것이다.

130 시례(詩禮) : 집안에서 전해지는 가학(家學)을 이른다. 진항(陳亢)이 공자(孔子)의 아들 백어(伯魚)에게 아버지로부터 특별한 가르침을 들은 것이 있는지 물었는데, 백어가 "특별한 것은 없고 홀로 서 계실 때에 종종걸음으로 뜰을 지나자 시(詩)를 배웠느냐고 물으시기에 배우지 못했다고 대답했더니, 시를 배우지 않으면 말을 할 수가 없다고 하셔서 물러 나와 시를 배웠다. 다른 날 또 혼자 서 계실 때에 종종걸음으로 뜰을 지나자 예(禮)를 배웠느냐고 물으시기에 배우지 못했다고 했더니, 예를 배우지 않으면 설 수가 없다고 하셔서 물러 나와 예를 배웠다."라고 대답한 데에서 나온 말이다. 《論語 季氏》

131 빈빈(彬彬) : 문채와 본질이 적절하게 배합됨을 이른다. 《논어》 〈옹야(雍也)〉에 "공자께서 말씀하셨다. '질(質 본바탕)이 문(文)을 이기면 촌스럽고, 문이 질을 이기면 사(史)하니, 문과 질이 적절히 배합된 뒤에야 군자이다.'〔子曰: 質勝文則野, 文勝質則史, 文質彬彬然後君子.〕"라고 보인다.

한 맥이 이에 힘입어 실추(失墜)되지 않고 있으니, 도학(道學)을 창도하여 밝힌 공이 천옹(泉翁)[132] 이후로는 이만한 분이 있지 않습니다.

저는 일찍이 근재(近齋 박윤원(朴胤源))의 문하에 유학(遊學)해서 삼가 미옹(渼翁 미호 김원행)의 훌륭하신 언론(言論)을 정성껏 받들어 보고서 속으로 고산(高山)과 경행(景行)의 흠모[133]를 이기지 못하였으며, 문하의 여러분에 대해서도 지붕 위의 까마귀까지 좋아하는 마음[134]이 있습니다. 집사의 형제분은 산림(山林)에서 도를 지키면서 스승의 말씀을 독실하게 믿으니, 백씨(伯氏)[135]께서 세상에 나아가서 벼슬하는 것과 중씨(仲氏)께서 은둔하는 것은 각각 그 의리에 맞아서 도(道)를 같이함에 아무런 문제가 되지 않습니다.

구구한 이 몸은 백씨 좌하(座下)에게는 얼굴을 뵙거나 편지를 통하여 지우(知遇)를 받은 것이 적지 않으나, 유독 집사에게는 찾아뵙고

132 천옹(泉翁) : 도암(陶菴) 이재(李縡, 1680~1746)로, 또 다른 호가 한천(寒泉)이기 때문에 이렇게 높인 것이다.

133 고산(高山)과 경행(景行)의 흠모 : 높은 산과 큰길처럼 훌륭한 분을 우러러 흠모하는 마음을 말한다. 《시경》 〈소아(小雅) 거할(車舝)〉의 "높은 산을 우러러 보고 큰길을 따르도다.〔高山仰止, 景行行止.〕"라는 구절에서 연유하였다.

134 지붕……마음 : 어떤 사람을 좋아하면 그 집 지붕에 앉아 있는 까마귀까지도 좋아하게 된다는 뜻으로, 《한시외전(韓詩外傳)》 권3의 "강태공(姜太公)이 무왕(武王)에게 아뢰기를 '사람을 사랑하는 자는 그 사랑이 그의 지붕 까마귀에까지 미치고, 사람을 미워하는 자는 그 미움이 그의 마을 모퉁이의 벽에까지 미칩니다.〔愛其人及屋上烏, 惡其人者憎其胥餘.〕'"라고 한 데서 유래한 말이다.

135 백씨(伯氏) : 조유헌의 형인 조유선(趙有善, 1731~1809)으로 자는 자순(子淳), 호는 나산(蘿山)이며, 미호 김원행의 문인이다. 1771년(영조47) 사마시에 합격하고, 1788년 57세의 나이에 혜릉 참봉(惠陵參奉)에 제수된 뒤 장원서 봉사(掌苑署奉事), 익산 군수(益山郡守) 등을 역임하였다.

상(床) 아래에서 절을 올리지 못했습니다. 그러나 배알하지 않아도 배알한 것과 같으니, 옛날에 신교(神交)[136]는 마음으로 하고 얼굴로 하지 않았습니다. 다만 편지에서 저를 두고 "뜻을 오로지하여 도를 구한다."라고 말씀하신 것은 비록 저를 가르쳐 인도하여 가르치고자 하는 마음에서 나온 것일 것이나, 저에 대한 소문만 듣고 저의 실제는 상고하지 못하시어 이렇게 말씀하신 듯합니다. 저 또한 그럴 뜻이 없는 자라고 말할 수는 없으나, 그럭저럭 세월을 보내면서 실의(失意)에 빠진 채 오늘에 이르렀습니다. 지나간 세월을 돌아보면 한 가지 일도 그럴 듯한 일이 없으니 어떻게 계책을 세워야 할지 모르겠습니다.

136 신교(神交) : 정신적으로 사귀어 뜻이 서로 투합함을 이른다.

윤중수[137] 약열 에게 줌 정해년[138] 윤월

與尹仲守 約烈○丁亥閏月

공부하는 과정에 있어 현재 무슨 책을 열심히 읽고 있소? 과거 공부를 끊지 못하였으니, 그렇다면 비록 머리를 굽히고 연참(鉛槧)의 일[139]을 하더라도 오뚝이 앉아 한 해를 다 보내면서 정력(精力)을 분산시키고 세월을 허송해서는 안 될 것이오.

중년(中年) 이후는 비록 독서할 만한 시절이 아니라고 하나, 더욱 마땅히 뜻을 분발하여 노력할 것이요. 또 마땅히 위로 향하는 한 길이 있음을 알아야 하니, 오로지 세속의 학문을 일삼아서 하류(下流)에 처해서는 안 되오. 이(理)와 의(義)는 나에게 고유(固有)한 물건인데도 버리고 찾지 않고, 과거에 급제하여 벼슬길에 오르는 것은 몸 밖의 일인데도 구하여 마지않으니, 이는 내외(內外)와 경중(輕重)의 분별을 알지 못하는 것이오.

온 세상이 명리(名利)를 좇아 오가는[140] 가운데에 출몰하여 종신토록

137 윤중수(尹仲守) : 매산의 둘째 매제(妹弟)인 윤약열(尹約烈)로 중수는 자이다. 본집 권50에 실려 있는 매산이 지은 〈망매윤씨부행장(亡妹尹氏婦行狀)〉에 보인다.

138 정해년(丁亥年) : 1827년(순조27)으로, 매산의 나이 52세 되던 해이다.

139 연참(鉛槧)의 일 : 글공부를 가리킨다. 연참은 옛날에 사람들이 글을 쓸 때 사용했던 연분필(鉛粉筆)과 나무판을 이른다.

140 명리(名利)를 좇아 오가는 : 원문의 '희양(熙穰)'은 사람들이 분주하게 이익을 좇아 오가는 모습을 형용한 말이다. 《사기(史記)》 권129 〈화식열전(貨殖列傳)〉에 "천하 사람들이 번잡하게 오는 것은 모두 이익을 위해 오는 것이요, 천하 사람들이 분란(紛

돌아옴을 잊으나, 중수(仲守)가 어찌 이런 짓을 하겠소? 중수는 평소 다만 가서 자수(自守 행실이나 말을 제 스스로 조심하여 지키는 것)를 배울 것이요, 세속을 따르는 것을 배우려고 해서는 안 될 것이오. 중수가 아직도 사마시(司馬試)에 합격하지 못한 것은 아마도 이 때문일 것이니, 법도에 맞게 수레를 몰다가 짐승을 잡지 못하는 것이 부정한 방법을 써서 짐승을 잡는 것보다 낫지 않겠소?[141] 그러므로 이르기를 "불의(不義)로써 부귀(富貴)를 얻는 것이 도를 지키면서 빈천(貧賤)한 것보다 못하다."라고 한 것이오.

중수는 본래 올바른 연원(淵源)의 가학(家學)이 있어서 다른 사람에 비하여 더욱 무거운 책임이 있으니, 어찌 늙도록 거자(擧子)에 그치겠소? 제일등(第一等)을 다른 사람에게 양보하여 주고 우선 제이등(第二等)을 한다고 말하지 마시오. 조금이라도 이와 같이 말한다면 곧 스스로 포기하는 것이 되오.[142] 이것은 정숙자(程叔子 이천(伊川) 정이(程頤))

亂)하게 가는 것은 모두 이익을 위해 가는 것이다.〔天下熙熙, 皆爲利來; 天下壤壤, 皆爲利往.〕"라고 보인다. '壤'과 '穰'은 통용된다.

141 법도(法度)에……않겠소 : 이 내용은 《맹자》 〈등문공 하(滕文公下)〉에 보이는 왕량(王良)의 고사를 원용한 것이다. 진(晉)나라 대부(大夫) 조간자(趙簡子)가 뛰어난 말몰이꾼인 왕량에게, 자신의 총애하는 가신(家臣)인 해(奚)와 함께 수레를 타고 사냥을 나가게 하였는데, 종일토록 한 마리의 짐승도 잡지 못하자, 해가 돌아와서 조간자에게 왕량을 나쁘게 평가하였다. 이를 전해들은 왕량이 다시 청하여 해와 함께 한 번 더 사냥을 나갔는데, 이번에는 하루아침에 열 마리의 짐승을 잡자, 해가 돌아와서 조간자에게 왕량을 칭찬하였다. 이에 조간자가 왕량에게 해의 수레를 전담하여 몰도록 하였으나, 왕량은 "내가 그를 위하여 나의 말을 모는 것을 법대로 하였더니 종일토록 한 마리의 짐승도 잡지 못하였고, 이번에는 그를 위하여 부정한 방법으로 말을 몰아 짐승을 만나게 하였더니 하루아침에 열 마리의 짐승을 잡았습니다.〔吾爲之範我馳驅, 終日不獲一, 爲之詭遇, 一朝而獲十.〕"라고 말하며 이를 거절하였다.

가 배우는 자들을 불러 깨운 참된 말씀이니, 진부하다고 여겨서 그냥 건성으로 듣지 마시오.

여기 함께 보내는 태지(胎紙 별지(別紙))는 바로 《홍재전서(弘齋全書)》〈일득록(日得錄)〉에 실려 있는 것인데, 삼가 등사(謄寫)하여 올리니, 종씨(從氏)인 여경(汝經)에게 전달하여 주시기 바라오.

존왕고(尊王考)[143] 어른께서 정조대왕에게 지우(知遇)를 입은 것이 이와 같이 융숭하였던 것은 바로 명의(名義)와 기절(氣節) 때문인데, 명의와 기절은 학문에 근본하오. 그러므로 정조대왕께서 끝내 세자(世子)를 가르치는 임무를 맡겨주신 것은 참으로 이 때문이오. 진실로 신하를 아는 것은 군주만한 분이 없는데, 군주의 지우가 이와 같이 지극함에 이르렀던 것은 본인께서 스스로 수립(樹立)하신 것이 이렇게 만든 것이니, 이 어찌 좌복(左腹)으로 들어갈 수가 있으며 황설(簧舌)

142 제일등(第一等)을……되오 : 제일등(第一等)은 성인(聖人)의 일을 제이등(第二等)은 현인의 일을 가리킨다. 《이정유서(二程遺書)》 권18 〈유원승수편(劉元承手編)〉에 "제일등을 가사양하여 다른 사람에게 주고 우선 제이등을 하겠다고 말하지 말라. 조금이라도 이와 같이 말한다면 곧 자기(自棄)이다. 비록 인(仁)에 거하고 의(義)를 행하지 못하는 자와는 차등이 있어 똑같지 않으나 스스로 작게 여기는 것은 똑같으니, 학문을 말할진댄 곧 도로써 뜻을 삼아야 하고, 사람을 말할진댄 곧 성인으로써 뜻을 삼아야 한다.〔莫說道將第一等, 讓與別人, 且做第二等. 才如此說, 便是自棄. 雖與不能居仁由義者, 差等不同, 其自小一也, 言學, 便以道爲志, 言人, 便以聖爲志.〕"라고 보인다.

143 존왕고(尊王考) : 윤득부(尹得孚, 1723~1799)로 자는 사휴(士休), 호는 신재(信齋), 본관은 해평(海平)이다. 1774년(영조50) 식년 문과에 급제하고 벼슬이 예조참판 겸 좌유선(左諭善)에 이르렀다. 1780년(정조4) 정언(正言)으로 있을 때 세도를 부리던 홍국영(洪國榮)의 죄를 논하고, 그 일파인 서명선(徐明善)의 처단을 주장하였다. 왕고는 돌아가신 할아버지를 이르는 말이다.

로 마음을 흔들 수 있겠소.[144] 흠모하고 탄복하오.

144 좌복(左腹)으로……있겠소 : '좌복으로 들어간다'는 것은 소인(小人)들이 간사한 마음으로 임금이나 윗사람에게 환심을 얻음을 비유하는 말이다. 《주역(周易)》 〈명이괘(明夷卦) 육사(六四)〉에 "왼쪽 배로 들어가, 밝음을 상실한 군주의 마음을 얻는다.〔入于左腹, 獲明夷之心.〕"라고 보이는데, 왼쪽은 은벽(隱僻)한 곳으로, 곧 간사하게 군주의 신임을 얻음을 말한 것이다. 황설(簧舌)은 관악기의 소리를 내게 하는 떨림판인데, 소인들이 교묘하게 꾸며내는 참언(讒言)을 비유한다. 《시경》 〈소아(小雅) 교언(巧言)〉에 "황(簧)과 같은 공교로운 말은 얼굴이 두껍기 때문이다.〔巧言如簧, 顔之厚矣.〕"라고 보인다.

김백원[145] 태근 에게 답함 병인년 5월

答金伯元 泰根○丙寅五月

계씨(季氏)가 이미 과방(過房)[146]을 하였고 또 가서 부모로 모셨으니, 다만 마땅히 편친(偏親)의 슬하(膝下)를 떠나지 말아서 길러주신 고복(顧復)의 은혜[147]를 옮기는 것이 옳을 것인데, 어찌하여 다시 돌아왔단 말이오?

엎드려 생각하건대 존족숙모(尊族叔母)는 일찍 붕성(崩城)의 애통함[148]을 가슴속에 안고 슬픔을 머금고 병중(病中)에 있으니,[149] 진실로

145 김백원(金伯元) : 매산의 첫째 매제(妹弟)인 김태근(金泰根, 1778~?)으로 백원은 자이고 본관은 안동이다. 1810년(순조10) 식년 생원시에 합격하고 진안 현감(鎭安縣監) 등의 벼슬을 지냈다. 매산이 지은 김태근의 묘갈명 〈진안 현감 김공묘지명(鎭安縣監金公墓誌銘)〉이 본집 권41에 실려 있다.

146 과방(過房) : 아들이 없는 일가 친족의 집안에 양자로 가거나, 이를 맞아들이는 일을 이른다.

147 고복(顧復)의 은혜 : 길러 주신 어버이의 은혜를 이른다. 《시경》 〈소아(小雅) 요아(蓼莪)〉의 "아버지 나를 낳아주시고, 어머니 나를 길러 주시니, 나를 어루만지고 나를 길러주시며 나를 자라게 하고 나를 키워주시며 나를 돌아보고 나를 또 돌아보시며 나가고 들어옴에 나를 가슴 속에 두셨네.〔父兮生我, 母兮鞠我. 拊我畜我, 長我育我. 顧我復我, 出入腹我.〕"라는 구절에서 유래하였다.

148 붕성(崩城)의 애통함 : 남편과 사별(死別)하는 애통함을 이른다. 춘추 시대 제(齊)나라 장공(莊公)의 대부 기량(杞梁)이 전사하자, 그의 아내가 시체를 성 아래에 놓고 열흘 동안 통곡하니 성이 무너졌다는 고사에서 유래하였다. 《列女傳》

149 병중에 있으니 : 원문의 '재구(在疚)'는 병중에 있다는 말이다. 《시경》 〈주송(周頌) 민여소자(閔予小子)〉에 "집이 완성되지 못해서 외롭고 외로이 병중에 있네.〔遭家

가련하고, 위로 시부모가 없고 옆에 형제가 적어서 외롭고 외로워 의지할 곳이 없는데, 그래도 버티고 목숨을 이어가는 것은 계씨가 있기 때문이었소.

그런데 이제 떨어져서 길이 막힌 채 각각 천애(天涯 하늘가)와 지각(地角 땅 끝)에 있어서 정리(情理)가 매우 슬프니, 사람으로 하여금 눈물을 흘리게 하오. 비단 정리만 그런 것이 아니라 마땅히 높여야 할 분을 높이고 마땅히 낮춰야 할 분을 낮추어서, 어둡고 은밀한 가운데에서 감히 서로 빼앗지 않게 한 뒤에야 자기가 섬기는 분에게 뜻을 오로지 할 수가 있소. 이 때문에 선왕(先王)이 법을 세우고 성인(聖人)이 가르침을 남길 적에 사람들로 하여금 반드시 혐의를 구별하고 은미(隱微)함을 밝혀서 일통(一統)을 높이고 두 근본을 분변하게 한 것이오.

그러나 모름지기 '어려서 이루어진 것은 천성(天性)과 같고 습관은 자연(自然)과 같아진다.'[150]라는 말처럼 된 뒤에야, 서로 어긋나서 들어가기 어려운 근심이 없어서 천륜(天倫)과 같아질 수 있는 것이오. 이 때문에 호치당(胡致堂)이 말하기를 "남의 양자가 된 자는 자신의 친부모를 돌아보지 않아야 편안하게 행하여 천성(天性)과 같아진다." 하였고, 또 말하기를 "친부모의 은혜를 누르고 양부모의 의(義)를 펴면 은혜가 가벼워지고 의가 중해진다." 하였으니,[151] 선현들이 의논을 세운

不造, 嬛嬛在疚.]" 하였는데, 《모전(毛傳)》에 "구는 병이다.〔疚, 病也.〕"라고 하였다.

150 어려서……같아진다 : 이 내용은 공자의 말씀으로 《대대례기(大戴禮記)》 권3 〈보부(保傅)〉에 "어려서 이루어진 것은 천성과 같고 습관은 떳떳함과 같아진다.〔少成若性, 習貫之爲常.〕"라고 보이는데, '습관지위상(習貫之爲常)'의 구절은 후대의 책에는 본문처럼 '습관은 자연과 같아진다.〔習慣如自然.〕'라고 인용되었다.

것이 이와 같이 엄격한 것은 유폐(流弊)를 염려한 것이오.

계씨가 이미 돌아왔으니, 한 철이나 한 달 안에 돌아가 배알하기가 어려울 것이요, 점점 나이가 들고 혈기(血氣)가 더욱 왕성해지면 마음과 생각이 편벽해지고 은혜와 정이 나누어져서 자연 유통(流通)하는 것이 뜻대로 되지 못하게 될 것이오. 〔결자(缺字)〕 아직 정해지지 아니하여 자신의 선입견이 주(主)가 되는 때에는, 순수하고 온전히 하고자 하나 가능하겠소.

자식은 처음 낳았을 때 가르치고 며느리는 처음 시집왔을 때 가르치니, 이는 예비함〔豫〕을 우선으로 삼는 것이오. 자식과 며느리를 가르치는 것도 이러한데, 하물며 남의 자식을 데려다가 양자로 삼는 경우에 있어서이겠소. 부모 되기도 어렵고 자식 노릇하기도 쉽지 않으니, 이는 내가 본 것이 많기 때문에 말하는 것이요, 매제(妹弟)의 아우이기 때문에 또한 감히 말하지 않을 수 없는 것이오. 또 저 집안의 화(禍)가 망극한데, 이러한 때에 갑자기 돌아오면 어찌 혐의가 없을 수 있겠소. 부디 심신으로 깨달아 기억해 주시기를 바라오.

151 호치당(胡致堂)이……하였으니 : 호치당은 송나라의 유학자 호인(胡寅, 1098~1156)으로 치당은 그의 호이다. 자는 명중(明仲), 시호는 문충(文忠)이며, 호안국(胡安國)의 조카로 그의 양자가 되었다. 휘종(徽宗) 선화(宣和) 3년(1121)에 진사시에 급제하고 벼슬이 예부 시랑(禮部侍郎)에 이르렀는데, 대표적인 주전파로 진회(秦檜)의 미움을 받아 폄적되기도 하였다. 호인의 이 말들은 《독례통고(讀禮通考)》 권5 〈상기5(喪期五)〉에 보인다.

김백원에게 줌 무진년[152] 8월

與金伯元 戊辰八月

보내온 편지에 공령(功令)[153]이 사람을 그르치는 병폐에 대해 잘 말씀하였소. 만약 이렇게 하는 것이 병이 됨을 안다면 어찌 이와 같이 하지 않는 것이 약이 되지 않겠소.[154] 상주(喪主) 또한 뜻이 공령에 있으니, 나는 행실이 말을 가리지 못할까[155] 삼가 근심스럽소. 하늘이 재주를 내린 것이 어찌 고금의 차이가 있겠소마는, 삼대(三代) 이후에 다시 삼대가 없는 것은 과거(科擧) 때문이오.

허다한 영재(英才)들이 대부분 한번 발을 헛디뎌 넘어지면 죽을 때까지 과거 공부에 빠져서, 과문(科文)의 기량이 정밀해질수록 마음이 더욱 파괴되오. 이 일이 어지럽게 뒤엉켜 지금에 이르렀으니, 장차 모두 마귀와 도깨비가 된 뒤에야 그칠 것이오. 이른바 '태종황제(太宗

152 무진년(戊辰年) : 1808년(순조8)으로, 매산의 나이 33세 되던 해이다.

153 공령(功令) : 과거(科擧)를 볼 때 짓는 여러 가지 문체 즉 과문(科文)을 말하는데, 과거를 바로 가리키기도 한다.

154 만약……않겠소 : 이 내용은 주자가 혹인(或人)에게 답한 편지에, "이것이 병인 줄 알았다면 이렇게 하지 않는 것이 곧 약이 된다.〔知得如此是病, 卽便不如此是藥〕"라고 한 말씀을 원용한 것이다. 《晦菴集 卷64 答或人》

155 행실이……못할까 : 말한 바대로 행실이 미치지 못하여 언행(言行)이 일치하지 않음을 이른다. 《맹자》 〈진심 하(盡心下)〉에, 맹자가 광자(狂者)를 설명하며 "그 뜻이 높고 커서 말하기를 '옛사람이여, 옛사람이여.' 하지만, 평소에 그 행실을 살펴보면 행실이 말을 가리지 못하는 자이다.〔其志嘐嘐然曰: 古之人, 古之人, 夷考其行而不掩焉者.〕"라고 한 말을 원용한 것이다.

皇帝)가 장구한 계책을 세웠다.'는 것[156]은 다만 집안과 나라를 망치기에 적당했을 뿐이니, 작용(作俑)의 화(禍)가 다만 후손이 없음에 그칠 뿐만이 아닐 것이오.[157] 이것을 말하면 고통스럽소. 그러나 지금의 세상에 살면서 과거에 응시하지 않으면 출사(出仕)할 수가 없으니, 어찌 남에게 과거 공부를 폐하라고 권하겠소. 만약 이치를 따르고 천명을 편안히 여겨 세속이 좋아하는 것을 따르지 않는다면, 마음이 편안하고 즐거워서 절로 이익에 이끌리고 빈천(貧賤)에 쪼들리는[158] 누(累)가 없게 될 것이오.

그러나 이치를 밝게 알고 몸을 닦아서 내외(內外)와 빈주(賓主)의 분별을 마음속에 보존한 자가 아니라면 이렇게 하지 못하니, 이 또한

156 이른바……것 : 당(唐)나라 시인 조하(趙嘏)가 당시 늙어 죽을 때까지 진사과(進士科)에 매달리는 사람이 많은 것을 비평하여 "태종황제가 장구한 계책을 세웠으나, 얻은 영웅은 모두 흰머리 늙은이였네.〔太宗皇帝眞長策, 賺得英雄盡白頭.〕"라고 읊은 구절을 원용한 것이다.《說郛 卷18上》 과거제도를 태종이 구체적으로 실시하였으므로 이렇게 비판한 것이다.

157 작용(作俑)의……것이오 : 이 내용은《맹자》〈양혜왕 상(梁惠王上)〉의 "중니(仲尼)께서 '처음으로 용(俑)을 만든 자는 아마도 후손이 없을 것이다.'라고 하셨다.〔仲尼曰: 始作俑者, 其無後乎!〕"라는 구절을 원용한 것이다. 중니는 공자의 자이다. 용은 장례(葬禮) 때 나무나 짚으로 만들어 무덤에 같이 넣는 허수아비로, 이로 인해 산 사람을 순장(殉葬)하는 풍습이 생겼으므로 공자께서 이렇게 말씀하신 것이다. 이후로 작용은 옳지 못한 일의 선례(先例)를 만들거나 옳지 못한 일을 최초로 꾸미는 것을 뜻하게 되었다.

158 이익에……쪼들리는 : 원문의 '출박(怵迫)'은《문선(文選)》에 실린 가의(賈誼)의〈복조부(鵩鳥賦)〉에 "출박의 무리들이여, 혹 동서로 이익을 좇누나.〔怵迫之徒兮! 或趨西東.〕"라고 보이는데, 이선(李善)이 "출은 이익에 유인됨이고 박은 빈천에 쪼들림이다.〔怵, 爲利所誘怵也; 迫, 迫貧賤.〕"라고 주하였다.

쉽게 말할 수 없는 것이오. 대책(對策)과 대경의(對經義)[159]는 가장 유자(儒者)의 일에 가까우니, 경전(經典)을 많이 읽어서 자기 말을 외듯이 하고 문리(文理)를 사색(思索)해서 자기 심중(心中)에서 나온 것처럼 한다면, 글로 쓸 적에 자연히 응당 시원하게 써낼 수 있을 것이오.

보내온 편지에 이른바 '연(燕)나라와 월(越)나라처럼 그렇게 서로 멀지는 않아서, 뜻이 나뉘고 힘을 빼앗기는 근심이 없다.'는 것은 이미 옳게 보신 것이오. 칠서(七書)를 외워서 득실을 내 입에서 결단하면 또한 충분히 좋으니, 만 권(萬券)의 글 가운데 내 글을 던지듯 하여 승부를 남에게 맡기는 것보다는 훨씬 낫소. 그러나 한갓 글만을 외워서 지금에 이른바 '시경생(治經生 경서를 공부하는 유생)'과 같이 한다면 또한 무슨 나은 점이 있겠소.

박원득(朴元得)[160] 씨가 일찍이 어머니 상을 치를 적에, 근재 선생께서 과거 공부를 하지 못하게 하였는데, 객(客)이 말하기를 "시부(詩賦)는 지을 수 있는 것이 아니지만, 과체(科體)의 의의(疑義)[161]야 어찌 해롭겠습니까. 때를 놓치지 않아야 할 것입니다."라고 하니, 선생께서

159 대책(對策)과 대경의(對經義) : 과거 시험의 종류로, 대책은 경학(經學)이나 시무(時務)에 관한 책문(策問)을 내어 이에 대한 논문을 짓게 하는 것이고, 대경의는 경서의 뜻을 물어 이를 대답하게 하는 것을 이른다.

160 박원득(朴元得) : 매산의 스승인 근재(近齋) 박윤원(朴胤源)의 아들 박종여(朴宗輿, 1766~1815)로 원득은 자이고 호는 냉천(冷泉), 본관은 반남(潘南)이다. 음보로 출사하고 벼슬이 서흥 부사(瑞興府使)에 이르렀다. 매산의 절친한 벗이다.

161 의의(疑義) : 과거 시제(科擧試題)의 일종으로, 의(疑)는 경전(經傳)의 의심나는 곳을 논술하여 풀이하는 것이며, 의(義)는 경전의 의의(意義)를 해설하는 것이다.

"상중에 있는 자가 어찌 과문(科文)을 지을 수 있겠는가."라고 하시면서 끝내 허락하지 않으셨으니, 이것을 일러 경도(經道)를 지킨다고 하는 것이오.

비록 의의(疑義)의 종류라도 명예를 구하는 일이어서 진실로 슬픔을 잊기가 쉽고 또한 문장을 짓지 않는 것이 아니니, 어찌 상중에 있는 자가 할 수 있는 일이겠소. 근옹(近翁)께서 허락하지 않은 것이 당연하오. 상주가 예전에 하던 것을 뒤돌아보고 연연할까 염려되어 이 일을 들어서 읊는 것이오.

호중(湖中 충청도 지방)에는 사대부가 많기 때문에 말과 의논이 많으니, 시대를 올라가 고인(古人)을 논하는 것은 괜찮지만 당금(當今)의 일에 대해 옳다 그르다고 시비하여서는 안 되오. 또 시국(時局)에 관한 소식 같은 것은, 비록 도하(都下)에 있더라도 길거리에서 전해들으면 쉽게 와전되는데, 수백 리 밖을 거쳐 전해지면 와전을 거듭하여서 거의 흑과 백이 변하고 상(上)과 하(下)가 도치되는 법이오. 이에 믿을 수 있는 것이 겨우 백에 하나 천에 열 개에 불과하니, 갑자기 들은 말을 대번에 전해서는 안 되오. 자신은 비록 잘못하지 않는다 하더라도, 말한 자가 잘못하는 것을 어찌할 수 있겠소.

오직 입에서 나오는 말은 우호(友好)를 내기는 어렵고 전쟁을 일으키는 쉬우니,[162] 향리(鄕里)에 있는 자가 진실로 경계해야 하지만 호중에 사는 자는 더더욱 경계하지 않으면 안 되고, 다른 때에 있어서도

162 오직……쉬우니 : 이 내용은 《서경(書經)》 〈대우모(大禹謨)〉의 "오직 입은 우호를 내기도 하고 전쟁을 일으키기도 한다.〔惟口, 出好興戎.〕"라는 구절을 원용한 것이다. 이 구절은 이천(伊川) 정이(程頤)의 〈언잠(言箴)〉에도 인용되었다.

마땅히 경계해야 하지마는 오늘날에 있어서는 더더욱 경계하지 않으면 안 되오. 설경헌(薛敬軒)[163]은 "언어를 삼가는 것은 양덕(養德)의 큰 절목이다."라고 하였고, 근재 어른께서는 "언어를 삼가는 것은 몸을 편안히 하는 중요한 방법이다."라고 하였으니, 추기(樞機)[164]를 삼가지 않을 수 없는 것이 이와 같소. 이 때문에 한 번에 그치지 않고 여러 번 말하는 것이니, 양찰(諒察)하여 이해해 주시기 바라오.

163 설경헌(薛敬軒) : 명나라 초기의 문신이자 성리학자인 설선(薛瑄, 1389~1464)으로, 경헌은 그의 호이다. 자는 덕온(德溫), 시호는 문청(文淸)으로 성조(成祖) 영락(永樂) 19년(1420)에 향시에 장원으로 급제하고 벼슬이 예부우시랑(禮部右侍郎) 겸 한림원학사(翰林院學士)에 이르렀다. 평생 독실하게 주자의 학문을 연구하여 명대 성리학(性理學)의 종장(宗匠)으로 일컬어진다.

164 추기(樞機) : 추(樞)는 문의 지도리이고 기(機)는 쇠뇌의 오늬를 먹이는 곳인바, 중요한 기관으로 곧 말을 가리킨 것이다. 《주역(周易)》 〈계사전(繫辭傳)〉에 "말과 행실은 군자의 추기이다.〔言行, 君子之樞機.〕" 하였으며, 이천 정이는 〈언잠(言箴)〉에서 "하물며 이것(말)은 몸의 추기이니, 전쟁을 일으키기도 하고 우호를 내기도 한다.〔矧是樞機, 興戎出好.〕"라고 하였다.

김백원에게 줌 경오년[165] 동짓달

與金伯元 庚午至月

처음에 잘했다는 말을 듣지 못했는데 갑자기 유종(有終)의 미를 거두었다는 말을 들으니,[166] 방안(榜眼)[167]이 눈에 들어오자 책상을 치며 기이하다고 부르짖었소. 한 번의 소성(小成)[168]이 무슨 큰일이라고 이렇게까지 사람을 놀랍고 기쁘게 한단 말이오? 이는 우리 형의 목표가 여기에 있었고, 또 여러 번 낙방한 뒤에 얻었기 때문일 것이오.

헤아려보건대, 이미 영화롭게 귀가(歸家)하여 고당(高堂)[169]에 경사를 아룀에 슬픔과 기쁜 마음이 모두 지극하여 거의 마음을 가누지 못했을 것이오. 지금 모시고 살피시는 체후가 좋으시겠지요? 영화로운 소분(掃墳)[170]의 일 또한 응당 마쳤을 것이니, 몸을 보존하면서 피곤한

165 경오년(庚午年) : 1810년(순조10)으로, 매산의 나이 35세 되던 해이다.

166 처음에……들으니 : 이 내용은 《시경》 〈대아(大雅) 탕(蕩)〉의 "처음에는 선(善)하지 않은 이가 없으나 선(善)으로 마치는 이가 적네.〔靡不有初, 鮮克有終.〕"라는 구절을 반대로 원용한 것이다.

167 방안(榜眼) : 과거에서 수석 합격인 장원(壯元)에 이어 차석으로 합격함을 이르는 말인데, 여기서는 과거 합격자 명단을 이른 것이다. 김백원은 1810년(순조10) 식년 생원시에 3등(三等) 44위(74/100)로 합격하였다.

168 소성(小成) : 조금 이루어졌다는 뜻으로, 소과(小科)인 사마시(司馬試)에 합격함을 이르는 말인데, 문과 급제를 가리키는 대성(大成)과 상대하여 쓰인다.

169 고당(高堂) : 남의 부모(父母)를 높여 부르는 말이다.

170 소분(掃墳) : 과거에 급제하는 등 경사스러운 일이 있을 때에 조상의 무덤에 가서 청소하고 제사함을 이른다.

몸을 회복하고 있소? 만약 이 몸이 서울에 있었더라면 마땅히 우리 형을 데리고 우리 어머니 산소에 가서 영화를 고했을 것인데 공교롭게 서로 떨어져 있어서 이 일을 할 수 없으니,[171] 사사로운 마음에 감응하여 사모하는 정을 어찌 다할 수 있겠소. 지나는 길에 성묘를 하였는지 모르겠소. 만약 성묘를 하였다면 비록 함께 가지 못했더라도 다소 위로가 될 것이오.

우리 형이 과거(科擧)의 일에 대해서는 평소 내심 부끄러움이 많지만, 먼저 병이 들었다가 뒤에 병이 낫고 먼저 혼탁(混濁)했다가 뒤에 마음이 바루어지는 방도를 생각하지 않을 수 있겠소. 소과(小科)를 얻었으니 또 대과(大科)를 바라는 것은 인지상정에서 벗어나기 어려운 것이오. 더구나 우리 형처럼 나아갈 줄만 알고 물러날 줄을 모르는 사람에 있어서이겠소. 참으로 마음의 근원을 깨끗이 씻고 물길을 되돌리고 흐름을 바꾸어서 가까이로는 운천(雲泉)의 물결을 건너고 멀리로는 선원(仙源)의 길을 찾아야, 비로소 한수동(寒水洞) 추월재(秋月齋)의 주인이 될 수 있을 것이오.[172]

171 만약……없으니 : 김태근은 매산의 첫 번째 매제이므로, 응당 매산이 함께 어머니의 산소에 성묘하고 김태근이 소과에 합격한 영화를 고해야 했으나, 이때 매산이 부친 홍이간(洪履簡)의 임소(任所)인 밀양(密陽)에 내려가 있었기 때문에 이렇게 말한 것이다.《梅山集 卷53 年譜》

172 가까이로는……것이오 : 운천(雲泉)은 운천 처사로 칭해졌던 김태근의 증조부인 김의행(金毅行)을 이른다. 운천은 흰 구름과 맑은 샘이 있는 은자(隱者)의 처소를 가리킨다. 선원(仙源)은 김태근의 8대조로 우의정을 지낸 김상용(金尙容, 1561~1637)의 호로, 자는 경택(景擇), 시호는 문충(文忠)이다. 1636년 병자호란 때 종묘사직의 신주를 받들고 빈궁과 원손을 수행하여 강화도에 피난하였다가, 성이 함락되자 성의 남문루(南門樓)에 있던 화약을 터뜨려 순절하였다. 한수동(寒水洞)은 지금의 보령군에 있는

형이 일찍이 나에게 서재(書齋)의 기문(記文)을 지어 달라고 하였으니, 진실로 마땅히 조만간에 명을 따르겠으나, 비록 기문을 짓는다 하더라도 이러한 뜻에서 벗어나지 않을 것이오. 검루(黔婁)가 말하기를 "빈천함에 근심하지 않으며 부귀에 급급(汲汲)해 하지 않는다." 하였는데,[173] 이 말이 의미심장하니, 우리 형과 더불어 이에 힘쓰기를 바라오. 세속에서 말하는 '도문연(到門宴)'[174]은 이미 죽동(竹洞)에서 있었소? 아니면 바로 이곳으로 향하고 있소? 이곳에는 영남루(嶺南樓)라고 부르는 누대가 있는데, 풍광(風光)이 영남 한 도(道)에서 가장 뛰어나기 때문에 영남루라고 이름한 것이오. 푸르게 솟은 산과 붉은 단청을 비추며 흐르는 물 사이에서 만날 수 있다면 참으로 한 가지 기이한 인연이 될 것이니, 새해를 가리켜 기약하는 것이 어떻겠소.

삼가 헤아려보건대 선장(先丈 돌아가신 남의 아버지를 높여 이르는 말)의 대상(大祥) 뒤의 첫 기제(忌祭)가 근간에 있을 것이니, 지난날의 슬픔과 새로운 아픔이 마음속에 모두 모여들어 생각하면 마음이 아플 것이오. 제사를 돕기 위해 10정(脡)의 포(脯)를 보내 올리나, 다만 제때에 쓸 수 있도록 미칠지는 기필(期必)할 수가 없소.

오서산(烏棲山) 서쪽으로 김태근이 이곳에 살았으며, 추월재(秋月齋)는 김태근이 살던 집의 당호이다. 《梅山集 卷41 鎭安縣監金公墓誌銘》

173 검루(黔婁)가……하였는데 : 이 내용은 도연명(陶淵明)이 지은 〈오류선생전(五柳先生傳)〉에 보인다. 원래 춘추 시대 노(魯)나라의 현자인 검루의 부인이 검루의 죽음에 조문 온 증자(曾子)에게 한 말인데, 도연명이 이를 인용한 것이다. 전한(前漢)의 학자 유향(劉向)이 지은 《열녀전(列女傳)》에 보이는데, 여기에는 '급급(汲汲)'이 '흔흔(忻忻)'으로 되어 있다.

174 도문연(到門宴) : 과거에 합격한 사람이 집에 돌아와서 친지(親知)들을 초청하여 베푸는 자축연(自祝宴)을 이른다.

김백원에게 줌 갑술년[175] 2월

與金伯元 甲戌二月

형이 벼슬을 얻은 뒤에 두 번 편지를 보내어 안부(安否)를 물었으나 아직도 답장이 이르지 않으니, 참으로 '친척과 벗들이 한 글자의 소식도 없다.'는 것이오,[176] 아니면 '후한 녹봉의 친구로부터 편지가 끊긴다.'[177]는 뜻이오? 한번 크게 웃고 마오.

봄철이 깊어가 중춘(仲春)[178]을 향하는데도 차가운 바람과 추위가 심상치 않은데, 벼슬하는 체후(體候)[179]가 시절(時節)에 맞춰 편안하리라 생각되오. 여러 달 동안 어버이를 떠나 있으니, 어떻게 혼정신성(昏定晨省)의 그리워하는 마음을 견디고 있소? 가솔(家率)을 이끌고 가는

175 갑술년(甲戌年) : 1814년(순조14)으로, 매산의 나이 39세 되던 해이다.

176 친척과……없다 : 이 내용은 당(唐)나라의 시성(詩聖) 두보(杜甫)가 지은 〈등악양루(登岳陽樓)〉에 "친척와 벗들은 한 자의 소식도 없고, 늙고 병든 몸 외로운 배 타고 가네.〔親朋無一字, 老病有孤舟.〕"라고 보인다.

177 후한……끊긴다 : 이 내용은 두보가 지은 〈광부(狂夫)〉의 "후한 녹봉의 친구로부터 편지도 끊겨서, 항상 굶주리는 아이들 낯빛이 처량하네.〔厚祿故人書斷絶, 恒飢稚子色淒涼.〕"라는 구절을 원용한 것이다.

178 중춘(仲春) : 원문의 '은(殷)'은 '은춘(殷春)'을 줄여 쓴 것으로, 봄이 무르익는 음력 2월 즉 중춘을 이른다.

179 벼슬하는 체후(體候) : 김백원은 1810년(순조10) 식년 생원시에 합격하고 이 편지가 쓰인 갑술년 정월에 사릉 참봉(思陵參奉)에 제수되었다. 사릉은 단종(端宗)의 비(妃)인 정순왕후(定順王后) 송씨(宋氏)의 능(陵)으로 지금의 경기도 남양주시(南楊州市) 진건면(眞乾面) 사릉리(思陵里)에 있다.

일에 대해서는 지난 번 편지에 다 말했으니 다시 거듭하여 말할 것이 없으나, 쓸쓸하게 소식이 없으니, 매우 마음이 번거롭고 울적해지오. 이미 헤아려서 대략 결정을 하였소?

형은 산림(山林)에서 와서 서울의 형편을 알지 못하니, 윤학사(尹學士)[180]의 말을 듣는다면 따라야 할 바를 응당 잃지 않을 것이오. 낮은 관직을 맡고서 곧바로 서울에 집을 갖는 것은, 진실로 옛날 사대부가 작록(爵祿)을 가볍게 여기고 출처(出處)를 소중히 여기는 의리가 아니지만, 굶주림[181]에 대한 우려는 서울과 지방이 똑같소. 또 적은 녹봉으로도 충분히 어버이를 봉양할 수 있고 어버이 연세가 점점 많아져서 때를 기다릴 수 없으니, 이 때문에 우리 형에게 서울에 거주하기를 권하는 것이오. 삼가 헤아려 보건대, 고상한 회포 또한 이렇게 생각할 것이오.

한 달 반 동안 벼슬하면서 얻은 것이 무엇이오? 침원(寢園)이 엄숙하고 깨끗하며 소나무와 측백나무가 울창하니, 능을 소제하고 보호하

180 윤학사 : 매산의 둘째 매제(妹弟) 윤약열(尹約烈)의 숙부인 윤구동(尹久東, 1754~1823)으로, 자가 치항(稚恒), 본관이 해평(海平)으로 1801년(순조1) 식년 문과에 급제하고 벼슬이 세자시강원 보덕(世子侍講院輔德)에 이르렀다. 매산이 지은 윤구동의 행장인 〈보덕윤공행장(輔德尹公行狀)〉이 본집 권47에 실려 있다.

181 굶주림 : 원문의 '예상(翳桑)'은 무성하여 그늘이 많은 뽕나무라고도 하며 일설에는 지명이라고도 하는데, 춘추 시대 진(晉)나라 사람인 영첩(靈輒)이 이곳에서 굶주렸던 고사에서 비롯되어 굶주림을 상징하는 말로 쓰인다. 진나라 대부 조돈(趙盾)이 수산(首山)에서 사냥을 하다가 예상에 머물렀는데, 마침 굶주려 몹시 수척한 영첩을 보고는 음식을 주어 구제해 준 일이 있었다. 뒤에 영첩이 영공(靈公)의 갑사(甲士)가 되어 영공의 함정에 빠져 죽게 된 조돈을 구원해주었는데, 조돈이 영첩에게 누구냐고 묻자 "예상에서 굶주렸던 사람이다.〔翳桑之餓人.〕"라고 대답하였다. 《春秋左氏傳 宣公 2年》

는 일 외에는 공사(公私)간에 소요(騷擾)할 만한 일이 한 가지도 없을 것이오. 참으로 마땅히 정(靜)을 위주로 하여 마음을 기르고 책을 읽어 이치를 연구해야 하니, 이것이 형이 평소 득력(得力)하는 곳이 될 것이오.

옛날 연옹(淵翁 삼연(三淵) 김창흡(金昌翕))께서 능침의 재(齋)에서 숙직하는 사람을 방문하여 유숙하였는데, 능침 위와 전각(殿閣) 안에서 평안하다고 아뢰는 말을 듣고는 "능침 위와 전각 안에서 평안하지 않다고 하면 어쩐단 말인가? 침랑(寢郎) 또한 할 만한 것이 못 되는구나."라고 하였으니, 이 말이 참으로 옳으나, 이는 만에 하나를 염려한 것이오. 어찌 화(禍)를 염려하여 벼슬하지 않을 수 있겠소. 그러나 화를 예방하기 위해서는 겁을 내는 것을 귀하게 여기니, 힘써 한마음으로 봉직하여 능히 살피고 능히 조심해서 연옹(淵翁)이 근심한 바에 이르지 말게 하시오.

두소릉(杜少陵)[182]이 〈조향태묘부(朝享太廟賦)〉에서 "침묘가 고요하고 적막하니, 척연(惕然)히 조심하고 조심한다. 사모하는 마음이 더욱더 깊어져서 스스로 마음을 가누기 어렵다."라고 한 말은 참으로 형이 수용(受用)하기에 좋은 것이니, 형은 노력하시기 바라오.

사릉(思陵)에는 지(誌)가 있소? 형은 성후(聖后)께서 복위(復位)된 전말(顚末)과 능으로 봉(封)해진 사실을 자세히 알고 있소?[183] 아직도

182 두소릉(杜少陵) : 당(唐)나라의 시성(詩聖)으로 알려진 두보(杜甫, 712~770)로, 소릉은 그의 자이다.

183 성후(聖后)께서……있습니까 : 성후는 사릉에 모셔진 단종의 비인 정순왕후(定順王后)를 이른다. 정순왕후는 1454년(단종2) 왕비에 책봉되었으나, 단종이 사육신(死六臣) 사건으로 1457년(세조3)에 노산군(魯山君)으로 강등되자 부인(夫人)으로 강봉

기억하건대, 신해(辛亥)년 가을에 정조께서 이 능에 행차하시어 감회를 읊은 어제시(御製詩)를 지으셨는데, 여기에 이르시기를

용 깃발 펄럭이고 새벽빛 차가운데　龍旂拂拂曙光寒
단비가 새로 십 리 여울에 더하였네　靈雨新添十里灘
소자가 감히 당일의 일을 말할 수 있으랴　小子敢言當日事
하늘은 일찍이 만 년 동안 편안할 곳 정하였네　天心曾卜萬年安
동쪽 봉우리 새벽달에 연원을 바라보고　東峰曉月瞻燕院
두견새 우는 봄바람에 월단을 회상하네　杜宇春風感越壇
두 곳의 선향이 멀지 않음을 아노니　兩地仙鄕知不隔
온 산의 단풍과 측백나무에 이슬이 맺혀 있네　滿山楓柏露漙漙

라고 하였소.[184]

이 찬란한 성상(聖上)의 시를 보건대,[185] 성상께서 애달프게 그리워하시는 마음속에 정미하고 완곡한 뜻이 그 사이에 보전되어 있음[186]을 우러러 알겠으니, 이 시를 볼 때마다 장엄하게 외우며 감격에 겨워

(降封)되었는데 1698년(숙종24) 노산군이 단종으로 추복(追復)되면서, 다시 정순왕후로 복위되었으므로 말한 것이다.

184 정조께서……하였소 : 이 시는 《홍재전서(弘齋全書)》 권6 〈시(詩)〉에 '사릉(思陵)을 배알하고 느낌을 기록하다.〔謁思陵志感〕'라는 제목으로 실려 있는데, 《홍재전서》에는 마지막 연이 '단풍과 측백나무에 맺힌 이슬 다시 보네.〔更看楓柏露漙漙〕'로 되어 있다.

185 이……보건대 : 원문의 '운한지소회(雲漢之昭回)'는 《시경(詩經)》 〈대아(大雅) 운한(雲漢)〉의 "밝은 저 은하수여 하늘을 따라 도는구나.〔倬彼雲漢, 昭回于天.〕"라는 구절을 줄여 쓴 것인데, 임금의 글과 글씨를 찬양하는 말이다.

186 사이에 보전되어 있음 : 원본에는 '미완지지(微婉之旨)'와 '호기간(乎其間)' 사이가 '결(缺)' 자로 되어 있는데, 문맥을 감안하여 '존(存)' 자로 보고 번역하였다.

흐르는 눈물을 감당하지 못하오. 이 뜻을 이해할 수 있겠소? 멀리 생각하건대 재실(齋室)에서 거처하는 나날이 매우 깨끗하여 날마다 그 사이에서 시를 읊조리는 운치가 있을 것이니, 한번 어제시의 운을 차운하여 보여주시오.

김백원에게 답함 계미년 은춘[187]

答金伯元 癸未殷春

보내준 편지에 "문서 정리의 수고로움이 정신을 피곤하게 하고 마음을 괴롭혀서 거의 편안히 쉴 때가 없다."라고 하였는데, 이는 관리의 일을 하는 자라면 누구나 공통적으로 근심하는 바이니, 다만 마땅히 자신의 마음과 힘이 미치는 바를 다할 뿐이오.

정 선생(程先生)께서 말씀하시기를 "게으른 뜻이 한 번 생기면 이는 곧 자포자기(自暴自棄)하는 것이다."라고 하신 것[188]은 비단 학문을 하는 자만이 이와 같은 것이 아니고 정치하는 자 또한 그러하니, 지기(志氣)를 분발하고 정신을 갈고 다듬어서 한 지방의 백성과 물건을 살리겠다는 것을 최고의 법으로 삼는 것이 어떻겠소?

주자가 일찍이 말씀하시기를 "윗자리에 있으면서 능히 너그럽다는 것은 정교(政敎)와 법도(法度)를 두고서 너그러움으로써 이를 행하는 것이요, 이를 폐지하고 해이하게 함을 말하는 것이 아니다."라고 하셨소.[189] 지금 사람들은 너그러운 정사(政事)를 말하면 대부분 일을 상관하지 않는 것으로 여기니, 가만히 생각하건대 이는 너그러움을 파괴하

187 계미년(癸未年) 은춘(殷春) : 계미년은 1823년(순조23)으로, 매산의 나이 48세 되던 해이다. 은춘은 음력 2월인 중춘(仲春)의 별칭이다.

188 정 선생(程先生)께서……것 : 정 선생은 명도(明道) 정호(程顥)를 이른 것이고, 이 내용은 《근사록》 〈위학(爲學)〉에 보인다.

189 주자가……하셨습니다 : 이 내용은 《주자어류(朱子語類)》 권25 〈논어7(論語七) 팔일편(八佾篇) 거상불관장(居上不寬章)〉에 보인다.

는 것이오.

또 말씀하기를 "호령(號令)이 이미 분명하다면 형벌(刑罰) 또한 해이해서는 안 되니, 만일 형벌을 엄격하게 시행하지 않으면 이른바 '호령'이라는 것은 한갓 벽에 걸려 있는 것이 될 뿐이다. 도를 지키지 아니하여 자신의 다스림을 방해하는 것이 어찌 한 사람을 징계(懲戒)하여 백 사람을 경계하는 것만 하겠으며, 일이 끝난 뒤에 사실을 조사하고 검찰(檢察)하는 것이 어찌 일의 처음을 엄격히 하여 이를 범하지 않게 하는 것만 하겠는가."라고 하셨으니,[190] 이 말이 참으로 정치의 요체(要體)를 아신 것이오. 또 우리 형에게 있어서 증세에 알맞은 좋은 약제(藥劑)가 되기 때문에 들어서 외우는 것이니, 참되고 간절하게 체인(體認)한다면 당장에 효력을 얻을 것이오.

190 또……하셨으니 : 이 내용은 《주자어류》 권108 〈주자5(朱子五) 논치도(論治道)〉에 보이는데, 원문과 약간의 차이가 있다.

김백원에게 답함 병술년[191] 8월

答金伯元 丙戌八月

쌀 다섯 말의 녹봉[192]이 우리 형을 괴롭힌 지가 오래되었는데, 천 근이나 되는 습의(濕衣)[193]를 벗어 버리고 나뭇잎처럼 가벼운 몸이 되었으니, 참으로 좋소. "맑은 시냇가에서 귀를 씻고 무성한 나무 그늘에서 머리를 말리며, 육경(六經)을 베고 여러 책으로 양치질을 하여서, 경치를 완상(玩賞)하면 붓을 휘둘러 시를 쓰고 물가에 자리하면 술잔을 당겨 홀로 마시니, 이것이 달사(達士)[194]가 바라는 바요 인생의 지극한 즐거움이 된다."라고 하였으니, 이는 서정경(徐禎卿)이 평소에 한 말인데,[195] 형은 이를 따를 수 있겠소?

191 병술년(丙戌年) : 1826년(순조26)으로, 매산의 나이 51세 되던 해이다.

192 쌀……녹봉 : 현령의 벼슬자리를 이른다. 동진(東晉)의 고사(高士)인 도연명(陶淵明)이 팽택(彭澤)의 현령이 되었는데, 상급 관청인 심양군(潯陽郡)의 독우(督郵 순찰관)가 오게 되자, 현의 관리가 의관을 정제하고 맞이할 것을 진언하였다. 이에 도잠은 "오두미(五斗米) 때문에 허리를 굽혀 향리의 소인을 섬기는 일을 할 수 없다.〔我不能爲五斗米折腰向鄕里小兒〕" 하고는 그날로 사임하고 〈귀거래사(歸去來辭)〉를 짓고 집으로 돌아 온 고사에서 나온 말이다. 오두미는 다섯 말의 쌀로, 당시 현령의 녹봉이었다.

193 습의(濕衣) : 젖은 옷이란 의미인데, 인신하여 어려운 입장이나 역경 또는 그런 직책이나 임무를 의미하는 말로 쓰인다. 여기서는 현령 벼슬을 가리킨 것이다.

194 달사(達士) : 널리 이치에 통달하여 사물에 얽매이지 않는 사람을 이른다.

195 맑은……말인데 : 서정경(徐禎卿)의 이 말은 《어정연감유함(御定淵鑑類函)》 권305 〈인부64(人部六十四) 언지5(言志五)〉에 보이는데 글자에 약간의 차이가 있다. 서정경(1479~1511)은 명(明)나라 중기의 문신이자 문장가로, 1505년(효종 홍치(弘治)18)에 진사시에 급제하고 벼슬이 국자박사(國子博士)에 이르렀다. 진(秦)·한(漢)

인생이 마음에 맞으면 부귀가 무슨 소용이 있겠소. 부귀도 오히려 그러한대 하물며 하급 관리의 일이겠소. 나의 본분(本分)으로 돌아와서 푸성귀와 거친 밥이 이어지지 못하더라도, 어찌 내 마음이 이에 얽매이겠소. "오늘 만종(萬鍾)의 녹봉을 누리다가 다음날 이것을 버리고, 오늘 부귀를 누리다가 다음날 굶주리더라도 걱정하지 않고, 오직 의(義)를 따라 행한다."라고 하였으니, 이는 횡거(橫渠)가 사람들을 위하여 아주 간절하게 해 주신 말씀이오.[196] 부디 이 뜻을 깊이 생각하여, 의(義)로써 운명에 대처하면서 원망하고 탓하는 생각이 마음속에 싹 트지 않게 하며, 자황(雌黃)[197]을 입 밖으로 내지 말고 항상 남에게 요구하는 것을 자신에게 요구해서, 말년의 덕을 진전시키는 터전으로 삼는 것이 어떻겠소.

의 문장과 성당(盛唐)의 시를 이상으로 할 것을 주장한 전칠자(前七子) 중의 한 사람으로, 문장으로 명성이 높았다.

196 오늘……말씀이오 : 횡거(橫渠)의 이 말은 《장자전서(張子全書)》 권7 〈자도(自道)〉에 보인다. 횡거는 북송의 문신이자 사상가인 장재(張載, 1020~1077)의 호로, 자는 자후(子厚), 시호는 명공(明公)이다. 인종(仁宗) 가우(嘉祐) 2년(1058) 진사시에 급제하고 숭문원교서(崇文院校書) 등의 벼슬을 역임하였는데, 염계(濂溪) 주돈이(周敦頤), 명도(明道) 정호(程顥), 이천(伊川) 정이(程頤), 강절(康節) 소옹(邵雍)과 함께 '북송오자(北宋五子)'로 칭해진다.

197 자황(雌黃) : 조정의 정사와 인물에 대해 시시비비를 가리며 비평하는 말을 뜻한다. 자황은 유황(硫黃)과 비소(砒素)를 혼합하여 만든 안료(顔料)로, 옛날에 황지(黃紙)에 글씨를 쓰다가 잘못 썼을 경우에 이것을 사용해서 글자를 지우고 그 위에 다시 썼으므로, 전하여 시문(詩文)을 개찬하거나 의논과 평론, 선악과 시비를 말하는 뜻으로 쓰인다.

이양여[198] 인부 에게 답함 신사년[199] 정월

答李亮汝 寅溥○辛巳元月

윤달은 비록 정상적인 달이 아니나, 상기(喪期)에는 본래 정해진 기한(期限)이 있습니다. 이 때문에 달로써 상기를 계산하는 경우는 윤달을 계산하고 삼년상에 담제(禫祭) 또한 윤달을 계산합니다.

우옹(尤翁)이 말씀하기를 "길흉(吉凶)의 대사(大事)를 모두 윤달에 행할 수 있다." 하였고, 또 말씀하기를 "윤달에 대사를 행하는 것은 예로부터 있었다." 하셨으니, 다만 담제만을 가리켜서 이렇게 말씀하신 것이 아닙니다.

수옹(遂翁)께서 "길제(吉祭)를 윤달에 행해서는 안 된다."고 말씀하신 것[200]은 정상적인 달이 아니어서 곡삭(告朔)[201]하지 않기 때문입니

198 이양여(李亮汝) : 이인부(李寅溥, 1777~?)로, 양여는 자이고, 본관은 한산이다. 1813년(순조13) 증광 문과에 급제하고 벼슬이 형조 참판에 이르렀다.

199 신사년(辛巳年) : 1821년(순조21)으로, 매산의 나이 46세 되던 해이다.

200 수옹(遂翁)께서……것 : 수옹은 수암(遂菴) 권상하(權尙夏)를 높여 칭한 것이다. 이 내용은 《한수재집(寒水齋集)》 권17 〈서(書) 답김대유(答金大有)〉에 "대상 전에는 윤달을 계산하지 않지만 담제는 윤달을 계산합니다. 길제를 윤달에 행해서는 안 됩니다.〔大祥前不計閏, 禫則計閏. 吉祭不可行於閏月.〕"라고 보인다. 한수재는 권상하의 또 다른 호이다.

201 곡삭(告朔) : 옛날 천자가 매년 계동(季冬)에 다음 해 열두 달의 책력을 제후(諸侯)에게 나누어 주었는데, 제후가 이것을 받아가지고 가서 선조(先祖)의 종묘(宗廟)에 간직해 두고 매달 초하루에 희생(犧牲)으로 양(羊)을 바치고 종묘에 고한 후 그 달의 책력을 꺼내어 나라 안에 펴던 일을 이른다. 《論語 八佾》

다. 그러나 윤달에 곡삭하지 않은 것은 예(禮)가 아닙니다. 선유(先儒)가 이것을 농사철과 정사(政事)를 버린 것이라고 배척하기까지 하였으니,[202] 이 의리를 미루어 본다면 어찌 협제(祫祭)[203]를 거행할 수 없겠습니까. 담제를 지낸 뒤에 한 달을 넘기고 길제를 지내는 것이 예(禮)입니다.

한 달을 넘기고 담제하는 것은 진실로 이미 후(厚)한 쪽을 따른 것인데, 만약 윤달이라고 해서 협제(祫祭)를 또 한 달을 미룬다면 너무 길게 끄는 듯하니, 태고(太古) 시절 상기(喪期)에 일정한 수가 없었던 것과 가깝지 않겠습니까. 윤달에 길제를 지내는 것은 정도(正道)에 맞을 듯합니다.

202 선유(先儒)가……하였으니 : 선유는 《춘추좌씨전(春秋左氏傳)》을 지은 좌구명(左丘明)을 이른다. 이 내용은 《춘추좌씨전》 문공(文公) 6년 전(傳)에 "문공이 윤달에 곡삭(告朔)하지 않았으니 예가 아니다. …… 백성을 살리는 방도가 여기에 있는데 윤달에 곡삭하지 않았으니, 이는 농사철과 정사를 버린 것이다.〔閏月不告朔, 非禮也. …… 生民之道於是乎在矣, 不告閏朔, 棄時政也.〕"라고 보인다.

203 협제(祫祭) : 조상의 신주를 조묘(祖廟)에 함께 모아 지내는 제사이다.

신중립 재식 에게 답함 임진년

答申仲立 在植○壬辰

-이(理)로 말하면 약간의 자취가 있고, 기(氣)로 말하면 성대하게 신령스러움이 있다.-

이(理)라는 것은 형체가 없고 작위(作爲)가 없으니, 자취가 있다고 말할 수 없습니다. 또 마음의 체(體)는 담일(湛一)하고 정상(精爽)하니 기의 근본이며,[204] 기질(氣質)은 만 가지로 똑같지 않음이 있으니 기의 말단(末端)입니다. 바로 한 기(氣)에 본말(本末)의 구분이 있는 것이니, 이 때문에 마음과 기질을 분변하는 것입니다. 만약 '기(氣)로 말하면 신령스러움이 있다.'라고 한다면 기질(氣質)을 마음의 체로 인식할까 염려되니, 주자의 말씀을 따라 '마음을 성(性)에 비하면 약간의 자취가 있고, 기(氣)-기질(氣質)-에 비하면 자연히 또 신령스럽다.'라고 말하는 것이 어떨지 모르겠습니다.

-요(堯)·순(舜)과 공자는 청명(淸明)하고 순수(純粹)한 기(氣)를 타고나서 태어나면서부터 알고 편안히 행하여 인심(人心)과 도심(道心)을 구별할 것이 없고 본연지성(本然之性)과 기질지성(氣質之性) 또한 서로 부합(符合)한다.-

204 마음의……근본이며 : 장재(張載)가 지은 《정몽(正蒙)》에 "담일(湛一)은 기(氣)의 근본이고, 공취(攻取)는 기의 욕구이다.〔湛一氣之本, 攻取氣之欲.〕"라고 하였는데, 주자가 해석하기를 "담일이란 외물에 감촉하기 전의 담연(湛然)하고 순일(純一)한 상태이니, 이것이 기의 근본이다."라고 하였다. 《正蒙 誠明》 정상(精爽)은 신기(神氣)가 깨끗하고 밝음을 이르다.

인심이 도심에 의해 절제(節制)된 것이 바로 인심이 중도(中道)를 얻은 것입니다. 성인(聖人)의 인심이 비록 도심의 명령을 따라서 과(過)와 불급(不及)의 잘못이 없으나, 또한 이를 도심이라고 부를 수는 없으니, 이것이 이른바 '비록 상지(上智)라도 인심이 없지 못하다.'[205]는 것입니다.

만약 인심이 선(善)하다 하여 이것을 도심이라고 오로지 말한다면, 성인에게는 다만 도심만이 있는 것이니, 어찌 옳겠습니까. 이 때문에 율곡(栗谷)께서 또한 말씀하기를 "인심은 다만 형기(形氣)에서 생겨난 것이니, 비록 성인이라도 이를 가지고 있다."라고 하셨으니, 그렇다면

205 비록……못하다 : 이는 주자가 지은 〈중용장구서(中庸章句序)〉에 보이는 내용으로, 《서경》 〈대우모(大禹謨)〉의 "인심은 위태롭고 도심은 은미하니, 정(精)하게 살피고 한결같이 하여야 진실로 그 중도를 잡을 것이다.〔人心惟危, 道心惟微, 惟精惟一, 允執厥中.〕"라는 구절을 해석한 것인데, 본문은 아래와 같다. "사람은 이 형체를 가지고 있지 않은 이가 없으므로 비록 상지라도 인심이 없지 못하고, 또한 이 성(性)을 가지고 있지 않은 이가 없으므로 비록 하우라도 도심이 없지 않으니, 〈인심과 도심〉 이 두 가지가 방촌(마음)의 사이에 뒤섞여 있어서 다스릴 바를 알지 못하면 위태로운 것은 더욱 위태로워지고 은미한 것은 더욱 은미해져서 천리의 공변됨이 끝내 인욕의 사사로움을 이길 수가 없을 것이다. 정(精)은 〈인심과 도심〉 두 가지의 사이를 살펴 뒤섞이지 않게 하는 것이고 일(一)은 본심의 올바름을 지켜 떠나지 않게 하는 것이니, 이에 종사하여 조금도 간단함이 없어 반드시 도심으로 하여금 일신의 주장이 되게 하고 인심으로 하여금 매양 〈도심의〉 명령을 듣게 하면, 위태로운 것이 편안하게 되고 은미한 것이 드러나게 되어 동(動)·정(靜)과 말하고 행하는 것이 저절로 과(過)·불급(不及)의 잘못이 없게 될 것이다.〔人莫不有是形, 故雖上智, 不能無人心, 亦莫不有是性, 故雖下愚, 不能無道心, 二者雜於方寸之間, 而不知所以治之, 則危者愈危, 微者愈微, 而天理之公, 卒無以勝夫人欲之私矣. 精則察夫二者之間而不雜也, 一則守其本心之正而不離也, 從事於斯, 無少間斷, 必使道心常爲一身之主, 而人心每聽命焉, 則危者安, 微者著, 而動靜云爲, 自無過不及之差矣.〕"

태어나면서부터 알고 편안히 행한다고 하여 인심과 도심의 구별이 전혀 없다고 할 수는 없습니다. 본연지성은 정(靜)과 체(體)에 나아가서 말한 것이니 일원(一原)과 동일한 지점이고, 기질지성은 동(動)과 용(用)에 나아가서 말한 것이니 분수(分殊)와 동일한 지점입니다. 성인의 기질은 순수하게 깨끗하고 지극히 순수하기 때문에 기질지성 또한 선만 있고 악이 없습니다. 그러나 본연지성과 기질지성은 부위(部位)가 본래 다르니, '또한 서로 부합한다.'고 말하기 어려울 듯한데, 어떨지 모르겠습니다.

-기가 통하는 곳은 똑같고 막힌 곳은 다름이 있으니, 같고 같지 않음이 있는 것 또한 이(理)이다.-

사람과 물건(物件)이 태어날 적에 똑같이 이 이(理)를 얻고 또 똑같이 이 기(氣)를 얻으나, 그 발현(發見)됨에 있어 온전하고 온전하지 않은 차이가 있는 것은, 다만 그 형기(形氣)에 편벽됨과 바름이 있기 때문입니다. 그러나 이 이(理)가 사람에게 있으면 인의(仁義)가 되고 물건에게 있으면 건순(健順)이 되는데, -말의 성(性)은 굳세고 소의 성(性)은 순함과 같은 것- 실제에 있어 건순과 인의가 한 이치가 아닌 적이 없습니다.

그러므로 기(氣)가 이(理)를 따르는 것이 바로 본연지성이니, 소가 밭을 갈고 말이 달리는 것을 똑같이 도(道)라고 말하여도 무방합니다. 그렇다면 사람과 물건이 똑같은 이유는 이(理)가 통하기 때문이고, 그 다른 이유는 기(氣)가 국한되어서이니, 다만 기(氣)에 나아가 이(理)를 따라 본연을 잃지 않은 것을 가지고 말하면, 사람과 물건이 어찌 똑같지 않음이 있겠습니까. 이와 같다면 물건의 '한 부분의 밝은 곳'이 사람의 '전체가 밝은 곳'에 비해 손색(遜色)이 있는 것이 아니요,

사람의 '전체가 밝은 곳'이 물건의 '한 부분의 밝은 곳'보다 더 유여(有餘)한 것이 아닙니다.

본체(本體)는 바로 하나의 둥근 태극(太極)인데, 다만 사람은 능히 이것을 미루어 가기 때문에 확충하여 온전함에 이르고, 물건은 이것을 미루어 가지 못하기 때문에 변화할 수가 없어서 끝내 편벽됨에 이르는 것이니, 만약 같고 같지 않은 것을 모두 이(理)라고 한다면 곡절(曲折)[206]이 부족한 것이 아니겠습니까.

선비 된 자가 만약 본분(本分)을 따라서 좋은 사람이 되고자 한다면 그만이지만, 그렇지 아니하여 이치를 깊이 연구하고 성(性)을 다하여 명(明)과 성(誠)[207] 두 가지에 모두 지극하고자 한다면, 반드시 대본(大本)을 봄이 있어야 비로소 가능합니다. 그런데 지금 갑론을박(甲論乙駁)으로 의견이 갈리는 것을 가지고 다만 소덕(小德)의 출입[208]으로

206 곡절(曲折) : 위곡(委曲)의 뜻으로 자세(仔細)하고 소상(昭詳)함을 이른다.

207 명(明)과 성(誠) : 명선(明善)과 성신(誠身)을 줄여 쓴 것으로, 명선은 선이 무엇인지를 분명히 아는 것이고 성신은 자신의 몸을 성실히 하는 것이어서, 명선은 지(知)에 성신은 행(行)에 해당한다. 《중용장구》 제20장에 "몸을 성실히 함에 방법이 있으니, 선을 밝게 알지 못하면 몸을 성실히 하지 못할 것이다.〔誠身有道, 不明乎善, 不誠乎身矣.〕" 하였으며, 제21장에 "성(誠)으로 말미암아 밝아짐을 성(性)이라 이르고 명(明)으로 말미암아 성실해짐을 교(敎)라 이르니, 성실하면 밝아지고 밝아지면 성실해진다.〔自誠明, 謂之性; 自明誠, 謂之敎. 誠則明矣, 明則誠矣.〕"라고 하였다.

208 소덕(小德)의 출입 : 이 내용은 《논어》 〈자장(子張)〉의 "큰 덕이 한계를 넘지 않으면 작은 덕은 출입하여도 괜찮다.〔大德不踰閑, 小德出入, 可也.〕"라는 구절을 원용한 것이다. 매산은 성리설(性理說)을 매우 중요하게 생각하여 이를 대본(大本)으로 여겼으므로 성리설에 대한 의견의 차이를 소소한 문제로 여기는 것을 용납할 수 없다고 강조한 것이다.

돌린다면 무엇을 준칙(準則)으로 삼아서, 아래로 사람의 일을 배워 위로 천리(天理)에 통달하겠습니까? 도학(道學)이 분열되어서 사문(斯文)의 흥하고 폐함과 세교(世敎)의 높고 낮음이 여기에 달려있으니, 어찌 작은 일이겠습니까.

신중립[209]에게 답함 계사년[210] 5월
答申仲立 癸巳五月

무릇 신주를 고쳐 쓰는 것은 종자(宗子)의 삼년상이 끝나기를 기다려서 길제(吉祭)를 지내기 하루 전에 해야 하는데, 삼년 중에 만약 이전(貤典)[211]을 받았다면 마땅히 종손(宗孫)의 이름으로 고유(告由)해야 합니다.

고유하는 글은 아래와 같아야 합니다.

"세차(歲次) 운운. 효종손(孝曾孫) 모(某)가 모친(某親) 모관부군(某官府君)과 모친(某親) 모봉모씨(某封某氏)에게 감히 밝게 아뢰니다. 종숙조(從叔祖)께서 상경(上卿)[212]으로 품계가 올라서 모월 모일에 교서(敎書)로 모친 모관부군을 아무 관직으로 추증(追贈)하고 모봉모씨를 아무 직위로 추증하는 은혜로운 경사를 공경히 받들게 되었습니다. 이러한 영광스러운 추증이 있어 감모(感慕)하는 마음을 이길 수가 없으나, 모(某)가 지금 상복(喪服)을 입고 있어서

209 신중립(申仲立) : 신재식(申在植, 1770~ ?)으로 자는 중립(仲立), 호는 취미(翠微), 본관은 평산(平山), 시호는 문청(文淸)이다. 1805년(순조5) 별시 문과에 급제하고 벼슬이 대제학을 거쳐 이조 판서에 이르렀다. 1831년 부제학으로 재임 시 함경도 마천령(摩天嶺) 이북에서의 전화(錢貨) 사용의 금지를 상소하여 이를 시행케 하였다. 문장에 뛰어나 실록청 총재관(實錄廳摠裁官) 등을 역임하였다.

210 계사년(癸巳年) : 1833년(순조33)으로, 매산의 나이 58세 되던 해이다.

211 이전(貤典) : 조정에서 관직을 추증하는 은전(恩典)을 이른다.

212 상경(上卿) : 조선조에 있어서, 정1품과 종1품의 관직을 가리킨다.

감히 신주를 다시 쓰는 떳떳한 예를 행하지 못하고, 마땅히 후일의 협사(祫祀)를 기다려야 합니다. 이에 삼가 술과 과일을 정성스레 진설하고 경건히 고하고 삼가 고합니다." -비록 신주를 다시 쓰기 전이라도 효손이라고 칭하는 것은 부제(祔祭)의 축(祝)에서 알 수 있다.-

분황(焚黃)[213]은 바로 선조의 신령(神靈)에게 통하게 하는 것으로 의의(意義)가 없다고 말할 수 없으니, 당나라와 송나라, 명나라의 사대부들에게 통행되었던 예(禮)입니다. 우리 동방은 혹 사당에서 행하기도 하고 혹 묘소에서 행하기도 하는데, 조정(朝廷)에서도 이를 행하도록 말미를 주니, 그만두어서는 안 될 듯합니다. 이번의 은혜로운 추증에 제때에 신주를 고쳐 쓸 수가 없다면, 묘소에서 분황하는 것이 도리에 해가 되지 않을 듯합니다.

종손(宗孫)이 지금 거상(居喪) 중에 있고 이전(貤典)이 자신에게서 말미암았으면 개자(介子)[214]도 마땅히 스스로 고할 수 있으니, 묘에서 행사하는 것은 가묘에서 행사하는 것보다 가볍기 때문입니다. 고유하는 말은 마땅히 아래와 같아야 합니다.

"세차(歲次) 운운. 개자 모관모가 현고 모관부군과 현비 모봉모씨의 묘소에 감히 밝게 고합니다. 불초(不肖)가 조정에서 외람되이 지위를 차지하여 특별히 상경(上卿)에 올랐습니다. 성은(聖恩)을 입어

213 분황(焚黃) : 관직이 추증(追贈)될 경우, 사령장(辭令狀)과 황색 종이에 쓴 사령장의 부본(副本)을 주면 그 자손이 추증된 선조의 묘소나 사당에서 이를 고(告)하고 황색 종이의 부본을 불태우는 의식을 이른다.

214 개자(介子) : 장자(長子)를 제외한 나머지 아들들을 말한다.

서 낳아주신 조상에게까지 영화가 미루어져, 현고에게는 모관이 추증되고 현비에게는 모봉이 봉해졌습니다. 공경히 교서(敎書)를 받드니 기쁘고 경사스러운 마음을 이길 수가 없으나, 살아계시지 못하여 녹봉(祿俸)이 봉양함에 미치지 못하니, 가슴이 무너지고 목이 메임을 견디기 어렵습니다. 신주를 고쳐 쓰는 일은 마땅히 종손의 상이 끝나기를 기다려야 하나, 분황은 일이 가볍고 묘소에서 고쳐 쓰는 것은 예(禮)가 가묘(家廟)와 다르므로 공경히 기록하여 불사름에 더욱 마음이 망극해집니다. 삼가 맑은 술과 여러 음식을 진설하고 경건히 고합니다."

이 예(禮)는 절사(節祀)와는 약간 다르니, 개자가 직접 고하더라도 정통을 범하는 혐의가 없을 듯하고, 또한 동춘(同春)의 말씀이 있어서 증명할 수 있습니다.[215]

215 동춘(同春)의……있습니다 : 동춘은 동춘당(同春堂) 송준길(宋浚吉, 1606~1672)을 이른다. 동춘당이 분황을 행하고 올린 축문(祝文)이 《동춘당집(同春堂集)》 제16권 〈축문〉에 실려 있으므로 이렇게 말한 것으로 보인다.

신중립에게 줌 병신년[216] 10월

與申仲立 丙申十月

김인산(金仁山)과 허백운(許白雲)[217] 두 현자는, 천하가 철목(鐵木)의 세상[218]이 되는 난리를 당하여 은거한 채 도(道)를 강론해서 몸의 지조를 지키고 절개를 온전히 하였으니, 이것은 이른바 '천지가 변화하나 자신은 그 바름을 얻었다'는 것[219]입니다.

인산은 일찍이 덕우(德祐)의 조정에서 일명(一命)의 관직을 받았으니[220] 진실로 마땅히 이와 같아야 하지만, 백운은 위로는 송나라 조정에

216 병신년(丙申年) : 1836년(헌종2)으로, 매산의 나이 61세 되던 해이다.

217 김인산(金仁山)과 허백운(許白雲) : 김인산은 송말원초(宋末元初)의 학자인 김이상(金履祥, 1232~1303)으로, 만년에 인산(仁山)에 은거하여 이렇게 칭한다. 자는 길보(吉甫), 호는 차농(次農), 시호는 문안(文安)이다. 하기(何基)와 왕백(王柏)에게 정주학(程朱學)을 배워 주자의 학통을 이었다. 송나라가 멸망하자 벼슬하지 않고 금화산(金華山)에서 후학을 양성하다가 인산으로 옮겨 살았다. 허백운은 허겸(許謙, 1270~1337)으로, 백운은 그의 호이고, 자는 익지(益之), 시호는 문의(文懿)이다. 김이상의 문하에서 수업하여 정주학의 맥을 이었다. 과거에 응시하지 않고 팔화산(八華山)에 은거하여 강학했는데, 문인이 1천여 명에 달하였다. 하기(何基)에서 왕백, 김이상으로 이어지는 주자의 학맥을 계승하여 '금화사선생(金華四先生)'으로 일컬어졌고, 북방의 허형(許衡)과 함께 '남북이허(南北二許)'로 불렸다.

218 철목(鐵木)의 세상 : 원(元)나라를 이른다. 원나라 태조(太祖)의 이름이 철목진(鐵木眞) 즉 테무진이기 때문에 이렇게 말한 것이다.

219 천지가……것 : 이 내용은 당나라 문장가인 유종원(柳宗元, 773~819)이 지은 〈기자비(箕子碑)〉에 보이는바, 이 글은 《유하동집(柳河東集)》 권5 〈비9수(碑九首)〉에 실려 있다.

미치지 않고 아래로는 명나라 조정에 이르지 않았는데, 세상을 버리고 홀로 서서 오랑캐의 비린내와 먼지를 받지 않고서 우뚝하게 조씨(趙氏)의 유민(遺民)[221]이 되었으니, 인산에 비하면 더욱 어려운 일을 한 것입니다.

한 번 전하여 송잠계(宋潛溪)[222]가 되어서 명나라 초기의 제작(制作)을 아름답게 꾸몄고 두 번 전하여 방정학(方正學)이 되어서 만고(萬古)의 강상(綱常)을 붙들어 세웠으니,[223] 이 때문에 자양(紫陽)의 세적(世適)[224]이 되는 것입니다.

220 덕우(德祐)의……받았으니 : 덕우는 남송(南宋) 공종(恭宗)의 연호이다. 일명(一命)은 조정으로부터 임명받는 최하위의 관직을 가리키는 말로, 김이상은 1275년(덕우1)에 사관편교(史館編校)에 임명되었지만 나아가지 않았다.

221 조씨(趙氏)의 유민(遺民) : 조씨는 송나라의 국성(國姓)으로 남송(南宋)을 가리키며, 유민은 멸망한 나라의 백성이란 뜻으로 멸망한 나라를 위해 충절을 지킨 사람을 이른다.

222 송잠계(宋潛溪) : 명나라 초기의 문신이자 학자인 송렴(宋濂, 1310~1381)으로, 잠계는 그의 호이고 자는 경렴(景濂)이다. 유학에 정통하여 명나라 건국 이전에 주원장(朱元璋)에게 불려가 세자의 스승이 되고, 건국 후에는 한림학사가 되어 《원사(元史)》 편찬의 책임을 맡았으며, 명나라 시대의 예악(禮樂)을 제정하였다. 시호는 문헌(文憲)이다.

223 방정학(方正學)이……세웠으니 : 방정학은 명나라 초기의 학자이자 문신인 방효유(方孝孺, 1357~1402)로 세상에서 정학 선생이라 불렀으므로 이렇게 칭한 것이다. 자는 희직(希直), 호는 손지(遜志)이다. 송렴(宋濂)에게 수학하고, 혜제(惠帝)를 섬겨 시강학사(侍講學士)로서 당대 제일의 학자라는 중망을 누렸으나, 1402년 연왕(燕王, 영락제)이 제위(帝位)를 찬탈한 뒤 등극 조서를 작성할 것을 명하자, 이를 거부하여 자신은 극형에 처해지고 일족과 친우, 제자 등 10족이 처형되었는데, 이때 847명이 연좌되어 죽었다고 한다. 이 때문에 '만고의 강상을 붙들어 세웠다'고 말한 것이다.

224 자양(紫陽)의 세적(世適) : 자양은 주자(朱子)의 별호로 주자의 부친 주송(朱

함일재(涵一齋)[225] 선생은 자나 깨나 외고 본받은 것이 허백운에게 있었으니, 이것은 만난 바의 시대가 똑같았기 때문입니다. 명나라가 멸망한 뒤에 탄생하고 성장하였음에도 뜻을 높이고 의리를 지켜서 명나라를 위해 자정(自靖)[226]하였습니다. 그리하여 그 찬란함이 별 하나가 홀로 밝은 것과 같아서 백세(百世)의 뒤에 나약한 자들로 하여금 뜻을 세우게 한 것이 허백운과 세대는 다르지만 똑같은 곳으로 귀결되었으니, 이것이 불초가 선생을 위하여 채찍을 잡는 일도 사양하지 않는 이유입니다.

집사께서는 집안과 덕이 배합됨을 생각하시어 특별히 허백운에게 광세지감(曠世之感)[227]을 느끼심이 응당 다른 사람의 심상한 사모와는 다를 것이니, 부디 김인산과 허백운 두 현자의 문집을 구하여 세교(世教)에 도움이 되는 자료로 삼으시길 바랍니다.

松)이 자양산에서 독서하였는데, 뒤에 주자가 복건(福建)의 숭안(崇安)에 살면서 정사(精舍)의 이름을 자양서실(紫陽書室)이라고 한 데서 붙여진 이름이다. 세적은 뒤를 이은 적사(嫡嗣)로 학통을 이은 사람를 이른다.

225 함일재(涵一齋) : 신중립의 조부인 신소(申韶, 1715~1755)의 호이다. 자는 성중(成仲), 본관은 평산(平山)으로, 어려서부터 학문에 매진하여 경학(經學)과 예학(禮學)에 조예가 깊었으나, 요절하였다.

226 자정(自靖) : 스스로 의리에 맞게 처신하여 편안하게 여긴다는 뜻이다. 은(殷)나라 태사(太師)인 기자(箕子)가 주왕(紂王)의 서형(庶兄)인 미자(微子)에게 "스스로 의리에 편안하여 사람마다 스스로 선왕(先王)에게 뜻을 바칠 것이니, 나는 돌아보지 않고 떠나가 은둔하겠다.〔自靖, 人自獻于先王, 我不顧行遯.〕"라고 보이는데, 후세에는 은둔하여 지조를 지킴을 가리키는 말로 많이 사용한다. 《書經 微子》

227 광세지감(曠世之感) : 동시대에 태어나지 못해 서로 만나지 못한 예전의 인물에 대한 감회를 말한다.

강희제(康熙帝)는 천하의 경생(經生)과 학자(學子)[228]들을 널리 맞이해서 후한 녹봉으로 얽어매고 높은 관작(官爵)으로 유혹하여 60년의 광음(光陰 세월)을 남북의 서방(書房)[229] 가운데에서 다 보내게 하였으니, 이것은 그 뜻이 서적을 편찬하는데 있지 않고 오로지 영웅들을 속여 얻으려는 술책에서 나온 것인데, 강희제의 양육을 받지 않은 자가 거의 드뭅니다.

중국의 사대부들이 서로 이끌어 오랑캐가 되어서 자신의 형체를 바꾸는 것을 부끄러워하지 않고 심지어 마음까지 바꾸어 강희제의 공덕을 찬양하고 칭송함에 그 끝이 없으니, 이와 같은 자들이 어찌 명(明)나라가 있었음을 알겠습니까? 삼강(三綱)과 오상(五常)이 이에 끊겨 없어지고 말았습니다.

이 구덩이에서 초탈(超脫)한 자는 오직 만촌(晩村) 여유량(呂留良), 정림(亭林) 고염무(顧炎武), 만사동(萬斯同)[230] 등 몇 분이 있을 뿐입

228 경생(經生)과 학자(學子) : 경생은 원래 한(漢)나라 때 경학을 전수하는 박사(博士)를 뜻하는 말이었으나, 후대에는 경학을 공부하는 유생(儒生)의 뜻으로 쓰였다. 학자는 공부하는 학생(學生)을 이른다.

229 남북의 서방(書房) : 남서방(南書房)과 북서방(北書房)을 이른 말이다. 강희제가 조정의 내각대학사들이 붕당을 지어 다투는 일이 국가를 망치는 요인이라고 여기고 이를 견제하기 위하여, 한림학사들로 하여금 자신에게 경사를 강의하게 하고 서적 편찬을 전담시키면서 비공식적으로 자신에게 자문을 할 수 있는 기관을 만들었는데, 이것이 바로 남서방이다. 초기에는 비공식적 자문 기관이었지만 점차 그 기능이 확대되어 칙령이나 유지의 초안을 작성하고 국가 업무에 관하여 조언하는 등 중요 기밀 업무를 다루는 기관으로 성장하였다. 북서방은 자세하지 않다.

230 만촌(晩村)……만사동(萬斯同) : 만촌은 여유량(呂留良, 1629~1683)의 호이고 자는 장생(莊生)이다. 철저한 주자학자(朱子學者)로, 오랑캐인 청나라를 싫어하여

니다. 《만촌집》은 근간에 훼판(毁板)을 당하였으나 고염무와 만사동의 문집들은 응당 사람들을 풍동(風動)시킬 만한 것이 있을 것이니, 이것들을 구입해 오시기를 도모하십시오.

삭발하고 승려가 되었으며, 주자의 명분론과 정치론을 따라 중화인(中華人)으로서의 긍지를 지키자는 논설을 많이 지었고 《여만촌문집(呂晚村文集)》 등의 저서를 남겼다. 사후(死後)에 증정(曾靜)의 반역 도모에 연루되어 건륭제(乾隆帝) 때에 무덤이 파헤쳐지고, 일족들이 사형에 처해졌다. 정림(亭林)은 고염무(顧炎武, 1613~1682)의 호이고, 자는 충청(忠淸)이다. 청나라가 명나라를 침략하자 곤산(昆山)에서 의병을 일으켜 저항했지만 패하고 겨우 목숨을 건졌으며, 청나라가 천하를 점령한 뒤에도 반청(反淸) 투쟁을 벌였다. 화북(華北) 등지를 두루 돌아다니다가 만년에는 섬서(陝西) 화음(華陰)에 은거하였다. 명나라 말기의 양명(陽明) 학자들이 공리공론에 흐르는 것을 배척하고 경세치용(經世致用)의 실학을 주장하여, 황종희(黃鍾禧)와 함께 청조 고증학(考證學)의 시조로 불린다. 만사동(1638~1702)은 자가 계야(季野), 호가 석원(石園)이다. 황종희의 문인으로, 강희(康熙) 연간에 박학홍사과(博學鴻詞과)로 천거되었으나 나아가지 않았다. 명나라의 사실(史實)에 밝아 청나라 조정으로부터 《명사고(明史稿)》 편찬에 초빙되었지만, 벼슬에 뜻이 없어 직함과 녹봉이 없는 서민의 신분으로 19년 동안 명사관 총재(明史館總裁)의 고문이 되어 《명사고》 편찬에 크게 공헌하였다.

이좌보[231] 익회 에게 답함 기축년[232] 한 해가 이틀이 남았을 때
答李佐甫 翊會○己丑歲不盡二日

연전(年前)에 영광스럽게 왕림해 주신 은혜를 거듭 입었으니, 이것은 옛날 저명한 석학(碩學)들이 선비에게 몸을 낮추는 높은 의리인데, 다만 마땅한 사람이 아닌 자에게 베풀어졌습니다. 오랫동안 뵙지 못하여 공(公)의 아름다운 음성과 용모가 아득하였는데, 멀리서 한묵(翰墨 서간(書簡))을 수고롭게 보내주시니, 진실로 감사한 뜻을 가슴속에 깊이 새겨 보관하였습니다.

따뜻한 겨울에 순선(旬宣)하시는 체후(體候)[233]가 신명(神明)의 도움으로 무탈하시고 화평하심을 엎드려 알았으니, 구구한 이 몸은 찬송하고 축하합니다. 이번에 수레의 장막을 헤치시고 해성(海省 황해도)에서 법을 집행하시니, 인(仁)을 구하고 자신을 위하는 학문[234]의 실제를 미루어 백성을 진작시키고 덕을 기르는 정사를 펴신다면, 풍동(風動)

231 이좌보(李佐甫) : 이익회(李翊會, 1767~1843)로 좌보는 그의 자이고, 호는 고동(古東), 본관은 전의(全義), 시호는 문간(文簡)이다. 1811년(순조11) 정시 문과에 급제하고 벼슬이 예조 판서에 이르렀다. 글씨에 능하였다.

232 기축년(己丑年) : 1829년(순조29)으로, 매산의 나이 54세 되던 해이다.

233 순선(旬宣)하시는 체후(體候) : 순선의 순(旬)은 순찰(巡察), 선(宣)은 왕정(王政)을 편다는 뜻으로, 관찰사가 되어 지방에 왕정을 펴는 것을 이르는바, 《시경》〈강한(江漢)〉에 "왕이 소호에게 명하여 와서 왕정을 펴게 하였네.〔王命召虎, 來旬來宣.〕"라고 한 데에서 나온 말이다. 편지의 주인공인 이익회는 1828년(순조28) 12월 황해도 관찰사에 제수되었다.

234 자신을 위하는 학문 : 원문의 '위기(爲己)'는 '위기지학(爲己之學)'을 줄여 쓴 것으로 남에게 알려지기 위해 학문하는 위인지학(爲人之學)과 대칭되는 말이다.

하는 아름다움[235]이 마땅히 정견(庭堅)이 널리 덕을 편 것에 뒤지지 않을 것이요, 다만 한(漢)나라의 우공(于公)이 가문을 창대하게 한 일에 그칠 뿐이 아닐 것입니다.[236]

더구나 황해도 지방은 율곡께서 도(道)를 밝히신 곳입니다. 대감이 이곳에 부임하셨으니 반드시 장차 풍화(風化)를 진작시키고 유학(儒學)의 공열(功烈)을 흥기시켜서, 석담(石潭 율곡의 또 다른 호)께서 남겨 주신 은택이 황해도에 거듭 빛날 수 있도록 하시는 것이 어떻겠습니까. 황해도의 풍속은 미련하고 미련하며 사람들은 우둔하고 문채(文彩)가 부족하여, 신분이 낮은 사람들은 재화와 이익에 어지러이 치달리고 신분이 높은 사람들은 과거 공부에 매몰되어서 좋은 풍속이 없고 어진

235 풍동(風動)하는 아름다움 : 풍동(風動)은 바람이 일어나 만물을 움직이게 한다는 말로, 백성들이 문교(文敎)에 감동하여 교화(敎化)되는 것을 말한다. 《서경》 〈대우모(大禹謨)〉에, 순(舜) 임금이 "나로 하여금 바라는 대로 다스려져서 사방(四方)이 풍동(風動)하게 하니, 이는 바로 너의 아름다운 공이다.〔俾予從欲以治, 四方風動, 惟乃之休.〕"라고 고요(皐陶)를 칭찬한 말씀에 보인다.

236 정견(庭堅)이……것입니다 : '정견이 널리 덕을 편 것'이란 말은 《서경》 〈대우모〉의 "고요는 힘써 행하여 덕을 펴서 덕이 마침내 아래로 백성들에게 내려져 여민(黎民)들이 그리워합니다.〔皐陶邁種德, 德乃降, 黎民懷之.〕"라는 구절을 원용한 것이다. 정견은 고요의 자로 《춘추좌씨전(春秋左氏傳)》 문공(文公) 18년 조 두예(杜預)의 주에 보인다. 우공(于公)은 전한(前漢) 선제(宣帝) 때의 명승인 우정국(于定國)의 부친이다. 우공이 옥사(獄事)를 공정하게 처리하여 억울한 사람들을 많이 구제하였으므로 사람들에 의해 생사당(生祠堂)이 세워지기까지 하였는데, 그가 일찍이 집을 수리하면서 "내가 음덕을 많이 쌓은 만큼 우리 자손 중에 고관이 많이 나올 테니 좁은 문을 개조해서 사마(駟馬)의 수레가 드나들 수 있도록 크게 만들어야 하겠다."라고 하고는 대문을 높이 세웠다. 그런데 과연 그의 아들 우정국이 승상이 되고 그 뒤를 이어 대대로 자손들이 봉후(封侯)되었다. 《漢書 卷71 于定國傳》

인재가 부족한 지가 또한 오래되었습니다.

그러나 때가 극(極)에 이르면 바뀌기 마련으로 지금이 바로 호걸이 나와 진작시켜 문풍을 일으킬 때라고 말할 수 있으니, 집사께서 바로 이 일의 적임자가 아니겠습니까. 바꾸는 기틀은 집사께서 가르침을 어떻게 베푸느냐에 달려 있으니, 장차 한 도의 선비들이 열성을 다해 교화로 향함을 보게 되어, 문옹(文翁)[237]의 남긴 교화 때문에 서경(西京 서한(西漢))이 아름다움을 독점하지 않도록 하시기를 간절히 손을 모으고 기다립니다.

율곡께서 이 도의 관찰사로 계실 적에[238] 학교를 일으키고 교화를 이루는데 정성을 다하셨고, 이 밖에도 백성들의 괴로움을 돌보고 군정(軍政)을 닦으며 선(善)한 자를 드러내고 악(惡)한 자를 벌주어 거의 풍속을 바꾸셨으니, 집사께서 본받을 바가 어찌 여기에 있지 않겠습니까. 가까이서 보고 본받으면 공(功)을 거두기가 쉬우니, 이 때문에 집사에게 바라는 것입니다.

외람되이 인정해 주시는 은혜를 입었기에 망령되이 저의 간곡한 생각을 다 아뢰었는데, 진부한 유자(儒者)가 시무(時務)를 통달하지 못하여 이런 말을 한다고 여기시지 않겠지요. 보내주신 여러 물품(物品)은 감사한 마음을 깊이 새기겠습니다.

237 문옹(文翁) : 기원전179~기원전101. 이름은 당(黨), 자는 중옹(仲翁)으로 전한(前漢) 경제(景帝) 때에 촉군 태수(蜀郡太守)로 나가서 교화를 펼치고 학교를 일으켜 문풍(文風)을 크게 떨쳤다. 무제(武帝) 때 온 천하에 학교를 설립한 것은 문옹으로부터 비롯되었다고 한다. 《漢書 卷89 循吏傳 文翁》

238 율곡께서……적에 : 율곡 이이는 1574년(선조7) 황해도 관찰사를 지냈다.

조희경[239] 인영 에게 답함 정미년[240] 4월

答趙羲卿 寅永○丁未四月

남의 후사(後嗣)가 된 자의 경우, 정통(正統)보다 더 엄한 의리(義理)가 없습니다. 이에 오로지 양부모(養父母)에게만 효성을 바치고 딴 분까지 옮기지 않기 때문에 사친(私親 친부모)에 대해서는 그 의리를 낮추니, 사친 또한 마땅히 이 의리로써 대처해야 할 것이요, 과방(過房 양자로 간 아들)을 본생(本生)의 속칭(屬稱)으로 칭해서는 안 될 것입니다.

양부와 친부가 서로 마주하면 아들이 양부를 아버지라 부르고 끝내 친부를 아버지라고 불러서는 안 됩니다. 이것이 주자의 정론(定論)이니, 자식이 된 자가 양부와 친부를 모두 아버지라고 칭할 수 없다면, 양부와 친부가 또 어찌 모두 자식이라고 칭할 수 있겠습니까. 양자가 된 자가 친부모를 백부모(伯父母)나 숙부모(叔父母)라고 칭하는 것은, 근본을 둘로 할 수 없고 정통을 둘로 할 수 없기 때문입니다.

그 자식이 이미 친부에게 자신을 종자(從子 조카)라고 칭하는데, 친부가 옛날 그대로 자신을 아버지라고 칭한다면, 인륜(人倫)을 어지럽

239 조희경(趙羲卿) : 조인영(趙寅永, 1782~1850)으로 희경은 자이다. 호는 운석(雲石), 본관은 풍양(豊壤)이고, 익종의 비인 신정왕후(神貞王后)의 숙부이다. 1819년(순조19) 식년 문과에 장원으로 급제하고 벼슬이 대제학을 거쳐 영의정에 이르렀다. 훈련대장 등 군사권을 장악한 형 조만영(趙萬永)과 함께 풍양 조씨의 세도정치를 주도하였다.

240 정미년(丁未年) : 1847년(헌종13)으로, 매산의 나이 72세 되던 해이다.

힘에 가깝지 않겠습니까. 양자가 되어 뒤를 잇는 것은 하늘을 옮기는 것이니, 무릇 본생의 속칭에 관계될 경우 한결같이 숙질(叔姪)의 예를 따라야 하고 바꾸어서는 안 됩니다. 만일 바꾼다면 이것을 "건(乾)과 곤(坤)이 정해진 것[241]과 같다."고 말할 수 있겠습니까. 이 때문에 예가(禮家)에서는 과방한 아들에 대해, 비록 평소에 보내는 편지[242]에서라도 모두 자신을 백부 또는 숙부라고 칭합니다. 유평(劉玶)의 형인 유공(劉珙)이 자우(子羽)의 아들로서 자휘(子翬)에게 양자로 갔습니다.[243] 그러므로 주자(朱子)가 유평을 대신하여 유공의 행장을 지을 적에, 유평을 종제(從弟)라는 호칭으로 썼던 것입니다.

미호(渼湖 김원행(金元行))와 노주(老洲 오희상(吳熙常))는 더더욱 이 의리에 엄격해서, 지친(至親) 가운데 과방한 자에 대해서도 스스로 양자 간 집안의 속칭으로 칭하였고, 근세에 이술원(李述源) 어른은 자신의 아들 이형수(李馨秀)[244]에게 자신을 중부(仲父)라고 칭했으니,

241 건(乾)과……것 : 이 내용은 《주역》 〈계사전 상(繫辭傳上)〉에 "하늘은 높고 땅은 낮으니 건과 곤이 정해진다.〔天尊地卑, 乾坤定矣.〕"라고 한 말을 인용한 것이다.

242 편지 : 원문의 '혁제(赫蹄)'는 옛날에 글씨를 쓰는 데 썼던 폭이 좁은 비단을 말하는데, 종이를 칭하는 말로 전용되었으며 인신하여 작은 종이에 작은 글씨로 쓴 글이나 편지를 가리키기도 한다.

243 자우(子羽)의……갔습니다 : 자우는 주자의 스승인 유자우(劉子羽, 1097~1144)를 이르고, 자휘(子翬)는 유자우의 아우이자 주자의 또 다른 스승인 병산(屛山) 유자휘(劉子翬, 1101~1147)를 이른다. 두 사람 모두 주자의 부친인 주송(朱松)의 벗으로, 주송은 임종 전에 자신의 집안의 일을 유자우에게 부탁하고 유자휘에게 주자의 스승이 되어 줄 것을 부탁하였다.

244 이형수(李馨秀) : 1765~?. 자는 덕천(德天), 본관은 연안(延安)이다. 승지 벼슬을 지낸 이술원(李述源)의 아들로 이장원(李長源)에게 양자로 갔다.

이것이 바꿀 수 없는 정리(定理)가 됩니다.

'본생' 두 글자는 양자로 간 것을 구별하기 위해서 말한 것이나 예경(禮經)에 보이지 않으니, 이는 친족의 칭호에 시행할 수 있는 것이 아닙니다. '본생부(本生父)'나 '본생형제(本生兄弟)'라고 말하는 것은 진실로 혐의를 분별하고 은미(隱微)함을 밝히는 뜻[245]에서 나온 것이나, 끝내 백숙부와 종형제(從兄弟)라고 부르는 것이 올바른 호칭이 되니, 이만 못합니다.

정(情)이 지나치면 예(禮)를 잃습니다. 근래의 풍속에 친부와 양자 간 아들을 똑같이 혼동하여 칭하고 분변하지 않는데, 이는 명칭을 바로잡는 것이 아닙니다. 명칭이 바르지 않으면 말이 순하지 못하니,[246] 경계하지 않으면 안 될 듯합니다.

245 혐의를……뜻 : 이 내용은 《예기》 〈예운(禮運)〉에 "예는 인군(人君)의 큰 자루이니, 혐의를 분별하고 은미함을 밝혀준다.〔禮者, 君之大柄也. 所以別嫌明微.〕"라고 보인다.

246 명칭이……못하니 : 이 내용은 《논어》 〈자로(子路)〉에, 공자와 자로가 문답할 적에 "명칭이 바르지 못하면 말이 이치에 순하지 못하고, 말이 이치에 순하지 못하면 일이 이루어지지 못한다.〔名不正, 則言不順; 言不順, 則事不成.〕"라고 한 공자의 말씀을 원용한 것이다.

조희경에게 답함 정미년[247] 5월

答趙羲卿 丁未五月

《예기》에 '살아서는 부모(父母)라 하고 죽어서는 고비(考妣)라 한다.'[248] 라고 한 것을 오직 양부에게만 베풀 수 있고 감히 친부에게 베풀 수 없다는 것은, 아버지가 둘이 되는 혐의를 분별하기 위한 것입니다.

자신을 칭할 때에 다만 종자(從子)라고만 해야 하니, 비록 평소의 서찰이라도 하나의 '종' 자를 버려서는 안 됩니다. 비갈(碑碣)의 문자와 같은 경우는, 마땅히 '불초(不肖)' 두 글자를 '종' 자의 위에 가하여 다른 백부, 숙부와 다르다는 것을 보인다면, 혐의가 생기는 잘못이 없게 되고 친부에 대한 지극한 사랑을 펼 수 있을 것입니다. 이 때문에 미호가 죽취(竹醉)[249]의 안팎 행장(行狀)과 지문(誌文), 비문(碑文)에 모두 '불초 종자가 피눈물을 흘리며 삼가 씁니다.'라고 칭하였으니, 이것이 따를 만합니다.

찬성(贊成)에 추증된 송공(宋公)이 자기 생부인 한정당(閒靜堂)의 문집 발문(跋文)에, 다만 '종자 아무개가 눈물을 흘리며 기록한다.'라고 칭하였으니,[250] '눈물을 흘리며 기록한다〔泣識〕'는 두 글자는 다른

247 정미년(丁未年) : 1847년(헌종13)으로, 매산의 나이 72세 되던 해이다.

248 예기에……한다 : 이 내용은 《예기》 〈곡례 하(曲禮下)〉에 "살아서는 부(父)라 하고 모(母)라 하고 처(妻)라 하며, 죽어서는 고(考)라 하고 비(妣)라 하고 빈(嬪)이라 한다.〔生, 曰父曰母曰妻; 死, 曰考曰妣曰嬪.〕"라고 보인다.

249 죽취(竹醉) : 미호 김원행의 생부인 김제겸(金濟謙, 1680~1722)의 호로, 자는 필형(必亨), 시호는 충민(忠愍)이다.

숙부와 구별을 보인 것이나, 특별히 '불초'를 가하는 것이 정(情)과 예(禮)에 더욱 흡족할 듯합니다. 노주(老洲) 오공(吳公) 또한 미호 어른이 이루어 놓은 법을 취하였으니, 이것이 바로 예가(禮家)에서 따르는 것입니다.

250 찬성(贊成)에……칭하였으니 : 송공(宋公)은 송시연(宋時淵)으로 본관은 은진(恩津)이고 익종(翼宗)의 비인 신정왕후(神貞王后)의 외조부이다. 벼슬이 황주 목사(黃州牧使)에 이르렀으며 좌찬성에 추증되었다. 한정당(閒靜堂)은 송시연의 생부인 송문흠(宋文欽, 1710～1752)의 호로, 자는 사행(士行)이다. 1733년(영조9) 진사시에 합격하고 형조 좌랑(刑曹佐郎), 문의 현령(文義縣令) 등을 역임하였으며, 《한정당집》을 남겼다. 송시연은 백부인 늑천(櫟泉) 송명흠(宋明欽, 1705～1768)의 양자가 되었다.

송경우[251] 오규 에게 답함 갑자년[252] 정월

答宋景虞 五圭○甲子正月

정자(程子)의 뜻은 '사랑은 본래 정(情)이요, 인(仁)은 본래 성(性)이니, 사랑을 인이라고 한다면 이것은 정을 가지고 성이라고 하는 것이다.'라고 하신 것입니다. 또 한퇴지(韓退之)가 '행하여 마땅한 것을 의(義)라 한다.'라고 한 것 또한 고자(告子)가 '의는 외면(外面)에 있다.'고 말한 것과 같으니, 이 때문에 정자께서 한퇴지의 잘못을 배척한 것입니다.[253]

251 송경우(宋景虞) : 매산의 종제(從弟)인 홍윤필(洪允弼, 1788~1830)의 장인(丈人)인 송오규(宋五圭)로, 경우는 그의 자나 호로 보이며 본관은 은진이고 우암 송시열의 6세손이다. 본집 권44에 실려 있는 홍윤필의 묘지명(墓誌銘)인 〈종제성백묘지명(從弟成伯墓誌銘)〉에 보인다.

252 갑자년(甲子年) : 1804년(순조4)으로, 매산의 나이 29세 되던 해이다.

253 정자(程子)의……것입니다 : 정자는 이천(伊川) 정이(程頤)를 이른다. 정자의 말씀은 《이정유서(二程遺書)》 권18 〈유원승수편(劉元承手編)〉에 보이는데, 《근사록(近思錄)》에도 인용되어 있는바 원문은 아래와 같다. "이는 제공들이 스스로 생각함에 달려 있으니, 성현이 인을 말씀하신 곳을 같은 종류끼리 모아 살펴보아서 체인(體認)해야 할 것이다. 맹자가 '측은지심은 인이다.'라고 하셨는데, 후인들은 마침내 사랑을 인이라 하였다. 사랑은 본래 정이요 인은 본래 성이니, 어찌 오로지 사랑을 인이라고 할 수 있겠는가. 맹자가 측은지심은 인의 단서라고 말씀하셨으니, 이미 인의 단서라고 말했다면 측은지심을 곧바로 인이라고 이를 수 없는 것이다. 한퇴지(韓退之)가 널리 사랑함을 인이라고 말하였는데, 이는 잘못이다. 인한 자는 진실로 널리 사랑하나 곧 널리 사랑하는 것을 인이라고 한다면 옳지 않다.〔此在諸公自思之, 將聖賢所言仁處, 類聚觀之, 體認出來. 孟子曰: 惻隱之心, 仁也, 後人, 遂以愛爲仁. 愛自是情, 仁自是性,

모름지기 주자가 말씀하신바 '인은 마음의 덕(德)이요 사랑의 원리(原理)이며, 의는 마음의 제재(制裁)요 마땅함의 원리이다.'라는 것[254]과 같이 하여야 명언(名言)에 잘못이 없을 것입니다. 염계(濂溪) 주돈이(周敦頤)가 《통서(通書)》에서 '〈덕(德)은〉 사랑함을 인이라 하고 마땅함을 의라 한다.'라고 말한 것이 〈원도(原道)〉의 말과 같은 듯하나, 실제는 다릅니다. 덕(德)은 바로 도를 마음에 얻은 것인데, 그 덕이 발현(發見)되는 것에 나아가서 말하였기 때문에 용(用)으로 인하여 체(體)를 밝히지 않을 수가 없었던 것입니다.

이른바 '원도'라는 것은 그 도리(道理)의 명목(名目)을 미루어 근원해서 '널리 사랑하는 것을 인(仁)이라 하고 행하여 마땅하게 하는 것을 의(義)라 한다.'고 한 것이니, 그 뜻은 사랑함과 마땅함을 인과 의로 인식했을 뿐이요, 반드시 용(用)을 말미암아 체(體)를 밝힌 것은 아닙

豈可專以愛爲仁? 孟子言: 惻隱之心, 仁之端也, 旣曰仁之端, 則不可便謂之仁. 退之言: 博愛之謂仁, 非也. 仁者固博愛, 然便以博愛爲仁則不可.]" 퇴지는 당나라의 문장가인 한유(韓愈, 768~823)의 자이다. 한유가 〈원도(原道)〉에서 "널리 사랑하는 것을 인이라 하고, 행하여 마땅한 것을 의라 한다.[博愛之謂仁, 行而宜之之謂義.]"라고 하였으므로 이렇게 말한 것이다. 고자(告子)가 '의는 외면(外面)에 있다.'고 말한 것은 《맹자》 〈고자 상(告子上)〉에 보인다. 《맹자》 〈공손추 상(公孫丑上)〉에는 "측은지심은 인의 단서이다.[惻隱之心, 仁之端也.]"라고 하였는데, 〈고자 상(告子上)〉에는 "측은지심은 인이다.[惻隱之心, 仁也.]"라고 하였는바, 이에 대해 주자는 《집주(集註)》에서 "전편에는 이 네 가지가 인(仁)·의(義)·예(禮)·지(智)의 '단서'라고 말씀하였는데, 여기에서 '단서'를 말씀하지 않은 것은, 저기에서는 그것[四端]을 확충하고자 하셨고 여기에서는 단지 용(用)을 인하여 본체(本體)를 드러내셨을 뿐이다. 그러므로 말씀이 똑같지 않은 것이다."라고 주하였다.

254 주자가……것 : 이 내용은 《맹자집주(孟子集註)》 〈양혜왕 상(梁惠王上)〉에 보이는데, 원문의 '의지리(宜之理)'는 《집주》에 '사지의(事之宜)'로 되어 있다.

니다. 이 때문에 정자가 구별한 것입니다. '덕(德)' 자에서 중한 뜻을 보실 수 있다면, 용을 먼저하고 체를 뒤에 한 뜻을 추측하여 알 수 있을 것입니다.

심유한[255] 능악 에게 답함 갑자년[256] 10월

答沈維翰 能岳○甲子十月

《의례(儀禮)》〈상복(喪服)〉에 "첩(妾)이 여군(女君 적처(嫡妻))을 위하여 자최(齊衰) 부장기(不杖期)를 입는다." 하였는데, 전(傳)에 이르기를 "어찌하여 기년복(朞年服)인가? 첩이 여군을 섬기는 것은 며느리가 시부모를 섬기는 것과 똑같기 때문이다."라고 하였습니다. 첩이 여군을 섬기는 것이 본래 며느리가 시부모를 섬기는 것과 같다면, 첩이 여군을 위하여 입는 복은 며느리가 시부모를 위하여 입는 복보다 더해서는 안 됩니다. 그러므로 기년복을 입을 뿐입니다. 옛날의 예(禮)에는 며느리가 시부모를 위하여 기년복을 입었기 때문입니다.

영종자(令從子)가 영계씨(令季氏)[257]에 대해서는 비단 본생의 아버지일 뿐만 아니고 또 자신이 종자이니, 기년복이 비록 다하였으나 마땅히 그 대상(大祥)을 주관해야 합니다. 대상을 지내기 하루 전에 상식(上食)을 올리면서 고유(告由)하여야 하는데, 마땅히 아래와 같이 해야 합니다.

"부군(府君)의 상(喪)을 선부군(先府君 돌아가신 아버지)께서 주관하

255 심유한(沈維翰) : 심능악(沈能岳, 1766~?)으로, 유한은 자이고 본관은 청송(靑松)이다. 1814년(순조14) 정시 문과에 급제하고 벼슬이 예조 판서를 거쳐 이조 판서에 이르렀다.

256 갑자년(甲子年) : 1804년(순조4)으로, 매산의 나이 29세 되던 해이다.

257 영종자(令從子)가 영계씨(令季氏) : 영종자는 상대방의 조카〔從子〕를 높인 칭호이고, 영계씨는 상대방의 아우를 높인 칭호이다.

셨으므로 신주(神主)에 망제(亡弟)라고 썼었는데, 지금 선부군께서 또 별세하시고 부군의 대상이 어느덧 이르렀습니다. 제사에 주인이 없을 수 없으므로 불초(不肖)가 감히 대신 제사를 주관하여 삼가 사유를 고합니다."

이용구[258] 진연 에게 줌 을축년[259] 10월

與李用九 晉淵○乙丑十月

"선비가 능히 천하의 일을 확립할 수 있는 것은 그 뜻이 확고하기 때문일 뿐이다. 그러나 재주가 없으면 그 뜻을 이룰 수 없고 학문이 아니면 그 재주를 도울 수 없으니, 옛날 군자 중에 이 세 가지를 겸하지 않고서 능히 세상에 훌륭한 일을 한 자는 있지 않다."라고 하였으니, 이는 주자가 평소 말씀하신 것인데,[260] 우리 형은 이 세 가지를 겸하여 소유하셨습니다. 이 때문에 구구한 이 몸이 기대하는 것이, 형께서 오래고 크게 현인의 덕업(德業)을 이루는 것[261]에 있으니, 가깝고 작은 것을 먼저 하여 그 힘이 미치는 바에 힘쓴다면 할계(割鷄)하는 일[262]이 비단

258 이용구(李用九) : 이진연(李晉淵, 1770~?)으로, 용구는 그의 자이고 본관은 전주이다. 1805년(순조5) 증광 문과에 급제하고 벼슬이 대사간에 이르렀다.

259 을축년(乙丑年) : 1805년(순조5)으로, 매산의 나이 30세 되던 해이다.

260 선비가……것인데 : 이 내용은 《회암집(晦菴集)》 권77 〈기(記) 통감실기(通鑑室記)〉에 보인다.

261 오래고……것 : 원문의 '구대(久大)'는 《주역》 〈계사전 상(繫辭傳上)〉의 "친함이 있으면 오래할 수 있고 공(功)이 있으면 크게 할 수 있으며, 오래할 수 있으면 현인(賢人)의 덕(德)이요 크게 할 수 있으면 현인(賢人)의 업(業)이다.〔有親則可久, 有功則可大, 可久則賢人之德, 可大則賢人之業.〕"라는 구절을 원용한 것이다.

262 할계(割鷄)하는 일 : 할계는 닭을 잡는 것으로, 작은 고을을 다스리는 일을 비유한다. 공자의 제자 자유(子游)가 무성(武城)의 읍재가 되어 백성들에게 예악(禮樂)을 가르쳤는데, 공자께서 이르러 이를 보시고 빙그레 웃으시며 "닭을 잡는 데에 어찌 소를 잡는 칼을 쓰느냐.〔割鷄, 焉用牛刀?〕"라고 하신 말씀에 보인다. 공자의 이 말씀은 바로 '예악은 천하를 다스리는 요체인데, 이 작은 고을을 다스리는데 어찌 이것을 사용할

조짐이 될 뿐이 아닐 것입니다.

문영(文纓 문관(文官))으로 고을의 수령이 된 자들은, 관리의 사무(事務)를 변모(弁髦)[263]로 보아서 민생을 도외시(度外視)합니다. 물론 모두 그런 것은 아니지만 대부분이 그러한데, 그 연고(緣故)가 무엇이겠습니까? 이는 낮은 관직을 하찮게 여겨서 하고 싶어 하지 않는 데서 나온 것입니다. 정백자(程伯子 명도(明道) 정호(程顥)) 또한 정전(正殿)에서 급제하였으니, 지금 홍패(紅牌)[264]를 잡은 자들과 다를 것이 있었겠습니까마는, 자신의 뜻이 행해질 수 있으면 굳이 자신의 거취를 깨끗이 하려 애쓰지 않았고, 의리에 편안한 것이면 낮은 관직이라도 하찮게 여기지 않고서 항상 한 사람이라도 은택(恩澤)을 입지 못하는 것을 자신의 병통으로 여겼습니다. 정백자께서 백성을 행여 다칠 듯이 여기시고 갓난아이를 보호하듯이 하신 뜻[265]이 아직도 저로 하여금 상상하

필요가 있느냐.'라고 농담하신 것이다. 《論語 陽貨》 이 편지가 쓰인 해가 1805년 을축년으로 되어 있는데, 이는 착오가 있는 듯하다. 이진연은 1805년에 문과에 급제하고 전적(典籍) 등의 벼슬을 지내다가 1810년 12월에 강동 현감(江東縣監)에 제수되었는바, 이 편지는 이때 이후에 쓰인 것으로 보아야 할 듯하다.

263 변모(弁髦) : 변(弁)은 치포관(緇布冠)으로 관례(冠禮)를 행하기 전에 잠시 쓰는 갓이고, 모(髦)는 총각의 더벅머리를 이른다. 관례가 끝나면 모두 소용이 없기 때문에 무용지물(無用之物)의 비유로 쓴다.

264 홍패(紅牌) : 문과에 급제한 사람의 등급과 성명을 적은 교지(敎旨)를 가리키는데, 붉은 종이에 썼기 때문에 홍패라고 칭한다. 소과(小科)에 합격한 사람에게는 흰 종이에 써서 이를 백패(白牌)라 하였다.

265 백성을……뜻 : 원문의 '여상(如傷)'은 《맹자》 〈이루 하(離婁下)〉에 "문왕은 백성을 보시기를 행여 다칠 듯이 여기셨다.〔文王, 視民如傷.〕"라고 보이며, '약보(若保)'는 《서경 》 〈주서(周書) 강고(康誥)〉에 "백성을 마치 갓난아이를 보호하듯이 하면 백성들이 편안히 다스려질 것이다.〔若保赤子, 惟民其康乂.〕"라고 보인다.

여 감복하게 하니, 그 행장과 글을 가지고 이것을 알 수 있습니다.

재주가 없고 학문이 없는 자는 진실로 어쩔 수가 없지마는, 또한 이러한 뜻이 없다면 불인(不仁)함이 심한 것입니다. 진실로 그 뜻이 있다면 자연히 그 재주가 있게 되니, 힘쓰고 노력함에 달려있을 뿐입니다.

하나의 성(誠)이 확립되고 나면 백 가지 법도가 모두 바르게 되니, 윗사람을 섬기고 사물을 접하며 백성을 대하고 관리들을 어거(御車)하는 일로부터 부서기회(簿書期會)[266]에 이르기까지에도 그 지극한 정성을 쓰지 않는 바가 없어야 하니, 그런 뒤에야 비로소 직책을 다했다고 이를 수 있고 비로소 공밥을 먹지 않았다고 말할 수 있는 것입니다. 큰 공명(功名)을 세우고 큰 사업을 취하는 것 또한 이로 말미암아 나아갈 뿐이니, 부디 유념하시기 바랍니다.

옛날 계곡(谿谷) 장공(張公)은 대총재(大冢宰)와 대학사(大學士)로서 외직인 나주 목사에 보임(補任)되자, 경차관(敬差官)의 요강〔溺器〕을 친히 점검하였으니,[267] 그 원대한 경지에 이른 것을 여기에서 볼 수 있습니다. 형께서 노력하시기를 거듭 바랍니다.

귀읍(貴邑)에는 우물(尤物)[268]이 없습니까? 우리 형께서는 깨끗하

266 부서기회(簿書期會) : 부서는 전곡(錢穀)을 출납하는 장부로, 1년의 회계(會計)를 장부에 기입하여 정해진 기일까지 조정에 보고하는 일을 말한다.

267 계곡(谿谷)……점검하였으니 : 계곡은 장유(張維, 1587~1638)의 호로, 자는 지국(持國), 본관은 덕수(德水), 시호는 문충(文忠)이며, 효종의 비인 인선왕후(仁宣王后)의 아버지이다. 대총재(大冢宰)는 이조 판서를 이르고 대학사(大學士)는 대제학을 이른다. 계곡은 이조 판서를 지내고 대제학으로 있던 중 1629년(인조7) 나만갑(羅萬甲)을 신구(伸救)하다가 나주 목사로 좌천되었다. 경차관은 조정의 특수 임무를 띠고 필요에 따라 지방에 파견된 관직을 이른다. 요강을 친히 점검한 것은 임금의 사신으로 내려온 경차관의 신변을 각별히 살핀 것이다.

게 수양하고 욕심이 적어서, 비록 우물이 있더라도 생각이 우물에 있지 않을 줄을 잘 압니다. 그러나 또한 쉽게 말할 수가 없습니다.

소 중랑(蘇中郎)과 호담암(胡澹菴)[269]이 어찌 철석간장(鐵石肝腸)이 아니었겠습니까마는 끝내 이 우물에게 마음이 옮겨가서 백규(白圭)의 티[270]가 됨을 면치 못하였는데, 하물며 나머지 사람들에게 있어서이겠습니까. 하남(河南)의 금수(禽獸)의 경계[271]가 부월(鈇鉞)보다 엄하다

268 우물(尤物) : 특별하게 진귀한 물건이나 아름다운 여인을 지칭하는 말이다.

269 소 중랑(蘇中郎)과 호담암(胡澹菴) : 소 중랑은 전한(前漢) 무제(武帝) 때에 흉노에 사신 갔다가 붙잡혀 구류되었던 중랑장(中郎將) 소무(蘇武)를 이른다. 무제 천한(天漢) 원년(기원전 100)에 사신으로 갔다가 억류되어 항복을 권유받았으나 거절하자, 바이칼호 주변의 황야로 보내져 온갖 고생을 하였다. 그러나 사신 갈 때 가지고 간 부절을 항상 손에서 놓지 않은 채 절의를 지키다가, 소제(昭帝)가 즉위한 다음 흉노와의 화친이 이루어져 19년 만에 귀국하였다. 소무가 억류되어 있는 동안 오랑캐 여자를 사귀어 통국(通國)이라는 아들을 낳았으므로 말한 것이다.《漢書 卷54 蘇武傳》호담암(胡澹菴)은 남송(南宋)의 강직한 신하였던 호전(胡銓, 1102~1180)으로, 담암은 그의 호이고, 자는 방형(邦衡), 시호는 충간(忠簡)이다. 고종(高宗) 연간에 진사시에 급제하고 벼슬이 공부 시랑에 이르렀다. 추밀원 편수관(樞密院編修官)으로 있을 때 당시 금나라와의 주화(主和)를 주장한 왕륜(王倫), 진회(秦檜), 손근(孫近) 등을 참수(斬首)하라고 상소를 올려 진회의 노염을 사서 유배되었다가, 진회가 죽은 뒤에 풀려나와 복관(復官)되었다. 귀양에서 풀려나 돌아올 때에 매계(梅溪)에서 기생 여천(黎倩)에게 반해 관계하였다가 그녀의 남편에게 짐승 같은 놈이란 욕을 먹으며 말먹이인 콩깍지를 먹는 봉변을 당한 일이 있다.《宋史 卷374 胡銓列傳》

270 백규(白圭)의 티 : 나무랄 데 없이 좋은 것에 사소한 흠이 있음을 이르는 말이다. 《시경》〈대아(大雅) 억(抑)〉에 "백옥으로 만든 규의 흠집은 갈아서 없앨 수 있지만, 이 말의 흠은 다스릴 수 없다.〔白圭之玷, 尙可磨也. 斯言之玷, 不可爲也.〕"라고 보인다.

271 하남(河南)의 금수(禽獸)의 경계 : 하남은 북송의 대학자인 이천(伊川) 정이(程頤)로, 하남성(河南省) 낙양현(洛陽縣)에 살았기 때문에 이렇게 칭한 것이다. 이천의 문인인 주행기(周行己)가 어렸을 적에 외가의 여인과 혼사를 맺기로 약속하였는데,

고 할 수 있는데, 스스로 정자(程子)를 외고 본받는다고 하는 자들 중에도 이를 소홀히 하는 자들이 많으며 알아도 또한 '어찌 의리에 해롭겠는가.'라고 여기는 뜻이 있어서 위로는 선조(先祖)를 욕보이고 다음으로는 자기 몸을 욕되게 하니, 비단 오경(五經)이 땅을 쓸어내 듯 없어질 뿐만이 아닙니다.

이와 같은 자들이 어떻게 세상에 서서 군자의 대열에 나열될 수 있겠습니까. 이 일은 대덕(大德)에 관계되어 결코 한계를 넘어서는 안 되니,[272] 자신의 마음이 안정되고 마음을 보존함이 견고하다고 생각하지 말고, 스스로 다스리는 바에 조심하고 조심해서 평생을 범의 꼬리를 밟고 봄에 살얼음을 건너듯이 살아야 하니,[273] 이것이 전귀(全歸)[274]하

문과에 급제한 뒤에 그 여인이 장님이 되었는데도 불구하고 장가들어 아내를 극진히 사랑하였다. 이천은 이것을 보고 "나도 서른 이전에는 이렇게 하지 못했다. 그러나 진보가 빠른 자는 퇴보도 빠른 법이다."라고 하며 늘 염려하였다. 뒤에 그가 술자리에서 기생과 정분을 통하고는 "의리에 해로울 것이 없다.〔不害義理.〕"라고 말했는데, 이천이 그 사실을 알고는 "이는 짐승만도 못하구나. 어찌 의리에 해롭지 않단 말인가.〔此禽獸不若也. 豈得不害義理?〕"라고 책망하였다.《二程外書 卷12 傳聞雜記》

272 대덕(大德)에……되니 : 이 내용은《논어》〈자장(子張)〉의 "큰 덕이 한계를 넘지 않으면 작은 덕은 출입이 있어도 괜찮다.〔大德, 不踰閑, 小德出入, 可也.〕"라는 자하(子夏)의 말을 원용한 것이다.

273 평생을……하니 : 원문의 '호미춘빙(虎尾春氷)'은《서경(書經)》〈군아(君牙)〉에서 목왕(穆王)이 군아(君牙)에게 명하는 말 가운데 "호랑이 꼬리를 밟은 듯이 봄에 살얼음을 건너듯이 조심하라.〔若蹈虎尾, 涉于春氷.〕"라는 구절을 줄여 말한 것이다.

274 전귀(全歸) : 몸을 잘 보존하여 훌륭한 명성을 남기고 생을 마치는 효성을 말한다. 증자(曾子)의 제자인 악정자춘(樂正子春)이 "부모가 자식을 온전히 낳아주셨으니 자식은 몸을 온전히 하여 돌아가야 효도라고 이를 수 있다. 몸을 훼손하지 않고 몸을 욕되게 하지 않으면 몸을 온전히 했다고 이를 수 있다.〔父母全而生之, 子全而歸之,

는 하나의 단서가 될 것입니다.

주자께서 일찍이 말씀하기를 "우리들이 재화(財貨)와 여색(女色) 두 관문을 철저하게 타파하지 못하면 다시 말할 만한 것이 없다."라고 하셨으니,[275] 다시 집사를 위해서 이를 외웁니다.

可謂孝矣. 不虧其體, 不辱其身, 可謂全矣.〕"라고 한 데서 온 말이다. 《禮記 祭義》

275 우리들이……없다 : 주자의 이 말씀은 《회암집(晦菴集)》 권49 〈서(書) 답왕자합(答王子合)〉에 보인다.

이용구에게 줌 경인년 5월 그믐
與李用九 庚寅午晦

보내주신 훌륭한 글을 여러 번 받들어 읽어보니, 세상을 경륜하는 대법(大法)의 체(體)와 용(用), 본(本)과 말(末)이 구비되지 않는 것이 없어서, 명도(明道)의 열 가지 일과 자양(紫陽)의 다섯 가지 조목과 같습니다.[276] 온 세상을 들어 도야(陶冶)하고자 하여 백성을 사랑하고 물건을 아끼는 뜻이 이 가운데 넘쳐나니, 진실로 내성외왕(內聖外王)[277]의 학문을 아는 자가 아니라면 누가 여기에 참여할 수 있겠습니까. 존경하여 복종하고 존경하여 복종합니다.

도학(道學)은 만세(萬世)에 바꿀 수 없는 이치이고, 경계(經界)[278]

276 명도(明道)의……같습니다 : 명도는 북송의 대학자인 정호(程顥)의 호이고, 자양(紫陽)은 주자(朱子)의 별호이다. 열 가지 일은 명도가 신종(神宗)에게 올린 〈논십사차자(論十事箚子)〉에서 논한 사부(師傅)·육관(六官)·경계(經界)·향당(鄕黨)·공사(貢士)·병역(兵役)·민식(民食)·사민(四民)·천택(川澤)·분수(分數)를 가리킨다.《二程文集 卷2 奏疏表》다섯 가지 조목은 주자가 만든 백록동(白鹿洞) 학규(學規) 다섯 가지를 이른 것으로 보이나 분명하지 않다. 주자는 일찍이 백록동 서원의 학규를 오교지목(五教之目), 위학지방(爲學之方), 수신지요(修身之要), 처사지요(處事之要), 접물지요(接物之要)의 다섯 가지로 규정하여 학생들을 가르쳤다.

277 내성외왕(內聖外王) : 안으로는 성인(聖人)이 되고 밖으로는 왕천하(王天下)한다는 뜻으로,《장자(莊子)》〈천하(天下)〉에 "천지의 아름다움을 구비하고 신명의 경지에 걸맞은 인물을 거의 찾을 수 없기 때문에, 내성외왕의 도가 어두워져서 밝아지지 못하고 답답하게 막혀 나오지 못하는 것이다.〔寡能備於天地之美, 稱神明之容, 是故內聖外王之道, 闇而不明, 鬱而不發.〕"라고 보인다.

278 경계(經界) : 토지의 경계를 바로잡아 다스린다는 뜻으로 정전법(井田法)을 시

는 만세의 바꿀 수 없는 이익이고, 빈흥(賓興)[279]은 만세에 바꿀 수 없는 정사(政事)입니다. 제도라는 것은 때에 따라 가감할 수가 있는데, 다스리는 방도를 논의하심에 이 세 가지의 강령(綱領)을 제시해서, 옛날을 본받으면서도 그 자취에는 집착하지 않고, 오늘날에 통하면서도 그 누추함을 따르지 않으셨습니다. 커도 마땅함이 있고 작아도 구애됨이 없어서, 이로써 조처(措處)하면 폐단을 이어받아 변화시키기가 쉽고 백성을 교화하여 풍속을 이룰 수가 있으니, 작은 고을에 한정시켜 한 곳에만 오로지 시행하고 모든 고을에 시행하지 못하는 것이 애석합니다.

만일 이 책이 반계(磻溪)[280] 이전에 나왔더라면, 틀림없이 《반계수록(磻溪隨錄)》에 실렸을 것입니다. 석담(石潭)의 《동호문답(東湖問答)》과 시남(市南)의 《강상문답(江上問答)》[281]은 경제(經濟)를 많이 말하

행함을 이르는바, 《맹자》 〈등문공 상(滕文公上)〉에 "어진 정치는 반드시 토지의 경계를 바로잡는 데에서부터 시작된다.〔夫仁政, 必自經界始.〕"라고 보인다.

279 빈흥(賓興) : 주(周)나라 때 훌륭한 인재를 지방에서 추천하던 제도로, 지방의 소학(小學)에서 덕행과 학예(學藝)가 뛰어난 인재를 뽑아서 빈례(賓禮)로 예우하여 국학(國學)에 입학시키던 제도이다. 《周禮 地官 大司徒》

280 반계(磻溪) : 유형원(柳馨遠, 1622～1673)의 호로 자가 덕부(德夫), 본관이 문화(文化)이다. 1654년(효종5)에 진사시에 합격하였으나, 문과(文科)에 급제하지 못하자 벼슬하려는 뜻을 버리고 전라도 부안군(扶安郡) 우반동(愚磻洞)에 은거한 채 평생 학문에 전력하여 거의 20년에 걸쳐 《반계수록(磻溪隧錄)》을 완성하여 후대 학자들의 흠모를 받았다. 《반계수록》은 통치 제도에 관한 개혁안을 중심으로 저술한 책이다. 수록은 책을 읽다가 수시로 베껴 둔 것이라는 뜻으로 겸사(謙辭)이다.

281 석담(石潭)의……강상문답(江上問答) : 석담은 율곡 이이를 이르고, 《동호문답(東湖問答)》은 1569년(선조2)에 율곡이 왕도정치(王道政治)에 대한 경륜을 주객(主客)의 문답체로 서술해 선조에게 올린 책이다. 시남(市南)은 유계(兪棨, 1607～1664)

였으나 모두 초년설(初年說)에 해당되기 때문에 왕왕 정해지지 않은 의논이 많으니, 두 현자께서 구천(九泉)에서 살아 나오실 수 있다면 또한 응당 빙그레 웃으실 것입니다.

진실로 이 책을 존각(尊閣)[282]하기를 원하나 감히 오랫동안 가지고 있을 수가 없어서 이에 삼가 되돌려드리오니, 살피고 연구하는 데에 쓸 수 있도록 한 본을 등사하여 주실 수 있겠습니까? 이 일로 인하여 우러러 아뢸 말씀이 있습니다. 정자(程子)께서 일찍이 말씀하기를 "천덕(天德)이 있어야 비로소 왕도(王道)를 말할 수 있으니, 그 요체는 오직 신독(愼獨)에 있다."라고 하셨고,[283] 회옹(晦翁) 또한 일찍이 진동보(陳同甫)가 공리(功利)를 주장하는 것을 병통으로 여겨서 말씀하기를 "의리(義理)의 마음이 잠시라도 보존되지 않으면 인도(人道)가 종식(終熄)된다."라고 하셨습니다.[284]

예로부터 공적(功績)을 세우기를 자임(自任)하는 자들은 대부분 본령(本領)이 부족하여, 혹 왕도(王道) 외에 평탄한 길이 없고 인의(仁義) 외에 공리(功利)가 없음을 알지 못합니다. 이들은 안으로 국정(國

의 호로 자는 무중(武仲), 본관은 기계(杞溪)이다. 1633년(인조11) 식년 문과에 급제하고 벼슬이 이조 참판에 이르렀다. 저서에 《가례원류(家禮源流)》 등이 있다. 《강상문답》은 《강거문답(江居問答)》을 이른 것으로, 시남이 율곡의 《동호문답》을 본받아 고금의 치도(治道)를 논하고 자신의 정치사상을 피력한 책이다.

282 존각(尊閣) : 존중하여 서가(書架) 위에 고이 보관해 둔다는 말이다.

283 정자께서……하셨고 : 이 내용은 《이정유서(二程遺書)》 권14 〈해구월과여소문(亥九月過汝所聞)〉에 보인다.

284 회옹……하셨습니다 : 회옹은 주자의 호이다. 이 내용은 《회암집(晦菴集)》 권36 〈답진동보(答陳同甫)〉에 보인다.

政)을 닦는 것이 밖으로 외적(外敵)의 침략을 물리치는데 미치지 못하고, 일할 때가 말할 때와 같지 아니하여 여러 사람들이 마음으로 복종하지 않아서 뜻과 사업이 와해(瓦解)됨에 이르니, 나라를 살리고 백성을 새롭게 하는 일에 뜻을 둔 자들은 일에 앞서 미리 염려하지 않을 수가 없습니다.

빨리 이 뜻을 생각해서 경(敬)을 주장하고 의리를 지키는 공부를 더욱 독실하게 해야 하니, 경과 의리가 이미 확립되면 쓰는 곳마다 주밀(周密)하지 않음이 없고 베푸는 곳마다 이롭지 않음이 없을 것이니, 법을 세우고 기강을 베풀어서 한 제왕(帝王)의 정치를 이루는 것에 대해 무엇을 근심하겠습니까. 영형(令兄)께서는 부디 노력하시기 바랍니다.

《가례(家禮)》에는 시제(時祭)를 지낼 날짜를 배교(环珓)[285]를 사용하여 점쳤으나, 주자는 또 말씀하시기를 "다만 분지(分至)[286]를 써도 또한 괜찮다."라고 하셨습니다. 이 때문에 예(禮)를 좋아하는 집안에서는 혹 이분(二分 춘분과 추분)과 이지(二至 하지와 동지)를 사용하여 사시(四時)의 정제(正祭)를 행하고 있습니다.

분지에 만약 선조의 기일(忌日)을 만나면, 가묘(家廟)에 마땅히 사유를 고하고 길일(吉日)을 점쳐서 정일(丁日)이나 해일(亥日)을 가려

285 배교(环珓) : 옛날에 점을 칠 때 사용하던 도구로, 옥이나 대나무로 조개껍데기 모양으로 양쪽 조각이 떨어졌다 붙었다 할 수 있도록 만들어서, 땅바닥에 던져 그 모양을 보고 길흉(吉凶)을 점쳤다. 환교(環珓)라고도 한다.

286 분지(分至) : 춘분(春分)과 추분(秋分), 하지(夏至)와 동지(冬至)를 아울러 이르는 말이다.

서 시제를 행해야 합니다. 만약 종가와 떨어져 사는 집이 다르고 사당이 다르면, 굳이 이것에 구애될 필요 없이 신도(神道 귀신의 존칭)로 섬겨야 하므로 선조의 휘일(諱日)이라 하여 자손의 성대한 제사를 거행하지 않아서는 안 될 듯합니다.

장례에 앞서 장례할 분의 묘소를 열어 장례의 시기를 고한 경우에, 만약 장례의 시기를 뒤로 미룬다면 마땅히 다시 합폄(合窆 합장(合葬)) 할 날을 점치고 이를 사당에 고해야 하니, 고사는 마땅히 아래와 같이 하여야 합니다.

"유세차운운. 모친 모관부군에게 고합니다. 합폄하는 길일을 택하여 이미 시기(時期)를 고유하였는데, 사세(事勢)에 구애되어 모월 모일로 날짜를 미루어 정했으므로, 삼가 술과 과일을 진설하고 정성스레 고하고 삼가 고합니다."

이용구에게 답함 임진년[287] 동짓달

答李用九 壬辰至月

영윤(令胤 남의 아들에 대한 경칭(敬稱))의 상에 망손(亡孫)이라고 신주(神主)를 썼던 것은 통존(統尊)의 의의(意義)[288] 때문이었습니다. 소상(小祥)의 축문에 이미 할아버지가 손자에게 고유하는 축사를 쓸 수 없다면, 마땅히 고례(古禮)에 '아버지가 별세하시면 형제가 각각 그 상을 주관한다.'는 글[289]을 따라서, 애시(哀侍)께서 마땅히 제사를 주관하여야 합니다.

소상(小祥) 전날에 상식을 올리면서 영윤의 영궤(靈几)에 고유하기를

"유세차 운운. 아비가 죽은 서자(庶子)에게 고하노라. 처음 네가 죽었을 때 현고(顯考) 모관부군(某官府君)께서 통존(統尊)의 의의에 따라 상을 주관하시어 망손(亡孫)이라고 신주를 썼었는데, 현고 부군(顯考府君)께서 불행히 모년 모월 모일에 별세하시어, 내가 대신 소상과 대상을 행하게 되었으므로 이에 고하노라."

287 임진년(壬辰年) : 1832년(순조32)으로, 매산의 나이 57세 되던 해이다.

288 통존(統尊)의 의의(意義) : 상(喪)에 있어 존자(尊者)가 상을 주관하는 것으로, 손자의 상에 할아버지가 살아계신 경우 존자가 되어 상을 주관한다.

289 고례(古禮)에……글 : 《예기》 〈분상(奔喪)〉의 "무릇 상에 아버지가 살아계시면 아버지가 상주(喪主)가 되고, 아버지가 별세하였으면 형제가 한집에 함께 살더라도 각각 그 상을 주관한다.〔凡喪, 父在, 父爲主, 父沒, 兄弟同居, 各主其喪.〕"라는 구절을 말한 것이다.

라고 합니다.

부제(祔祭)는 오로지 부(祔)되는 신위(神位)를 위주로 합니다.[290] 그러므로 부하는 신위에게 또한 곡하지 않으니, 높은 분에게 압존(壓尊)되기 때문입니다. 지금 조부의 궤연(几筵)에 부한다면 마땅히 곡하고 제사를 받들어야 하니, 무릇 영연(靈筵)에 일이 있을 적에 거애(擧哀 곡하여 슬픔을 표시하는 절차)하지 않고 예를 행하는 경우가 없기 때문입니다.

290 부제(祔祭)는……합니다 : 부제(祔祭)는 졸곡(卒哭) 이후에 별세한 분의 신주를 사당으로 모시고 가서 조고(祖考)의 신주와 함께 모시고 합사(合祀)하는 것을 이른다. 합사한 다음 별세한 분의 신주는 다시 모셔다가 영좌에 봉안(奉安)한다. 부(祔)되는 신위는 조고의 신위를 이르고, 부하는 신위는 별세한 분의 신위를 이른다.

이용구에게 답함 갑오년[291]

答李用九 甲午

존문(尊門)의 대상(大祥)은 마땅히 계령(戒令)을 따라 국상(國喪)의 졸곡 이후로 미뤄 행하되, 고유하는 말은 아래에 기록된 대로 하면 됩니다.

"대행대왕(大行大王)[292]의 재궁(梓宮)이 빈소에 계시어, 삼가 계령에 따라 내일의 대상을 국상의 졸곡 이후로 미뤄 행하려 하므로 삼가 고합니다. -대상의 본래 날짜 전날에 고유한다.-

대행대왕의 졸곡이 이미 지나서 내일 대상을 뒤늦게 행하고자 하여 삼가 고합니다. -대상을 뒤늦게 행하는 날짜 전날에 고유한다.-

삼년 동안 궤전(饋奠)[293]하는 것이 바로 상중(喪中)의 예입니다. 그러므로 선현들 또한 〈증자문(曾子問)〉의 '은사(殷事)에는 집으로 돌아가 지낸다.'는 글[294]을 원용하여 삭망전(朔望奠)을 폐하지 않는 증거로

291 갑오년(甲午年) : 1834년(헌종 즉위년)으로, 매산의 나이 59세 되던 해이다.

292 대행대왕(大行大王) : 승하한 뒤에 아직 시호를 정하지 않은 임금을 높여 이르는 말로, 여기서는 11월에 승하한 순조를 가리켰다.

293 궤전(饋奠) : 거상하는 동안 제사의 형식을 갖추지 않고 아침과 저녁에 음식을 올리는 예를 말한다.

294 증자문(曾子問)의……글 : 《예기》의 한 편명인 〈증자문〉의 "증자가 '인군(人君)이 별세하여 빈소(殯所)에 모시기 전에, 신하에게 부모의 상이 있게 되면 어떻게 합니까?'라고 묻자, 공자께서 '돌아가 빈소에 모시고 인군의 처소로 돌아오되 은사가 있으면

삼았으니, 삭망에도 오히려 은사를 폐하지 않는데, 하물며 상식(上食)이겠습니까.

성복(成服)하기 전에 혹 하실(下室)[295]에 조석으로 올리는 상식을 폐하고 아침과 새벽에 하는 곡(哭)을 중지하는 자가 있는데, 이는 근거가 없으므로 따를 수 없습니다.

집에 돌아가 지내고 조석에는 돌아가지 않는다.' 하였다.〔曰: 君未殯, 而臣有父母之喪, 則如之何? 孔子曰: 歸殯, 反于君所, 有殷事則歸, 朝夕否.〕"라고 한 구절을 이른다. 은사는 초하루와 보름〔朔望〕에 지내는 성대한 제전을 말한다.

295 하실(下室) : 내당(內堂)이나 연침(燕寢)과 같은 의미로, 생시에 음식을 먹고 일을 보던 곳을 말한다.

이용구에게 줌 을미년[296] 윤월

與李用九 乙未閏月

지난번에 의원(醫員)에게 절하는 것이 누구에게서 비롯되었는가를 물으셨는데, 그 출처를 자세히 알지 못했습니다. 근간에 살펴보니, 북제(北齊) 사람 안지추(顔之推)[297]가 부모의 병환에 의원이 비록 신분이 천하고 나이가 어리더라도 반드시 눈물을 흘리고 절하며 애걸(哀乞)하였습니다. 이것이 가훈(家訓)이 되어서 후대의 여러 현자들 중에 이를 행하는 자가 많으니, 어버이를 위하는 자는 그만둘 수 없을 듯합니다.

지금의 사대부들은 왕왕 교만해서 의원을 노복(奴僕)처럼 여기니, 부모가 죽고 사는데 있어 어떻게 그의 도움을 얻을 수 있겠습니까. 교만은 바로 악한 덕이니 의원에게는 더더욱 부릴 수 없는 것입니다. 일찍이 들으니, 영형(令兄)께서도 의원에게 절하는 예를 행하셨다고 하기에, 감탄하여 애오라지 다시 아뢰는 것입니다.

《성리대전(性理大全)》의 편집(編輯)이 호광(胡廣)과 양영(楊榮) 등의 무리에 의해 이루어졌기[298] 때문에 산삭(刪削)과 취사(取捨)에 전

296 을미년(乙未年) : 1835년(헌종1)으로, 매산의 나이 60세 되던 해이다.

297 안지추(顔之推) : 531~591. 남북조 시대 북제(北齊)의 학자이자 문신으로, 황문시랑(黃門侍郎)의 벼슬을 지냈다. 자는 개(介)이고 안진경(顔眞卿)의 5대조이다. 온건(穩健)하고 중정(中正)한 사상의 소유자로 학식과 문장에 두루 뛰어났다. 특히 가족과 가정도덕의 확립을 중시하여 《안씨가훈(顔氏家訓)》을 지었다.

혀 권형(權衡 사물의 경중을 재는 척도나 기준)이 없고 인용한 서목(書目)과 선유(先儒)의 성씨(姓氏) 또한 잘못 바뀐 것이 많으니, 하나하나 잘 정리하여 책을 이루지 못한 것이 한스럽습니다. 이들은 모두 건문제(建文帝)의 옛 신하로서 영락제(永樂帝)의 조정에서 지조를 잃어 다시는 성덕(盛德)의 일을 할 수 없는 자들이니, 어찌 이들에게 만 가지 이치를 종합하고 여러 말을 절충해서 후세에 영원히 전해질 장정(章程)을 만들기를 바랄 수 있겠습니까.

성조(成祖)가 역모(逆謀)로 신기(神器)를 취하여[299] 하늘의 법을 무

298 성리대전(性理大全)의……이루어졌기 : 《성리대전》은 명(明)나라 영락(永樂) 13년(1415)에 한림원 학사(翰林院學士)인 호광(胡廣) 등이 황제의 명을 받들어서 편찬한 책으로, 모두 70권으로 되어 있다. 송(宋)나라 때의 도학자(道學者)인 주돈이(周敦頤)·장재(張載)·정자(程子)·주자(朱子) 등 성리학자(性理學者)들의 설을 집대성하였는데, 《사서대전(四書大全)》 36권, 《오경대전(五經大全)》 154권과 함께 영락3대전(永樂三大全)이라고 불린다. 이 대전본(大全本)은 조선 시대 기본 텍스트로 채택되어 널리 유통되었다. 호광(胡廣, 1370~1418)은 자가 광대(光大), 호가 황암(晃庵)이며, 시호는 문목(文穆)이다. 건문(建文) 2년(1400), 진사시에 급제하고 영락제(永樂帝) 때 중용되어 벼슬이 문연각 대학사(文淵閣大學士)에 이르렀다. 양영(楊榮, 1371~1440)은 본명이 자영(子榮), 자가 면인(勉仁), 시호가 문민(文敏)이다. 건문(建文) 2년(1400) 진사시에 급제하고 영락제 때 문연각 대학사로 중용되고 정통제(正統帝) 때에 벼슬이 소사(少師)에 이르렀다.

299 성조(成祖)가……취하여 : 성조는 명나라 제3대 황제인 영락제(永樂帝)의 묘호(廟號)이다. 태조(太祖) 주원장(朱元璋)의 넷째 아들로 이름이 체(棣)이며 연왕(燕王)에 봉해졌는데, 태조의 적손인 건문제(建文帝)가 즉위하여 자신의 봉지(封地)를 줄이자, 이에 반역을 일으켜 당시 명나라의 도성인 남경(南京)을 함락시키고 제위(帝位)에 올라 연경(燕京)에 도읍하였다. 신기(神器)는 우(禹) 임금이 처음으로 주조했다는 구정(九鼎)을 가리킨다. 하(夏)·은(殷)·주(周) 삼대에 보배로 전해져 왔던 데서 천자의 보위(寶位)를 의미하게 되었다.

너뜨리고 충성스럽고 선량한 신하들을 도륙(屠戮)하여 피가 사해(四海)에 흘렀으니, 마땅히 하늘의 보우를 받기 어려울 듯한데, 국운(國運)이 연장되어 2백 년이 넘었던 것은, 바로 육경(六經)을 수집하여 사문(斯文 유학(儒學))을 크게 진작시켜 천하의 배우는 자들로 하여금 모두 바른 길을 따르고 다른 길에 미혹되지 않게 하여, 집집마다 공맹(孔孟)을 외우고 가호(家戶)마다 정주(程朱)를 배우게 하였기 때문입니다.

사도(斯道)[300]가 세교(世敎)를 유지하는 것이 이와 같은데, 가정(嘉靖)과 융경(隆慶) 이후로는 이단(異端)의 말이 분분(紛紛)하여 도학(道學)이 천하에 분열되어서[301] 점차로 사직(社稷)의 멸망을 재촉하게 되었으니, 애석하고 애석합니다.

300 사도(斯道) : 유교(儒敎)의 도(道)란 뜻으로, 특히 공맹(孔孟)의 가르침을 이른다.

301 가정(嘉靖)과……분열되어서 : 가정은 명나라 제11대 황제 세종(世宗) 가정제의 연호로 1522년부터 1566년까지 45년간이며, 융경(隆慶)은 제12대 황제 목종(穆宗) 융경제의 연호로 1567년부터 1572년까지 6년간이다. 이단의 말은 왕수인(王守仁, 1472~1528)이 제창한 양명학(陽明學)을 이른 것으로 보인다. 왕수인은 자가 양명(陽明)으로 육상산(陸象山)의 사상을 계승하고 '심즉리(心卽理)'의 심학(心學)을 주장하여 당시 주류였던 주자학과 대립하였는데, 이후 양명학은 주자학자들에 의하여 대표적인 이단으로 지목되었다.

홍응경 만섭 에게 답함 병자년[302] 6월

答洪應卿 萬燮○丙子六月

충열공(忠烈公)에 대한 부조(不祧)의 은전(恩典)[303]은 선왕조에서 충성스러운 자를 표창하고 어진 자를 이루어주려는 거룩하신 뜻에서 나왔는데, 이해에 성명(成命 이미 내려진 명령)이 내려와서 일이 기약하지 않았는데도 저절로 이렇게 되었으니, 보고 듣는 것마다 기쁨과 감탄을 이기지 못하겠습니다.

순절한 해가 다시 돌아오고 흙속에 묻혔던 혼기(魂氣)가 다시 돌아왔으니, 진실로 마땅히 즉시 신주를 세워서 은혜로운 명령을 받들어야 하는바, 일을 지체할 수 없음이 분명합니다. 다만 종손(宗孫)이 거상(居喪)중인데 상중에는 성대한 예를 거행할 수 없으니, 길제(吉祭) 때에 신주를 만드는 일을 기다려서 함께 협사(祫祀)와 체천(遞遷)을 행하여 사당으로 들이는 것이 예의 바름을 얻는 일이 될 것입니다.

은전(恩典)을 받고 해를 넘기는 것은 진실로 황송하고 답답하니,

302 병자년(丙子年) : 1816년(순조16)으로, 매산의 나이 41세 되던 해이다.

303 충열공(忠烈公)에……은전(恩典) : 충렬공은 홍명구(洪命耈, 1596~1637)로, 충렬은 그의 시호이다. 자는 원로(元老), 호는 나재(懶齋), 본관은 남양(南陽)으로, 1619년(광해군11) 알성 문과에 장원했으나 시골에 은거하다가 1623년 인조반정 후에 등용되어 벼슬이 대사간에 이르렀다. 평안도 관찰사로 있다가 병자호란이 일어나자 병력 2천여 명을 거느리고 남하하던 중, 김화(金化)에 이르러 적의 대군을 맞아 적군 수백 명을 죽이고 전사하였다. 순조 때 후손 홍병륜(洪秉輪) 등의 주청으로 부조(不祧)의 은전(恩典)이 내렸다. 부조의 은전은 나라에 큰 공훈이 있는 사람의 위패(位牌)를 체천하지 않고 사당에 영구히 모시도록 나라에서 허락하는 은전을 말한다.

공을 제향하는 곳이나 옷과 신을 보관한 곳[304]에서 행하는 것은 모두 마땅하지 않음이 없습니다. 하필 가묘(家廟)에서 행해야만 가(可)하겠습니까. 다만 순절(殉節)하신 날에 차마 아무 일도 없는 듯이 지나갈 수가 없고 지방(紙榜 종이에 글을 써서 만든 신위)을 써서 기제사를 지내는 것은 본래 근거할 만한 것이 있으니, 어찌 신주를 세우기를 기다린 뒤에야 기제를 폐하지 않고 지낼 수 있겠습니까.

존문(尊門)의 여러 의논이 모두 상(喪)이 끝나는 것을 기다리는 것을 어렵게 여긴다면, 충열공의 자손 중에 가장 어른이 되는 분에게 대신 이 일을 행하게 하되, 글을 지어서 분묘(墳墓)에 고유합니다. 이어서 이미 매안(埋安)했던 옛 신주를 받들어 꺼내서 만일 그 신주가 썩거나 훼손되지 않았으면 다시 분칠하고 고쳐 쓰되, 반드시 분묘 앞에서 하는 것이 옳을 것이니, 묘소는 신령이 붙어있던 곳이요 체백이 가까이 있었던 곳이기 때문입니다.

매안했던 신주를 받들어 낼 때에 고유하는 말은 아래에 기록하였습니다. "유세차 운운. 기대손(幾代孫) 모관모(某官某)가 현기대조고(顯幾代祖考) 모관부군(某官府君)과 현기대조비(顯幾代祖妣) 모봉모씨(某封某氏)의 묘소에 감히 밝게 고합니다. 신주를 체천하여 이미 묘소에 묻었었는데, 부조(不祧)의 은전이 선왕조(先王朝)로부터 내려졌고 성명(成命)이 또 오늘 내렸습니다. 태세(太歲 그 해의 간지(干支))가 다시 돌아옴으로 인하여 치제(致祭)의 성대한 예를 거행하니, 예(禮)에 마

304 공을……곳 : 제향하는 곳은 서원(書院)이나 사우(祠宇)를 이르는바, 충렬공은 여주의 기천서원(沂川書院), 평양의 충정서원(忠正書院), 자산(慈山)의 의열사(義烈祠)에 제향되었다. 옷과 신을 보관한 곳은 묘소(墓所)를 이른다.

땅히 새 신주를 세워서 영광스러운 명을 받들어야 할 것이나, 옛 신주는 신혼(神魂)이 의지하던 곳이요 체백(體魄)이 가까이 있던 곳입니다. 지금 묘역(墓域)을 열어서 옛 신주를 받들어 꺼내어 다시 쓰니, 감회와 슬픔을 이길 수 없습니다. 삼가 술과 과일을 진설하여 경건히 고하고 삼가 고합니다."

옛 신주를 받들어 꺼내서 다시 분면(粉面)을 한 뒤에 '현기대조고 모관부군'과 '현기대조비 모봉모씨'라고 쓰고, 신주 옆에는 마땅히 '효기대손(孝幾代孫)'이라고 쓰는 것이 옳을 것입니다. 종손이 비록 거상(居喪) 중에 있어서 몸소 제사를 받들 수가 없으나, 신주를 세운 이후에 고유하는 축문은 마땅히 종손의 이름을 써서 "효기대손모(孝幾代孫某)가 몸이 거상 중에 있어서 제사를 받들 수가 없으므로 모친모(某親某)에게 부탁합니다."라고 하는 것이 마땅할 듯합니다.

-제사를 대행하는 자가 만일 종손보다 낮거나 어린 사람이면 마땅히 '촉(屬)' 자를 '사(使)' 자로 고쳐 써야 합니다.-

신주를 세운 뒤의 축문은 마땅히

"유세차 운운. 지금 부조(不祧)의 명령이 있어서 매안했던 신주를 다시 받드오니, 엎드려 바라건대 높으신 신령께서는 여기에 의지하소서."

라고 하고, 만약 옛 신주가 이미 썩어서 새 신주를 만들게 되면 '매안한 신주를 다시 받듭니다.〔還奉埋主〕' 네 글자를 '신주를 다시 만들었습니다.〔神主重成〕'로 고치는 것이 어떻겠습니까?

《주자가례》와 《상례비요(喪禮備要)》에, 신주를 쓸 때에 다만 분향하고 술을 따를 뿐이라고 한 것은 우제(虞祭)가 있기 때문이지만, 지금은 흩어진 신(神)으로 하여금 다시 신주에게 의지하게 하는 것이니, 제사가 아니면 불가(不可)합니다. 즉시 성대한 제사를 거행해서 신(神)이 편안히 여기시도록 도모하는 것이 어떻겠습니까?

삼년상 중에 체천(遞遷)을 행할 수가 없으면 부조(不祧)의 신주를 어찌 사당에 들일 수가 있겠습니까. 우선 별묘(別廟)나 병사(丙舍 재실(齋室))에 받들어서 협사를 기다리는 것이 마땅할 듯합니다. 기제 때에는 마땅히 가묘의 제사처럼 단헌(單獻)으로 축문이 없는 것이 옳을 것입니다.

옛 신주가 훼상(毁傷)되어서 신주를 고쳐 쓸 수가 없으면 마땅히 옛날처럼 그대로 다시 묻되 다시 묘소에 고유하지 않을 수가 없으니, 고유하는 말은 마땅히

> "유세차 운운. 삼가 묘역을 열어서 매안했던 신주를 받들어 살펴보니, 이미 흙으로 변하여 거의 그 형체를 잃었으므로, 옛날처럼 그대로 다시 매안하고 장차 새 신주를 세우려 하오니, 감회와 슬픔을 이길 수가 없습니다. 삼가 이와 같이 아룁니다."

라고 하여야 옳을 듯합니다.

새 신주를 다시 만들어 세울 때에도 마땅히 묘역 앞에 영악(靈幄)[305]을 설치하고 신주를 쓰고 제사를 지낸 뒤에, 받들어서 봉안할 곳으로 돌아오는 것이 마땅할 듯합니다.

305 영악(靈幄) : 영침(靈寢)이나 영좌(靈座)에 둘러치는 휘장을 이른다.

생기(生忌)의 제사[306]는 예(禮)가 아니나, 선현(先賢)들이 별세한 지 3년 이내에는 이를 허락한 것은 바로 상생(象生)[307] 때문입니다. 비록 상생 때문이라 하더라도, 생시(生時)에 조반(早飯)[308]하는 예를 사용해서, 은전(殷奠)[309]을 올리기 전에 별도로 조전(早奠 조반으로 올리는 전)을 진설(陳設)하는 것은 너무 번거로울 듯하니, 도옹(陶翁)의 설을 따라서 아침 상식(上食)[310] 뒤에 조석전(朝夕奠)처럼 따로 찬을 진설하는 것이 마땅할 듯합니다.

306 생기(生忌)의 제사 : 죽은 사람의 생일에 지내는 제사를 이른다.

307 상생(象生) : 죽은 사람을 살아 있는 것으로 여겨 제반 의복과 기물, 의식과 절차를 살아 있을 때를 기준하여 행하는 것을 이른다.

308 조반(早飯) : 아침 식사를 하기 전에 간단하게 먹는 음식으로, 대개 죽을 먹었다.

309 은전(殷奠) : 초하루와 보름에, 평일에 올리는 조석전(朝夕奠)과는 달리 성대하게 제수(祭需)를 갖추어서 올리는 전을 말한다.

310 아침 상식(上食) : 삼년상을 지내는 동안 아침마다 빈전이나 혼전에 음식을 올리는 것을 이른다.

이자유[311] 인수 에게 줌 갑술년 양월[312]

與李子囿 麟秀○甲戌陽月

절기가 순음(純陰)[313]에 이르렀는데, 어버이를 모심에 기쁨을 다 누리시게 하여 더욱 행복(幸福)을 누리고 계시리라고 우러러 생각합니다.

존문(尊門)은 지금 만사(萬事)가 모두 넉넉하여 부귀(富貴)와 영화(榮華)는 급급(汲汲)해 할 것이 아니나, 다만 동강(東岡)의 비탈을 굳게 지키는 것[314]이 부족할 뿐입니다. 천도(天道)는 가득 찬 것을 덜어내고 겸손한 것을 더해주며, 인도(人道)는 가득 찬 것을 싫어하고 겸손한 것을 좋아합니다. 그러므로 겸(謙)은 높고 빛나며 낮되 넘을 수가

311 이자유(李子囿) : 이인수(李麟秀, 1789～?)로, 자유는 그의 자이고 본관은 연안(延安)이다. 이조원(李肇源)의 아들, 이용수(李龍秀)의 아우이다. 1809년(순조9) 증광 생원시에 합격하고 공조 정랑, 과천 현감 등의 벼슬을 지냈다. 매산의 손자인 홍최수(洪寂秀)가 그의 손녀(孫女)에게 장가갔다. 《梅山集 卷53 年譜》

312 갑술년(甲戌年) 양월(陽月) : 갑술년은 1814년(순조14)으로, 매산의 나이 39세 되던 해이다. 양월은 음력 10월을 이르는바, 10월에는 9월의 박괘(剝卦 ䷖)의 상구(上九)가 변해서 순음(純陰)의 곤괘(坤卦 ䷁)가 되어 양효(陽爻)가 다 사라지나, 음과 양은 잠복해 있을 뿐 없는 경우가 없으므로, 이를 표현하기 위해 10월을 양월이라 칭한다.

313 순음(純陰) : 곤괘(坤卦 ䷁)를 이르는 말로 음력 10월을 이른다.

314 동강(東岡)의……것 : 은둔한 채 출사하지 않은 것을 비유하는 말로, 동강의 비탈은 은거지를 가리킨다. 후한(後漢)의 은사(隱士)인 주섭(周燮)이 조정에서 여러 번 불러도 나아가지 않자, 그의 종족들이 "덕을 닦고 수행하는 것은 나라를 다스리기 위함이다. 선대(先代) 이래로 작훈과 은총을 계속 받았는데, 그대만 유독 어찌하여 동강의 비탈을 지키려 하는가?〔夫修德立行, 所以爲國. 自先世以來, 勳寵相承, 君獨何爲守東岡之陂乎?〕"라고 한 데에서 유래하였다. 《後漢書 卷53 周黃徐姜申屠列傳》

없으니, 이 때문에 군자(君子)의 끝마침이 되는 것입니다.[315] 이는 비단 일신(一身)을 위한 계책이 될 뿐만 아니라 실로 자손만대(子孫萬代)의 계책이 되니, 이것을 일러 복을 아낀다 하고 이것을 일러 후손들에게 넉넉함을 드리운다고 하는 것입니다.[316]

자유(子囿)는 사리에 통달하고 생각이 노련(老鍊)하니, 응당 저의 말을 기쁘게 이해해 줄 것이라고 생각합니다. 덕(德)으로 사랑해 주시기에, 감히 제 마음을 피력(披瀝)하지 않을 수가 없으니, 이미 끝난 바둑으로 돌리지 않으신다면, 말한 자의 영광이 될 것입니다.

315 천도(天道)는……것입니다 : 이 내용은 《주역》 겸괘(謙卦)의 단사(彖辭)를 일부 원용한 것이다.

316 이것을……것입니다 : '복(福)을 아낀다.〔惜福〕'는 것은 자신에게 주어진 복을 소중하게 여겨 검소한 생활을 영위하여 이를 길이 누리는 것을 이르는 말이다. 원문의 '수유후곤(垂裕後昆)'은 《서경(書經)》 〈중훼지고(仲虺之誥)〉에 "의(義)로 일을 제재(制裁)하고 예(禮)로 마음을 제재하셔야 후손들에게 넉넉함을 드리울 것입니다.〔以義制事, 以禮制心, 垂裕後昆.〕"라고 보인다.

이자유에게 답함 정해년[317] 양월

答李子囿 丁亥陽月

들리는 바에 의하면, 부친(父親)[318]의 배소(配所)를 찾아가 모신 지가 여러 날이 되었다고 하니, 여행길의 객고(客苦)로 체후(體候)가 쇠약해지지나 않았는지요? 겹겹의 바다로 둘러싸인 머나먼 절역(絶域)에서 몸에 맞지 않는 풍토(風土) 때문에 응당 섭생(攝生)에 있어 매우 견디기 힘든 일이 있을 것으로 짐작되는데, 비단 장독(瘴毒)뿐만이 아닐 것이니, 매양 멀리서 생각할 때마다 눈물을 흘립니다.

귀하신 가솔(家率)들이 우거(寓居)하고 있는 곳이 울타리가 모두 무너지고 호랑이와 표범이 종횡(縱橫)하여 평안히 살 수 없는 곳인 듯하다고 얼핏 들었는데, 근간에는 안돈(安頓)이 되어 염려할 필요가 없습니까? 뜻을 굳게 잡고 분수를 따라서 어디로 가든지 자득(自得)하지 않음이 없는 것이, 환란에 대처하는 방도가 됩니다. 좌하(座下)의 정신과 기백(氣魄)이 동배(同輩)들보다 크게 뛰어나서, 필시 남이 참지 못하는 것을 참아낼 수 있으실 것이니, 어찌 혹시라도 곤궁에 처하

317 정해년(丁亥年) : 1827년(순조27)으로, 매산의 나이 42세 되던 해이다.

318 부친 : 이조원(李肇源, 1758~1832)으로 자는 경혼(景混), 호는 옥호(玉壺)이다. 1792년(정조16) 식년 문과에 장원으로 급제하고 벼슬이 이조 판서에 이르렀다. 1814년(순조14) 순조의 병환 때 김기서(金基叙)와 함께 순조를 해치려 하였다는 서유규(徐有圭)의 고변(告變)으로 1827년 흑산도에 유배되어 배소에서 별세하였다. 이 일은 이조원이 당시 풍양 조씨계의 당여(黨與)로 안동 김씨계와 맞서다가 당쟁의 희생이 된 것으로, 이조원은 1835년(헌종1)에 신원되었다.

여 어려움을 당할 것을 염려하겠습니까.

지사(志士)는 죽어서 시신이 구학(溝壑)에 뒹굴 것을 잊지 않고 용사(勇士)는 싸우다가 자신의 머리를 잃을 것을 잊지 않으니,[319] 지사와 용사가 이렇게 하는 것은 거의 이를 즐거워함이 있어서입니다. 바라건대 부디 이 의리를 깊이 알아서, 이 의리로써 운명에 대처해서 원망과 허물이 마음에 싹트지 않게 하고, 다른 사람의 선과 악을 입 밖에 내지 말아서, 날마다 독실하게 선행(善行)을 행하고 어진 하늘이 굽어 살펴 주시기를 공손히 기다리십시오. 지극히 바라고 지극히 바랍니다.

마음을 집중시키는 것으로는 독서(讀書)만한 것이 없으니, 빨리 《논어》 한 질을 취하여 멈추지 말고 깊이 연구해서 이로써 정신을 편안히 하고 뜻을 안정시키며 인(仁)을 구하고 자기를 위하는 방법으로 삼는 것이 어떻겠습니까.

예로부터 왕왕 술지게미와 쌀겨도 배불리 먹지 못하고 명아주와 콩잎으로도 배를 채우지 못하는 가운데에 뛰어난 인물이 만들어졌으니, 이는 정신과 뜻이 굳고 깨끗하며 심력(心力)이 전일(專一)하고 독실하여, 분잡하고 화려한 것에 마음이 쏠리거나 기욕(嗜欲) 때문에 몸이 피로해지는 일이 없기 때문입니다. 이에 일취월장(日就月將)해서 고명(高明)한 경지에 이르는 것이니, 빈천(貧賤)과 근심과 번뇌는 다만 지사(志士)의 밑천이 되고 분발하는 도구가 될 뿐입니다. 저 안일한 쾌락과 부유함 속에서 고량진미(膏粱珍味)에 아주 취해서 종신토록 돌아올 줄 모르는 자가 어찌 그 뒤를 따를 수 있겠습니까.

좌하(座下)께서는 응당 마음에 곤궁하고 생각대로 되지 않아서 마음

319 지사(志士)는……않으니 : 이 내용은 《맹자》 〈등문공 하(滕文公下)〉에 보인다.

을 분발시키고 성질을 참아 부족한 바를 증익시켜서 그대를 완성해 옥(玉)으로 만들어 주는 이치[320]를 터득하셨을 것이니, 이것이 바로 제가 크게 바라는 바입니다.

320 마음에……이치 : 이 내용은 《맹자》 〈고자 하(告子下)〉의 "하늘이 장차 큰 임무를 이 사람에게 내리려 하실 적에는 반드시 먼저 그 마음과 뜻을 고통스럽게 하며 그 힘줄과 뼈를 수고롭게 하고 그의 몸과 피부를 굶주리게 하며 그 몸을 궁핍하게 하여 행하는 일마다 어긋나게 하시니, 이는 마음을 분발시키고 성질을 참게 하여 그가 능하지 못한 바를 더욱 잘할 수 있게 해 주기 위함이다. 그러므로 사람은 항상 과실이 있은 뒤에 능히 고치니, 마음에 곤궁하고 생각대로 되지 않은 뒤에야 분발하며, 얼굴빛에 징험되고 음성에 나타난 뒤에야 깨닫는다.〔天將降大任於是人也, 必先苦其心志, 勞其筋骨, 餓其體膚, 空乏其身, 行拂亂其所爲, 所以動心忍性, 增益其所不能. 人恒過, 然後能改, 困於心衡於慮而後作, 徵於色發於聲而後喩.〕"라는 구절과 횡거(橫渠) 장재(張載)가 지은 〈서명(西銘)〉의 "그대를 빈궁하게 하고 시름에 잠기게 하는 것은, 장차 그대를 옥으로 만들어 주려 함이다.〔貧賤憂戚 庸玉汝於成也〕"라는 구절을 합하여 원용한 것이다.

심영수[321] 능숙 에게 줌 경오년[322] 4월

與沈英叟 能淑○庚午四月

지난번 저의 집에 왕림하시어 말씀해 주신 많은 명론(名論)들은 거의 저의 마음을 깨우쳐 주셨습니다. 어버이 모시는 체후(體候)는 근래에 더욱 편안하십니까? 비온 뒤에 온갖 초목이 우거지고 새 우는 소리가 더욱 그윽하고 빼어나니, 고사(高士)를 그리워하는 마음에 마치 다시 서로 손을 잡는 듯한데, 그대도 저와 뜻이 같으시리라고 생각합니다.

《황명사략(皇明史略)》[323]을 삼가 이에 올립니다. 산삭(刪削)이 많아 내용이 너무 소략하고 서술(敍述)에 권형(權衡)이 부족하니, 진실로 역사책을 짓는 것이 어렵습니다. 사가법(史可法)이 섭정왕(攝政王)[324]

321 심영수(沈英叟) : 심능숙(沈能淑, 1782~1840)으로 영수는 그의 자이고, 호는 소남(小楠), 본관은 청송(靑松)이다. 1829년(순조29) 음직(蔭職)으로 출사하여 태인현감(泰仁縣監) 등의 벼슬을 지냈다. 근체시(近體詩)에 뛰어난 시인으로 명성을 얻었으며, 불교와 도가(道家)에 관심을 가졌다. 한문 소설 《옥수기(玉樹記)》를 남겼다.

322 경오년(庚午年) : 1810년(순조10)으로, 매산의 나이 35세 되던 해이다.

323 황명사략(皇明史略) : 명나라에 대한 사서(史書)로, 족수 거사(足睡居士) 홍인모(洪仁謨, 1755~1812)와 자계(紫磎) 정현조(丁俔祖, 1757~?)가 지은 동일한 제목의 책이 있는데, 무엇을 가리킨 것인지는 자세하지 않다.

324 사가법(史可法)이 섭정왕(攝政王) : 사가법(1601~1645)은 명(明)나라 말기의 무장(武將)이자 한족(漢族)의 영웅으로 자가 헌지(憲之), 호가 도린(道鄰), 시호가 충정(忠靖)과 충정(忠正)이다. 북경이 함락된 뒤에 복왕(福王) 홍광제(弘光帝)를 옹립하고 청군(淸軍)과 싸우다가 1645년 양주성(揚州城)에서 패하여 살해되었다. 섭정왕은 누르하치〔奴兒哈赤〕의 14번째 아들인 도르곤〔多爾袞〕으로, 형인 태종 홍타이지〔皇太極〕에게 중용되어 예친왕(睿親王)으로 봉해졌다. 태종이 죽고 순치제(順治帝)가

에게 답한 편지가 책 뒤에 붙어있으니, 한번 보시기 바랍니다.

사공(史公)의 순수한 충성과 큰 절개는 마땅히 문이선(文履善)과 육군실(陸君實)[325] 등의 제공(諸公)과 일치하는데, 세상에 이것을 아는 자가 적으니, 마음으로 탄식할 만합니다. 황도주(黃道周)와 구식사(瞿式耜)[326] 두 분 또한 사공의 부류인데, 모두 불운한 시대에 막혀서 한결

어린 나이로 즉위하자 보정왕(輔政王)에 봉해져 순치제를 대신하여 섭정하다가, 1650년 사냥 중에 돌연사(突然死)하였다.

325 문이선(文履善)과 육군실(陸君實) : 문이선은 남송(南宋) 말기의 충신인 문천상(文天祥, 1236~1282)으로, 이선은 그의 자이며 호는 문산(文山)이다. 멸망해 가는 남송의 승상이 되어 나라를 부흥시키려 온 힘을 다하였으나, 끝내 나라는 원(元)나라에 패망하고 자신은 사로잡혔다. 원나라 세조(世祖)의 끊임없는 회유가 있었으나 끝까지 굴하지 않고 〈정기가(正氣歌)〉를 지어 호연한 정기를 천하에 떨치며 당당하게 사형을 당하였다. 육군실은 남송 말기의 대신인 육수부(陸秀夫, 1236~1279)로, 군실은 그의 자이고 호는 동강(東江)이다. 남송이 멸망할 때 문천상과 함께 나라를 지키려 전력을 다하다가, 1276년 남송이 멸망하자 장세걸(張世傑) 등과 함께 익왕(益王)과 위왕(衛王)을 옹립하고 원나라와 싸웠다. 1279년 원군의 공격을 받자 배로 도망하다가 위왕을 업고 바다로 투신하여 순국하였다.

326 황도주(黃道周)와 구식사(瞿式耜) : 황도주(1585~1646)는 명나라 말기의 충신으로, 자는 유평(幼平), 호는 석재 선생(石齋先生), 시호는 충렬(忠烈)이다. 천계(天啓) 2년(1622) 진사시에 급제하고 의종(毅宗) 때에 우중윤(右中允)의 벼슬을 지냈다. 의종이 죽고 남경(南京)에서 복왕(福王)이 즉위하자 예부 상서(禮部尙書)를 지내다가, 남경이 함락되고 당왕(唐王)이 복주(福州)에서 즉위하자 무영전 태학사(武英殿大學士)에 발탁되었는데, 청군과의 전투에서 패하고 포로가 된 뒤 저항하다가 살해되었다. 구식사(瞿式耜, 1590~1651)는 자가 기전(起田), 호가 가헌(稼軒)으로, 만력(萬歷) 44년(1616) 진사가 되고 의종(毅宗) 때 호부 급사중(戶部給事中)의 벼슬을 지냈다. 복왕(福王) 때 우첨도어사(右僉都御史)에 등용되었으며 복왕이 명나라 재건에 실패하자 하등교(何騰蛟)와 함께 광동(廣東) 조경(肇慶)에서 계왕(桂王)을 황제에 옹립하고 계림(桂林)으로 천도하였다. 문연각 태학사(文淵閣大學士)에 오르고 병부 상서(兵部

음도 펴지 못했으니, 어찌 운명이 아니겠습니까. 그러나 인(仁)을 구하여 인을 얻었으니, 또 어찌 후회하였겠습니까.

마진(馬晉)과 조송(趙宋)은 나라를 얻은 것이 바르지 못하였는데도[327] 남쪽으로 천도(遷都)하여 종묘에서 제향(祭享)을 받고 자손들을 보존하여 백 년에 이를 수가 있었는데, 명나라는 나라를 흥성(興盛)시킴에 있어 바름을 얻었는데도 왕업(王業)의 중흥(中興)을 이루지 못해서 세 황제(皇帝)[328]가 모두 유종(有終)의 미를 거두지 못하였으니, 이는 또한 무슨 까닭입니까?

이것이 바로 하찮은 제가 저 푸른 하늘에 따지는 이유입니다. 명나라가 너무 잔혹하게 사람들을 살육(殺戮)해서 백성들이 덕(德)을 생각하지 아니하여 이렇게 된 것이 아니겠습니까. 조씨의 송나라와 같은 경우에는 그래도 인후(仁厚)한 보답을 받아 마땅하지만, 사마의(司馬懿)와

尙書)를 겸하기도 하였다. 끝까지 청나라에 항거하다가 패하여 사로잡혔는데 절의를 지키며 의연하게 죽었다. 시호는 충선(忠宣)이다.

327 마진(馬晉)과……못하였으나 : 마진은 사마씨(司馬氏)가 세운 진(晉)나라라는 뜻이고, 조송(趙宋)은 조씨가 세운 송나라라는 뜻이다. 진나라는 조(曹)씨가 세운 위(魏)나라의 제위(帝位)를 사마염(司馬炎)이 찬탈하여 나라를 세웠고, 송나라는 후주(後周)의 절도사(節度使)로 있던 조광윤(趙匡胤)이 후주의 공제(恭帝)에게 제위를 선양받아 나라를 세웠기 때문에 이렇게 말한 것이다.

328 세 황제(皇帝) : 1644년 북경(北京)이 청(淸)나라에 의해 함락되어 명나라가 멸망하자, 명나라 왕실의 일족이 화중(華中)・화남(華南)에 남명(南明)을 세웠는데, 이때 재위했던 세 명의 황제인 홍광제(弘光帝), 융무제(隆武帝), 영력제(永曆帝)를 말한다. 홍광제는 복왕(福王) 주유숭(朱由崧), 융무제는 당왕(唐王) 주율건(朱聿鍵), 영력제는 영명왕(永明王) 주유랑(朱由榔)으로, 1662년 곤명(昆明)에서 영력제가 살해됨으로써 남명은 멸망하였다.

사마염(司馬炎)[329]의 귀신은 무슨 적선(積善)이 있기에 이처럼 오래도록 혈식(血食)을 받아먹는단 말입니까? 아니면 말〔馬〕을 소〔牛〕로 바꾸어서 말의 국운이 중간에 끊어진 것입니까?[330]

청나라는 가만히 앉아 어부지리(漁父之利)를 얻어서 나라를 향유(享有)한 것이 2백 년에 가까우니, 이것은 무슨 천도(天道)입니까? 이른바 '섭정왕의 편지'는 참으로 도둑이 주인을 미워한 것이니, 가소롭다고 할 만합니다. 사공(史公)이 답(答)한 것은, 사직(社稷)이 중함이 되는 의리를 얻어서 명분이 바르고 말이 순하여 천하(天下)와 만세(萬世)에 할 말이 있으니, 이로 인해 격앙되어 가슴속이 화평하지 못한 것은 한 장의 종이에 쏟아 낼 수 있는 것이 아닙니다. 우선 이만 줄입니다.

봄날 삼랑강(三浪江)에 배를 띄우고 사인공(舍人公)의 옛 집을 물었더니,[331] 뱃사람과 어부들 중에 아직도 그 유허(遺墟)를 가리키는 자가

329 사마의(司馬懿)와 사마염(司馬炎) : 사마의(179~251)는 삼국 시대 위(魏)나라의 대장군(大將軍)으로 촉한(蜀漢)의 제갈량(諸葛亮)의 공격을 물리치고 위나라의 군권을 장악하여 진(晉)나라 건국의 기초를 세웠으며, 사마염(236~290)은 사마의의 손자로 위나라의 제위를 찬탈하여 진나라를 세운 무제(武帝)이다.

330 말〔馬〕을……것입니까 : 동진(東晉)을 일으킨 원제(元帝) 사마예(司馬睿)가 사마씨가 아닌 우씨의 소생(小生)이라는 내용이 《진서(晉書)》에 있으므로 이렇게 말한 것이다. 진 선제(晉宣帝) 사마의(司馬懿)가 일찍이 '우씨가 사마씨를 대신하여 황제의 자리를 이을 것이다.〔牛繼馬後〕'는 참설(讖說)을 보고는 우씨(牛氏)를 몹시 꺼린 나머지 마침내 그의 장수(將帥) 우금(牛金)을 짐살(鴆殺)했었는데, 뒤에 공왕비(恭王妃) 하후씨(夏侯氏)가 끝내 소리(小吏) 우씨와 간통하여 원제(元帝)를 낳아 진(晉)나라의 뒤를 잇게 되었다고 한다. 《晉書 卷6 元帝紀》

있었습니다. 이 덕분에 안태촌(安泰村)[332]을 바라보고서 이곳이 형의 집안이 옛날 은둔한 곳임을 알았으니, 강산의 문조(文藻 문채)가 사람으로 하여금 갑절이나 감회를 일으키게 하는데, 이처럼 맑고 깨끗한 땅에서 서로 만나 손을 잡을 길이 없으니, 북풍을 향하여 탄식(歎息)을 더할 뿐입니다.

고로(故老)들에게 전해오는 말을 들으니, 사인공이 혼조(昏朝 광해군의 조정)의 때를 만나서 고성(固城)으로 귀양 갔었는데, 인조가 장차 거의(擧義)하여 바르지 못한 무리들을 토벌하려 할 적에, 공에게 자문하고 공을 등용하여 일을 함께 하고자 하였으나 공이 끝내 응하지 않았습니다. 그런데 이날 밤 새벽이 될 때까지 마을의 닭들이 울지 않았다고 합니다.

반정(反正)한 뒤에 공은 사면(赦免)을 받았으나, 서울 집으로 돌아가지 않고 삼랑진에 터를 잡아서 여생을 마쳤습니다. 인조께서는 삼랑진을 빙 둘러 수십 리 땅을 하사하도록 명하였습니다. 자손들이 안태로

331 삼랑강(三浪江)에……물었더니 : 삼랑강은 밀양(密陽)에 있는 강의 이름이다. 매산은 이 편지가 쓰인 경오년(庚午年) 1810년(순조10)에 부친의 임소인 밀양에 있었다. 사인공(舍人公)은 이 편지의 주인공인 심능숙(沈能淑)의 7대조인 심광세(沈光世, 1577~1624)로 사인 벼슬을 지냈기 때문에 이렇게 칭한 것이다. 자는 덕현(德顯), 호는 휴옹(休翁)으로 1601년(선조34) 식년 문과에 병과로 급제하고 벼슬이 사인에 이르렀다. 1613년(광해군5) 계축옥사 때 교리(校理)로 있다가 무고를 입고 고성(固城)으로 유배되었다. 1623년 인조반정으로 인하여 다시 등용되었다.

332 안태촌(安泰村) : 지금의 경상남도 밀양시 삼랑진읍에 있는 마을 이름이다. 《밀주구지(密州舊誌)》에 의하면 옛날에는 사족(士族)이 살지 않았는데, 1622년(광해군14)에 교리(校理) 심광세(沈光世)가 이 마을에 맨 처음 터를 잡은 후 그 손자 찰방(察訪) 심약해(沈若海)가 뒤를 이어 살았다고 한다.

집을 옮겼는데, 안태는 삼랑진과의 거리가 십 리가 못 되니, 이 또한 사패(賜牌)한 땅입니다.

만일 그렇다면 벼슬하지 않은 의리가 지극히 정밀하고 또 은미하니, 태백(太伯)[333]의 유풍을 들은 것이 아니겠습니까. 아니면 유어우(柳於于)의 과부(寡婦)에 대한 사(詞)[334]와 그 뜻이 부합되는 것입니까? 속으로 공의 의리가 지극히 높은 것을 탄복하여 끝없이 외우고 있으나, 선배들의 문자에 조금도 보이지 않는 것은 어째서입니까?

333 태백(太白) : 태백(泰伯)으로도 표기하는바, 주(周)나라 태왕(太王)의 장남으로, 태왕이 자신의 아우인 왕계(王季)에게 제후의 자리를 물려주려 하는 것을 알고, 아우인 중옹(仲雍)과 함께 형만(荊蠻)으로 달아나 문신을 하고 단발을 하여 자취를 감추니, 형만의 사람들이 의롭게 여겨 많이 따라 춘추 시대 오(吳)나라의 시조가 되었다. 공자는 태백의 이러한 덕을 두고 "태백은 지극한 덕이라고 말할 만하다. 세 번 천하를 사양하였으나 백성들이 그 덕을 칭송할 수 없게 하였구나.〔泰伯其可謂至德也已矣. 三以天下讓. 民無得而稱焉.〕"라고 하였다. 《論語 泰伯》

334 유어우(柳於于)의……사(詞) : 유어우는 유몽인(柳夢寅, 1559~1623)으로, 어우는 그의 호이고 자는 응문(應文), 본관은 고흥(高興)이다. 1589년(선조22) 증광 문과에 장원으로 급제하고 벼슬이 한성부 좌윤에 이르렀다. 폐모론이 일어나자 도봉산 등에 은거하며 성안에 발을 들여놓지 않아, 1623년 인조반정 때 화를 면했으나, 그해 7월 광해군 복위 음모를 꾸민다는 무고에 의해 역률(逆律)로 다스려져 사형에 처해졌다. '과부에 대한 사'는 유몽인이 65세 때 경기도 용인의 보개산(寶蓋山) 절에서 지은 작품인 〈제보개산사벽(題寶蓋山寺壁)〉을 가리킨다. 오언 고시(五言古詩)로 《연려실기술》 제23권 〈인조조 고사본말(仁祖朝故事本末) 유몽인(柳夢寅)의 옥사〉에 수록되어 있다. 불사이군(不事二君)의 뜻을 드러낸 시로 내용은 다음과 같다. "나이 일흔의 늙은 과부 단정히 빈 방 지키고 있네. 옆의 사람들 시집가라 권하는데 무궁화(無窮花)처럼 잘 생긴 미남이라네. 여사의 시를 익히 외워서 태임(太妊)과 태사(太姒)의 교훈을 조금은 알고 있으니, 백발 머리에 젊은 모양 꾸민다면 어찌 연지분이 부끄럽지 않겠는가?〔七十老寡婦, 端居守空壼. 傍人勸之嫁, 善男顔如槿. 慣誦女史詩, 猪知妊姒訓. 白首作春卷, 寧不愧脂粉?〕"

사인공께서는 지극히 비색(否塞)한 때를 당해서도 바른 절개를 지켜 소인들의 무리에 섞여서 어지럽혀지지 않았습니다. 이는 이른바 '몸은 비록 비색하나 도는 형통하다.'는 것이니,[335] 매우 뛰어난 일입니다. 하늘의 태양이 다시 밝아져서 윤리가 다시 펴짐에 미쳐서는,[336] 마땅히 군주의 신임을 얻어 뜻을 행해서 몸과 도가 함께 형통해야 할 것이나, 문왕(文王)보다 높은 의리로 수양산(首陽山)에 숨은 절개를 이루었으니,[337] 공이 스스로 자정(自靖)하여 옛 군주에게 바친 것[338]은 그 마음이 찬란하여 백 년이 지난 뒤에도 여전히 상상해볼 수 있습니다. 이 일이 형의 집안의 가승(家乘)[339]에 실려 있습니까? 부디 가르침을 주시기 바랍니다.

335 소인들의……것이니 : 이 내용은, 《주역》 〈비괘(否卦) 육이(六二) 상(象)〉의 "대인비형(大人否亨)은 소인(小人)의 무리에게 어지럽혀지지 않는 것이다.〔大人否亨, 不亂群也.〕"라는 구절을 해석한 이천(伊川) 정이(程頤)의 《역전(易傳)》에 보인다.

336 하늘의……미쳐서는 : 인조반정을 이른다. 하늘의 태양이 다시 밝아졌다는 것은 올바른 군주가 제왕의 자리에 오름을 비유한다.

337 문왕(文王)보다……이루었으니 : '수양산(首陽山)에 숨은 절개'는 은(殷)나라 말기의 고사(高士)들인 백이(伯夷)와 숙제(叔齊)의 절개를 가리킨다. 백이와 숙제는 주(周)나라 무왕(武王)의 은나라 정벌을 만류하였으나, 무왕이 이를 들어주지 않고 천하를 차지하자, 주나라 왕조에서 벼슬하는 것을 부끄럽게 여겨 수양산에 은둔한 채 고사리로 연명하다가 끝내 굶주려 죽었으므로 말한 것이다. 《史記 卷61 伯夷傳》

338 스스로……것 : 이 내용은 《서경》 〈미자(微子)〉의 "자정하여 사람마다 스스로 선왕(先王)에게 뜻을 바칠 것이니, 나는 떠나가 은둔함을 돌아보지 않겠다.〔自靖, 人自獻于先王, 我不顧行遯.〕"라는 내용을 원용한 것이다. 자정(自靖)은 스스로 의리와 지조를 지키며 편안히 처신함을 이른다.

339 가승(家乘) : 집안의 내력을 간략하게 적은 책으로, 대부분 직계 조상만을 기록한다.

심영수에게 답함 무자년[340] 동짓달

答沈英叟 戊子至月

우러러 생각하건대 해와 달이 좋을 적에 하관(下官)하는 예(禮)가 이루어져서 현화(玄和)[341]가 다시 닫혔을 것이니, 어버이를 사모하는 자식의 정을 어떻게 감내하십니까?

소문에 들으니, 이장할 새 무덤을 팠는데 그곳에 정북창(鄭北窓)이 묻어놓은 단서(丹書)[342]가 있어서, 등공(滕公)과 심빈(沈彬)의 고사(故事)[343]와 같다고 하니, 참으로 그렇습니까? 만일 그렇다면 마음이

340 무자년(戊子年) : 1828년(순조28)으로, 매산의 나이 53세 되던 해이다.

341 현화(玄和) : 현궁(玄宮)과 같은 말로, 무덤 속의 광중(壙中)을 말한다.

342 정북창(鄭北窓)이 묻어놓은 단서(丹書) : 정북창은 정렴(鄭磏, 1506~1549)으로 북창은 그의 호이며, 자는 사결(士潔), 본관은 온양(溫陽)이다. 1537년(중종32) 진사시에 합격하고 포천 현감(抱川縣監)을 지냈다. 1545년(명종 원년) 아버지 정순붕(鄭順朋)이 윤원형(尹元衡)·이기(李芑) 등과 함께 을사사화를 일으켜 많은 선비를 죽이고 귀양 보내자, 벼슬을 그만두고 은거하였다. 성리학뿐만 아니라 천문·지리·의학·복서(卜筮)와 불교·도교에도 정통했고 그림과 음악에도 조예가 깊어 매월당(梅月堂) 김시습(金時習), 토정(土亭) 이지함(李之菡)과 더불어 조선의 3대 기인으로 꼽힌다. 단서는 붉은 색으로 쓴 글씨를 이른다.

343 등공(滕公)과 심빈(沈彬)의 고사(故事) : 등공은 한(漢)나라의 개국공신인 하후영(夏侯嬰)의 봉호이다. 등공이 하루는 말을 타고 동도문(東都門)에 이르렀는데, 말이 가지 않고 발로 땅을 헤집기에 그곳을 파 보니 석곽(石槨) 하나가 나왔는데, 여기에 "답답하던 가성이 3천 년 만에 태양을 보네. 아, 등공이 이곳에 머물리라.〔佳城鬱鬱, 三千年見白日, 吁嗟滕公居此室.〕"라는 명문(銘文)이 새겨져 있었다. 이에 등공이 유언을 남겨, 자신이 죽은 뒤에 이곳에 장사지내게 한 고사가 있다. 가성은 무덤을 가리킨다.

하나로 합하고 심령(心靈)이 통해서 3백 년 뒤를 미리 본 것이니, 참으로 이인(異人)입니다.

이 노인은 완악(頑惡)한 아비와 오만한 아우가 있었으나,[344] 스스로 자기 몸을 감추고 벼슬하지 않은 것이 권도(權道)에 맞아, 아비를 우물과 창고의 악(惡)에서 면하게 하였습니다.[345] 이와 같은 것은 인륜(人

《西京雜記 卷4》 심빈은 당(唐)나라 말기에서 오대(五代) 시대에 살았던 시인으로, 남당(南唐)에서 이부 시랑(吏部侍郎)의 벼슬을 지냈다. 심빈이 임종할 때에 매장할 곳을 가리키며 그곳을 파게 하자, 한 빈 무덤이 나왔는데, 푸르게 빛나는 칠등(漆燈)이 있고 동판(銅版)이 세워져 있었는데, 여기에 이르기를 "가성이 지금 이미 열렸으나, 열려도 매장하지 않네. 칠등은 끝내 꺼지지 않으리니, 심빈이 오기를 기다리리라.〔佳城今已開, 雖開不葬埋. 漆灯終未滅, 留待沈彬來.〕"라고 하였다. 이에 이곳에 심빈을 장례하였다는 고사가 있다.《唐才子傳 卷7》 칠등은 무덤 앞에 켜 놓는 등으로, 귀인(貴人)의 무덤 앞에는 커다란 쇠동이를 놓고 그 안에 생옻〔生漆〕을 두어 말을 담은 다음 그 가운데 심지를 꽂아 불을 켜 놓는데, 심지 불이 푸르게 빛나며 꺼지지 않는다. 칠등장명(漆燈長明)이라고도 한다.

344 이……있었으나 : 정북창의 아버지는 정순붕(鄭順朋, 1484~1548)으로 자는 이령(耳齡), 호는 성재(省齋)이다. 1504년(연산군10) 별시 문과에 급제하고 벼슬이 우의정에 이르렀다. 명종이 즉위하여 문정왕후(文定王后)가 수렴청정을 하자, 윤원형(尹元衡), 이기(李芑) 등과 함께 을사사화를 일으켜 많은 사람을 죽이고 귀양 보내 간흉으로 일컬어졌다. '오만한 아우'는 정현(鄭礥, 1526~?)으로 을사사화 때 아버지 정순붕의 일을 도와 공신(功臣)에 책훈되고 벼슬이 성천 부사(成川府使)에 이르렀는데, 매우 오만하였다고 한다.

345 벼슬하지……하였습니다 : 원문의 '이폐중권(以廢中權)'은, 공자께서 《논어》〈미자(微子)〉에서 일민(逸民)인 우중(虞仲)과 이일(夷逸)을 평하면서 "숨어 살면서 말을 함부로 하였으나 몸은 깨끗함에 맞았고, 폐함(벼슬하지 않음)은 권도(權道)에 맞았다.〔隱居放言, 身中淸, 廢中權.〕"라고 하신 구절을 원용한 것이고, '우물과 창고의 악(惡)'은 순(舜) 임금의 아버지인 고수(瞽瞍)가 순 임금을 죽이기 위해 저지른 악(惡)으로, 《맹자》〈만장 상(萬章上) 상우역우장(象憂亦憂章)〉에 보인다. 고수는 순 임금에

倫)를 다했다고 말할 수 있으니, 어찌 거짓으로 미친 체하고 제멋대로 허탄(虛誕)한 짓을 하며 방외(方外)에서 노닌 자들과 나란히 놓고 함께 논할 수 있겠습니까.

독실(篤實)하게 의논하는 자들은 다만 그가 몸소 삼교(三敎)와 구류(九流)[346]에 통달하여 헤아릴 수 없이 영험하고 기이했던 것만을 알 뿐이니, 그가 몸소 효도와 공경을 행하고 변고에 대처함에 있어서도 정도(正道)를 잃지 않았음을 아는 자는 드뭅니다. 묻혀 있는 지석(誌石)에 집사의 초명(初名)이 쓰여 있고 사당을 세워 줄 것을 부탁했다고 들었는데, 전해지는 말이 괴이한 생각을 불러일으키니, 부디 한 번 보여주시기 바랍니다.

사당을 세워 구구하게 제사를 받는 것이 그 자신의 일과 무슨 상관이 있기에, 여러 차례 상전(桑田)이 바뀌어 벽해(碧海)가 되고 사람의 뼈가 모두 썩은 뒤에도 정(情)을 잊지 못하는 것은, 세상에 은둔하고도 후회하지 않는 지조(志操)에 흠이 될 듯하니, 전해진 말이 터무니없는 것이 아닙니까?

게 창고를 손질하게 하고 사다리를 치운 다음 창고에 불을 질렀으며, 순 임금에게 우물을 파게 하고는 순 임금이 나오려 하자 흙을 덮어 생매장시키려고 하였다.

346 삼교(三敎)와 구류(九流) : 삼교는 유교(儒敎), 불교(佛敎), 도교(道敎)이고, 구류는 유가(儒家), 도가(道家), 음양가(陰陽家), 법가(法家), 명가(名家), 묵가(墨家), 종횡가(縱橫家), 잡가(雜家), 농가(農家)를 가리킨다.

송현희[347] 흠대 에게 줌 임신년[348] 8월

與宋賢希 欽大○壬申八月

삼가 생각하건대, 우리 형께서 벼슬하지 않는 의리가 매우 높습니다. 이불을 가지고 숙직하러 가는 곳이 자신에게 맞는 장소가 아니라고 여기시고 그 직무를 맡아 보는 것을 어렵게 여기셨기 때문이니, 이는 바로 노선생(老先生)의 가법[349]이 전해 오는 것이나, 마음에 재량(裁量)하여 몸소 실천하신 분은 오직 형뿐입니다.

정축년(丁丑年) 삼전도(三田渡)의 일이 있을 때에 포은(圃隱)의 후손 중에 이름이 준(儁)이라는 자가 와서(瓦署)의 별제(別提)로 있었는데, 기와를 구워서 이 비각(碑閣)에 올리는 일을 맡게 되자,[350] 이 일을

347 송현희(宋賢希) : 송흠대(宋欽大, 1770~?)로 현희는 그의 자이고 본관은 은진(恩津)으로 우암 송시열의 7대손이고 성담(性潭) 송환기(宋煥箕)의 손자이다. 1807년(순조7) 식년 생원시에 합격하고 예빈시 직장(禮賓寺直長), 영천 군수(榮川郡守) 등의 벼슬을 지냈다.

348 임신년(壬申年) : 1812년(순조12)으로, 매산의 나이 37세 되던 해이다.

349 노선생(老先生)의 가법 : 노선생은 우암(尤菴) 송시열(宋時烈, 1607~1689)을 이른다. 우암은 27세 때 생원시(生員試)에서 〈일음일양지위도(一陰一陽之謂道)〉를 논술하여 장원으로 합격하여 이때부터 학문적 명성이 널리 알려졌고, 2년 뒤인 1635년(인조13)에 봉림대군(鳳林大君 후일의 효종)의 사부(師傅)로 임명되어 효종과 깊은 유대를 맺었다. 병자호란으로 인조가 치욕을 당하고 소현세자와 봉림대군이 인질로 잡혀가자, 낙향하여 10여 년간 일체의 벼슬을 사양하고 학문에만 전념하였다가, 1649년 효종이 즉위하여 척화파 및 재야학자들을 대거 기용하자 비로소 벼슬에 나아갔으므로 말한 것이다.

350 정축년(丁丑年)……되자 : 삼전도(三田渡)의 일은, 1637년(인조15)에 남한산

치욕으로 여겨 하지 않고자 하여 즉시 관직을 버리고 바닷가를 따라 은둔하여 그 지조를 바꾸지 않았습니다.

그러자 도암(陶菴)이 일찍이 그가 하찮은 녹봉을 받는 자리에 있으면서도 몸은 대의(大義)를 지킨 것을 칭찬하기를 "그 늠름함이 동해(東海)에 뛰어드는 유풍(遺風)이 있다."[351]라고 하고, 심지어는 "포은 어른께 부끄러움이 없다."라고까지 말하였습니다. 저 또한 형에게 이렇게 말하나, 정공(鄭公)은 비정상적인 처지에 있었고 우리 형은 정상적인 처지에 있으니, 정상적인 처지에 있으면 함부로 하기가 쉬운데 마침내 능히 스스로 의리에 맞게 처신하여 편안하게 지조를 지킴이 이와 같으시니, 이는 정공에 비하여 더 어려운 일을 한 것입니다.

저는 노선생(老先生)의 사당 아래에 재배(再拜)하면서 훌륭한 자손

성에서 농성하던 인조가 성을 내려와 지금의 서울시 송파구 석촌동에 있던 나루인 삼전도에 수항단(受降壇)을 쌓고 삼배구고두(三拜九叩頭)의 예를 갖춰 청나라 태종(太宗)에게 항복한 일을 이른다. 포은(圃隱)은 고려 말에 충절을 지키다가 태종 이방원(李芳遠)에게 살해당한 정몽주(鄭夢周)의 호이며, 와서(瓦署)는 조선 시대에 왕실에서 쓰는 기와나 벽돌을 만들어 공급하던 관아이다. 비각(碑閣)은 청나라의 강요에 의해 태종의 공덕을 칭송하여 돌에 새긴 '대청황제공덕비(大淸皇帝功德碑)'를 보호하기 위해 세운 각을 이른다.

351 그……있다 : 전국 시대 제(齊)나라의 고사(高士)인 노중련(魯仲連)의 기개를 원용하여 말한 것이다. 진(秦)나라가 조(趙)나라를 공격하여 수도 한단(邯鄲)을 포위하자, 여러 제후들이 진나라를 두려워하여 감히 조나라를 구원하지 못하였다. 이때 위(魏)나라에서는 변사(辯士)를 조나라에 보내 진나라 임금을 황제로 섬기자고 하였는데, 이 말을 들은 노중련이 "저 진(秦)나라가 방자하게 황제를 칭하고 죄악으로 천하에 정사를 편다면, 나는 동해에 뛰어들어 죽을 뿐이요, 차마 그의 백성 노릇은 하지 못하겠다.〔彼卽肆然而爲帝, 過而爲政於天下, 則連有蹈東海而死耳, 吾不忍爲之民也.〕"라고 하였다.《史記 卷83 魯仲連列傳》

을 두셨음을 경하(慶賀)드리고 싶습니다. 그러나 이 일이 어찌 다만 노선생의 가문에 영광이 됨에 그칠 뿐이겠습니까. 세교(世敎)가 피폐해진 지 오래되어, 사대부들이 출사(出仕)하면 대부분 지조를 잃고 운둔하면 혹 뜻을 지키지 못하여 거의 예의염치(禮義廉恥)가 무슨 일인지를 알지 못하는데, 지금 우리 형은 한 번 나아가서 스스로의 절개를 확립함이 이와 같으니, 이는 바로 천리(天理)에 당연한 일이라서 스스로 이렇게 하지 않을 수 없었기 때문입니다. 형의 유풍(遺風)을 들은 자들은 등에 땀이 나서 옷을 적시지 않은 경우가 거의 드물 것입니다. 부디 형께서는 한 절개를 얻었다고 스스로 만족하지 마시고 가구가대(可久可大)[352]할 수 있도록 더욱 힘쓰시기 바랍니다.

수옹(睡翁) 선생의 유서(遺書)[353]는 이미 나를 위하여 마련해 두신 것이 있을 것으로 짐작되는데, 보내 주실 수 있겠습니까? 저는 평생토록 노선생을 독실하게 믿고 더할 나위 없이 훌륭하다고 여겨서 사랑하

352 가구가대(可久可大) : 현인의 덕과 업을 소유함을 말한다. 《주역(周易)》 〈계사전 상(繫辭傳上)〉에, "쉬우면 알기 쉽고 간략하면 따르기 쉬우며, 알기 쉬우면 친함이 있고 따르기 쉬우면 공(功)이 있으며, 친함이 있으면 오래할 수 있고 공(功)이 있으면 크게 할 수 있으며, 오래할 수 있으면 현인(賢人)의 덕(德)이요, 크게 할 수 있으면 현인(賢人)의 업(業)이다.〔易則易知, 簡則易從, 易知則有親, 易從則有功, 有親則可久, 有功則可大, 可久則賢人之德, 可大則賢人之業.〕"라고 보인다.

353 수옹(睡翁) 선생의 유서(遺書) : 수옹 선생은 송갑조(宋甲祚, 1574~1628)로, 수옹은 그의 호이고, 자는 원유(元裕), 본관은 은진(恩津), 시호는 경헌(景獻)이며 우암 송시열의 부친이다. 1617년(광해군9) 생원시와 진사시에 모두 합격하였으나 당시 서궁(西宮)에 유폐되어 있는 인목대비를 혼자 배알하였다가 유적(儒籍)에서 삭제되었다. 1623년에 인조반정으로 강릉 참봉(康陵參奉)에 제수되고 벼슬이 사옹원 봉사에 이르렀다. 유서는 《수옹일기(睡翁日記)》를 이른 것으로 보인다. 2권 2책의 활자본 책으로 1800년(정조24) 5대손 송구상(宋龜相)이 처음으로 편집, 간행하였다.

고 공경하고 존모(尊慕)한 것이 위로 노선생을 낳아주신 부친에게까지 미쳤습니다. 그러나 수옹 선생의 입장에서 보더라도 오로지 대현(大賢)을 태어나게 하신 일 때문만이 아니고, 평소 스스로 수립한 것이 있어 이렇게 되신 것이니, 이 고심(苦心)을 깊이 아시어 끝내 부응하실 수 있겠습니까?

송현희에게 줌 임오년[354] 10월

與宋賢希 壬午陽月

막 시작된 첫추위에 벼슬하시는 체후(體候)를 잘 보중(保重)하고 계시리라고 삼가 생각합니다. 서연(書筵)에는 몇 번이나 오르셨습니까? 회옹(晦翁)께서는 매번 세자를 보양(輔養)하는 일이 소략(疎略)한 것을 한탄하여, 심지어는 "집에 명월주(明月珠)와 야광주(夜光珠)가 있는데 이것을 길거리에 방치하고 있다."라고 하셨는데,[355] 이 말씀은 군주를 사랑하고 받드는 고충(苦衷)에서 나온 것이니, 이 글을 읽으면 감격하여 눈물이 흐릅니다.

계방(桂坊)의 관직은 비록 강관(講官)은 아니나,[356] 책을 끼고 세자의 강연에 배종(陪從)하고 강의(講義)에 참여하여 들으니, 그렇다면 강관과 다른 것이 별로 없습니다. 이 때문에 옛날 선배들 중에 이 임무를 담당한 분들은 일찍이 보도(輔導)하는 것을 자임(自任)하지 않은 적이 없어서, 분수 밖이라고 자처하여 사양하거나 머뭇거리지 않았습

354 임오년(壬午年) : 1822년(순조22)으로, 매산의 나이 47세 되던 해이다.

355 회옹(晦翁)께서는……하셨는데 : 이 내용은 《회암집(晦菴集)》 권12 〈기유의상봉사(己酉擬上封事)〉에 보인다.

356 계방(桂坊)의……아니나 : 계방은 세자익위사(世子翊衛司)의 별칭으로, 계원(桂苑)이라고도 한다. 기본적으로 세자시강원(世子侍講院)은 문반(文班)이 세자의 강학(講學)에 관한 일을, 세자익위사는 무반(武班)이 시위(侍衛)에 관한 일을 나누어 맡았는데, 시위 또한 세자 가까이에서 보도(輔導)하는 임무가 컸으므로 경술(經術)이 있는 사람으로 충당되었다.

니다.

우리 형과 같은 노사숙유(老士宿儒)는 마땅히 깊고 엄숙한 자리에 처하여 고문(顧問)의 대열에 대비해야 할 것이요, 다만 한 사람의 설거주(薛居州)가 됨[357]에 그쳐서는 안 됩니다. 저는 형이 새로운 명령을 받았다는 소식을 들은 뒤에 실로 기뻐서 잠을 이루지 못하였습니다. 지금 이극(貳極)[358]이 덕(德)을 기르는 일에 만백성의 운명이 달려 있으니, 참으로 이른바 '세 가지 선(善)이 갖추어지고 나면 만국(萬國)이 바루어진다.'는 것입니다.[359]

357 한……됨 : 설거주(薛居州)는 전국 시대 송(宋)나라의 어진 신하로 《맹자(孟子)》 〈등문공 하(滕文公下)〉에 보인다. 송나라의 대불승(戴不勝)이 송왕(宋王)을 선(善)하게 하려고 어진 신하인 설거주를 항상 왕의 곁에 있게 하였는데, 맹자는 "왕의 처소에 있는 자가 장유(長幼)와 비존(卑尊)이 모두 설거주와 같은 사람이라면 왕이 누구와 더불어 불선을 하며, 왕의 처소에 있는 자가 장유와 비존이 모두 설거주와 같은 사람이 아니라면 왕이 누구와 더불어 선을 하겠는가. 한 명의 설거주가 홀로 송왕에게 어찌하겠는가.〔在於王所者, 長幼卑尊皆薛居州也, 王誰與爲不善? 在王所者, 長幼卑尊皆非薛居州也, 王誰與爲善? 一薛居州獨如宋王何?〕"라고 하여, 이 방법의 효과를 부정하였다.

358 이극(貳極) : 두 번째로 높은 자리란 뜻으로, 세자(世子)를 가리킨다. 임금의 자리를 극(極)이라 하며, 이(貳)는 부(副)의 뜻이다.

359 이른바……것입니다 : 《예기》 〈문왕세자(文王世子)〉의 글을 요약 원용하여 이렇게 말한 것이다. 〈문왕세자〉의 글은 다음과 같다. "한 가지 일을 행함에 사람들이 세 가지 선(善)을 모두 얻게 하는 것은 오직 세자뿐이니, 학궁에서 연치를 따짐을 이른다. …… 부자가 된 도리를 배우며 군신이 된 도리를 배우며 장유가 된 도리를 배우는 것이니, 부자・군신・장유의 도리가 얻어짐에 나라가 다스려진다. 옛말에 이르기를 '악정은 세자의 학업을 맡고 부사는 세자의 덕업의 성취를 맡는다.' 하였고, 또 《서경》에 이르기를 '한 사람이 크게 선량하면 만국이 바루어진다.' 하였으니, 세자를 말한 것이다.〔行一物而三善皆得者, 唯世子而已, 其齒於學之謂也. …… 學之爲父子焉, 學之爲君

형은 누대에 걸쳐 군주의 손님과 스승이 된 집안의 사람입니다. 군주의 큰 사업을 밝게 도와서 해와 달에 광채를 더하고자 하는 바람이, 다른 사람들이 평소 목을 빼고 바라보는 것과 견줄 바가 아니니, 더욱 세자로 하여금 도(道)로 돌아가도록 보익(輔翼)하고 덕(德)을 이루도록 가르치는 방도를 독실하게 힘써서, 세신(世臣)으로서 충(忠)과 의(義)를 다하려는 소원을 끝마치시는 것이 어떻겠습니까?

옛날 윤화정(尹和靖)[360]은 경연(經筵)에 나갈 때마다 전날 밤에 반드시 목욕하고 옷을 갈아입고서 다음 날 강(講)할 책을 향안(香案) 위에 올려놓고, 조복(朝服)을 입고 재배하고 향을 사르고 또 재배하면서 연실(燕室 사사로이 쉬는 방)에서 재계(齋戒)하였습니다. 배우는 자가 그 이유를 묻자, 말하기를

> "내가 말한 것을 군부(君父)께서 감오(感悟)하시기를 바란다면, 어찌 공경을 다하지 않을 수 있겠는가. 인군(人君)은 하늘처럼 높으시니, 반드시 자신의 성의(誠意)를 다해야 한다."

라고 하였으니, 이는 이천(伊川)이 전날 밤에 미리 재계하여 성상(聖上)의 마음을 감동시킬 수 있기를 바란 뜻입니다. 이 의리에 어찌 고금

臣焉, 學之爲長幼焉, 父子君臣長幼之道, 得而國治. 語曰: 樂正司業, 父師司成, 一有元良, 萬國以貞, 世子之謂也.]"

360 윤화정(尹和靖) : 북송 말과 남송 초의 학자인 윤돈(尹焞, 1061~1132)으로, 화정은 그의 호이고 자는 언명(彦明)이다. 젊었을 때 정이(程頤)를 사사(師事)하였다. 원우(元祐) 4년(1089) 과거에 응시하였는데 시제(試題)가 원우(元祐)의 제신(諸臣)들을 주륙(誅戮)해야 한다는 것을 보고 과거를 포기하고 다시는 응시하지 않았다. 남송 때 천거로 벼슬에 올라 고종(高宗) 소흥(紹興) 초에 예부 시랑(禮部侍郎)을 지냈다. 내성함양(內省涵養)을 중시하고 박람(博覽)을 추구하지 않았다.

(古今)의 차이가 있겠습니까.

이를 월조(越俎)[361]라고 여겨 혐의하지 마시고, 자신의 편의대로 하는 것을 법도로 삼지 마시고, 글 뜻을 강설(講說)하는 외에 비록 용모와 말소리 등 하찮은 것과 의복과 기용(器用) 등 자질구레한 일이라도 일마다 말씀하지 않음이 없고 말씀하면 반드시 끝까지 다해서, 애오라지 자신에게 있는 도리를 극진이 하시어, 이로써 하루의 책임을 다하시기를 거듭 바라고 거듭 바랍니다.

노형이기 때문에 이와 같이 제시(提撕)[362]하는 것이니, 생각하건대 응당 마음을 비우시고 사사로움을 갖지 않으시어[363] 제가 올린 말씀을 수용(受用)하여 마지않으실 것입니다.

361 월조(越俎) : 자기의 직분을 넘어 남의 일에 간섭함을 이르는 말로, 《장자(莊子)》〈소요유(逍遙遊)〉에 "숙수(熟手)가 음식을 잘못 만든다고 해서, 시동이나 축관이 제기(祭器)들을 뛰어 넘어가서 숙수의 일을 대신하지는 않는 법입니다.〔庖人雖不治庖, 尸祝不越樽俎而代之矣.〕"라는 구절에서 유래하였다.

362 제시(提撕) : 생각을 일깨우고 각성시킨다는 뜻이다.

363 사사로움을 갖지 않으시어 : 원문의 '무아(無我)'는 《논어》〈자한(子罕)〉에 "공자는 네 가지가 완전히 없으셨으니, 사사로운 뜻이 없으셨으며 기필함이 없으셨으며 집착함이 없으셨으며 사사로움(이기심)이 없으셨다.〔子絶四, 毋意、毋必、毋固、毋我.〕"라고 보인다. 무(無)와 무(毋)는 통용된다.

지은이 **홍직필(洪直弼)**

1776년(영조52) 6월 13일 신시(申時)에 한성의 주자동(鑄字洞)에서 태어나 1852년(철종3) 7월 17일 유시(酉時)에 노호(鷺湖)의 노의정사(蘆漪精舍)에서 향년 77세로 세상을 떠났다. 초명은 긍필(兢弼), 자는 백응(伯應)·백림(伯臨), 호는 매산(梅山), 본관은 남양(南陽)이며, 시호는 문경(文敬)이다. 평생 출사하지 않고 학문 강학에 힘써 근재(近齋) 박윤원(朴胤源) 문하에서 그 학맥을 계승하고 이를 후대에 전한 노론(老論) 낙론(洛論)의 핵심 사상가이자 문인 교육자이다. 학문은 박윤원 외에도 노주(老洲) 오희상(吳熙常)의 영향을 많이 받았으며 문하의 제자로 전재(全齋) 임헌회(任憲晦), 중암(重菴) 김평묵(金平默) 등이 있다.

옮긴이 **연석환(延錫煥)**

1977년 경북 봉화에서 태어났다. 계명대학교 한문교육과를 졸업하고 고려대학교 대학원 고전번역협동과정학과에서 석사학위와 박사학위를 취득하였다. 한국고전번역원 부설 고전번역교육원의 연수과정과 전문과정 제1과정을 마쳤다. 현재 해동경사연구소 연구원으로 재직하고 있다. 논문으로는 〈회은 남학명의 잡설 연구〉, 〈남학명의 회은집 역주〉가 있다.

옮긴이 **김창효(金昌孝)**

1956년 전남 장흥에서 태어났다. 고려대학교 행정학과를 졸업하였다. 민족문화추진회 국역연수원 연수부 및 일반연구부를 졸업하였으며, 현재 해동경사연구소 연구원으로 재직하고 있다. 번역서로는 《도곡집》(공역)이 있다.

※ 각 권별 옮긴이는 권11·권12 연석환, 권13 김창효이다.

권역별거점연구소협동번역사업 연구진

연구책임자 **신영주**(성신여자대학교 한문교육과 부교수)

공동연구원 **김여주**(성신여자대학교 한문교육과 교수)

김용재(성신여자대학교 한문교육과 부교수)

류준경(성신여자대학교 한문교육과 부교수)

이종덕(한국고전번역원 부설 고전번역교육원 강사)

책임연구원 **성백효**

연 구 원 **김창효 김형석**

연석환 사경화

신상후 이정은

김성은 박희정

윤 문 **윤은숙 이영준**

매산집 5

홍직필 지음 | 연석환 · 김창효 옮김

2018년 12월 31일 초판 1쇄 발행

편집 · 발행 학자원

등록 2011.4.6 제2011-14호

주소 (05355) 서울시 강동구 천호대로 1121

전화 02-6403-1000 | 팩스 02-6338-1001 | 이메일 hakjaone@daum.net

값 30,000원

ISBN 979-11-6247-092-3 94810

979-11-87806-00-4 (세트)